全国教育科学“十一五”规划2009年度立项资助项目
（国家一般，编号BGA090017）
江苏省“十二五”重点图书出版规划项目

郭彩琴 宋国英 • 著

城乡教育一体化战略研究

——以江苏苏南地区为例

CHENGXIANG
JIAOYU

YITIHUA ZHANLUE
YANJIU

苏州大学出版社
Soochow University Press

图书在版编目(CIP)数据

城乡教育一体化战略研究:以江苏苏南地区为例/郭彩琴,宋国英著. —苏州: 苏州大学出版社, 2014.6
全国教育科学"十一五"规划2009年度立项资助项目
江苏省"十二五"重点图书出版规划项目
ISBN 978-7-5672-0818-6

Ⅰ.①城… Ⅱ.①郭…②宋 Ⅲ.①地方教育-城乡一体化-研究-苏南地区 Ⅳ.①G527.53

中国版本图书馆CIP数据核字(2014)第086276号

城乡教育一体化战略研究
——以江苏苏南地区为例
郭彩琴 宋国英 著
责任编辑 盛 莉

苏州大学出版社出版发行
(地址:苏州市十梓街1号 邮编:215006)
苏州恒久印务有限公司印装
(地址:苏州市友新路28号东侧 邮编:215128)

开本700×1000 1/16 印张24.25 字数449千
2014年6月第1版 2014年6月第1次印刷
ISBN 978-7-5672-0818-6 定价:48.00元

苏州大学版图书若有印装错误,本社负责调换
苏州大学出版社营销部 电话:0512-65225020
苏州大学出版社网址 http://www.sudapress.com

目 录

第一章　导　论

研究什么？为什么研究？如何研究？研究成果有哪些创新之处？这些相关问题的提出与回答，是科学研究的逻辑前提与基础工作。城乡教育一体化战略研究也不例外，必须首先提出具有内在逻辑性的类似的系列问题，然后在回答上述问题的过程中理顺研究活动的基本思路，进而构建研究问题的基本框架。

第一节　城乡教育一体化发展战略研究的缘起与核心概念界定

研究活动总具有一定的原因，其中包括社会发展过程中某些偶然因素的激发，或者个人研究兴趣与特长等。就研究活动的基本程序而言，在研究对象确定以后，必须对其涉及的核心概念进行界定。概念不明确，研究活动就会出现混乱的状况。因此，本章开宗明义，首先将研究起因与核心概念论述清楚，再在此基础上阐明研究内容以及其他相关问题。

一、研究缘起

缘起也就是缘由，就是寻求研究该问题的具体理由，即这一研究课题是在怎样的社会背景下提出的、其研究活动的必要性与紧迫性如何等。缘由可以定义为某一研究活动的逻辑起点，是研究工作的重要基础。城乡教育一体化战略研究是国家社会科学基金“十一五”规划2009年度教育学一般课题之一，国家研究项目的确定以及研究活动的开展有着深厚的社会背景，描述并分析这一社会背景无疑是想突出研究活动既必要又紧迫。

城乡教育一体化战略研究与中国教育领域的不公平问题尤其是城乡教育的巨大差距这一社会事实之间存在着直接因果关系。教育不公平的现实以及由此引起的不同社会主体对教育不公平的质疑与思考，直接导致我国各级政府对教育不公平这一事实本身的高度关注。政府不同形式的关注与学术界业已积累的教育公平问题研究成果形成良性互动之势。因此,从理论上梳理城乡教育一体化与社会发展之间的内在关系,寻找城乡教育一体化的理论依据与实践依据,总结各地城乡教育一体化实践经验,概括并提升城乡教育一体化实践模式,展望城乡教育一体化发展前景,成为哲学、教育学、社会学、政治学、法学等相关学科研究的重要内容。城乡教育一体化战略研究就是在这一社会发展的基本背景下直接对以下几个热点问题作出积极回应的具体表现。

(一) 积极回应社会现实中存在的教育不公平问题

教育不公平,尤其是城乡之间的教育不公平问题,自新中国成立以来一直存在,只是在不同时期其表现形式不同而已。从改革开放新时期来看,教育不公平的现实着重体现在城乡间差异、地区间差异以及校际间差异上,而这种不公平现实在应试教育、升学教育趋势越来越严重的情况下表现得更加明显。如何从社会整体发展的战略高度,从城乡一体化立场出发,研究教育发展战略,实现教育领域的最大公平,保障社会成员享有平等的教育机会与教育权利,需要进行理论解释与回答。因此,本课题必须直面现实生活中各种各样的教育不公平问题,并且特别关注城乡之间各种教育不公平的表现。通过分析发达地区城乡教育从不公平到逐步公平的实践,总结其中的经验,分析蕴藏其间的某些问题,为实现全国范围内的城乡教育公平发展提供有效参考资料。显然,城乡教育不公平这一客观事实是研究活动的因,研究活动是对现实社会中存在的以城乡教育不公为典型的教育不公平问题的积极回应。

(二) 积极满足我国公民教育公平意识日益提高的客观需要

虽然教育不公平问题早就存在,但是教育在人们社会生活中的直接利益在较长时间里没有即刻得到反映;与此同时,中国老百姓观念比较传统,对新中国成立以来我国政府的教育政策一直比较信任,公平意识比较薄弱。然而,随着市场经济体制的建立,各种竞争弥漫、渗透到人们日常生活的各个领域,教育在人们生存与发展中的显性效应直接得到体现,人们对教育所具有的价值的认识发生了深刻变化,从远离生活的抽象认识逐步转变为具有丰富生活内容的、具体的、与生活紧密相连的生动感性认识,教育公平意识不断增强。特别是在改革开放取得阶段性成果的大背景下,国家提出贯彻落实科学发展观、构建社会主义和谐社会等一系列国家现代化建设理念后,人们对教育的需求越来越旺盛,而教育不公平的现实越来越为人们所感知、认知。现阶段社会的主要矛盾——人民日益增长的物质文化需要同落后的社会生产之间的矛盾,具体表现在教育方面,就是广大人民群众越发强烈的对优质教育资源的渴求和日益高涨的对教育公平的价值诉求,同教育发展总体水平较低和教育发展不公平之间的矛盾,其中教育公平问题日益成为人们的主要关注点。“不断缩小现存的各种教育差距,推进教育均衡发展,日益成为民众关注焦点、学术界研究重点、领导层的政策共识”①。

（三）积极回应政府出台的“城乡教育均衡发展”政策

“城乡教育均衡发展”这一术语出现的时间较早。借助于现代学术期刊搜索工具,结合相关领域专家的研究成果,我们发现《贵州社会科学》1994 年第 1 期艮景州发表的《建立有利于义务教育均衡发展的资金保障体系》一文,较早从义务教育的资金保障体系角度出发系统地探讨了义务教育的均衡发展问题。此后关于“教育均衡发展”的文献研究不断丰富,进而有学者提出“教育均衡发展是一种全新的教育理念,是一种全新的教育发展观”②。

“城乡教育均衡发展”与 2002 年党的十六大报告提出的“城乡统筹”的发展观之间互相关联。党的十六大报告指出:“统筹城乡经济社会发展,建设现代农业,发展农村经济,增加农民收入,是全面建设小康社会的重大任务。”③十六届三中全会又正式提出,要“建立有利于逐步改变城乡二元经济结构的体制”④。中共中央从国家层面开始将城乡教育均衡发展纳入城乡统筹的整体发展规划之中。此后,“教育均衡发展”概念逐步从观念、理念上升到政策,进而正式进入法律层面,并逐渐化为具有实质意义的教育发展观念与教育发展内容。2003 年 9 月,国务院在《关于进一步加强农村教育工作的决定》中又明确提出,“省级政府要切实均衡本行政区域内各县财力,逐县核定并加大对财政困难县的转移支付力度”,这是教育发展意义上的“均衡”概念较早在国家层面的重要文件中出现。⑤ 而 2005 年 5 月印发的《教育部关于进一步推进义务教育均衡发展的若干意见》正式从国家政策层面提出要“统一思想认识,把推进义务教育均衡发展摆

---

① 邵泽斌. 理念变革与制度创新:从教育均衡到城乡教育一体化[J]. 复旦教育论坛,2010,8(5).

② 李振村,梁伟国. 为了每一个孩子的幸福成长:山东省寿光市教育均衡发展透视[J]. 人民教育,2002(3).

③ 江泽民. 全面建设小康社会,开创中国特色社会主义事业新局面:在中国共产党第十六次全国代表大会上的报告[DB/OL]. http://news. xinhuanet. com/newscenter/2002 - 11/17/content_632239. htm,2002 - 11 - 17.

④ 中国共产党十六届三中全会公报[DB/OL]. http://news. sina. com. cn/c/2003 - 10 - 14/21231921305. shtml,2003 - 10 - 14.

⑤ 国务院关于进一步加强农村教育工作的决定[DB/OL]. http://news. xinhuanet. com/newscenter/2003 - 09/20/content_1091291_1. htm,2003 - 09 - 20.

上重要位置"①。此后几年各地方还根据各地具体实际提出了"义务教育优质均衡发展"等更高层次的教育均衡发展目标。2006 年 6 月新修订的《中华人民共和国义务教育法》,多处重点强调"教育均衡",这标志着"教育均衡"在法律层面得到了确认。②

然而,教育均衡发展重点强调城乡各级教育尤其是城乡义务教育的均衡发展,其逻辑前提是承认我国目前仍然存在两个不同样态的、具有明显差距的城乡教育"实体"。从总体而言,全国城乡之间关系如何?城乡之间教育差距怎样?区域内城乡之间的各类教育关系如何?"均衡发展"语境下的教育发展本身似乎难以作出准确的回答。因为在"均衡发展"框架下的城乡教育不仅表现为不同存在空间中的教育发展样态,而且表现为不同空间中的人们接受不同质量的教育、享受不同的教育机会、拥有不同的教育权利的事实样态。城乡均衡的思维逻辑,其前提就是承认城乡之间的分离、隔离与独立。区域内的城乡事实上是一个区域的有机组成部分,除了地理空间位置的不同以外,各组成部分同属于整体,在发展性方面表现为整体性。教育发展也表现为城乡教育整体发展。因此,面对城乡教育不公问题,我们首先必须清算城乡分离的思维惯性,把城乡作为一个整体进行宏观规划、微观落实。事实上,随着城镇化的加速,城乡一体化发展不仅是一种新的发展观,还是我国缩小城乡差距,实现共同富裕、共同幸福、共同文明的重要战略思想。城乡一体化催生城乡教育一体化的概念,因此城乡教育一体化发展是对城乡教育均衡发展思想的超越,也是对城乡教育均衡发展实践提出的挑战。

(四)积极回应"城乡一体化"社会发展理念

"城乡一体化"概念是党中央在十七大提出的新的社会发展理念。党的十七大报告在论述新农村建设时指出:"要加强农业基础地位,走中国特色农业现代化道路,建立以工促农、以城带乡长效机制,形成城乡经济社会发展一体化新格局。"③十七届三中全会进一步指出了我国目前的城乡一体化发展态势和发展路径,即"我国总体上已进入以工促农、以城带乡的发展阶段","进入着力破除

① 教育部关于进一步推进义务教育均衡发展的若干意见[DB/OL]. http://www.jledu.gov.cn/dd/wxzl/jyb/2005/0525/2631.html,2005-05-25.

② 邵泽斌. 理念变革与制度创新:从教育均衡到城乡教育一体化[J]. 复旦教育论坛,2010,8(5).

③ 胡锦涛. 高举中国特色社会主义伟大旗帜,为夺取全面建设小康社会新胜利而奋斗:在中国共产党第十七次全国代表大会上的报告[DB/OL]. http://news.xinhuanet.com/newscenter/2007-10/24/content_6938568_4.htm,2007-10-24.

城乡二元结构、形成城乡经济社会发展一体化新格局的重要时期”①，提出了到2020年基本建立城乡经济社会一体化基本机制。随着十八大和十八届三中全会的召开，“城乡发展一体化”的社会发展战略更进一步得到了新一届党中央领导集体的继承与发扬。十八届三中全会提出了“必须健全体制机制，形成以工促农、以城带乡、工农互惠、城乡一体的新型工农城乡关系”②。“城乡一体化”的新提法把城和乡都当作政治、经济、文化、教育和社会发展的重要主体，而不是一味地强调农村地区城镇化。这种新的社会发展理念把城、乡两个社会发展主体统一起来，调动两个主体的积极性，使之成为一个社会系统的有机组成部分，通盘考虑，使两者由自身发展“单循环”走向互动发展“双循环”，以实现城乡“资源共享，共赢共荣”③。城乡一体化内在地包含着城乡教育一体化发展目标。因此，城乡教育一体化发展战略毋庸置疑地成为城乡一体化发展战略的重要组成部分，也理应成为考量城乡一体化发展战略实施效果的重要指标。《国家中长期教育改革和发展规划纲要（2010—2020年）》正式将“建立城乡一体化义务教育发展机制”④写入其中。“城乡教育一体化”是“城乡教育均衡发展”的目标，同样也是其发展的重要手段和路径选择，因而更具有深刻的政策导向作用。如同“城乡一体化”的提法那样，“城乡教育一体化”强调城与乡空间位置的相对分开，弱化城与乡两个教育主体的单向发展性，更不是一味地使农村教育城镇化，而是在承认城、乡都是区域发展有机组成部分的基础上强调两者在教育发展上都具有其优势和劣势，强调城乡教育优势互补，实现城乡教育资源双向流动。也正是从这个意义上看，“城乡教育一体化”的提法比“城乡教育均衡发展”和“缩小城乡差距”等提法更具有战略导向意味。

（五）科学分析学术界研究成果与政府决策的互动效应

国家经济社会统筹发展必然要求城乡教育一体化由理想变为现实，研究城乡教育一体化战略成为经济社会协调发展的重要前提。党的十七大报告明确提出城乡经济社会统筹发展的战略要求。城乡教育一体化发展是实现党的十七大、十七届三中全会“统筹城乡经济社会发展，把着力构建新型工农、城乡关系作为加快推进现代化的重大战略”思想的具体表现，是进一步加强建设社会

---

① 中国共产党十七届三中全会公报[DB/OL]. http://politics.people.com.cn/GB/1024/8160381.html,2008-10-12.

② 中国共产党十八届三中全会公报[DB/OL]. http://news.sina.com.cn/c/2013-11-12/191828691069.shtml,2013-11-12.

③ 李广舜. 国内外城乡经济协调发展研究成果综述[J]. 地方财政研究,2006(2).

④ 国家中长期教育改革和发展规划纲要（2010—2020年）[DB/OL]. http://www.moe.edu.cn/publicfiles/business/htmlfiles/moe/moe_177/201008/93785.html,2010-07-29.

主义和谐社会、落实科学发展观的重要步骤。缩小城乡差距，促进城乡经济社会一体化的关键是提高农村人口的文化素质，只有从城乡整体发展角度优先发展农村教育，提高农村人口的综合素质，才能完成“以城带乡，城乡和谐发展”的战略任务。

实现教育公平发展必然首先要求城乡教育一体化，城乡教育一体化战略研究是实现教育公平的首要手段。教育公平不仅是教育发展的理想选择，还是社会发展的重要保证。党的十七大报告从“教育公平是社会公平的基础”的角度来阐述教育公平发展的意义。而城乡教育之间存在的巨大差距是对教育公平理念的背离，也是对教育良性发展方向的严重偏轨，更是对社会协调、稳定发展理想的否定与拒绝。因此，要实现教育公平必须关注农村教育，注重城乡一体化的整体发展规划，把城乡不同空间的教育发展作为社会整体教育发展的两个有机组成部分。

城乡教育一体化实践与理论探索经验必然要求提高城乡教育一体化研究的深度，城乡教育一体化战略研究是城乡教育一体化实践探索与理论深化的历史选择。城乡教育一体化在全国相关地区已经开始了实践探索，有些学者从教育改革实践需要出发对此进行了理论研究。从文献资料看，早在 1995 年就有学者对城乡教育一体化提出了一些看法，并形成了一些研究成果。

20 世纪末 21 世纪初，北京、四川、山东、浙江、江苏、上海、天津等地区在教育主管部门的领导下开始进行城乡教育一体化实践。此后，有关城乡教育一体化的实践成果不断出现在各地教育媒体与学术研究杂志上，有些质量较高的研究成果在权威核心刊物上相继出现。2008 年开始，教育部与重庆市、成都市、湖北省、湖南省、上海市分别共建国家教育综合改革试验区，推进城乡教育一体化改革，拉开了轰轰烈烈的省域内城乡教育一体化进程的序幕。同时，新一轮的研究活动开始了，形成了更高水平的研究论文以及研究报告。这预示着城乡教育一体化研究不仅进入普通学者的研究视野，还成为学术界、决策与实践部门比较关注的焦点问题，还成为高层领导以及专家学者的研究内容、关注重点。这些理论成果与实践成果向人们展示了教育改革的新方向以及新时代的要求，也进一步要求社会对此给予更多的关注，尤其是要求国家层面对此投入更多的人力、物力、财力加以研究，对各地城乡教育一体化实践经验加以总结，从最宏观、最根本的问题入手，进行理论概括与研究。因此，城乡教育一体化战略研究是对全国各地的实践经验进行的总结，是在总结经验基础上的深入研究与理论提升。

城乡教育一体化模式概括与比较需要对典型地区的城乡教育一体化进行深入研究，城乡教育一体化战略研究中对重点地区如四川成都、山东莱芜、浙江嘉兴、江苏苏南地区经验的总结与概括是研究活动的应有之义。这些地区是中国城乡教育一体化发展的实践前沿，通过几年的实践积累了丰富的经验，形成了鲜明的地方特色：一是坚持教育优先发展战略，强化各级党委政府对教育工作的统筹领导；二是科学规划，各级学校结构布局与人口变动、产业调整、城乡建设相协调；三是坚持把外来人口子女教育纳入区域城乡教育发展的长期规划和区域社会经济整体发展战略框架；四是加强城乡社区教育一体化，促进社区教育与国民教育协调发展。在城乡教育一体化发展过程中还面临一些挑战：城乡义务教育资源的均衡化程度与本地人民的需求之间仍然存在差距，城乡国民教育和终身教育体系还不能适应人口总量规模继续扩大、老年人口不断增加等变化带来的多样性需求。上述地区城乡教育一体化的发展实践经验对全国其他地区城乡教育一体化的发展具有一定的示范作用，所以本书将以江苏省苏州市、无锡市、常州市为代表的苏南等地区为例，认真总结城乡教育一体化发展过程中的先进经验，积极挖掘其理论依据，重点研究战略目标、实施步骤和保障机制。研究成果对提高城乡人口素质、推动城乡经济社会一体化发展、进一步推进社会主义和谐社会的建设具有重大实践指导意义，对全国其他地区城乡教育一体化战略实施具有推广价值；同时本书以上述地区的城乡教育一体化发展实践为例，积极探索城乡教育一体化发展的一般规律，有利于构建中国特色城乡教育一体化发展理论，有利于拓展社会发展理论以及教育发展理论的研究领域，有利于丰富和发展马克思主义社会发展理论。

二、核心概念界定

概念是在人类社会历史发展过程中形成的，是人类知识经验的概括和总结。厘清概念的内涵和外延是开展研究活动的重要前提和基础内容，是规定具体研究活动、探讨研究路径、形成预定研究成果的关键环节。界定概念的内涵、分析概念的外延又是规定概念以及探讨全部概念过程的首要环节。从形式逻辑角度看，概念的内涵是指该概念所反映的对象的本质属性的总和；而所谓本质，也就是一事物之所以为该事物以及区别于其他任何事物所固有的、唯一的根本属性。概念的外延反映思维对象的范围，也指该概念适用的范围，特指具有该概念所反映的本质属性的一切对象。

城乡教育一体化与教育发展战略是本课题的两个核心概念，从内涵与外延两个层面对其进行界定遵循了研究活动的一般路径。

（一）城乡教育一体化的内涵与外延

城乡教育一体化研究自20世纪90年代开始，学术界就城乡教育一体化的概念、城乡教育一体化发展的必要性以及体制机制建设等相关领域进行了积极探索，积累了丰富的研究成果，其观点对本课题研究具有重要的启发作用。

什么是城乡教育一体化？学术界对此有不同的理解。由于不同的学者理解的角度不同，所以城乡教育一体化的概念具有不同的文字表述。通过广泛阅读资料，我们对自2006年至2012年核心刊物以上的教育类杂志中有关城乡教育一体化概念的论述进行了整理，摘录了具有代表性的观点，共有以下几种角度以及相应的观点。

1. 城乡教育一体化的系统论观点

最早提出城乡教育一体化概念的王克勤认为："城乡教育一体化是指在教育发展中，把城乡教育置于由城市和乡村所构成的同一个大系统之中，打破城乡二元经济结构和社会结构的束缚，把它们视为同一个整体，以系统思维方式，推动城乡教育相互支持、相互促进、协调发展，共同实施教育的现代化。"①张旺认为："城乡教育一体化就是把城乡教育作为一个大的系统，作为一个整体，统筹发展，教育资源城乡共享，教育要素在系统内、城乡间合理流动，城乡教育互相支持、互相补充，实现城乡教育共同繁荣发展。"②彭茂辉、胡廷娜认为："所谓城乡教育一体化是指城市、农村打破城乡二元的教育体制，形成一个紧密的教育系统，在此过程中，教育产生新的结构和功能。"③杨瑞认为："城乡教育一体化是乡村、城市打破城乡二元的教育体制，形成整体化的教育系统，实现教育领域的城乡和谐发展、优质发展，并通过教育传承、分享和发展人类共同的文化成果。其实质就是让居住在城市和农村的所有人都享有平等的受教育权利。"④

此外，李敏、万正维也认为："城乡教育一体化则是在教育领域内实现城乡和谐发展，城乡共享优质教育资源，并通过教育传承、分享和发展共同的人类文化成果。因而城乡教育一体化不是消灭城乡教育各自的特色、使学校变得千篇一律，而是寻求交流和共享，强调的是把城乡教育置于由城市和乡村所构成的同一个大系统中，打破城乡二元经济结构和社会结构的束缚，把它们视为同一个整体，以系统思维方式，推动城乡教育相互支持、相互促进、协调发展、共同实

① 王克勤. 论城乡教育一体化[J]. 普教研究，1995(1).

② 张旺. 城乡教育一体化：教育公平的时代诉求[J]. 教育研究，2012(8).

③ 彭茂辉，胡廷娜. 不要让我国的城乡教育一体化成为一种愿景[J]. 继续教育研究，2010(8).

④ 杨瑞. 城乡教育一体化背景下农村教师的补充机制[J]. 学理论，2012(29).

施教育的现代化。”①

上述研究者主要侧重从社会大系统视角来研究城乡教育一体化，强调城乡之间相互联系、相互支持，既体现教育的平等性，又体现教育的空间特点。

2. 城乡教育一体化的整体论观点

与系统论相关，有的学者强调城乡整体性。如荣宪举、陈蔚萍两位研究者认为：“所谓城乡教育一体化是指从城乡社会整体出发，通过整合和优化城乡教育资源，使城乡教育优势互补、共同繁荣。城乡教育一体化强调城乡师生具有相同的教育权利和机会，缩小校际间差距，做到校际间均衡发展，在完成国家规定的教育任务基础上体现学校之间不同发展特色的多样化发展。”②黄若君认为：“城乡教育一体化是指将城乡教育作为一个完整系统，打破城乡相互分割，逐步实现教育资源在城乡间的合理流动和优化组合，促使教育资源在城乡之间合理分布，城乡教育紧密结合，逐步缩小乃至消灭城乡之间的教育差别，从而促使城乡教育融为一体共同并协调发展。”③刘亚娜认为：“城乡教育一体化是指视城乡教育为一个整体，打破城乡教育分割、分治的发展模式，促进教育资源在城乡间的均衡配置、合理流动和优势互补，加强城乡教育的紧密结合，逐步缩小城乡之间的教育差距，最终实现城乡教育均衡发展、协调发展、共同发展。”④滕卫双认为：“所谓城乡教育一体化就是把城乡教育作为一个整体，通过深化教育体制改革和政策调整，充分利用城乡教育各自优势与特色，优化整合城乡教育资源，发挥城市辐射带动作用，促使城乡教育双向沟通、优势互补、良性互动，最终实现城乡教育的协调发展、共荣共强。”⑤谢延龙认为：“城乡教育一体化是指在城乡教育发展战略上把城市、农村视为一个整体，统一布局城乡教育，加强城乡教育之间的协作与交流，使城乡教育协调发展、互为融合、共同繁荣，逐渐消除城乡之间的教育差距，促进城乡教育走向健康、一体的发展。”⑥

李潮海、于月萍也认为：“城乡教育一体化就是随着经济社会的发展，为了满足城乡居民对物质和精神生活的共同需求，缩小城乡教育的差距，把城市教育与农村教育作为一个整体，通过政府及其教育行政部门科学统筹谋划，通过

---

① 李敏，万正维. 城乡教育一体化进程中的文化建设初探[J]. 成都大学学报：教育科学版，2004(4).

② 荣宪举，陈蔚萍. 城乡教育一体化背景下农村教师职后培训新途径[J]. 漯河职业技术学院学报，2012(4).

③ 黄若君. 城乡教育一体化与资源均衡配置[J]. 沿海企业与科技，2011(1).

④ 刘亚娜. 河南省城乡教育一体化进程中外语教育均衡发展研究[J]. 赤峰学院学报：汉文哲学社会科学版，2012(3).

⑤ 滕卫双. 河南省推进城乡教育一体化的实践困境及其出路研究[J]. 科技与教育，2012(3).

⑥ 谢延龙. 城乡教育一体化进程中的教师流动机制建构[J]. 集美大学学报，2012(4).

体制改革和政策调整，切实打破城乡教育二元结构，使城乡教育互相融合、互相促进，并在规划发展、体制机制、政策保障、资源配置、内涵建设等方面达到一体化，实现城乡教育协调、均衡、可持续和共同发展，最终实现城乡教育共同现代化的过程。"①

3. 城乡教育一体化政策学观

邵泽斌从教育政策学角度来解读，认为："城乡教育一体化具有教育目标的城乡共生、教育资源的城乡互动、教育对象的城乡交融等三个方面的政策意蕴。"②他认为城乡教育一体化不是天生自然形成的，而是教育发展政策制定的出发点与基础，也是政策为教育发展服务的重要体现。

4. 城乡教育一体化教育学观

褚宏启选择从教育学角度出发，研究分析城乡教育一体化的实现路径、任务目标和发展愿景等方面。他对城乡教育一体化概念作出如下表述："城乡教育一体化是指统筹城乡教育发展，整合城乡教育资源，打破城乡二元经济结构和社会结构的束缚，构建动态均衡、双向沟通、良性互动的教育体系和机制，促进城乡教育资源共享、优势互补，推动城乡教育相互支持、相互促进，缩小城乡之间的教育差距，有效消除地域、经济等原因导致的教育不公平，改变农村地区教育的落后状况，使均衡化的公共教育服务覆盖城乡全体居民，实现城乡教育均衡发展、协调发展、共同发展。"③

马焕灵认为："在城乡教育一体化概念的理解上，我们需要把握三个基本的侧度，即目标、速度和质量侧度。首先是教育发展目标的一致性。不管是城市教育还是农村教育都要既适应经济的发展，又要为经济建设服务。城乡教育发展目标'一体化'就是'一致性'。二是教育发展速度的协同性。城乡教育本来就差距较大，如果前者快进，后者慢行，差距将更大，因此，城市教育要发展，农村教育更需要加快发展，只有这样城乡教育才能协同起来为经济建设服务。三是教育发展质量的趋向性。"④城乡教育发展应该有一个共同的质量要求，高质量地普及九年义务教育，城乡教育质量一体化就是要朝着这一共同的目标去寻求高水平的均衡发展。马焕灵认为，城乡教育一体化不是城乡教育一样化，不是城乡教育同步化、齐步走，而是根据城乡各自的特点与优势，优化教育过程和资源配置，发展特色教育，打造教育品牌，提高办学效益；城乡教育一体化是双

---

① 李潮海，于月萍. 城乡教育一体化若干基本问题的思考[J]. 现代教育管理，2010(4).

② 邵泽斌. 理念变革与制度创新：从制度创新到城乡一体化[J]. 复旦教育论坛，2010，8(5).

③ 褚宏启. 城乡教育一体化：体系重构与制度创新——中国教育二元结构及其破解[J]. 教育研究，2009(11).

④ 马焕灵. 城乡基础教育一体化之制度障碍及其克服[J]. 当代教育科学，2010(10).

向的，不是单向的，不是乡村教育城市化，更不是城市教育乡村化，而是城市教育与乡村教育互相吸收先进和健康的因素、摒弃落后因素的一种双向演进过程。我们可以看出，马焕灵强调从教育发展本质与教育发展规律出发来解读城乡教育一体化，主张从教育与经济、社会发展之间的关系角度把握城乡教育一体化的本质，从教育发展共性与个性角度把握城乡教育一体化的发展规律。

李勇也认为："城乡教育一体化是教育的城乡一体化，不是城乡教育一样化，其内涵主要如下：在共同目标指引下，城乡学校密切联系，全面优化资源配置；强化教育相关领域和环节协调一致的整合效应，确保教育整体与局部的充分融合，平衡发展；建构过程中，立足一点，连成一线，形成一片，织成一张城乡教育协调发展的立体网络；建设目标上，教育差距缩短既是城乡教育一体化的显著特征，也是实施城乡教育发展的必然结果。"①李玲等认为："城乡教育一体化的内涵可以概括为：在教育公平的核心价值取向下，打破城乡二元僵局，建设城乡教育共同体，在保持与发挥城乡教育区域性特色与优势的基础上，促进城乡教育互动联结、相互帮扶、相互作用、消解差距，逐步实现城乡教育公平、共生共荣、协调发展的动态进程。"②

孙冬梅、胡慧妮则认为："城乡教育一体化作为城乡一体化的衍生概念，是指，统筹城乡教育发展，整合城乡教育资源，打破城乡二元经济结构和社会结构的束缚，构建动态均衡、双向沟通的教育体系和机制，促进城乡教育资源共享、优势互补、良性互动，缩小城乡之间的教育差距，使均衡化的公共教育服务覆盖城乡全体居民。"③

5. 城乡教育一体化文化观

魏峰认为："在文化的视角下，城乡教育一体化是一种基于文化、通过文化、为了文化的教育体系。'基于文化'是指城乡教育一体化是在城乡文化二元对立这一现实的文化基础上，以城乡文化二元一体的美好愿景——'现代中国文化'为平台所开展的教育。在这个平台上，教育目标的设立和教育内容的选择都既要考虑到城市和农村各自的文化特质及其差异，又追求城乡文化在城乡一体化的教育体系内消除隔阂、尊重差异、和谐共处。'通过文化'是指城乡一体化的教育将以文化多样性和文化自觉为教育的内容和方式，培养受教育者对文化的适应性和文化的敏感性，并以对文化适应能力和改造能力的培养为重点来提升受教育者的全面素质，使受教育者成为'有文化的人'。'为了文化'是指

① 李勇.城乡教育一体化：关于涪陵教育发展的思考[J].重庆工贸职业技术学院学报，2011(1).
② 李玲，宋乃庆，等.城乡教育一体化：理论、指标与测算[J].教育研究，2012(2).
③ 孙冬梅，胡慧妮.城乡教育一体化的内涵与价值追求[J].天津市教科院学报，2012(1).

通过城乡一体化的教育，培养现代中国文化精神的承载者和创新者，通过缓解城乡文化的冲突以及城乡文化的融合和互动促进文化的繁荣和发展，进而实现现代中国的文化复兴。这样的城乡一体化的教育体系需要在培养目标、教育内容和教育方式上进行全面重构。”①

6. 城乡教育一体化非均衡论

查有梁认为：“城乡教育一体化，关键是要缩小城乡教育投入的差距，使城乡经济与教育能够一体化发展。城乡教育一体化并不是要办学模式单一化，相反，必须是办学模式多样化。两者都需要与时俱进，不可偏废。”②

许林同样认为：“城乡教育一体化的本质，就是让所有人口，无论居住在城市或农村，都享有平等的受教育权利。它是对教育均衡发展理论的突破，是农村教育发展的理性诉求，也是政府履行公共服务均等化职能的必然要求。但城乡一体化不是城乡教育无差别的发展，其是在受教育者平等地享受教育权利基础上的有差异的发展。”③

于月萍、徐文娜也认为：“城乡教育一体化是针对城乡教育的差异性和非均衡性提出的；城乡教育一体化的目标是实现城乡教育的均衡、协调、共同发展；城乡教育一体化的实现需要打破原有的制度安排，构建城乡一体化的制度体系。”④

虽然学者们站在不同角度对城乡教育一体化的内涵进行界定，其观点也略有不同，但均直接或间接地表达了这样几层意思：一是城乡教育一体化是针对城乡教育的二元结构提出的解决路径；二是城乡教育一体化是对城乡教育均衡思想的发展与超越，其最终目标是消除教育不平等，实现教育公平，是教育发展目标与教育发展手段的统一；三是城乡教育一体化是一个系统工程，需要全社会共同推动，其核心是进行制度建设。⑤

上述研究成果为我们理解城乡教育一体化概念提供了多元视角，但是如果把握不准确，也容易导致思维混乱。因此，本书借鉴各家所长，主要立足整体论视角来解读城乡教育一体化发展，认为：“城乡教育一体化是指从城乡社会整体出发，通过整合和优化城乡教育资源，使城乡教育优势互补、共同繁荣。从制度上讲，城乡教育一体化强调城乡师生具有相同的教育权利和机会；从空间上讲，

① 魏峰. 城乡教育一体化：基于文化视角的分析[J]. 复旦教育论坛，2010(5).

② 查有梁. 城乡教育一体化的新思考[J]. 中国教育学刊，2006(1).

③ 许林. 论城乡教育一体化：兼论“城乡学校捆绑发展”等于“城乡教育一体化”吗？[J]. 当代教育科学，2009(8).

④ 于月萍，徐文娜. 论城乡教育一体化制度体系的构建[J]. 教育科学，2011(5).

⑤ 林存银，褚宏启. 城乡教育一体化及其制度保障[J]. 教育科学研究，2011(5).

城乡教育一体化是同一区域内不同空间位置上互动发展；从时间范围来讲，城乡教育一体化是渐进地、不断缩小校际间差距，做到校际间均衡发展；从发展内涵上讲，城乡教育一体化是在完成国家规定的教育任务基础上，体现学校之间不同发展特色的多样化发展。”①城乡教育一体化是城乡教育资源双向互动、城乡文化优势互补的发展过程。它绝不是单向的乡村教育城市化，更不是城市教育乡村化，而是城市教育与乡村教育互相吸收先进和健康的因素，摒弃落后因素的一种双向演进过程。从发展趋势来看，城乡教育一体化是一个渐进的、永恒的过程，而不是结果，重在缩小而不是消除城市教育与农村教育的差距。

城乡教育一体化的外延涉及教育系统理论，这里主要从教育体系与教育要素两个角度进行划分。从教育体系出发，城乡教育一体化侧重城乡教育体系的一体化，包括学前教育一体化、义务教育一体化、职业教育一体化、高等教育一体化、特殊教育一体化、社区教育一体化等。从教育要素出发，城乡教育一体化重点研究教育主体发展一体化、教育环境一体化、教育客体一体化等。本书主要立足教育系统，从教育发展的不同层级出发，概括与总结各地尤其是苏南地区城乡教育一体化发展的实践模式，以义务教育发展为主线，分析苏南地区城乡教育一体化发展状况，总结一体化发展过程中取得的经验，提升一体化发展实践模式的理论水平。

（二）城乡教育一体化发展战略的含义

城乡教育一体化发展战略的重点在于对“战略”的理解。战略是一个旨在实现某一特定的长远目标的计划，是一种行动模式，具有全局性、谋略性和相对稳定性等特征。城乡教育一体化发展战略特指在未来城乡教育一体化发展目标、手段、保障条件的提供等方面的总称。本书提出的城乡教育一体化发展战略不是为了解决某一具体问题而提出的对策，而是从城乡社会整体发展角度，对未来城乡整体教育发展提出的具有前瞻性、全局性和相对稳定性的发展计划，是统筹城乡经济、政治、文化各领域整体资源，服务城乡教育整体发展的战略，也是以教育整体发展来促进城乡经济、政治、文化等社会整体发展的战略。

学术界关于城乡教育一体化发展战略的意义有不同的理解：区域内实施城乡一体化的战略可以比较有效地加快农村地区教育面貌改变的步伐，教育协调发展是实现教育公平的一个重要途径（陶西平）；城乡教育一体化是全面建设小康社会的迫切需要，也是教育自身的改革和发展之必需（浙江课题组）；发展农村教育，使广大农民群众及其子女享有接受良好教育的机会，是实现教育公平

① 郭彩琴，顾志平．城乡教育一体化的困境与应对措施[J]．人民教育，2010(20)．

和体现社会公正的一个重要方面，是社会主义教育的本质要求（吴德刚等）；城乡教育一体化有利于实现教育均衡发展，只有促进基础教育的均衡发展，才能真正公平地为每个人提供“生活通行证”（孙启林）；等等。

关于城乡教育一体化发展的重点和关键的主要观点有：城乡一体化战略的关键就是要将城市教育与乡村教育进行统筹规划，要处理好教育协调发展问题，目前来看要缩小三个差距——区域之间的差距、城乡之间的差距、校际之间的差距，在推动教育协调发展过程中不应千校一面（陶西平）；全面建设小康社会最繁重、最艰巨的任务在农村，教育发展和改革的主要差距也在农村，发展农村教育，使广大农民群众及其子女享有接受良好教育的机会（四川课题组）。

关于城乡教育一体化发展的保障，也有几种观点，主要认为：教育要实现协调发展，归根结底要通过政府加大教育投入、实行政策倾斜来实现，加大教育投入是实现协调发展的重要条件（陶西平）。政府和市场同时明确任务，分工负责，政府提供公平，市场提供选择的思路；要形成以四大基本要素为核心的保障体系，即“以人为本的城乡教育一体化的理念体系、良性互动的城乡教育一体化的结构体系、面向市场的城乡教育一体化的控制体系、三位一体的城乡教育一体化的保障体系”（四川课题组）。创立互换机制，鼓励教师流动；强化政府行为，完善监督评估（汪明等）。

此外，提出关于城乡教育一体化程度的测评指标体系在2010年以后成为学术界研究的重要内容。测评指标体系主要分两大类型，一种是学术界的研究成果，另一种是直接用于实践操作的指标体系。比较有代表性的测评指标体系有成都测评体系、苏州测评体系。

总之，城乡教育一体化发展战略是指从长远发展角度出发，关于区域内城乡教育一体化发展的目标定位、策略设计、机制保障等综合要素的总称。城乡教育一体化实践中，对发展战略进行研究有利于更好地把握发展方向，有利于引导具体发展策略的设计与制定，为区域城乡教育一体化良性运行产生积极导航效应。

第二节　城乡教育一体化发展战略研究述评

围绕“城乡教育一体化”这一研究主题，国内外研究领域已经积累了相关成果。为了吸收最具前沿性的研究成果，我们首先必须对相关研究成果进行归纳与提炼，并进行客观公正的评价。

一、国外研究状况

关于中国城乡教育一体化战略研究，国外还没有专门的研究成果，只是从教育机会均等、城乡一体化等不同角度进行研究。国外城乡一体化研究成果主要集中在发展经济学、城市学理论等领域，对城乡社会发展战略或者策略层面进行论述，形成比较有代表性的城乡关系理论，如刘易斯的二元经济论、乔根森的二元结构模型、缪尔达尔的地理二元结构理论、芒福德的城乡发展观、麦基的亚洲城乡一体化发展模式、城乡边缘区理论等。

（一）刘易斯的二元经济论

通过考察经济思想发展历程，我们发现，学术界普遍认为最早在学术研究领域引入“二元结构”概念的是伯克。伯克是荷兰的经济学家和社会学家，荷兰政府于 1860 年在其属地印尼推行经济自由政策并以失败告终，伯克对此进行了考察，认为经济自由政策的失败原因在于当时印尼经济社会的“二元结构”特征，即殖民主义输入的现代“飞地经济”与资本主义社会以前的传统社会并存。① 传统部门对自由经济下的价格、货币刺激的反应与资本主义部门完全不同，最终导致经济自由政策在印尼的失败。伯克的“二元结构”社会分析框架后来得到刘易斯、拉尼斯等学者的发展，其中以刘易斯最具代表性。刘易斯在分析发展中国家的经济社会特征时提出“两个部门结构发展模型”，把发展中国家的经济社会结构分为传统的农业部门和现代工业部门，这两种体系形成“二元经济结构”。此后，“二元结构模型”成为分析包括中国在内的许多发展中国家社会状况的基本模型。

（二）乔根森理论

乔根森理论又称乔根森二元结构模型，是指由美国经济学家戴尔·乔根森

---

① 李晓澜，宋继清. 二元经济理论模型评述[J]. 山西财经大学学报，2004(1).

于1967年在《过剩农业劳动力和两重经济发展》一文中提出的关于“工业部门的增长是如何依赖农业部门的发展的”的分析框架。它是依据新古典主义(New Classicalism)的分析方法创立的出于对古典主义的反思,在一个纯粹的新古典主义框架内探讨城乡经济关系的一种理论。

(三)缪尔达尔的地理二元结构理论

G.缪尔达尔是瑞典的经济学家,他在著作《经济理论和不发达地区》中从地理学角度论述了城乡之间的关系,进而改进并发展了传统的二元结构理论。他在论述经济发达地区和落后地区的经济互动关系时提出了“扩散效应”和“回浪效应”,用来说明地区间经济发展不平衡问题,并以此来解释和论证经济中心地区(经济发达地区)对其周边地区(经济落后地区)的促进作用和不利影响。这两种效应同样可以用来解释一个不发达国家内部经济发达地区和落后地区的这种经济关系。缪尔达尔认为不发达国家内部经济发展中普遍存在着一种经济发达地区和经济落后地区并存的地理上的二元经济结构。一方面,经济发达地区利用其在人均收入和工资水平上的地理优势,使资金、技术、资源、劳动力等生产要素从经济落后地区流向经济发达地区,从而形成“强者愈强,弱者愈弱”的马太效应。缪尔达尔把这种生产要素流向经济发达地区的现象称为“回浪效应”。另一方面,这种“回浪效应”导致的发展差距的扩大是经济发达地区和落后地区对比的结果,从整体上来看,整个社会的经济发展是会带动经济落后地区的经济发展的,即经济发达地区通过带动整体发展来带动落后地区的发展,缪尔达尔称之为“扩散效应”。根据这两种效应,政府在规划整体经济发展时应通过计划倾斜和重点投资以获得经济发达地区的强势优先发展,进而通过“扩散效应”带动经济落后地区的发展。同时,缪尔达尔又指出,在这种计划倾斜和重点投资发展中还要防止因此而产生的积累性因果循环造成贫富差距的无限扩大,在这方面政府应有所作为,即通过采取相应的积极措施来增强落后地区的自我发展能力。

(四)芒福德的城乡发展观

芒福德是美国著名城市地理学家,他把城市纳入更广泛的区域环境中,并将城市发展的机理与人类文化紧密联系,1961年著成的《城市发展史》堪称专业巨著,集中体现了他的城乡关系思想。他认为,城与乡,不能截然分开;城与乡,同等重要;城与乡,应该有机结合起来。① 芒福德在对比分析城市与乡村两个空间以后,认识到城市具有“容器”和“磁体”的功能,前者是城市的物质形

① 转引自郝寿义,安虎森.区域经济学[M],北京:经济科学出版社,1999:404-405.

式，而后者则是城市的精神本质，他进一步认为城市结构发生着“容器变薄和磁体增强”①的变化趋势。这种“磁体增强”的变化实际上是芒福德更加重视城市精神生活建设的表现。他主张建造许多能够形成一个更大的“区域统一体”的新的城市中心，这种新的城市中心是通过分散权力构建的，基于现有的城市主体，把“区域统一体”与许多“平衡的社区”相融合，进而促进区域的整体发展，使城乡之间发展趋于平衡，并最终发展为霍华德的田园城市发展模式。他认为田园城市发展模式的成功之处在于该理论首次在城市与乡村间建立起有机的联系，并把城市中的各种器官看作有序整体进行规划。

（五）麦基的亚洲城乡一体化发展模式

麦基是加拿大著名学者，他认为，近30年来亚洲许多国家和地区社会经济发生了急剧的变迁，农业生产活动的日益多样化和商品化，外资输入的增长，以及基础设施的改善，尤其是交通和通讯设备的改善，在大城市之间的交通走廊地带，原乡村地区出现了与城市相互作用强烈、劳动密集型的工业、服务业和其他非农产业，“城乡之间在地域组织结构上出现了一种以农业活动和非农业活动并存、趋向城乡融合的地域组织结构”②。为描述和概括这种特殊的区域生产现象，他借用印尼语将其称作“Desakota”（desa 即乡村，kota 即城镇），意为城乡一体化，该区域的生产活动表现出城市性和农村性双重特点，城乡之间出现了传统意义上的差别缩小和界限淡化的趋势。

（六）城乡边缘区理论

城乡边缘区理论的真正研究起步较晚，但其理论萌芽早已出现，如杜能的“孤立国”农业区位论。杜能是德国农业资本家，在19世纪德国开始农业制度改革之际的1826年，他发表了《孤立国》，认为当时流行的泰尔轮作式农业生产方式并非合理的农业经营的地域配置原则，他从“孤立国”的假想空间出发，要寻求企业型农业时代的合理农业生产方式，探索这种方式的地域配置原则。后来的狄更生“三地带论”，50年代托马斯和库恩的城市地域结构论中都包含有对城乡边缘区的研究萌芽。③ 城乡边缘区的主要特征表现为地域空间结构上的动态、过渡性，人口在社会学特征上的多元化，经济发展的复合型，激烈竞争的多样化土地利用等特征。④ 研究者认为，城乡边缘区形态和特征必然会受到城

---

① 刘易斯·芒福德．城市发展史：起源、演变和前景［M］．宋俊岭，等，译．北京：中国建筑工业出版社，2005：119．

② 转引自郝寿义，安虎森．区域经济学［M］．北京：经济科学出版社，1999：395－399．

③ 转引自范磊．城乡边缘区概念和理论的探讨［J］．天津商学院学报，1998(3)．

④ 转引自李泉．中外城乡关系问题研究综述［J］．甘肃社会科学，2005(4)．

乡间关系的影响,城乡边缘区不可能独立存在和发展,势必会和城、乡二者发生作用,并在互相作用中逐步走向融合,实现城乡一体化发展。

此外,还有人力资本理论、空间理论等都从不同角度涉及了城乡一体化以及在此过程中教育一体化发展的可能性和必要性问题。这些思想都为城乡教育一体化研究提供了一定的借鉴与启发。

二、国内研究相关数据

国内相关研究成果比较多,它与城乡一体化研究成果紧密相连。城乡一体化思想早在20世纪就已经出现了萌芽。基于历史发展的现状,城乡经济社会发展在改革开放以后仍未摆脱先前的二元发展结构。城乡利益主体间的发展呈现隔离、矛盾甚至对立的状态。随着改革开放事业发展的不断深入,城乡经济社会发展有了明显的改观,进而需要重新定位城乡二元经济主体在国家社会经济发展中的地位与作用。特别是科学发展观的提出,使城乡一体化思想逐渐受到重视。理论学术界和国家政策部门对城乡发展新模式都给予了高度的关注。由于各地区城乡发展水平的不同,以及城乡一体化外延的广泛性和丰富性,人们对城乡一体化概念和内涵的理解也不尽相同。如前文所述,城乡教育一体化天生是城乡一体化的重要组成部分,是考量城乡一体化水平的重要指标。因而,对城乡一体化的广泛关注,无疑也带动了对城乡教育一体化的关注。

国外理论界多从城乡的社会经济视角出发研究城乡一体化问题,而对城乡教育一体化的关注则较少。而从国内研究来看,随着教育公平问题在社会发展中的价值日益显现,国内理论界对城乡教育一体化的关注度呈逐年上升趋势。国内学者有关城乡教育一体化的观念、对于城乡教育一体化发展战略的观点在核心概念界定中已经作了阐述,本节主要从文献计量学的角度对国内研究成果进行直观考察,并在此基础上对研究基本状况进行一些总体评价。

本书以中国学术期刊网(CNKI)中的“中国学术期刊网络出版总库”为目标库,以“城乡教育一体化”为检索词,对1994—2012年间的所有杂志进行“篇名”检索,共检索出96篇研究论文。此外,试图借助Excel软件对96项数据进行统计,用文献计量学的方法从年度发文量、来源期刊、高被引文献、核心作者群、核心研究机构、基金资助情况、合作度、研究主题八个方面对统计数据进行量化分析,直观地呈现出该领域研究成果的基本走向,从而揭示其发展的一般规律。

(一)从年度发文量看城乡教育一体化的研究趋势

特定研究领域在某一时期的文献发文量,一定程度上能够反映该领域学术研究的理论水平，也能够及时反映社会发展与该研究领域之间的互动关系状况。以各年发文量及累计发文量两个维度作为分析工具，我们可以对1994—2012年期间“中国学术期刊网络出版总库”关于我国城乡教育一体化的96项研究成果进行细分，如图1-1所示。

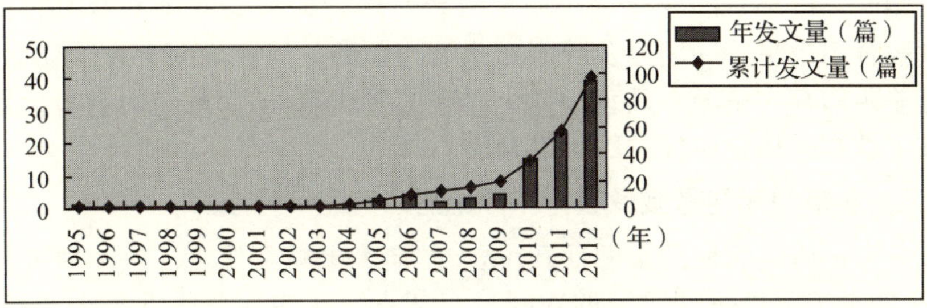

图1-1 城乡教育一体化研究成果年度发文量及累计发文量结构图

图1-1显示，城乡教育一体化作为研究课题开始于1995年，王克勤在《普教研究》1995年第1期上发表了《论城乡教育一体化》一文，这是我国第一篇公开发表的关于城乡教育一体化的文章。此后的1996—2001年这6年间没有出现该领域的研究成果。1995—2009年这15年间，该领域的年度发文量都在0~4篇之间。这表明在这一阶段，虽然我国对城乡教育一体化问题已有了初步的认识和研究，但这一问题还没有引起学术界的普遍关注。

然而，自2010年开始年度发文量突破10篇，此后发文量逐年大幅增长。2012年城乡教育一体化研究论文的年度发文量已经达到39篇。为什么这时出现研究成果加速增加的现象呢？大致有以下三点原因：一是我国教育发展过程中教育不公平尤其是城乡之间不公平的现象不断出现；二是我国民众对教育不公平问题的自觉意识不断提高；三是我国政府为了解决教育不公平问题，相继出台各项政策。

党的十七大报告提出“教育公平是社会公平的重要基础”①以后，全国各地纷纷制定政策，强调解决教育领域的不公，特别是城乡之间的教育不公、城市流动人口子女的教育不公、农村留守儿童的教育不公等问题。实践的推进需要理论的支持，因而2008年以后教育公平、城乡教育一体化等方面的研究成果不断增加。实践与研究交互进行的同时，《国家中长期教育改革和发展规划纲要（2010—2020年）》颁布，第一次从政策层面提出了“城乡教育一体化”概念，把

① 胡锦涛. 高举中国特色社会主义伟大旗帜 为夺取全面建设小康社会新胜利而奋斗：在中国共产党第十七次全国代表大会上的报告[DB/OL]. http://news.xinhuanet.com/newscenter/2007-10/24/content_6938568_7.htm, 2007-10-24.

城乡教育一体化研究推向了学术研究的最前沿，相关论文总量在2010年开始突然增加。而十八大则明确指出："合理配置教育资源，重点向农村、边远、贫困、民族地区倾斜，支持特殊教育，提高家庭经济困难学生资助水平，积极推动农民工子女平等接受教育，让每个孩子都能成为有用之才。"①

上述研究成果量的变化说明城乡教育一体化研究与我国教育过程中存在的城乡教育不公平等问题以及政府对此类问题的关注度之间存在密切联系，城乡教育差距的存在是城乡教育一体化研究的实践基础，而政府对教育问题的关注是城乡教育一体化研究的巨大推动力。

（二）从来源期刊看城乡教育一体化的研究空间构成

某一特定研究领域的来源期刊，是文献研究的重要维度。这一研究视角的选择，有助于了解该研究领域的空间分布特点。从期刊总体学术水平看，期刊具有权威核心、核心、普通等高低等级之分。来源期刊的分类研究是人们掌握、辨别某一研究领域核心期刊群的有效方法，它有助于人们对该领域研究资料的有效收集、整理与分析。为了有效把握城乡教育一体化研究资料的空间分布，进而拓展本领域研究，我们对城乡教育一体化研究成果的来源期刊进行了考察。

文献计量学中有一个著名的定律布拉德福定律，它是由英国著名文献学家B. C. Bradford于20世纪30年代率先提出的描述文献分散规律的经验定律。Bradford认为，根据特定领域的专业论文在某一期刊上发表的数量多少，期刊可以被定为该学科的核心区、相关区和非相关区。当各区论文的数量相等时，核心区、相关区、非相关区期刊数量成$1:a:a^2$（$a>1$）的关系。其中，a是布拉德福常数，或称比例系数。

根据统计，城乡教育一体化研究领域的96篇论文分布在65种期刊中，其发文分布如表1-1所示。

表1-1 城乡教育一体化研究成果来源期刊发文量分布表

区域	期刊数（种）	比例（%）	文献量（篇）	比例（%）
核心区	6	9.23	31	32.29
相关区	26	40.00	32	33.33
非相关区	33	50.77	33	34.38
合计	65	100.00	96	100.00

① 胡锦涛. 坚定不移沿着中国特色社会主义道路前进 为全面建成小康社会而奋斗：在中国共产党第十八次全国代表大会上的报告[DB/OL]. http://www.xj.xinhuanet.com/2012－11/19/c_113722546_7.htm，2012－11－19.

基于表 1-1 的统计数据计算，三个区域的期刊数之比为 6∶26∶33，不符合布拉德福文献离散规律的规定。这表明 1994—2012 年间我国城乡教育一体化领域发表文献的期刊尚未形成核心区域，我国城乡教育一体化还处于研究、发展时期。如果把发表城乡教育一体化研究成果 2 篇以上的刊物作为分析对象，那么城乡教育一体化研究成果的来源期刊主要表现为核心期刊（如表 1-2 所示）。刊登 2 篇及 2 篇以上城乡教育一体化研究论文的期刊有 12 种，载文量 43 篇，约占研究成果总数的 44.79%。12 种期刊中，9 种属于教育类核心期刊，它们是城乡教育一体化研究领域的重要情报源。96 项研究成果中，共有 49 篇发表在核心期刊上，约占研究成果总数的 51.04%，这说明城乡教育一体研究的文献质量较高。具体如表 1-2 所示。①

表 1-2　城乡教育一体化研究成果超过 2 篇的来源期刊发文量分布表

序号	期刊名称	论文量（篇）	百分比（%）	核心期刊
1	教育与教学研究	9	9.38	
2	教育科学研究	6	6.25	B
3	教育研究	6	6.25	A
4	中国教育学刊	4	4.17	A
5	复旦教育论坛	3	3.13	B
6	现代教育管理	3	3.13	B
7	继续教育研究	2	2.08	B
8	中国农村教育	2	2.08	
9	当代教育科学	2	2.08	B
10	煤炭高等教育	2	2.08	
11	上海教育科研	2	2.08	A
12	教育理论与实践	2	2.08	A
合计		43	44.79	

（三）从高被引文献看城乡教育一体化研究成果的影响力

文献被引用频次的高低能直接反映该文献的应用价值、参考价值和学术影响力，作者及其文献被引用的次数越多，说明作者对学术交流和理论研究产生的作用越大。由于成果被引的次数构成比较复杂，本文以被引 10 次以上作为

① A 表示被 CSSCI（2012—2013 年版）收录，B 表示被《中文核心期刊要目总览》（2012 年版）收录。

标准对96篇目标数据进行筛选,共选出10篇文献。按被引频次从高到低进行排列,10篇文献及其作者具体情况等相关信息如表1-3所示。

表1-3　城乡教育一体化研究领域高被引文献表

序号	高被引文献题名	作者	作者单位	文献来源	发表年份	被引频次
1	城乡教育一体化:体系重构与制度创新——中国教育二元结构及其破解	褚宏启	北京师范大学	教育研究	2009	91
2	教育制度改革与城乡教育一体化——打破城乡教育二元结构的制度瓶颈	褚宏启	北京师范大学	教育研究	2010	46
3	论城乡教育一体化	王克勤		普教研究	1995	29
4	城乡教育一体化的新思考	查有梁	四川省社会科学院	中国教育学刊	2006	23
5	马克思城乡融合思想与我国城乡教育一体化发展	郭彩琴	苏州大学	马克思主义研究	2010	15
6	论城乡教育一体化——兼论“城乡学校捆绑发展”等于“城乡教育一体化”吗?	许林	北京师范大学	当代教育科学	2009	14
7	城乡教育一体化若干基本问题的思考	李潮海 于月萍	辽宁教育研究院	现代教育管理	2010	14
8	理念变革与制度创新:从城乡教育均衡到城乡教育一体化	邵泽斌	南京师范大学	复旦教育论坛	2010	14
9	城乡教育一体化的困境与应对措施	郭彩琴 顾志平	苏州大学	人民教育	2010	12
10	城乡教育一体化进程中的教师资源配置研究——以陕西省为例	王鹏炜 司晓宏	陕西师范大学	陕西师范大学学报(哲学社会科学版)	2011	11

表1-3显示,城乡教育一体化研究成果中被引用情况差距比较大。褚宏启的两篇论文被引用频次最高,分别达91次与46次。其余文献被引用20多次、10多次不等。从论文的来源期刊来看,被引用频次高的论文主要来源于权威核心刊物。众所周知,《教育研究》是教育研究领域的权威核心杂志,它所具有的学术地位对城乡教育一体化研究成果影响力的体现具有重要推动作用。因此,论文被引用频次的高低从本质上讲与论文质量有着内在联系,即论文的学术水平决定其被引用频次;但是从表现形式上讲,论文的被引用频次与论文所在刊物的性质有着直接的关联度。城乡教育一体化研究成果的影响力主要通过《教育研究》等权威刊物得到体现。

（四）从核心作者群看城乡教育一体化研究成果的影响力

任何一个研究领域总是有高产作者，而高产作者就是该领域的核心作者。根据普赖斯定律，撰写全部论文一半的高产作者的数量，等于全部作者总数的平方根。可以用公式表示为：$\sum_{m+1}^{1} n(x) = \sqrt{N}$，其中，$n(x)$表示撰写 x 论文的作者数，$I = n_{max}$为该领域内最高产作者的论文数，N 为全部作者的总数。经推论得到，核心作者的最低论文数 $m = 0.749\sqrt{n_{max}}$。根据统计数据信息可以得出，作者群的最高产数 $n_{max} = 3$，m 约等于 1.30。因此，按照上述规则，城乡教育一体化研究成果中，发文量 2 篇以上（包括 2 篇）的作者可以作为核心作者群的人员备选。本文根据作者发文量以及成果被引频次两个维度，按照两个维度加权统计，测算城乡教育一体化研究领域的核心作者群。虽然有些作者发文量只有 1 篇，但其文章被引频次超过了 10 次，故也可以被列入核心作者之列。具体情况如表 1-4 所示。

表 1-4　城乡教育一体化研究核心作者群分布表

序号	作者	发文量	被引频次	序号	作者	发文量	被引频次
1	褚宏启	3	139	12	曾青云	2	2
2	郭彩琴	2	27	13	李敏	2	2
3	王克勤	1	29	14	邬志辉	3	0
4	查有梁	1	23	15	刘亚娜	2	1
5	于月萍	2	16	16	宋国英	2	0
6	刘潮海	2	14	17	严华银	2	0
7	许林	1	14	18	孙冬梅	2	0
8	邵泽斌	1	14	19	滕卫双	2	0
9	李刚	2	10	20	秦玉友	2	0
10	王鹏炜	1	11	21	胡慧妮	2	0
11	司晓宏	1	11				

表 1-4 显示，城乡教育一体化研究领域集中了一批研究者。由于他们的研究成果在同行中比较突出，即量比较多，影响力比较高，所以他们对城乡教育一体化研究起到推动作用。正是由于这些同行的努力，城乡教育一体化研究引起了社会的高度关注，同时成果也得到了政府的认可。

（五）从核心研究机构看城乡教育一体化研究成果的社会地位

对文献作者所在单位进行数据统计分析，可以从整体上把握和分析城乡教育一体化研究领域的核心研究机构。核心研究机构是根据核心作者的身份进行界定的。统计数据显示，北京师范大学的发文量为 9 篇，即最高产数 $n_{max}=9$，核心研究机构的最低论文数 $m=0.749\sqrt{n_{max}}$，即 m 等于 2.247，约等于 2。因此，发文量 2 篇以上（包括 2 篇）的研究机构可以被认定为核心研究机构。通过对研究机构发文量和论文被引频次进行加权统计，城乡教育一体化核心研究机构名次排序如表 1-5 所示。

表 1-5　城乡教育一体化研究领域核心研究机构表

序号	核心研究机构名称	发文量（篇）	被引量（篇）	总被引频次
1	北京师范大学	9	9	172
2	苏州大学	2	2	27
3	南京师范大学	3	2	22
4	辽宁教育研究院	3	2	16
5	成都市教育局	2	2	16
6	陕西师范大学	2	1	11
7	西南大学	5	1	3
8	江西师范大学	3	3	4
9	成都大学	4	1	2
10	沈阳师范大学	2	1	5
11	东北师范大学	5	0	0
12	新乡学院	3	1	1
13	许昌学院	3	0	0
14	江苏省教育科学研究院	2	0	0
15	兰州大学	2	0	0
16	江苏技术师范学院	2	0	0
17	信阳师范学院	2	0	0

表 1-5 显示，城乡教育一体化核心研究机构分布在全国各地。除了北京师范大学占据显眼位置以外，江苏涉及 4 家机构，河南 3 家，四川 2 家，辽宁 2 家，其他相关省市各 1 家。可以看到，机构所在地城乡教育一体化研究来自于当地城乡教育一体化改革实践的需要。在江苏省，伴随着城乡一体化发展战略的实施，城乡教育一体化发展不仅成为新形势下社会发展的重要组成部分，还是新时期教育改革的重要内容，城乡教育一体化实践必然迫切需要理论指导与理论

概括。四川省、重庆市等地的城乡教育一体化实践也领先于全国其他地方,形成具有地方特色的一体化模式。显然,城乡教育一体化研究与城乡教育一体化实践之间存在必然的互动关系,没有实践需要或者没有实践困惑,城乡教育一体化研究必然会失去动力与生命力。因此,城乡教育一体化研究成果来自于社会的需要,体现了其指导社会实践的重要地位与价值。

(六)从基金资助看城乡教育一体化研究成果的学术水平与学术内容

文献的基金资助数量是评价研究群体科研能力及水平的一项重要标准,获得基金的文献占总文献数量比例的大小可以反映出一个研究领域受到政府资助、社会关注的总体情况,同时在一定程度上能反映文献的重要性和导向性。中国学术期刊网(CNKI)中的"中国学术期刊网络出版总库"的统计显示,城乡教育一体化研究领域的文献有 17 篇获得基金资助,其中全国教育科学规划项目 8 项,国家社会科学基金项目 4 项,中国博士后科学基金项目 2 项,重庆市科委基金项目 1 项,宁夏高校科研基金项目 1 项,跨世纪优秀人才培养计划项目 1 项。具体情况如表 1-6 所示。

表 1-6 城乡教育一体化研究基金资助表

序号	资助基金	文献数量(篇)	占研究文献总量的比例(%)
1	全国教育科学规划	8	8.33
2	国家社会科学基金	4	4.17
3	中国博士后科学基金	2	2.08
4	重庆市科委基金	1	1.04
5	宁夏高校科研基金	1	1.04
6	跨世纪优秀人才培养计划	1	1.04
合计		17	17.70

表 1-6 显示,城乡教育一体化研究受到国家、政府的高度关注与支持,全国教育科学规划项目与国家社会科学基金项目共占所有研究成果的 12.5%,这充分说明该领域研究的社会关注度和国家重视程度较高。而在我国要获得上述基金资助,要求较高,其中研究者的学术背景与学术水平是获得资助的关键因素。

基金资助项目不仅说明研究成果的学术水平,还反映出研究成果的现实需要度。表 1-7 展示了 96 项研究成果中 17 项基金资助项目的名称。

表 1-7　城乡教育一体化研究基金资助课题名称一览表

序号	基金资助课题名称	课题立项时间
1	我国城乡教育一体化社会组织结构分析与建设问题研究	2009 年
2	影响城乡教育一体化进程的影响因素分析	2009 年
3	汶川地震致残儿童的数字化学习支持研究	2009 年
4	我国西部农村教育综合改革实验区发展有效模式研究	2009 年
5	城乡教育一体化的政策设计研究	2009 年
6	城乡教育一体化研究	2009 年
7	省管县域“农民学院”构建与返乡农民工再就业教育行动研究	2009 年
8	地方高师院校农村教师培养培训一体化模式研究	2011 年
9	构建城乡一体化的教育体制机制研究	2010 年
10	城乡教育一体化背景下农村教师队伍建设研究	2011 年
11	重庆市城乡教育一体化现状及对策研究	2011 年
12	四川省城乡义务教育投入一体化的有效途径探索	2011 年
13	城乡义务教育一体化发展机制研究	2011 年
14	城乡教育一体化研究——以常州市为例	2011 年
15	基于城乡一体化的中外基础教育制度改革模式研究	2011 年
16	西北回族地区城乡教育一体化进程中教师流动问题研究	2012 年
17	城乡一体化的义务教育发展机制研究	2012 年

一般而言，只有国家、政府认为必要的、重要的、紧急的项目，才能列入资助范围。城乡教育一体化是我国教育发展、经济社会发展的重要内容，其中城乡义务教育一体化、城乡教师发展一体化又是研究领域的重中之重。因此，国家与地方政府资助的相关项目中，城乡义务教育一体化的研究内容占比最高，课题名称中直接涉及义务教育与基础教育的有 6 项，而“教师流动”“农村教师队伍”“留守儿童”等词语本身就是研究义务教育阶段一体化问题的关键词。显然，城乡教育一体化研究成果与国家关注农村教育、流动人口子女教育、留守儿童教育等主题高度一致，是对我国教育改革、教育发展的重点问题的积极回应。

（七）从作者合作度看城乡教育一体化研究的团队构成

研究学术期刊的作者合作度与合作率有重要的实用意义和理论价值，它可以比较准确地评价一个学科完成一项科学研究课题所需的平均人数，为制定科学研究规划、选择科研人数提供科学依据。

所谓合作度，是指一定时期内相关文献的作者总数与论文总数之比，而合作率是指一定时期内相关领域内的合作论文数与论文总数的百分比。这两个指标反映的是一定时期相关领域内研究者的合作情况。城乡教育一体化研究作者群的合作情况如表 1-8 所示。

表 1-8　城乡教育一体化研究的作者合作度统计总分析表

合著/专著	文献量(篇)	百分比(%)
合著	42	43.75
专著	54	56.25
合计	96	100.00

42 篇合作成果中，又包括 2 人及 2 人以上两种合作情况，具体如表 1-9 所示。

表 1-9　城乡教育一体化研究的作者合作度统计细分析表

专著(篇)	2 人合作的文献(篇)	2 人以上合作的文献(篇)	文献总量(篇)	作者总数(人)	合作度	合作率(%)
54	37	5	96	59	0.61	43.75

表 1-8 和表 1-9 显示，城乡教育一体化研究文献的合作率为 43.75%，96 项研究成果中 2 人合作的文献 37 篇，2 人以上合作的文献 5 篇，其中，跨单位、跨地区合作比例超过 30%。这说明该研究领域团队合作意识较强，合作成果相对比较多，合作研究具有主流发展趋势。因为城乡教育一体化是对我国经济社会发展过程中面临的重大而又严峻挑战的积极回应，其涉及的研究问题无论是广度还是深度，都具有不断拓展与不断发展的趋势，研究过程中遇到的相关问题和大量数据靠单个作者无法及时解决与有效分析，而要靠学科之间、地区之间的研究者分工合作，协同作战。因此，团队协同合作是城乡教育一体化研究的必然趋势。

（八）从研究主题看城乡教育一体化的研究重点

通过对文献关键词出现频次的统计分析，我们可以了解某一学科领域研究的主题分布及重点内容，并掌握该领域的发展走向。本文通过“中国学术期刊网络出版总库”，将文献的所有关键词转换成 TXT、WORD 文档后，整体导入 EXCEL，运用 EXCEL 的分类统计功能，呈现关键词计数降序排列表。

根据 Donohue 于 1973 年提出的高频词与低频词界分公式：$T=(-1+\sqrt{1+8\times I_1})/2$，$I_1$ 是关键词词频为 1 的个数，统计得出 $I_1=175$，则 $T=18.2$，阀

值为18，即核心关键词只有城乡教育一体化、城乡教育、一体化。这显然不能反映研究的根本问题，出现这种现象的主要原因是目前的载文量还不足以反映本领域的研究热点，此处取词频大于2的关键词作为高频关键词，如表1-10所示。

表1-10　城乡教育一体化高频关键词统计表

关键词	词频	关键词	词频	关键词	词频
城乡教育一体化	40	教育制度	3	教育	2
城乡教育	19	教育一体化	3	政策	2
一体化	19	教育二元结构	3	模式	2
教育公平	10	发展	3	外语教育	2
城乡一体化	9	教师配置	2	教师	2
教育均衡	3	教育资源	2	学校	2
均衡发展	3	教育制度改革	2	均衡	2
指标体系	3	和谐发展	2	城乡	2

表1-10显示，城乡教育一体化研究与“城乡教育”“教育公平”“教育均衡发展”“指标体系”“教育二元结构”“教师配置”“教育资源”“教育制度改革”等密切相关。这些关键词在一定程度上代表了城乡教育一体化研究的热点及重点领域。

城乡教育一体化研究与城乡教育高度一致，没有城乡教育就没有城乡教育一体化；城乡教育又与教育资源、教师配置、城乡二元结构、教育公平等内容直接联系。因此，城乡教育一体化研究不是抽象的概念解说，而是包含丰富内容的研究体系：既有教育公平等价值取向的研究，又有教育资源公平配置、城乡教师共同发展、教育均衡发展等措施研究，还有评价城乡教育一体化程度的指标体系研究。

综上所述，城乡教育一体化是我国经济社会城乡一体发展的重要内容与基本前提，其研究进程与经济社会发展同步，研究成果既是我国经济社会发展与教育发展的必然产物和必然要求，又能够为我国经济社会发展与教育发展提供重要参考。因此，从计量学视角考察、分析现有研究成果，不仅可以清楚了解城乡教育一体化的总体研究状况，还可以直观呈现城乡教育一体化研究系统内部的相关关系，不仅可以为拓展城乡教育一体化研究提供重要信息，还可以为城乡教育一体化研究提供重要的方法论借鉴。

三、研究特点与研究局限性

以上国内研究呈现“三多三少”的特点，即基础教育角度研究多，宏观大教育角度研究少；教育学专家角度研究多，跨学科交叉研究少；教育一体化发展的具体措施研究多，宏观的一体化发展战略研究少。

（一）具体基础研究多，宏观大教育研究少

从目前占有的研究资料来看，大多数学者都是基于基础教育视角来探索城乡教育一体化发展，重点在义务教育阶段的城乡一体化发展上。从前文的国内研究观点综述中可以看到，无论是系统论观点还是教育学观点，主要是论述义务教育阶段城乡学校教育资源不均衡问题，所以在论述不均衡的表现以及导致不均衡的原因的前提下，探索实现城乡教育均衡配置的策略或者寻找城乡教育资源均衡发展的路径就成为上述研究活动的逻辑。而超越义务教育框架，城乡教育具有更加宽阔的外延，在有计划、有目的的组织活动的语境下，教育活动还包括学前教育与社会教育；从教育作为影响人发展的外部环境这一更加宽泛的视野来看，城乡教育一体化更需要强调外部文化环境的一体化营造，突出教育环境对人的全面发展所起的潜移默化的作用。并不是物质环境越先进，教育的育人功能就越能够充分发挥。反之，有些地方先进的物质文化反而导致人的畸形发展，甚至出现“异化”现象，即先进物质文化、优良的外部装备没有促进人的发展，反而成为压制人发展的外部力量。城乡一体化语境中，如何保持农村淳朴的传统文化，发挥其育人作用等方面的研究活动比较少，研究成果也相当稀缺。2012 年至 2013 年期间，中央电视台第 2 频道的《变形计》节目，讲述了农村孩子与城市孩子交换生活环境后，城市孩子与农村孩子思想观念以及生活能力等多方面所发生的变化。尤其是城市孩子的变化更加明显，他们被在贫乏的物质条件下顽强生存并乐观向上、努力学习的农村同龄人所震撼，厌学、逆反的不良心理在农村父母善良而朴实的言行影响下发生质变。如何研究与认识这样的教育环境、教育资源？如何从这样的“变形”经历中解读城乡教育一体化发展战略？这更需要我们去深入研究。

（二）教育学专家教育成果较多，跨学科研究成果较少

上述研究成果中，大多是教育学专家的研究成果，他们从教育学视角研究城乡教育一体化问题，从教育系统内部探索教育均衡与教育公平等问题，试图通过城乡教育一体化实现教育均衡发展的理想。教育发展不单纯是教育系统内部的问题，它与社会经济、政治、文化发展之间的关系紧密，没有其他要素的

积极参与与支持，城乡教育一体化发展的目标难以实现。就城乡教育一体化发展体制与机制来看，如果只是纠缠于资源配置的公平、城乡学校之间的捆绑等显性问题，难以真正把握城乡教育一体化的本质，也难以从战略上设计城乡教育一体化的目标与实现路径。它需要哲学、法学、经济学、社会学等相关知识的理论指导，需要教育界与社会各界的智力支持与关注。因此，跨学科研究，发挥各相关学科的知识优势，各相关成员合作探索，成为城乡教育一体化研究的必然趋势。

（三）城乡教育一体化发展的具体措施研究较多，而城乡教育一体化发展战略研究较少

相关研究活动与研究成果关注某一个区域的城乡教育一体化实践，对具体实践与操作经验研究得比较深入。这是前期研究的可喜之处，它为各地城乡教育一体化实践产生直接的指导作用。但是，城乡教育一体化必然是一个逐渐发展的过程，“化”表明过程性。因此，从长远发展角度，以战略思考的高度来审视城乡教育一体化，从系统论出发，科学设计城乡各级学校教育以及城乡外部教育环境，对中国教育的发展和中国城乡关系的处理具有更加积极、深远的意义。显然，只研究具体实践操作难以满足城乡教育一体化发展的深层次需要，而从战略部署的高度设计城乡教育与城乡社会之间的互动发展愿景更加有利于教育本身的发展，有利于教育的社会功能的发挥，更加有利于每一个人全面发展目标的实现。

第三节　城乡教育一体化发展战略研究范式及其他相关问题

城乡教育一体化发展战略研究必须形成具有特色的研究范式，并在此基础上采用具体的研究方法。范式决定研究方法，同时也呈现相应的研究成果。

一、研究范式及其与研究方法之间的差别

范式（paradigm）是科学哲学家托马斯·库恩（Thomas Kuhn）在《科学革命的结构》（*The Structure of Scientific Revolution*）一书中首先提出的。库恩认为，科学家之间只有通过大体相同的语言、方式和规则，才能找到一种解决科学问题的标准方式，即范式。《西方教育词典》认为，范式“是知识社会学术语，指一个人在执行任务、解决问题，或者广义地说从事他的事业时所持有的一系列看法，

包括这个人(同他所持有相同思想的同事们)在实践时所持有的观点、假设、价值准则、方法论以及检验的标准和精确度等。也可以说,在同一学科中不同思想流派是在不同范式中工作的"①。

研究方法是指研究者为获取研究对象的数据信息而采用的手段与途径,研究方法论是研究方法的组合运用逻辑。研究范式是研究共同体进行科学研究时所遵循的模式与框架。自然科学是"求真"科学,研究范式是替代性的。例如遵循了日心说的研究范式就必须否认地心说的研究范式,两者只能取其一。而人文科学是"求优"科学,研究范式是累积性的,不存在绝对的对错,因此在认同建构主义的同时,也不能否认行为主义和认知主义,只是它们在不同的场合有着各自的优势罢了。②

二、几种典型的研究范式及其应用

在社会科学研究过程中,历来有多种研究范式。就学术界呈现出来的研究成果来看,至今最具典型性的研究范式有以下几种。

(一)实践研究范式或行动研究范式

行动研究是指在具体社会情境中行动者根据具体问题,提出研究课题,综合运用各种研究技术和方法,以提出解决问题的方法,从而改善行动质量的研究方法。美国心理学家库尔勒·勒温较早提出"行动研究"概念。他认为行动研究指的是"研究课题来自实际工作者的需要,研究在实际工作中进行,研究由实际工作者和研究者共同参与完成,研究成果为实际工作者理解、掌握和实施,研究以解决实际问题、改善社会行动为目的"③。此外,约翰·埃里奥特、凯米斯等人从社会情景参与者角度进一步阐述了行动研究的特点和目的。

(二)哲学思辨或理论思辨研究范式

哲学思辨方法是指运用哲学逻辑推理方法进行理论性、概念性研究的方法。④ 其显著特点是要追求理论的完整性和逻辑性,从多角度对问题进行剖析论证。这种研究方法虽然是不能够脱离现实的,但它的分析研究方法却是"书

① 柯小华,李红.试探析"基于设计的研究"的理论归属[J].开放教学研究,2008(4).

② 张文兰,刘俊生.基于设计的研究:教育技术学研究的一种新范式[J].电化教育研究,2007(10).

③ 李小云,齐顾波,徐秀丽.行动研究:一种新的研究范式?[J].中国农村观察,2008(1).

④ 张文兰,刘俊生.基于设计的研究:教育技术学研究的一种新范式[J].电化教育研究,2007(10).

斋式”的，具有理论的完备性倾向却缺乏现实的可操作性，往往对现实问题的解决条件缺乏研究。现实问题具有复杂性和综合性，通过哲学思辨建立起来的理论研究范式往往缺乏对现实的解释力，进而失去了对实践活动的指导作用。

（三）工具理性或技术理性研究范式

马克斯·韦伯首先对技术或工具理性与价值理性作出区分：所谓技术理性，是指“通过对外界事物的情况和其他人的举止的期待，并利用这种期待作为‘条件’或者作为‘手段’，以期实现自己合乎理性所争取和考虑的作为成果的目的”①。从工具理性或技术理性出发，人们往往会预判行为的后果，针对自己的行为目标而列出达到目标的各种可能的方案，并从中经过利益考量，选择代价最小的进而是最合适的方案。因此，技术理性下的人较多关注的是行为的结果而不太关注行为本身的价值。在现代社会，技术理性思维无处不在。技术理性有三个基本的假设：实际的问题可以有通用的解决办法；这些解决办法是可以在实际情景之外的地方（如研究所）发展起来的；这些解决办法可以由出版物、训练或行政命令等途径转换成实践者的行动。② 由于技术理性研究方式直指最后的目的，而对于未来目的的预判是存在“风险”的，所以只有少数的研究者能够直视最后的目的，进而从理论层面提出自己的解决和实现路径。研究者与实践者角色转换中可能还存在这些问题：一是对自己未来要实现的目的预判不足，二是对当下所处环境与条件形势判断有偏差，三是在作出方案选择时选择能力缺失，四是忽视价值理性而导致工具或技术理性的异化。这样，研究者可能陷于选择的泥潭而无法自拔，进而无法实现预设的目的。

（四）实证主义或科学主义研究范式

现代科学技术的进步，极大地推动了人类社会的发展。由于科技在人类社会生产和生活中有着重要的地位，以及其强调量化和可操作性的特点使社会生产和生活越来越规范化，故科学主义的思维方式越来越受到人们的重视。科学主义本来只在自然科学领域广受欢迎，而现在，随着越来越强调科学与规范化，对人文社会现象的研究也逐步走向“科学化”，人文社会学科也有其“规律性”。研究者把自然科学研究范式引入人文社会学科，声称秉持价值中立立场。在教育研究领域，把教育现象作为研究对象，外在于人之外，进而去研究分析教育现象背后的本质和规律，并希望通过本质的揭示和规律的运用来指导一般的教育活动。科学主义研究范式被引入人文社会学科领域可能面临着这样的问题：一

---

① 马克斯·韦伯.经济与社会：上卷[M].林荣远，译.北京：商务印书馆，1997：56.

② 李太平.论教师研究范式的转换[J].教育理论与实践，2006(6).

是价值中立问题。自然科学所要处理的是人与自然的关系，而人文社会学科所要处理的是人与人、人与社会之间的关系，研究者在人文社会学科研究中不可能真正做到价值中立，而宣称价值中立的研究可能在揭示事物或现象的本质中遭遇失败。二是泛科学主义问题。将自然科学的科学主义研究范式搬到人文社会学科研究中，并将人文社会学科上升为科学。如果说这样的研究是有价值的话，则之后将面临着泛科学主义的问题，即将部分的人文社会科学理论当作“放之四海而皆准”的真理，不顾时间、地点和具体的条件而教条地理解科学范式化的人文社会科学。三是定量化研究问题。自然科学研究强调一种定量化、标准化、可操作的研究，运用统计、实验等方式来获得明确的研究对象的图景。这种定量化、标准化的分析方式可以直观地反映现象，并揭示某种直观的规律性，但这种研究只能限定于其相关性研究，无法通过精确的计算和统计来实现精确控制，因为人文社会现象背后的原因比自然现象背后的原因更具有隐蔽性、复杂性和不可确定性，这使得定量化研究在人文社会学科研究领域存在着天生的缺陷。四是研究对象的主体性问题。这一问题其实是定量化研究背后的问题的延续。人文社会科学研究对象是丰富的、具体的和生动的人，其具有主体性，科学主义的研究偏重于一种定量的、静态的、控制变量的研究，而对于具有主体性的人来说，这种方法是有缺陷的。马克思主义对人文社会学科的研究提供了某种启发，即通过抽象的方法，再上升到具体的方法，通过逻辑的方法和历史的方法、辩证法分析人文社会现象，才能到达研究对象的本质。

分析研究上述几种研究范式的含义以及特点，结合城乡教育一体化研究的特殊性，本课题采用实践研究与理论研究相结合的范式。即研究者通过广泛社会实践，包括社会调查、亲身体验等手段，熟悉调查对象，获得第一手资料。同时，对资料进行理性整理，形成对当前已经存在的苏南地区以及全国其他地区城乡教育一体化实践现象具有一定解释力、对城乡教育一体化的未来走向具有较强预测力的理论。

三、研究方法

为了研究活动的顺利进行，一方面需要阅读相关理论研究成果，明确城乡教育一体化研究的理论基础，充分整合国内外相关研究成果，形成研究成果中必不可少的、丰富的思想资源。另一方面，以苏州、无锡、常州等苏南地区的核心城市为点，进行社会调查，收集相关的第一手资料，描述其城乡一体化实践过程中具备的社会基础与具体操作手段，总结该地区城乡教育一体化发展的基本经验，分析其发展过程中遇到的主要问题，为提炼城乡教育一体化发展战略体系以及分析研究城乡教育一体化发展战略实施条件、构建保障机制积累厚实的实践基础与思想资源。为了顺利地展开研究活动，我们采用了下列基本研究方法。

（一）文献法

查阅文献资料，包括中共十六大、十七大、十八大报告，国家、省、市经济社会发展“十一五”规划和“十二五”规划等重要文件，国家、省、市教育发展中长期规划等重要法律法规，国家、省、市经济社会发展统计年鉴以及其他相关文字材料。同时，还大量查阅城乡教育一体化发展研究方面已经公开发表的国内外研究成果。

（二）调查法

采用问卷调查和座谈会等方法收集相关资料。原先决定研究过程中的社会调查实施“366”工程，即以 3 个城市的 3 个教育局、3 个政策研究室以及 6 所学校（每个城市城乡各 1 所）、6 个社区（每个城市城乡各 1 个）作为样本进行调查，进而进行比较分析。在实际调查中，样本范围与数量远远超出既定规模。我们首先与苏州、无锡、常州三个市级教育局的相关领导与工作人员开展座谈，又对三个地级市下属的所有县市教育局进行了调查，收集了各县市城乡教育一体化发展的基本数据。尤其对无锡市下属的宜兴、江阴、新区的教育局进行重点座谈，就学前教育、职业教育、社区教育以及义务教育等方面进行了深度访谈。对常州市武进区各乡镇有关义务教育均衡发展的数据都进行了录入与分析。对苏州高新区、工业园区、吴中区、相城区、姑苏区等区域社区教育状况进行广泛深入调查，尤其是对苏州市工业园区胜浦街道、苏州高新区枫桥街道、苏州市吴中区横泾街道等区域城镇化进程中的农民市民化过程进行了重点调查，积累了比较丰富的城乡社区教育一体化的第一手资料，为苏南地区城乡教育一体化研究工作的顺利进行准备了基础性条件。

（三）实证分析法

实证研究是一个“分析—解释”框架，科学理论的功能之一就是对已经发生的事实作出合理的解释，没有理论假设和对假设的证明，就不是一个分析性框架，而只是一个描述性框架。[①] 这种解释一定是实然判断，而不是应然判断。本书写作过程中，采用简单回归分析手段，对收集的相关信息进行实证分析，证明影响城乡教育一体化进程与水平的主要因素，进而形成具有逻辑性与现实性的研究结论。同时，在调查研究的基础上，采用归纳分析方法进行理论阐述，形成

① 冯向东. 从默顿的博士论文看实证研究方法[J]. 学园，2009(1).

城乡教育一体化的理论框架。

(四) 质性研究方法

借鉴国外的扎根研究理论,采纳质性研究方法。扎根理论研究法是由芝加哥大学的巴尼·格拉泽和哥伦比亚大学的安塞尔姆·施特劳斯两位学者共同研究发展出来的一种研究方法。该研究方法提出要在“系统收集资料的基础上寻找反映社会现象的核心概念,然后通过这些概念之间的联系建构相关的社会理论”①。这种方法强调对经验材料的整理与分析,基于实际观察而非基于理论假设,通过对原始资料的概括与抽象,最后提出新的理论观点。其落脚点不在于其基础的经验性,而在于最后抽象出的新的理论观点。扎根理论的基本思路是在资料整合的基础上建立实质理论,并对此保持高度的敏感,通过不断比较和理论抽样,灵活运用其他研究者的研究文献,最后根据扎根理论所构建的理论评价标准作出理论性评价。

扎根理论最早被格拉泽和安塞尔姆运用于对医院处理即将去世的病人的一项实地观察。其理论的形成与两方面的理论思想有关,分别来自哲学和社会学:一是美国的实用主义,特别是杜威、G. 米德和皮尔士的思想,他们强调行动的重要性,注重对有问题的情境进行处理,在问题解决中产生方法;二是来自芝加哥社会学派,该学派广泛使用实地观察和深度访谈的方法收集资料,强调从行动者的角度理解社会互动、社会过程和社会变化。②

本书研究的内容不仅需要用数据等具有严密逻辑性的资料加以阐述,还需要从“局内人”角度对研究者亲身经历而获得的场景进行描述,力求展示城乡之间教育资源等方面的差异性或者多样性,为论述城乡教育一体化战略实施的条件与保障提供多样性的、生动的资料。因此,扎根研究是本书阐述观点过程中所使用的重要方法。

综上所述,本书采用了多元研究方法,试图在全面、客观地占有相关资料的基础上,理性分析苏南地区城乡教育一体化发展过程中具有一定理论价值的内容,力图挖掘其中具有推广价值的做法与设想,进而提高苏南模式的影响力与示范效应。

四、城乡教育一体化发展战略研究内容、研究假设和创新之处

提出明确的研究目标是开展研究活动、进而验证假设的核心环节。本书以

① 陈向明. 扎根理论的思路和方法[J]. 教育研究与实验,1999(4).

② 陈向明. 扎根理论的思路和方法[J]. 教育研究与实验,1999(4).

理论基础、思想资源以及发展实践为研究内容的逻辑起点，重点以江苏省苏南地区城乡教育一体化发展过程中积累的经验和存在的问题为思考对象，以构建战略体系为研究重点，形成理论研究和实践研究为一体的研究框架。

（一）研究内容

本书从城乡教育一体化发展理论基础出发，在对苏南地区城乡教育一体化实践的三种模式进行分别阐述的基础上，概括论述了城乡教育一体化战略实施的条件、实施城乡教育一体化战略的保障机制等内容。具体而言，本书内容包括以下十个方面。

第一部分是导论。总体阐述本书写作的背景与意义，概要论述了城乡教育一体化研究的国内外观点与研究现状，分析了研究范式与具体研究方法，对本书的总体框架进行概要介绍。

第二部分是城乡教育一体化发展战略的理论基础与思想资源研究。包括马克思主义城乡关系理论、马克思主义教育公平理论、以科学发展观和社会主义和谐社会思想为重要内容的社会主义初级阶段理论等理论基础，以及西方教育公平理论、西方空间理论、西方城乡关系理论等思想资源。

第三部分是城乡教育一体化发展战略的价值诉求与评价指标体系构建。包括两个方面的含义。首先是城乡教育一体化发展战略的价值诉求：教育公平与人的全面发展；其次是城乡教育一体化发展战略的评价指标体系：在借鉴其他研究者相关研究成果的基础上，设定了衡量苏南地区城乡教育一体化发展状况的指标体系，为具体分析苏南地区的三个区域城乡教育一体化发展程度提供评价标准与操作指导。

第四部分是城乡教育一体化发展模式概述。借鉴社会发展模式的基本理论，分析了城乡教育一体化发展模式的内涵、功能以及基本构成要素，为苏南地区城乡教育一体化模式的构建以及分析提供解读框架。

第五部分到第七部分是苏南地区城乡教育一体化发展模式的介绍与分析。分别从城乡教育一体化模式的构成要素入手，对苏州、无锡、常州三地的城乡教育一体化实践进行了翔实描述与分析，总结三地实践经验，并提出了实践中所面临的困境与思考。

第八部分是城乡教育一体化发展战略目标体系研究。具体包括：学校空间布局的城乡一体化战略目标研究、教育资源配置的城乡一体化战略目标研究、教师队伍建设的城乡一体化战略目标研究、教育质量评价的城乡一体化战略目标研究。上述四个方面是城乡教育一体化发展战略的重要组成部分，有机构成战略发展目标体系。

第九部分是城乡教育一体化发展战略实施的条件研究。主要从教育政策的科学制定等内部条件入手,重点分析经济、文化、政治等教育发展所要依托的外部条件,进一步证明城乡教育一体化发展战略具有综合性与系统性特点,需要全社会共同努力加以实施。

第十部分是城乡教育一体化发展战略实施的保障机制研究。从实施条件可知,城乡教育一体化战略的实施需要借助综合机制,因此,构建政府政策保障、经济投入保障、文化建设保障等重要机制,是城乡教育一体化发展战略从理想变为现实的重要途径与手段。

(二)研究假设

假设是科学研究的重要环节,有了前提性假设,才可能有自己的演绎过程和逻辑推理。假设有假说与假定两个含义,这里借鉴著名经济学专家程恩富在研究经济现象时对理论假设的基本观点来说明教育研究过程中理论假设的重要作用。教育学上所说的假说法,是指以已有的教育事实材料与科学原理为依据,对未知的教育发展走向或规律性作推测性分析的一种方法。而假定法,则是出于简化、方便的需要,在逻辑分析的始点事先设定某种教育状态的一种研究方法。科学的教育理论假说,是以现有的教育事实和教育科学知识为依据,其包含确实可靠与真实性尚未判定的两部分内容,因而具有推测成分,是开展教育研究、揭示教育规律、接近客观真理的有效思维逻辑和可靠研究方式。①

城乡教育一体化发展战略研究也必须提出理论假设,这里不是指假定意义上的假设,而是指假说意义上的假设。根据已经积累的经验,我们提出下列理论假设:城乡教育一体化发展是农村城镇化的必然要求和必要条件;城乡教育一体化发展是城乡教育互相吸收先进和健康的因素,摒弃落后因素的一种双向演进过程,是城乡教育整体发展的过程;城乡教育一体化是一个渐进的、永恒的过程,而不是结果,重在缩小而不是消除城市教育与农村教育的差距;城乡教育一体化不是城乡教育一样化和同步化,而是根据城乡各自的特点与优势,优化教育过程和资源配置,发展特色教育,打造教育品牌,提高办学效益;城乡教育一体化发展战略是区域内城乡整体发展的具有全局性、谋略性和相对稳定性的发展规划。

这些假设一方面来自教育实践,即对目前城乡教育发展现状的总体把握;另一方面是在此基础上对未来城乡教育一体化走向提出的一种预测。这种假设对理论研究具有导向作用,是整个研究活动的理论支撑点。

---

① 程恩富.理论假设的分类与马克思主义经济学的创新[J].云南财经大学学报,2007(6).

（三）创新之处与存在的问题

从本书对国内外研究现状的简单归纳中我们可以看到，目前研究尤其是国内研究呈现“三多三少”的特点，即基础教育角度的研究多，宏观大教育角度的研究少；教育学专家角度的研究多，跨学科交叉研究少；城乡教育一体化发展的具体措施研究多，宏观的一体化发展战略研究少。这一方面为苏南城乡教育一体化战略研究提供了可以参考的思想内容，另一方面也留下了广阔的发挥和创新空间。

本书以马克思主义城乡关系理论、教育公平思想以及科学发展观为指导，试图从城乡大教育一体化发展出发，以构建城乡教育一体化发展战略目标体系以及评价体系为核心，从哲学、经济学、政治学、教育学、社会学等学科角度进行综合研究，有一定的创新性，体现教育发展研究的理论性和实践可操作性。

由于研究者专业知识的局限性，也由于社会发展的快速，城乡教育一体化实践理论提炼深度还不够，尤其是城乡教育一体化实践程度的测量技术还有待进一步提升，城乡教育一体化实践中相关数据的精确性还有待进一步通过民间调查加以完善，这些为以后的进一步研究留下了合理的空间。

总之，城乡教育一体化战略研究是一个系统工程，需要从多方位、多角度进行介入，更需要充分挖掘和有效利用各种社会资源。本书提出的研究框架只是一个案例，起抛砖引玉之用。望学界同仁携手作战、合作攻关！

第二章 城乡教育一体化发展战略的理论基础与思想资源

城乡教育一体化发展战略的提出以及一体化发展实践不是凭空产生的，而是在一定的理论基础上借鉴相关思想而产生的思想创新以及实践创新之举。本章重点阐述城乡教育一体化发展战略得以形成的理论基础与思想资源。

第一节 城乡教育一体化发展战略的理论基础

城乡教育一体化发展战略是在马克思主义理论指导下形成的，因此经典马克思主义以及中国化的马克思主义相关理论是其理论基础。

一、马克思主义城乡关系理论

马克思、恩格斯在批判空想社会主义城乡关系思想的基础上，结合 19 世纪 40 年代西欧社会状况，形成了丰富而系统的城乡关系理论。该理论也成为城乡教育一体化发展战略的理论基础。形成与发展于人类社会特定历史进程的城乡关系，到了资本主义社会出现了尖锐和对立的状态。马克思主义城乡关系理论散见于《哲学的贫困》《德意志意识形态》《共产党宣言》《资本论》《反杜林论》等一系列经典著作之中。在这些著作中，马克思、恩格斯剖析了城乡对立的根源和弊端，全面阐述了城乡融合的条件和途径，前瞻性地提出未来的共产主义社会必将消灭城乡对立和实现城乡融合。马克思主义城乡关系理论为我国城乡教育一体化实践指明了正确方向，是我国城乡教育一体化发展战略实施及发展的指导思想。

（一）马克思主义主义城乡关系理论的逻辑起点

18 世纪 60 年代的英国工业革命开启了西方国家的城市化进程。一方面，工业革命直接推动了交通设施的发展和完善，“生产者也改变着，炼出新的品质，通过生产而发展和改造着自身，造成新的力量和新的观念，造成新的交往方

式,新的需要和新的语言"①,加强了城乡之间的交流和联系;另一方面,城市化的快速发展过程中,工业革命拉大了城乡之间的发展差距,加剧了城乡之间的对立甚至冲突。

空想社会主义者大多生活在18世纪的西欧。圣西门、傅立叶、欧文构想了城乡关系和谐存在及发展的空想社会主义学说。圣西门所设想的未来社会中,人人劳动,没有不劳而获,没有剥削,没有压迫。傅立叶用"法郎吉"来描绘城乡关系和谐发展的未来社会。在《新世界》等著作中,"法郎吉"是一种和谐制度下有组织的生产与消费协作社,实现了城市和农村的结合,实现了工业和农业的结合。"法郎吉"中的人们,不仅从事农业劳动,还从事工业劳动。欧文设想的理想社会,把公社作为社会的基层组织,实行工业生产和农业生产的有机结合。在欧文看来,公社是一种消除农业劳动和工业劳动相对立所造成的弊端、将城市和乡村的优点有机结合起来的组织形式。

空想社会主义者相信不久的将来可以建立的城乡一体化的理想社会,"没有城乡差别和城乡对立,城市不是农村的主宰,乡村也不是城市的附庸,二者是平等的"②。在"人人平等与个个幸福"的"乌托邦""法郎吉"和"公社"的社会组织中,城乡融合、工农一体,体力劳动和脑力劳动相互结合成为社会个体生存生活方式的基本样态。但是在当时的认识条件下,空想社会主义者还不能回答如何消灭城乡对立、从根本上消灭城乡差别的问题。

(二)马克思主义城乡关系理论的主要内容

马克思、恩格斯认为,农村(乡村)主要是指从事农业生产的区域,以及聚集农业生产和农业人口的居民聚落。城市作为集聚非农业产业和非农业人口的地域,在社会发展进程中,逐渐成为一定地域内的商业中心以及政治、经济、文化的中心。"随着城市的出现,必然要有行政机关、警察、赋税等等,一句话,必然要有公共的政治机构[Gemeindewesen],从而也就必然要有一般政治……城市已经表明了人口、生产工具、资本、享受和需求的集中这个事实"③。

城乡关系表面上是城市和农村之间存在的空间关系、地理关系,其实是广泛地存在于城市和农村之间的互动和联系,是一定社会发展条件下的经济关系、政治关系、文化(教育)关系、社会关系等在城市和农村相互关系上的集中体现。城乡关系涉及社会生活的方方面面,是人类社会的发展面貌在城市和乡村

① 马克思恩格斯全集:第46卷[M].北京:人民出版社,1979:494.

② 转引自周叔莲,金培.国外城乡经济关系理论比较研究[M].北京:经济管理出版社,1993:178.

③ 马克思恩格斯选集:第1卷[M].北京:人民出版社,1995:104.

层面的集中反映。“城乡关系一改变,整个社会也跟着改变。”[①]马克思主义城乡关系理论认为,城市和乡村是一定区域内共同存在的两个实体,生产力和社会分工发展到一定历史阶段,逐渐形成城乡之间的从属关系。城乡关系的发展经历着“同一—对立—融合”的发展趋势。

1. 城乡关系同一阶段

在劳动生产率极其低下的社会发展阶段,人们生活在原初的自然状态之下,为解决自己的温饱问题自然地发挥个人的潜能,从大自然获得食物及御寒物品。也就是说,从劳动性质来看,人们都是从事农业劳动,显示的是农村(乡村)特质。

2. 城乡关系对立阶段

随着生产力的发展,社会分工和私有制出现,在交通便利的地方逐渐形成人口、财产和需求的聚集,形成了城市的雏形,国家的出现及其发展进一步塑造了城市空间的异质性,逐渐出现了城市和乡村的分离,城乡关系也逐步过渡到了对立的地步。马克思、恩格斯指出:“随着城市的出现,必然要有行政机关、警察、赋税等等,一句话,必然要有公共的政治机构[Gemeindewesen],从而也就必然要有一般政治……城市已经表明了人口、生产工具、资本、享受和需求的集中这个事实;而在乡村则是完全相反的情况:隔绝和分散。”[②]“城乡之间的对立是随着野蛮向文明的过渡、部落制度向国家的过渡、地域局限性向民族的过渡而开始的,它贯穿着文明的全部历史直至现在(反谷物法同盟)。”[③]马克思、恩格斯在《德意志意识形态》一文中指出,农业和工商业之间的分工造成了城乡背后利益的断裂,城市在政治上统治乡村、在经济上剥削乡村,从而导致了城乡对立。“一个民族内部的分工,首先引起工商业劳动同农业劳动的分离,从而也引起城乡的分离和城乡利益的对立。”[④]城市的出现及发展,使生产、生活等要素呈现向城市集中的态势。一方面,造成生产、生活等要素及人口向城市的聚集;另一方面,造成资本在城市的聚集,工业革命和科技手段推动了分工的飞跃式发展,推动了城市的发展和繁荣,使“城市最终战胜了乡村”。城市凭借工业发展的巨大优势不断地拉大城乡差距,乡村在城乡关系中完全进入弱势的、从属的地位。城乡对立“在现代资本主义社会里已达到极其尖锐程度”[⑤]。“居住在城市的剥削阶级利用其特殊的经济政治地位盘剥乡村劳动人民,形成了城乡之间

---

① 马克思恩格斯选集:第1卷[M].北京:人民出版社,1995:157.

② 马克思恩格斯选集:第1卷[M].北京:人民出版社,1995:104.

③ 马克思恩格斯选集:第1卷[M].北京:人民出版社,1995:104.

④ 马克思恩格斯选集:第1卷[M].北京:人民出版社,1995:68.

⑤ 马克思恩格斯选集:第3卷[M].北京:人民出版社,1995:174.

'中心—边缘'，即剥削和被剥削、统治与依附的二元对立格局，并使乡村陷于贫穷和愚昧状态之中。"[①]"文明时代巩固并加强了所有这些已经发生的各次分工，特别是通过加剧城市和乡村的对立（或者是像古代那样，城市在经济上统治乡村，或者是像中世纪那样，乡村在经济上统治城市）而使之巩固和加强"[②]。总的来说，城乡对立的状况是社会生产力有所发展但又发展不足的必然结果和客观要求。"乡村农业人口的分散和大城市工业人口的集中，仅仅适应于工农业发展水平还不够高的阶段，这种状态是一切进一步发展的障碍"[③]。城乡关系的对立，造成了城乡及其人口的单方面甚至畸形发展。一方面，城乡的分离和对立分割使城市功能和乡村功能都得不到充分发挥，既导致了"城市病"，又带来了"乡村病"[④]；另一方面，"城乡之间的对立是个人屈从于分工、屈从于他被迫从事的某种活动的最鲜明的反映，这种屈从把一部分人变为受局限的城市动物，把另一部分人变为受局限的乡村动物"[⑤]。

3. 城乡关系融合阶段

马克思、恩格斯"设想未来的社会不是固化城乡的分裂，而是城乡在新的基础上平衡、协调，即实现城乡的融合"[⑥]。所谓城乡融合，是指在城乡之间相互吸收生活方式之优点的基础上的社会本身整体发展状况，是社会整体各子系统之间优势互补、协调统一的存在状态和发展态势。[⑦] 马克思主义认为，实现城乡融合不是达到城乡之间无差别的绝对同一，而是在扬弃城市和乡村、工业劳动和农业劳动各自弊端的基础上，实现城乡之间的"更高级的综合"，形成兼有两者优势又避免两者缺陷的新的社会统一体。马克思主义城乡理论认为，消灭城乡对立、实现城乡融合，是社会历史发展的必然要求。主要途径有以下三种：一是生产力的高度发展。生产力的高度发展是实现城乡融合的物质基础。"农业人口和非农业人口的生活条件的接近创造了消灭城乡对立的条件。"[⑧]"把生产发展到能够满足所有人的需要的规模；结束牺牲一些人的利益来满足另一些人的

① 周志山. 从分离与对立到统筹与融合[J]. 哲学研究，2007：5.

② 马克思恩格斯选集：第4卷[M]. 北京：人民出版社，1995：165－166.

③ 马克思恩格斯选集：第1卷[M]. 北京：人民出版社，1995：243.

④ 转引自陈伟东，张大维. 马克思恩格斯的城乡统筹发展思想研究[J]. 当代世界与社会主义，2009(3).

⑤ 马克思恩格斯选集：第1卷[M]. 北京：人民出版社，1995：104.

⑥ 祝小宁，罗敏. 对马克思恩格斯城乡统筹发展理论体系的当代解读[J]. 西华师范大学学报：哲学社会科学版，2008(5).

⑦ 转引自李邦铭. 马克思恩格斯城乡关系思想及其当代价值[D]，长沙：中南大学，2012.

⑧ 资本论：第3卷[M]. 北京：人民出版社，1975：713.

需要的状况”[1]。二是城乡一体化发展。城乡融合是工农业发展的内在要求。恩格斯指出：“消灭城乡对立不是空想，不多不少正像消除资本家与雇佣工人的对立不是空想一样。消灭这种对立日益成为工业生产和农业生产的实际要求。”[2]马克思、恩格斯认为，资本主义工业生产得以摆脱地域的局限性，将直接为大工业按照自身发展的要求在全国范围内均衡分布创造条件，“大工业在全国的尽可能均衡的分布是消灭城市和乡村的分离的条件”[3]。在最先进的国家里可以采取的方法是：把农业和工业结合起来，促使城乡之间的差别逐步消灭。三是消灭私有制。消灭私有制是实现城乡融合的先决条件。“当社会成为全部生产资料的主人，可以在社会范围内有计划地利用这些生产资料的时候，社会就消灭了迄今为止的人自己的生产资料对人的奴役。”[4]“通过消除旧的分工，进行产业教育、变换工种、所有人共同享受大家创造出来的福利，通过城乡的融合，使社会全体成员的才能得到全面发展——这就是废除私有制的主要结果。”[5]马克思主义城乡关系理论认为，实现城乡融合的直接结果或目标是建立在生产力高度发展基础上的私有制和社会分工的自然消亡，实现工业劳动与农业劳动、物质生产与精神生产等方面的自然融合，社会成员把劳动作为一种获得自由全面发展的生存方式。“消灭城乡之间的对立，是共同体的首要条件之一”[6]。“城乡关系一改变，整个社会也跟着改变。”[7]消灭了城乡之间的对立，“从事农业劳动和工业劳动将是同样的一些人，而不再是两个不同的阶级”。

二、马克思主义教育公平理论

马克思、恩格斯对教育公平问题没有进行专门、系统论述，他们的教育公平思想与其教育思想和社会公平思想紧密相连。马克思主义教育公平理论既包括马克思主义创始人——马克思、恩格斯的教育公平理论，又包括以毛泽东、邓小平、江泽民、胡锦涛为领导核心的四代领导集体中国化的马克思主义教育公平理论。

---

① 马克思恩格斯选集：第1卷[M].北京：人民出版社，1995：243.
② 马克思恩格斯选集：第3卷[M].北京：人民出版社，1995：215.
③ 马克思恩格斯选集：第3卷[M].北京：人民出版社，1995：647.
④ 马克思恩格斯选集：第3卷[M].北京：人民出版社，1995：644.
⑤ 马克思恩格斯选集：第4卷[M].北京：人民出版社，1995：243.
⑥ 马克思恩格斯选集：第1卷[M].北京：人民出版社，1995：104.
⑦ 马克思恩格斯选集：第1卷[M].北京：人民出版社，1995：157.

（一）教育公平的概念解读

追求教育公平是中西文化哲人共同思索研究的文化话题。孔子早在2000多年前就提出“有教无类”。古希腊时期，柏拉图提出女性应该享有平等的受教育权利，亚里士多德则提出必须通过法律保证公民的受教育权利。18世纪末，西方国家开始以立法明确公民平等的受教育权利。教育公平作为一个有着阶级性的历史范畴，被不同的阶级及国家进行着不同的解读。在2007年经济合作与发展组织（OECD）有关教育公平的报告中，教育公平的定义为：教育公平有两个含义。第一个含义是公正（fairness），就是要保证性别、社会经济地位和种族等个人和社会因素不妨碍人达到其能力所允许的教育高度。第二个含义是覆盖（inclusion），就是要保证每个人都受到基本的、最低标准的教育。《教育大辞典·教育哲学卷》对“教育公平”一词的解析是：人们不受政治、经济、社会地位和民族、种族、信仰以及性别差异的限制，在法律上都享有同等受教育的权利。教育公平是指国家对教育资源进行配置时所依据的合理性的规范或原则。① 具体来说，教育公平的内涵主要包括三个方面的内容：一是从教育公平的内容来说，具体是指确保人人都享有平等的受教育的权利和义务、政府提供相对平等的受教育的机会和条件，以及教育成功机会和教育效果的相对均等。二是从教育公平实践的过程来说，可分为教育起点公平、过程公平和结果公平。概括地来说，起点上的公平是指教育机会的公平。过程公平是指受教育者在享受教育资源及教育评价等方面的公平。教育结果的公平是根据一定的教育公平原则进行操作而自然形成的产物。三是从教育公平的观念层次来看，主要表现为社会成员对于受教育者所享有的教育机会、教育资源及教育评价是否公平的一种价值判断或心理感受。

教育公平是对社会现实的一种反映，也是对社会现实的一种超越，是社会现实与教育理想的统一，具有特定的历史意义，包括它的历史合理性和历史局限性。教育公平的发展有一定的相对性。正如马克思所言：“希腊人和罗马人的公平认为奴隶制度是公平的；1789年资产者的公平要求废除封建制度，因为据说它不公平……关于永恒公平的观念不仅因时因地而变，甚至也因人而异。”②教育公平不是绝对的、无涉个人价值观的一种客观性判断或者想象，而是与社会发展水平以及个人的教育理想有着紧密的联系。

① 郭彩琴．教育公平：内涵和规定性［J］．江海学刊，2003（3）．
② 马克思恩格斯选集：第3卷［M］．北京：人民出版社，1995：212．

（二）马克思、恩格斯的教育公平观①

马克思、恩格斯的教育思想和社会公平思想是在批判其他各种非马克思主义思潮和资本主义社会制度的基础上形成的。马克思、恩格斯出于对现实社会中人的生存、解放和发展的关怀，从教育不平等的现实出发，批判教育不平等的实质，提出人人接受免费教育的社会理想以及实现途径。这是马克思、恩格斯研究教育公平理论的一般逻辑。从马克思、恩格斯的相关论述可以看出，他们认为教育公平问题主要表现为教育的平等性问题，而平等性包含两层深刻的含义：其一，教育是每个公民都应该拥有的一项平等权利；其二，这种平等表现为每个人智力和能力发展的平等，即人的自由发展和全面发展。其主要观点可以概括为三个方面。

1. 受教育权的平等性是教育公平的本质要求

马克思、恩格斯关于教育权是每个社会公民的基本权利的思想是在对不平等的资本主义社会以及资产阶级、各种“社会主义”平等观进行无情批判的基础上阐发的，也是对未来理想社会的一种设想和追求。他们从政治、经济以及人权等角度对资产阶级的平等思想进行了批判，认为：“现代资本家，也像奴隶主或剥削徭役劳动的封建主一样，是靠占有他人无酬劳动发财致富的，而所有这些剥削形式彼此不同的地方只在于占有这种无酬劳动的方式有所不同罢了。这样一来，有产阶级胡说现代社会制度盛行公道、正义、权利平等、义务平等和利益普遍和谐这一类虚伪的空话，就失去了最后的立足之地……”②马克思、恩格斯对无产阶级的平等观作出如下解释：“一切人，或至少是一个国家的一切公民，或一个社会的一切成员，都应当有平等的政治地位和社会地位。”③马克思进一步指出，“无产阶级平等要求的实际内容都是消灭阶级的要求”④。教育是无产阶级的基本生活内容，教育权也是无产阶级的基本权利，马克思在论述了一般平等思想后指出，教育是人类发展的正常条件和每一个公民的真正利益。“儿童和少年的权利必须加以维护。他们自己没有能力采取行动来保护自己。因此社会有责任代他们采取行动……除通过由国家政权施行的普遍法律外没有其他办法。”⑤因此，他们对未来社会的教育设想是：国家出资对一切儿童毫无例外地实行普遍教育，这种教育对任何人都一样，一直进行到能够作为社会的

---

① 郭彩琴. 论马克思恩格斯的教育公平观. 马克思主义研究，2007(1).

② 马克思恩格斯选集：第3卷[M]. 北京：人民出版社，1995：338.

③ 马克思恩格斯选集：第3卷[M]. 北京：人民出版社，1995：444.

④ 马克思恩格斯选集：第3卷[M]. 北京：人民出版社，1995：448.

⑤ 马克思恩格斯全集：第21卷[M]. 北京：人民出版社，2003：269.

独立成员的年龄为止。因为每一个人都无可争辩地有权全面发展自己的才能，而且当社会使愚昧成为贫穷的必然结果的时候，平等的教育权更加重要。

由此可知，马克思、恩格斯关于教育平等的含义是指儿童基本权利的平等。所谓基本权利，是人们生存和发展必要的、起码的、最低的权利。不论其出身如何、社会地位如何、才智如何、对人类贡献大小，社会都应该保障每一个社会成员享有生存和发展的最低权利。但每个人因其才智不同、对社会贡献大小不同而应享有不同的权利，这就是社会成员的非基本权利。非基本权利是人们生存和发展的比较高级的权利，是满足人的比较高级需要的权利。恩格斯关于国家出资实行的普遍教育也只是作为社会成员独立之前的教育，所以教育的基本权利是保障人人享有平等的基本教育以及平等接受各种教育的机会。

2. 个人的自由和全面发展是教育公平的最高理想

马克思、恩格斯关于"个人全面发展"的理念，主要是在批判资本主义社会中普遍存在的异化和强制性的分工所导致的个人能力片面的甚至畸形的发展方式的基础上提出来的。他们从社会分工、机器大工业生产角度批判资产阶级教育平等的虚伪性，指出："资产者唯恐失去的那种教育，对绝大多数人来说是把人训练成机器。"①批判的同时，他们还从正面论述了资本主义私有制消除以后人的全面发展的教育公平观。在马克思、恩格斯看来，人的全面发展不仅意味着劳动者智力和体力两个方面的发展，还意味着一个人在志趣、道德、个性等方面的发展，而且是每个社会成员都得到自由、充分的发展，一方面，任何个人都不能把自己在生产劳动这个人类生存的自然条件中所应参与的部分推到别人身上；另一方面，生产劳动也给每一个人提供全面发展和表现自己全部的体力和脑力机能的机会。"对所有儿童实行公共的和免费的教育。取消现在这种形式的儿童的工厂劳动。把教育同物质生产结合起来。""代替那存在着阶级和阶级对立的资产阶级旧社会的，将是这样一个联合体，在那里，每个人的自由发展是一切人的自由发展的条件"②，所以，这样的教育既保证社会成员平等的受教育权利，又出于对人性的关怀，在与生产相结合的过程中使所有人的素质得到自由、全面的发展。

从马克思的论述中可以看到，全面发展是指每个人的全面发展，指每个人的能力尤其是生产能力的全面发展，是指在消灭私有制，建立共产主义社会以后才能实现的全面发展。在这个意义上可以说，马克思关于"个人全面发展"的理念既是对未来社会的憧憬，又是对资本主义社会的批判，同时也是对教育公

① 马克思恩格斯选集：第1卷[M]. 北京：人民出版社，1995：289.

② 马克思恩格斯选集：第1卷[M]. 北京：人民出版社，1995：294.

平含义的高度概括。

3. 政治平等、经济发达是实现教育公平的社会条件

马克思、恩格斯针对启蒙思想家提出的“平等”“民主”等口号，一针见血地指出，上帝面前人人平等只是一种唯心主义的美丽光环，在贫富差别如天堂地狱的资本主义社会，对劳苦大众来说，真正的平等永远只是一种可望而不可即的梦想。马克思在评判德国工人党把“平等的国民教育”看作国家精神和道德的基础时，阐述了教育平等需要以经济为基础，“平等的国民教育？他们怎样理解这句话呢？是不是以为在现代社会中（而所谈到的只能是现代社会）教育对一切阶级都可以是平等的呢？或者是要求用强制的方式使上层阶级也降到国民学校这种很低的教育水平，即降到仅仅适合于雇佣工人甚至农民的经济状况的教育水平呢？”①马克思通过反问的方式提出教育公平的政治、经济条件，即政治上的平等权利、经济上的平等状况是实现教育公平的前提和保证。

马克思、恩格斯认为，在封建社会不存在教育权利和机会的平等，在资本主义社会也不可能实现教育权利和机会的真正民主和平等，人的发展只能是畸形发展。恩格斯指出：“只要掌握在资产阶级手中，工人就不可能受到真正平等的教育。”②在没有剥削的社会中，人与人之间在教育上才是完全平等的，每个人的身心才会获得全面和谐的发展。因此，不涉及社会政治、经济制度，不可能实现教育权利的平等性。马克思、恩格斯在分析论证资本主义社会不平等产生的社会根源以后指出，教育公平的实现有一种特殊的困难之处，一方面，为了建立正确的教育制度，需要改变社会条件；另一方面，为了改变社会条件，又需要相应的社会制度。所以，在马克思和恩格斯看来，只有建立无产阶级领导下的崭新的教育制度，工人阶级受教育的权利问题才能得到根本解决。

除了政治、经济制度外，社会现有的经济基础是实现教育公平的重要的物质保障，在实现教育公平的过程中具有极其重要的作用。马克思、恩格斯肯定了空想社会主义者欧文教育实验的重大意义后，指出在经济并没有发展到一定高度时而实行绝对的平等，无疑为时过早。只有在确立社会主义制度之后，实行社会主义的民主，广大人民获得广泛的民主权利，才可能实现教育的普及。然而即使是在社会主义国家，在教育资源特别是优质教育资源还相当缺乏的情况下，也难以保证绝对的教育公平。

（三）中国化的马克思主义教育公平理论

中国化的马克思主义教育公平理论是马克思主义教育公平理论与中国新

① 马克思恩格斯文集：第3卷[M]. 北京：人民出版社，2009：446－447.

② 马克思恩格斯论教育[M]. 北京：人民教育出版社，1979：18.

民主主义革命实践和社会主义事业建设实践相结合的产物。中国共产党的历代领导人毛泽东、邓小平、江泽民和胡锦涛，根据不同时代中国社会教育发展的状况及人民大众教育权利的现实状况，把人民大众教育权利的保障与教育事业的发展放置在中国社会主义事业发展的框架和进程之中，形成了时代性与发展性并重的马克思主义教育公平理论，它是推进中国特色城乡教育一体化发展战略的最重要的理论指导。

1. 教育公平的指向：教育必须面向大众

中国化的马克思主义教育公平理论是面向工农大众的教育公平理论，是对旧中国缺失公平的半殖民地半封建教育的一种改造和革命，是对社会主义中国教育大众化的一种理论探索以及实践推进。旧中国的教育长期被社会的上层阶级垄断，民众的子女因为贫困而无缘接受教育。这是一种缺失公平的教育制度。毛泽东认为，中国传统的教育思想及实践中有着丰富的大众教育思想，“中国教育史有人民性的一面。孔子的有教无类，孟子的民贵君轻，……诸人情况不同，许多人并无教育专著，然而上举那些，不能不影响对人民的教育”①。毛泽东从传统教育思想中汲取有益的精华，开创面向人民大众的新民主主义和社会主义的教育事业，提倡发展面向人民大众的、巩固和发展社会主义事业的新中国教育。他在《苏维埃文化教育》中指出，一切文化教育机关操在工农劳苦群众的手里，工农及其子女有享受教育的优先权。② 1931 年《中华苏维埃共和国宪法大纲》规定，中国苏维埃政权以保证工农劳苦大众有受教育的权利为目的。苏区的教育方针是：工农劳苦群众，不论男子和女子，在社会、经济、政治和教育上，完全享有同等的权利和义务。一切工农劳苦群众及其子弟，有享受国家免费教育之权利。1949 年《中国人民政治协商会议纲领》进一步明确了“中华人民共和国的文化教育为新民主主义，即民族的、科学的、大众的文化教育”。毛泽东坚决反对任何具有特权色彩的教育制度，“干部子弟学校，第一步应划一待遇，不得再分等级；第二步，废除这种贵族学校，与人民子弟合一”③。在毛泽东的推动下，新中国制定了一系列有关保障工农群众优先接受教育权利的法律法规。1949 年 12 月，第一次全国教育工作会议提出“学校必须实行向工农开门”的方针。1950 年 9 月，第一次全国工农教育会议审议通过《关于开展农民业余教育的指示》《职工业余教育暂行实施办法》《工农速成中学暂行实施办法》等六项草案。1954 年宪法明确规定，中华人民共和国公民有受教育的权利。一系

① 毛泽东文集：第 7 卷[M]. 北京：人民出版社，1999：398.
② 王先民. 党的历代领导集体核心教育公平思想述评[J]. 池州学院学报，2010(4).
③ 毛泽东文集：第 6 卷[M]. 北京：人民出版社，1999：232.

列的政策、法律为人民大众享有受教育权利提供了保障。

邓小平在对“文革”时期教育拨乱反正和谋划中国特色社会主义事业布局中的教育发展战略的过程中，把人民大众平等享受高等教育权利、普及中小学教育作为构建及推进中国特色社会主义事业的人力资源支持。一是恢复高等教育入学考试制度，保障人民大众平等享受高等教育的权利。“文革”前十七年教育强调面向工农大众，但在贯彻阶级路线的过程中，干部子弟事实上获得了优先进入重点学校接受教育的机会。“文革”期间，否定学校课程考试制度和高考制度，免试推荐升学制度使得一些非工农家庭成分的青少年失去了接受非义务教育的机会。1977 年 8 月，邓小平对“文革”期间的教育工作拨乱反正。一是“恢复从高中毕业生中直接招考学生，不要再搞群众推荐”①。国务院批转《教育部关于 1977 年高等学校招生工作的意见》，恢复高等学校统一招生考试制度。在邓小平这一思想指导下，我国高等教育事业发展迅速，到 20 世纪 90 年代，全面进入高等教育大众化阶段。高等教育毛入学率从 1978 年的 1.55% 上升到 2011 年的 26.9%。② 二是厘清教育公平与教育效率的关系。邓小平指出：“目前教育方面要解决的问题，主要是普及与提高的问题。我们的方针是，一要普及，二要提高，两者不能偏废。只普及不提高，科学文化不能很快进步；只提高不普及，也不能适应国家各方面的需要。社会主义建设需要有文化的劳动者，所有劳动者也都需要文化。教育普及了，群众的科学文化水平提高了，发明创造就会多起来。我们在任何时候都要坚持‘两条腿走路’，做到在普及基础上的提高和在提高指导下的普及。”③社会主义教育必须公平优先，使每个成员拥有平等受教育的权利和机会，但绝不能超越现实空想教育普及和教育公平，必须置教育公平于教育效率的基础之上。“现代经济和技术的迅速发展，要求教育质量和教育效率的迅速提高。”④“为了加速造就人才和带动整个教育水平的提高，必须考虑集中力量加强重点大学和重点中小学的建设，尽快提高它们的教学水平和教学质量。”⑤“把尽快地培养出一批具有世界第一流水平的科学技术专家，作为我们科学、教育战线的重要任务。”⑥江泽民、胡锦涛等坚持和发展上述教育公平思想的同时，特别注重所有阶层的人民大众平等享受接受教育

① 邓小平文选：第 2 卷[M]. 北京：人民出版社，1994：55.

② 2011 年全国高等教育毛入学率达 26.9% [DB/OL]. http://www.edu.cn/gao_jiao_news_367/20120831/t20120831_836897.shtml. 2012－08－31.

③ 邓小平文选：第 1 卷[M]. 北京：人民出版社，1994：280.

④ 邓小平文选：第 2 卷[M]. 北京：人民出版社，1994：107.

⑤ 邓小平文选：第 2 卷[M]. 北京：人民出版社，1994：108.

⑥ 邓小平文选：第 2 卷[M]. 北京：人民出版社，1994：96.

的权利,创造性地在推动教育公平过程中实行对教育薄弱地区和处境不利阶层民众的差别补偿原则,逐步实现真正意义上的全民教育。江泽民指出:“各级政府要为受教育者提供尽可能公平的教育机会,尤其要重视解决处境不利地区和人群的教育问题,增加对贫困地区和贫穷家庭的教育资助。特别是要高度重视发展农村教育事业,我国十二亿多人口中,八亿多在农村。广大农村人口能否接受良好的教育,是一个直接关系到农村实现小康和现代化的大问题。各级政府都要确保农村教育的投入,并不断加大投入的力度。国务院要继续对贫困地区发展农村义务教育给以必要的资助。”①胡锦涛明确提出了必须解决好广大群众普遍关注的教育公平问题,在满足人民群众“有学上”和“上好学”的教育诉求的过程中,必须切实保证人民享有接受教育的机会,大力推进教育普及和发展,促进城乡间和区域间教育的协调发展,让每个孩子都成为有用之才。胡锦涛强调:“坚持教育为社会主义现代化建设服务、为人民服务”,“保证人民享有接受教育的机会,是党和政府义不容辞的职责”②。要大力促进教育公平,提高家庭经济困难学生资助水平,积极推动农民工子女平等接受教育。努力不让一个孩子因家庭经济困难、就学困难或学习困难而失学。让每个孩子都能成为有用之才。胡锦涛强调要“着力推进教育内涵式发展,坚持走以促进公平和提高质量为重点的内涵式发展道路……促进城乡、区域教育协调发展”③,要“注意解决好广大群众普遍关注的教育公平问题,把提高质量作为教育改革和发展的核心任务,满足人民群众多层次、多样化的教育需求”④。与此同时,江泽民和胡锦涛结合21世纪知识社会的时代背景,积极引领和倡导终身教育理念,努力构建学习型社会。江泽民指出,要以远程教育网络为依托,形成覆盖全国城乡的开放教育系统,为各类社会成员提供多层次、多样化的教育服务。⑤ 江泽民还主张社会力量可以作为政府办学的补充,“鼓励多渠道、多形式社会集资办学和民间办学,改变国家包办教育的做法”⑥。胡锦涛强调:“要以终身学习理念构建灵活开放的终身教育体系,努力做到学历教育和非学历教育协调发展、职业教育和普通教育相互沟通、职前教育和职后教育有效衔接,为努力形成全民学习、

① 江泽民文选:第2卷[M].北京:人民出版社,2006:333-334.

② 胡锦涛.坚持把教育放在优先发展的战略地位 努力办好让人民群众满意的教育[DB/OL].http://news.xinhuanet.com/edu/2006-08/31/content_5028441.htm.2006-08-31.

③ 胡锦涛.全面落实国家教育改革和发展规划[DB/OL].http://www.gov.cn/ldhd/2011-02/22/content_1808031.htm. 2011-02-21.

④ 胡锦涛.注意解决好教育公平问题[DB/OL]. http://news.xinhuanet.com/mrdx/2011-03/05/c_13761788.htm. 2011-03-05.

⑤ 江泽民文选:第2卷[M].北京:人民出版社,2006:336.

⑥ 江泽民文选:第1卷[M].北京:人民出版社,2006:233.

终身学习的学习型社会奠定坚实基础。”①

2. 教育公平的本质属性：社会主义

教育公平与教育一样，总是内在地体现着一定社会统治阶级的社会理想及社会管理理念。“360 百科”中“教育”词条的内涵界定，明确了教育的阶级属性或者说阶级特质。教育是培养新生一代准备从事社会生活的整个过程，也是人类社会生产经验得以继承和发扬的关键环节，主要指学校对适龄儿童、少年、青年进行培养的过程。从广义上讲，凡是增进人们的知识和技能、影响人们的思想品德的活动，都是教育。狭义的教育，主要指学校教育，其含义是教育者根据一定社会（或阶级）的要求，有目的、有计划、有组织地对受教育者的身心施加影响，把他们培养成为一定社会（或阶级）所需要的人的活动。中国化马克思主义教育公平理论，既注重人民大众义务教育与非义务教育等各类教育机会的平等享受问题，又在客观上体现着学校的社会主义办学方向和教育的社会主义的本质属性。

毛泽东在新中国建立初期，明确了社会主义教育要使受过教育的知识分子不论是在文化科学知识方面，还是在政治思想道德素质方面，都能够成为新中国社会主义事业的合格建设者。在旧中国接受教育的知识分子，尽管拥有社会主义事业所需要的文化科学知识，但是存在对共产党和社会主义在思想上及行为上的认同问题。毛泽东在提出对旧知识分子进行社会主义改造的同时，对受教育者明确了政治思想道德素质的要求。1956 年，毛泽东根据我国社会主义革命和建设的需要，在《关于正确处理人民内部矛盾的问题》中指出，我们的教育方针应该使受教育者在德育、智育、体育几方面都得到发展，成为有社会主义觉悟的有文化的劳动者，突出了德育的首要地位。1966 年，毛泽东在“五・七指示”中要求每个社会成员都逐步做到“亦工亦农，亦文亦武”，把自己培养成为“拿起铁锤能做工，拿起锄头犁耙能种田，拿起枪杆子能打击敌人，拿起笔杆子就能写文章”的“全面发展的共产主义新人”。

邓小平主张，“学校应该永远把坚定正确的政治方向放在第一位”②。社会主义教育是“培养理论与实际结合、学用一致、全面发展的新人的根本途径，是逐步消灭脑力劳动和体力劳动差别的重要措施……现代经济和技术的迅速发展，要求教育质量和教育效率的迅速提高，要求我们在教育与生产劳动结合的

① 胡锦涛. 2010 年在全国教育工作会议上的讲话[DB/OL]. http://politics.people.com.cn/GB/8198/12677265.html. 2010-09-09.

② 邓小平文选：第 2 卷[M]. 北京：人民出版社，1994：104.

内容上、方法上不断有新的发展”①。“要创造比资本主义更高的生产率，把我国建设成为现代化的社会主义强国，并且在上层建筑领域最终战胜资产阶级的影响，就必须培养具有高度科学文化水平的劳动者，必须造就宏大的又红又专的工人阶级知识分子队伍。”②在新的历史时期，要培养“四有”新人，“使受教育者在德育、智育、体育几方面都得到发展，成为有社会主义觉悟的有文化的劳动者”③。江泽民、胡锦涛等继续强调并坚持了教育公平的社会主义属性。江泽民在《振兴民族的希望在教育》(1994)、《十五大报告》(1997)、《教育必须以提高国民素质为根本宗旨》(1999)、《不断推进教育创新》(2002 年)、《十六大报告》(2002 年)等文献中重申党的教育方针，强调教育公平的社会主义属性。如培养同现代化要求相适应的数以亿计的高素质劳动者和数以万计的专门人才，关系到 21 世纪社会主义事业的全局。认真贯彻党的教育方针，培养德智体等全面发展的社会主义事业的建设者和接班人。④胡锦涛认为，教育公平是社会公平的重要基础，是我国落实科学发展观和构建社会主义和谐社会必须要解决好的重大课题。2006 年 8 月，胡锦涛在主持中央政治局第三十四次集体学习时强调，教育涉及千家万户，惠及子孙后代，是体现发展为了人民、发展依靠人民、发展成果由人民共享的重要方面。保证人民享有接受教育的机会，是党和政府义不容辞的职责，也是促进社会公平正义、构建社会主义和谐社会的客观要求。⑤同年 10 月，胡锦涛在《中共中央关于构建社会主义和谐社会若干重大问题的决定》中首次明确提出了“教育公平”的概念，强调“坚持教育优先发展，促进教育公平”。2007 年 10 月，胡锦涛又在十七大报告中指出：教育是民族振兴的基石，教育公平是社会公平的重要基础，要促进义务教育均衡发展，加快普及高中阶段教育，大力发展职业教育。⑥

3. 教育公平的重点：改革和完善教育体制

体制问题，带有根本性、全局性、稳定性和长期性。能否建立适合中国国情的、科学的、合理的教育制度及体制，关系着我国教育改革及发展的成败。

邓小平十分重视教育体制的改革和建设，主张教育优先发展，完善教育经费投入财政性投入体制。邓小平引用日本对教育重视的例证来说明增加教育

---

① 邓小平文选：第 2 卷[M]. 北京：人民出版社，1994：107.

② 邓小平文选：第 2 卷[M]. 北京：人民出版社，1994：104.

③ 邓小平文选：第 2 卷[M]. 北京：人民出版社，1994：103.

④ 江泽民文选：第 2 卷[M]. 北京：人民出版社，2006：34，332.

⑤ 胡锦涛. 坚持把教育摆在优先发展战略地位　努力办好让人民群众满意的教育[DB/OL]. http://news.cctv.com/xwlb/20060830/103923.shtml. 2006－08－30.

⑥ 中国共产党第十七次代表大会文件汇编[M]. 北京：人民出版社，2007：36.

投入的必要性："日本人从明治维新就开始注意科技，注意教育，花了很大力量。明治维新是新兴资产阶级干的现代化，我们是无产阶级，应该也可能干得比他们干得好。"[①]邓小平高度重视教育经费投入问题，提出要大力增加教科文卫的费用不可，"要千方百计，在别的方面忍耐一些，甚至牺牲一点速度，把教育问题解决好"[②]。"比如，拿出国民生产总值的百分之五办教育"[③]。在邓小平这一思想指引下，《中共中央关于教育体制改革的决定》《中国教育改革和发展纲要》《中华人民共和国教育法》和《中华人民共和国高等教育法》等文件都明确了逐步提高国家财政性教育经费支出占国民生产总值的比例。江泽民要求"各级党委和政府都要将教育纳入战略发展重点和现代化建设的整体布局之中……坚持在安排各级财政预算时实现教育经费的三个增长"[④]。教育经费的三个增长，就是指各级人民政府教育财政拨款的增长应当高于财政经常性收入的增长，并使按在校学生人数平均的教育费用逐步增长，保证教师工资和学生人均公用经费逐步增长。胡锦涛在《2007 年在全国优秀教师代表座谈会上的讲话》《十七大报告》《2010 年在全国教育工作会议上的讲话》《十八大报告》等文献中一再强调要"加大财政对教育投入"，明确了在党和国家工作全局中教育发展的"三个优先"，即切实保证经济社会发展规划优先安排教育发展、财政资金优先保障教育投入、公共资源优先满足教育和人力资源开发需要；提出要健全以政府投入为主、多渠道筹集教育经费的体制，大幅度增加教育投入，2012 年实现国家财政性教育经费支出占国内生产总值的 4%，并保持稳定增长。[⑤] 发展职业教育和成人教育，是为未能完成普通教育的人创造的教育权利补偿机会，大力推进教育公平。从世界范围看，"教育机会均等将着重解决的，不仅是进入狭义的传统大学受教育机会的均等，而且也是为能力和兴趣不同的人提供适合他们的各种教育途径"[⑥]。邓小平指出，"应该考虑各级各类学校发展的比例，特别是扩大农业中学、各种中等专业学校和技工学校的比例"[⑦]。"职业中学的一部分毕业生应该能够升入高等专科学校学习。"[⑧]1977 年，邓小平在科学和教育工作座谈会上谈到教育制度时，重申"教育还是要两条腿走路"。"就高等教

---

① 邓小平文选：第 2 卷[M]. 北京：人民出版社，1994：40.

② 邓小平文选：第 3 卷[M]. 北京：人民出版社，1993：275.

③ 邓小平文选：第 3 卷[M]. 北京：人民出版社，1993：162.

④ 江泽民文选：第 2 卷[M]. 北京：人民出版社，2006：337.

⑤ 胡锦涛. 2010 年在全国教育工作会议上的讲话[DB/OL]. http://politics. people. com. cn/GB/8198/12677265. html. 2010－09－09.

⑥ 余秀兰. 国外高等教育大众化过程中的机会均等问题[J]. 江苏高教，1999(1).

⑦ 邓小平文选：第 2 卷[M]. 北京：人民出版社，1994：108.

⑧ 邓小平文选：第 1 卷[M]. 北京：人民出版社，1994：280.

育来说，大专院校是一条腿，各种半工半读和业余的大学是一条腿，两条腿走路。”①“要制订加速发展电视、广播等现代化教育手段的措施。”②在邓小平的亲自倡导下，我国开办了广播电视大学。进入21世纪后，终身学习成为社会发展的必然趋势，江泽民适时地指出，“逐步形成适应终身学习需要的学习型社会，满足人民群众多样化的学习需求”③。学校要进一步向社会开放，发挥学历教育、非学历教育、继续教育和职业技术培训教育等多种功能。普通教育、职业教育、成人教育和高等教育要加强相互间的衔接与沟通，为学习者提供多种受教育的机会。④ 江泽民主张“采取多种形式积极发展高等教育特别是社区性高等职业教育，扩大现有普通高校和成人高校的招生规模，尽可能满足人民群众接受高等教育的要求”⑤。为公民创造多次受教育机会，进一步扩展全民教育的范围和内容。胡锦涛提出，优先发展教育，完善中国特色社会主义现代教育体系。积极推动建设覆盖城乡的基本公共教育服务体系；完善终身教育体系，建设学习型社会。深化教育体制改革，统筹城乡、区域教育，统筹各级各类教育，统筹教育发展的规模、结构、质量、效益，努力办好让人民群众满意的教育。⑥

综上所述，毛泽东、邓小平、江泽民和胡锦涛等的中国化的马克思主义教育公平理论，是在社会主义事业发展不同的时代背景下与时俱进地丰富和发展了马克思主义的教育公平理论。毛泽东教育公平理论的旨趣在于优先保障工农受教育权利的面向人民大众的社会主义教育普及；邓小平紧密结合中国特色社会主义事业的发展进程，理性建构公平优先、兼顾效率，在经济发展的基础上完善社会主义的教育体系和体制的教育公平理论；江泽民和胡锦涛则在高等教育大众化的时代背景下，注重优先发展教育，对教育薄弱地区和处境不利阶层民众采取差别补偿原则，完善各类教育体系，不断推进真正意义上的大众化和终身化的教育。马克思主义教育公平理论作为马克思主义教育理论的重要组成部分，既是马克思主义的重要组成部分，又是城乡教育一体化发展战略实施的指导性纲领。

---

① 邓小平文选：第2卷[M]. 北京：人民出版社，1994：54.

② 邓小平文选：第2卷[M]. 北京：人民出版社，1994：108.

③ 江泽民文选：第3卷[M]. 北京：人民出版社，2006：500.

④ 江泽民文选：第2卷[M]. 北京：人民出版社，2006：336.

⑤ 江泽民. 国运兴衰系于教育　教育振兴全民有责[DB/OL]. http://edu. people. com. cn/GB/8216/196960/12122933. html. 2010-07-12.

⑥ 胡锦涛. 坚持把教育放在优先发展的战略地位　努力办好让人民群众满意的教育[DB/OL]. http://news. xinhuanet. com/edu/2006-08/31/content_5028441. htm. 2006-08-31.

三、科学发展观和社会主义和谐社会思想

科学发展观和社会主义和谐社会思想,是党的十六大以来党中央提出的重大战略思想,是中国特色社会主义理论体系的重要内容。科学发展观是构建社会主义和谐社会的发展观。构建社会主义和谐社会是落实科学发展观的具体实践和生动体现。科学发展观作为指导发展的世界观和方法论的集中体现,回答的是“什么叫发展、怎么样发展”这一根本问题。社会主义和谐社会则是社会主义社会建设的总目标和总任务,回答的是“什么叫和谐社会、怎样建设和谐社会”的问题。科学发展观是世界观和方法论的集中体现,在思想理论领域中处于宏观总体的指导地位,统领社会主义和谐社会建设,对整个社会经济发展的全局起着指导思想和指导方针的作用。

(一)科学发展观

党的十六届三中全会通过的《中共中央关于完善社会主义市场经济体制若干问题的决定》提出“要坚持以人为本,树立全面、协调、可持续发展观,促进经济社会与人的全面发展”。这一发展观被称为“科学发展观”。科学发展观总结了中国改革开放和现代化建设的成功经验,吸取了世界上其他国家在发展进程中的经验教训,概括了战胜“非典”疫情的重要启示,揭示了经济社会发展的客观规律,反映了中国共产党对发展问题的新认识。在改革开放以来经济社会的快速发展及变革中,出现了生态环境恶化、腐败现象频现、贫富差距彰显、社会冲突增加等问题。这些矛盾、问题和挑战更需要以科学的发展加以解决和应对。科学发展观适应了时代发展需要、解答了时代课题,而且对未来依然有重要意义。十八大报告指出,科学发展观是中国特色社会主义理论体系的最新成果,是中国共产党集体智慧的结晶,是指导党和国家全部工作的强大思想武器。科学发展观同马克思列宁主义、毛泽东思想、邓小平理论、“三个代表”重要思想一道,是党必须长期坚持的指导思想。

1. 发展观的历史演进

所谓发展,是人或事物由小到大、由简单到复杂、由低级到高级的变化。从哲学的视角看,发展是事物运动变化的状态和趋势,是一种向上的、推陈出新的、发生质变的运动。发展就是事物由小到大、由落后到先进、由旧质到新质的运动变化过程及趋势。马克思主义的唯物史观认为,发展具有世界观的含义,发展是一个普遍的概念,是一种前进、向上的变化;发展也是一个内生的过程,有其内在的必然性。从本质上讲,社会发展是一部人类社会发展的历史。社会

发展的最终目标是实现人的自由全面发展。科学发展观中的发展，是指社会形态的性质没有发生根本变化的前提下，社会总体上处于量变过程之中，经济、政治、文化、社会等全面、协调、可持续的发展，以及人们的物质生活、精神生活、社会生活的不断改善和人的全面发展。其中，经济的发展处于中心地位。

发展观是世界上任何一个国家在发展进程中必然遇到的重大的理论及实践问题。20 世纪以来，发达国家出现经济社会危机，伊朗、墨西哥、巴西等发展中国家先后遭遇“拉美陷阱”，国际社会逐渐认识到片面追求经济增长发展观的缺陷，实现了由“经济增长论”“综合发展观”“可持续发展观”到“人类发展观”的历史演变。①

一是经济增长论(20 世纪 40 年代)。该理论认为，经济增长是一个国家发展的核心任务，发展 = 经济增长 = 工业化。美国经济学家刘易斯在《经济增长理论》中认为，经济发展的问题就是如何提高人口平均产值的问题。W. 罗斯托在《经济增长阶段》一书中，按照经济增长和物质消费的水平来划分经济发展的阶段。实践证明，单纯的经济增长，一方面会加剧通货膨胀、失业、贫富分化等社会矛盾，另一方面，人类对自然资源的疯狂掠夺和对环境的严重破坏，导致自然环境恶化，出现能源危机、环境污染、气候恶化、交通拥挤等严重问题。

二是综合发展观(20 世纪 70 年代)。该理论认为，发展是以经济增长为基础的社会整体进步。达德利·西尔斯在《发展的含义》一文中明确指出发展和增长是两个不同的概念，增长仅仅指量的增长，发展则包括一系列社会目标，是质的变化。“对于一个国家来说，应该提出的问题是：贫困发生了什么变化？失业发生了什么变化？不平等发生了什么变化？如果这三个中心问题中一个或两个恶化了，特别是三个问题都恶化了，那么，即使人均收入成倍增长，把这种结果称为发展也是不可思议的。”②

三是可持续发展观(20 世纪 80 年代)。该理论追求人与自然、社会、人之间的协调和谐，重新审视了当代与未来发展的关系。美国蕾切尔·卡逊的《寂静的春天》(1962 年)、鲍丁的“宇宙飞船理论”、巴巴拉·沃德和雷内·杜傅斯的《只有一个地球》(1972 年)、米都斯的《增长的极限》(1972 年)等提出，地球资源的有限性决定了增长是有极限的，超过极限就会给人类带来毁灭性的灾难。1972 年 6 月，联合国在斯德哥尔摩召开人类环境会议，通过了《人类环境宣言》，提出：“为了这一代和将来的世世代代，保护和改善人类环境已经成为人类的一个紧迫的目标，这个目标将同争取和平、全世界的经济与社会发展这两个

① 陈雯. 科学发展观与构建社会主义和谐社会的辩证关系研究[D]. 武汉：武汉大学，2010.

② 达德利·西尔斯. 发展的意义[J]. 国际发展理论，1969(12).

既定的基本目标共同和协调地实现。”1987 年挪威首相布伦特兰夫人发表了《我们共同的未来》,首次提出“可持续发展”的概念,即“既满足当代人的需要,又不危及后代人满足其需要的发展”。该报告经联合国大会通过后,成为世界各国在经济发展和环境保护方面的纲领性文件。1992 年 6 月,联合国环境和发展大会通过了《里约热内卢环境与发展宣言》和《21 世纪》两个文件,郑重宣告可持续发展是我们的责任。可持续发展观的提出,是在人类社会面临全球性问题和发展困境的现实条件下,人类寻求新的发展道路、选择新的发展模式的产物。

四是“以人为中心”的人类发展观(20 世纪 90 年代)。该理论突出人的发展是发展的目的和核心。美国人威里斯·哈曼指出,我们唯一最严重的危机主要是工业社会意义上的危机。我们在解决“如何”一类的问题方面相当成功,但与此同时,我们对“为什么”这种具有价值含义的问题变得越来越糊涂起来,越来越多的人意识到谁也不明白什么是值得做的。我们的发展速度越来越快,但我们却迷失了方向。[①] 1983 年,法国社会学家弗朗索瓦·佩鲁的《新发展观》强调发展应以人的价值实现、人的需要的满足和人的潜力的发挥为中心,不断满足人们日益增长的物质文化需求,最终实现人的全面发展。新的发展应该是整体的、综合的和内生的,经济只是发展的手段之一。人的需要不仅仅是物质的需要,还包括社会、文化和精神需要。

不同的发展观会导致不同的发展结果,从而对一个国家的发展产生不同的重大影响。温家宝在《在省部级主要领导干部“树立和落实科学发展观”班结业式上的讲话》中指出,发展观是关于发展的本质、目的、要求的总的看法和根本观点。有什么样的发展观,就会有什么样的发展道路、发展模式和发展战略,就会对发展的实践产生根本性、全局性的重大影响。党的十六届三中全会总结新中国成立以来经济社会发展的经验教训,深刻地认识到片面的增长观可能产生的大量社会与生态问题,提出了科学发展观以指导我国未来的经济社会发展。胡锦涛 2004 年 3 月 10 日在中央人口资源环境工作座谈会上的讲话中指出,科学发展观就是坚持以人为本,就是要以实现人的全面发展为目标,从人民群众的根本利益出发谋发展、促发展,不断满足人民群众日益增长的物质文化需要,切实保障人民群众的经济、政治和文化权益,让发展的成果惠及全体人民。

2. 科学发展观是对中国共产党三代领导集体关于发展思想的继承和发展

科学发展观是同马克思主义、毛泽东思想、邓小平理论和“三个代表”重要思想一脉相承又与时俱进的中国化马克思主义理论,是对毛泽东、邓小平、江泽

① 威里斯·哈曼.未来启示录[M].上海:上海译文出版社,1988:193.

民等中国共产党领导人发展观思想的继承和创新，是在充分肯定新时期特别是十三届四中全会以来我国取得的举世瞩目的成就的基础上，从新世纪新阶段的实际出发，适应现代化建设，努力把握发展规律、汲取人类关于发展的有益成果，着眼于丰富发展内涵、创新发展观念、开拓发展思路、解决发展难题提出来的。

毛泽东没有对科学发展观作系统论述，但《实践论》《社会主义革命的目的是解放生产力》《论十大关系》《关于正确处理人民内部矛盾的问题》《把我国建设成为社会主义的现代化强国》等文献中，都闪烁着科学发展的思想，如强调在社会主义事业的发展过程中要正确处理人民内部矛盾，要正确处理好各方面的关系，要调动一切积极因素进行社会主义建设，要统筹兼顾，各得其所，强调发展的目的是为人民服务等。毛泽东认为，苏联在社会主义建设中的一个主要教训，就是没有做到统筹兼顾、综合平衡。在《论十大关系》中，毛泽东重点阐述了经济发展中的五大统筹与协调发展问题，政治发展中的协调发展问题，弘扬中华民族传统文化与广泛吸取世界文明成果的统筹兼顾和协调发展问题，通篇蕴涵着经济、政治、文化全面协调发展的哲学理念。

邓小平提出了较为完备的科学发展理论。如在社会主义事业发展战略的定位方面，强调"发展才是硬道理"，形成了"一个中心、两个基本点"的社会主义初级阶段理论；在发展目的和评价标准方面，提出发展的目的是满足人民群众日益增长的物质文化需要，把人民群众"高兴不高兴""赞成不赞成""拥护不拥护"等作为检验发展成效的标准；在发展的步骤方面，提出了"三步走"战略，明确了全面建设社会主义小康社会的发展任务；在发展的内容方面，主张"两手都要抓，两手都要硬"，实现社会主义的物质文明和精神文明以及社会主义的经济、政治、文化和社会的协调发展；强调教育必须面向现代化、面向世界、面向未来，要把青少年培养成为有理想、有道德、有文化、有纪律的社会主义新人。

以江泽民为核心的第三代领导集体面对世界多极化和经济全球化的时代背景，科学解决我国发展过程中出现的新情况和新问题。江泽民强调："经济发展，必须与人口、资源、环境统筹考虑，不仅要安排好当前的发展，还要为子孙后代着想，为未来的发展创造更好的条件，决不能走浪费资源和先污染后治理的路子，更不能吃祖宗饭、断子孙路……任何地方的经济发展都要注重提高质量和效益，注重优化结构，都要坚持以生态环境良性循环为基础，这样的发展才是健康的、可持续的。"①在全面建设社会主义小康社会的过程中，"可持续发展能力持续增强，生态环境得到改善，资源利用效率显著提高，促进人与自然的和

① 江泽民文选：第1卷[M]. 北京：人民出版社，2006：532－533.

谐,推动整个社会走上生产发展、生活富裕、生态良好的文明发展道路”①。江泽民提出了社会的全面发展和人的全面发展“两个历史过程相统一”的重要思想。江泽民指出:“社会生产力和经济文化的发展水平是逐步提高、永无止境的历史过程,人的全面发展程度也是逐步提高、永无止境的历史过程。这两个历史过程应相互结合、相互促进地向前发展。”②

3. 科学发展观的基本内涵

科学发展观作为当代中国发展理论的最新成果,既是我国经济工作必须长期坚持的重要指导思想,又是解决我国当前经济社会发展中诸多矛盾和问题必须遵循的原则。以胡锦涛为核心的领导集体在继承和发展中国共产党三代领导集体关于发展思想的基础上,提出了“以人为本,树立全面、协调、可持续的发展观,促进经济社会和人的全面发展”的科学发展观。科学发展观是着眼于新世纪、新阶段,事关我国发展全局的重大战略思想,是我党发展理论的新发展。

坚持发展是硬道理。发展是解决中国一切问题的“总钥匙”。坚持抓好发展这个党执政兴国的第一要务,把握社会主义现代化建设的本质。从根本上把握人民的愿望,必须抓住机遇加快经济发展,保持较快的发展速度,坚持用发展和改革的办法解决前进中的问题。在发展的进程中,坚持以人为本,转变发展观念、创新发展模式、提高发展质量,落实“五个统筹”(统筹城乡发展、统筹区域发展、统筹经济社会发展、统筹人与自然和谐发展、统筹国内发展和对外开放),推进生产力和生产关系、经济基础和上层建筑相协调,推进经济、政治、文化建设的各个环节、各个方面相协调,把经济社会发展切实转入全面协调可持续发展的轨道。

发展必须是可持续的发展。可持续发展,就是要促进人与自然的和谐,实现经济发展和人口、资源、环境相协调,坚持走生产发展、生活富裕、生态良好的文明发展道路,保证一代接一代地永续发展。我国的土地、淡水、能源、矿产资源和环境状况严重制约着经济发展,必须把节约资源作为基本国策,发展循环经济,保护生态环境,加快建设资源节约型、环境友好型社会,促进经济发展与人口、资源、环境相协调,坚持节约发展、清洁发展、安全发展。

发展必须科学地发展,也就是以人为本地发展。“科学就是人学”③。以人为本是科学发展观的核心。所谓以人为本,就是要把人民的利益作为一切工作的出发点和落脚点,不断满足人们的多方面需求和促进人的全面发展。中国特

---

① 江泽民文选:第3卷[M].北京:人民出版社,2006:544.

② 江泽民文选:第3卷[M].北京:人民出版社,2006:295.

③ 萨顿.科学史和新人文主义[M].北京:华夏出版社,1989:49.

色的社会主义，既是全面进步的社会主义，也是个人全面发展的社会主义。人的全面发展，是我国社会主义社会发展的目标。社会的全面进步与人的全面发展是一致的。当前，我们要在物质文明和精神文明不断发展的基础上，积极为人的全面发展创造条件。

（二）社会主义和谐社会思想

人类社会的发展历程是一个不断实现社会和谐的动态发展过程。在人类历史的长河中，社会和谐一直是人类想要实现的理想社会状态。但每个时代对和谐的理解不同，所追求的社会和谐的理想也不相同，所希望实现的社会和谐状态也不尽相同，从先秦时期的“大同世界”到近代孙中山的“天下为公”，从古希腊柏拉图的“理想国”，到近代欧洲空想社会主义者的“乌托邦”。中国古人“周公吐哺、天下归心”是奴隶制度下的社会和谐，“文景之治”“贞观之治”和“康乾盛世”是在封建主义制度下实现的社会和谐，二战后西欧和北欧一些国家的“高福利主义”是在资本主义制度改良下实现的社会和谐，体现了中西方对和谐社会理想的认同及追求。人类能否实现和谐社会的梦想？马克思主义给予了肯定的回答。马克思、恩格斯指出，共产主义社会中自由人的联合体将是人类和谐生存、相处和发展的社会状态，随着阶级和分工的消灭，城乡对立、脑力劳动和体力劳动的对立也将消灭；劳动将变为自由人的真正的自主活动；个人的才能将得到全面发展①。在和谐社会中，生产力高度发达，物质财富像泉水一样涌流；实行生产资料公有制，以及按需分配的制度；每个人都得到自由而全面的发展。中国共产党是以马克思主义理论为指导思想的无产阶级政党，从诞生的那一天起，就将实现共产主义作为自己的理想，把在生产资料公有制和生产力高度发展基础上的和谐社会作为中国社会进步及发展的基本方向。以胡锦涛为代表的中国共产党领导集体提出的构建社会主义和谐社会理论，是以中国传统文化中的和谐理念、西方文化中的和谐思想，以及马克思主义中共产主义社会的和谐社会蓝图为基石形成的中国特色社会主义社会建设理论。

1. 和谐的内涵

和谐是一个古已有之、东西横贯的发展理念，自古以来就是人类追求的价值理想。和谐，从字面意义来理解，是指不同事物、对立事物间搭配协调、适当、匀称，形成一种共生共荣的平衡关系。《论语·子路》：“君子和而不同，小人同而不和。”所谓“同”，是指完全相同的事物的简单相加，不产生不同的意见，不产生新的状态和新的事物。“和”有别于“同”，是指一种有差别的多样性统一。

---

① 马克思恩格斯选集：第1卷[M]. 北京：人民出版社，1995：6.

如烹调，必须使酸、甜、苦、辣、咸调和在一起，达到一种五味俱全、味在咸酸之外的境界，才能算是上等佳肴。“和谐”作为中国社会悠久而珍贵的思想文化传统和价值追求，蕴涵了中国先贤关于自然、社会和人生的哲学智慧。孔子的“致中和”、道家的“合异以为同”、董仲舒的“天人之际、合二为一”、张载的“天人合一”等思想都表明，追求人与人、人与社会、人与自然等方面和谐是中华民族的理想追求。西方社会是从本体的角度关注宇宙和自然界的和谐。古希腊哲学家毕达哥拉斯提出“什么是最美的——和谐”。他认为，作为万物本原的数存在着一种关系和比例，由此产生了和谐。宇宙中的任一天体在转动时都发出自身的乐音，天体之间的距离和天体发出的乐声都是和谐的，进而认为“整个天是一个和谐，一个数目”。赫拉克利特认为，和谐不是各个分散部分的外在的简单的联合，而是基于本质的内在统一。互相排斥的东西结合在一起，不同的音调能够创造最美的和谐。和谐是由矛盾双方的对立和斗争构成的。柏拉图的《理想国》是古代西方最早关于社会和谐的构想。柏拉图认为，国民素质和品德的优劣决定国家的好坏，教育是国家和谐的基础。

2. 中西方和谐社会思想

中国历史上的和谐社会思想，被称为“大同”。“大同”是中国古代对理想社会的一种称谓，是先贤对于没有剥削、没有压迫，能够丰衣足食，人与人、人与社会、人与自然之间和谐共处的社会生活状态的一种向往和追求。儒家在《礼记·礼运》篇中提出大同思想。《礼记·礼运》中说，大道之行也，天下为公。选贤与能，讲信修睦。故人不独亲其亲，不独子其子，使老有所终，壮有所用，幼有所长，鳏寡孤独废疾者，皆有所养。男有分，女有归。货，恶其弃于地也，不必藏于己。力，恶其不出于身也，不必为己。是故谋闭而不兴，盗窃乱贼而不作，故外户不闭，是谓大同。东晋陶渊明的《桃花源记》在中国大同思想发展史上有特别重要的地位，“世外桃源”成为人间乐土的同义语。1840 年第一次鸦片战争后，中国社会逐渐由封建社会进入半殖民地半封建社会。外国列强横行中国，人民深受战乱和压迫之苦，民不聊生。太平天国领袖洪秀全吸收基督教义中的平等思想，提出建立“有田同耕，有饭同食，有衣同穿，有钱同使，无处不均匀，无处不饱暖”的理想社会。康有为和孙中山用大同思想表达自己的社会理想。

康有为写了《大同书》，提出建立一个“天下为公，无有阶级，一切平等，既无专制之君主，亦无民选之总统”的“大同之世”。康有为设想未来的大同社会是一种以生产资料公有制为基础、没有剥削的社会：生产力高度发达，人民物质文化生活水平很高；国界消灭，全世界统一于一个“公政府”之下，没有战争；政治上实行资产阶级民主共和国制度，没有贵贱等级；男女完全平等，家庭消灭，不存在父权、夫权压迫。孙中山的理想社会是“天下为公，世界大同”，集中体现为“民生思想”。孙中山作为资产阶级革命派的代表，要求把自己的大同理想在资产阶级民主革命阶段就付诸实施，要求“举政治革命、社会革命毕其功于一役”①。孙中山设想的大同社会是土地国有，大企业国营，但生产资料私有制仍然存在，资本家和雇佣劳动者两个阶级继续存在；生产力高度发展，人民生活普遍改善；国家举办教育、文化、医疗保健等公共福利事业，供公民享用。

西方和谐社会思想有毕达哥拉斯、柏拉图、空想社会主义者等关于和谐社会的思想。其一，古希腊时期的和谐社会思想。毕达哥拉斯认为，美德乃是一种和谐，正如健康、全善和神一样。所以一切都是和谐的。人们应该安分守己、各尽本分，相互为善而不是相互为恶；个人必须服从城邦，但城邦也应尊重个人。在统治者与被统治者的关系上，他强调统治者应当把统治和爱结合起来，而被统治者则不仅应当服从法律，而且应当爱戴长官。只有大家相互尊重、平安相处，整个城邦才能和谐与共、繁荣昌盛。柏拉图的《理想国》是古代西方最早关于社会和谐的构想。柏拉图指出，人们为了满足多方面的需要，必须分工合作，互相帮助，互相交换。社会分工是满足人类多方面需要的最好途径，同时也是社会正义的体现。只有分工严密，社会有机体才能正常运转和生存，否则就会给社会带来极大危害。他将城邦公民分为统治者、保卫者、农民与工匠三类，认为城邦应当由有智慧的人担任领导，拥有激情的勇敢的战士和充满欲望的工农都甘愿服从智慧者的领导，城邦就会成为一个和谐、优良的城邦，城邦居民会达到身心和谐。因此，正义和和谐就是每个人根据上天赋予自己的品质做好自己分内的工作，正义的城邦就是每个人都按照天性做自己应做的本分工作的共同体。当城邦里的三种自然的人各做各的事时，城邦被认为是正义的，是协调和谐的。其二，空想社会主义的和谐社会思想。空想社会主义者对于未来社会的构想，如莫尔描绘的“乌托邦”、康帕内拉笔下的“太阳城”等，和谐社会是共同的价值主题。莫尔在《乌托邦》一书中，尖锐、深刻地揭露了资本主义原始积累的“羊吃人”所造成的社会贫富对立和社会各阶级矛盾深化，主张只有废除私有制，人类才能获得幸福。圣西门、傅立叶和欧文等空想社会主义者都借助理性论和人性论，论证现实资本主义的不合理性，力图找出各种弊端的根源，建立一个充满正义、理性和人性的社会制度。傅立叶认为，在自然体系内存在和谐的秩序，那么在社会体系内也同样应当有和谐的秩序。根据这一观点，他在1803年发表了《全世界和谐》。文章指出，资本主义制度将为和谐制度所替代。欧文则从“环境决定人的性格”的理念出发，提出了一个改造资本主义、建立人与自然和谐相处的共产主义社会的方案。1848年，马克思和恩格斯在《共

① 孙中山的革命口号。

产党宣言》中，对空想社会主义者的著作和有关主张给予肯定，明确指出，“提倡社会和谐”是“他们关于未来社会的积极的主张”。同时，马克思和恩格斯深刻分析了空想社会主义者的历史局限性和理论缺陷，认为他们没有认识到资本主义社会的本质矛盾，也没有找到实现社会变革的正确途径，结果只能陷于空想。

3. 马克思、恩格斯的和谐社会思想

马克思、恩格斯对空想社会主义者的和谐社会思想进行了批判和继承。马克思、恩格斯认为，空想社会主义者虽然批判了资本主义社会的种种不和谐现象，揭露了资本主义社会的矛盾，但没有科学阐明这些不和谐现象和矛盾产生的历史必然性；虽然已经预见到资本主义必然被一种新的社会制度代替，却不能理解这一历史过程的现实基础和实现这一变革的社会力量。因此，空想社会主义者关于未来和谐社会的设计只能是空想。马克思、恩格斯在《德意志意识形态》《共产党宣言》《资本论》等著作中虽然没有使用和谐社会的概念，但对共产主义社会的制度设计及蓝图描绘，彰显了和谐的理念、内涵及价值。

其一，共产主义社会是追求每个人的自由全面发展，这体现了和谐社会的价值取向。人的才能的自由发挥和全面发展程度是检验社会是否和谐的基础与核心。共产主义社会是建立在个人全面发展和他们共同的、社会的生产能力成为从属于他们的社会财富这一基础上的自由个性，人们将用这种“自由个性”取代迄今为止以物的依赖性为基础的人的独立性。共产主义制度将给所有的人提供健康而有益的工作，给所有的人提供充裕的物质生活和闲暇时间，给所有的人提供真正的充分的自由。

其二，实现共产主义社会是人类历史发展的必然趋势，这体现了和谐社会的生成动力。马克思、恩格斯认为，虽然资本主义文明超过了以往一切社会，但是由于资本主义制度包含着不可克服的内在矛盾——生产社会化和资本主义生产资料私人占有制之间的矛盾，资本主义社会在种种不和谐的矛盾中运行，进而产生各种问题和弊端，比如社会严重不平等和两极分化、人的畸形发展及异化等。只有建立社会主义制度，用社会主义代替资本主义，到共产主义社会才能真正实现社会和谐和人的自由全面发展。

其三，共产主义社会是生产力高度发展的社会，这是实现和谐社会的绝对必需的实际前提条件。生产力是人类社会存在和发展的基础。生产力的充分发展、物质财富的涌流，才能为阶级和阶级差别的消灭创造物质基础，才能为人的全面发展提供充足的物质财富，保证社会一切成员有充裕的物质生活，社会才能实行“各尽所能，按需分配”，才能实现真正和谐的共产主义社会。

其四，共产主义社会的教育是生产劳动与智育、体育相结合的教育，这是造就全面发展的和谐的人的基本路径。马克思、恩格斯认为，共产主义社会的教育对所有已满一定年龄的儿童来说，就是生产劳动同智育和体育相结合，这不仅是提高社会生产的一种方法，而且是造就全面发展的人的唯一方法。因为，共产主义社会不仅生产的东西可以满足全体社会成员丰裕的消费和构成充足的储备，而且使每个人都有充分的闲暇时间去获得历史上遗留下来的文化、科学、艺术、社交方式等等中一切真正有价值的东西。共产主义社会是"相互教育的自由人的联合体"，在这个"联合体"中，"个人以整体的生活为乐事，整体则以个人的信念为乐事"①。

其五，共产主义社会是一个和谐的社会的应然样态。共产主义社会是一个人与自然和谐相处的社会，人们"将合理地调节他们和自然之间的物质变换，把它置于他们的共同控制之下，而不让它作为盲目的力量来统治自己；靠消耗最小的力量，在最无愧于和最适合于他们的人类本性的条件下进行这种物质变换"②。共产主义社会是一个人与社会和谐相处的社会，人们的社会关系"作为他们自己的共同的关系，也是服从于他们自己的共同的控制的"③，朝着人与社会和谐共进的方向发展。共产主义社会是一个人与人和谐相处的社会，人们生产的根本目的不是得到物质财富本身，而是表现为对自己和别人的生产，相互生产着对方的存在和意义，生产着人本身，形成了人与人之间和谐的关系。共产主义社会也是一个人与自身和谐的社会："任何人都没有特殊的活动范围，而是都可以在任何部门内发展，社会调节着整个生产，因而使我有可能随自己的兴趣今天干这事，明天干那事，上午打猎，下午捕鱼，傍晚从事畜牧，晚饭后从事批判，这样就不会使我老是一个猎人、渔夫、牧人或批判者。"④马克思、恩格斯在对共产主义社会蓝图的设计中，揭示了和谐社会的价值取向、实现条件、基本内涵，对于构建中国社会主义和谐社会具有深刻的理论指导意义。

4. 中国特色社会主义和谐社会理论

社会主义和谐社会是人类孜孜以求的一种美好社会，是马克思主义政党不懈追求的一种社会理想。社会主义和谐社会，不同于我国古代文化中的"大同世界"，也不同于停留于抽象的原则性描述的空想社会主义的"乌托邦"，而是以马克思主义和谐思想为基础构建的一种和睦、融洽并且各阶层齐心协力的社会状态。进入21世纪后，我国进入改革发展的关键时期，面对形势严峻的社会矛盾及问题，中国共产党批判性地吸收了东西文化中的社会和谐思想，在马克思

① 马克思恩格斯全集：第1卷[M]. 北京：人民出版社，1995：217.

② 马克思恩格斯全集：第25卷[M]. 北京：人民出版社，1974：926－927.

③ 马克思恩格斯全集：第46卷上[M]. 北京：人民出版社，1979：108.

④ 马克思恩格斯选集：第1卷[M]. 北京：人民出版社，1995：85.

主义和谐社会思想的基础上，在十六大和十六届三中全会、四中全会上，共产党提出将“和谐社会”作为执政兴国的战略任务，“和谐”理念成为建设中国特色的社会主义过程中的价值取向。中国特色社会主义和谐社会理论是对东西文化中和谐社会思想的批判性继承和发展。社会主义和谐社会建设的目标是经济建设、政治建设、文化建设、社会建设和生态建设协调发展、五位一体，是人与自然、与社会、与人、与自身的和谐，是人的全面而自由的发展。这些理念来自于对儒家的“大同”社会理想、道家的“道法自然”、墨家的“兼爱天下”、古希腊的“理想国”、空想社会主义的“乌托邦”等思想中和谐元素的扬弃。社会主义和谐理论丰富和发展了马克思主义和谐社会理论的宝库，把马克思主义关于和谐社会的抽象的原则的设想变成了中国特色社会主义事业的战略任务以及正在推进的执政为民与执政兴国的现实要务。

社会主义制度在中国确立后，面对经济领域一穷二白、文化领域多元并存、社会领域矛盾微现的状况，毛泽东指出，中国有可能在工人阶级和共产党的领导之下稳步地由农业国进到工业国，由新民主主义社会进到社会主义社会和共产主义社会，消灭阶级和实现大同。[1] 1956 年，《论十大关系》论述了社会主义建设要正确处理的十个方面的关系，重点论述了经济建设中重工业和轻工业、农业，沿海工业与内地工业，经济建设和国防建设，国家、生产单位和生产者个人，中央和地方等五个方面关系的协调问题，提出了经济结构、区域经济发展、消费结构等方面的和谐发展问题。1957 年，《关于正确处理人民内部矛盾的问题》提出了社会主义基本矛盾学说，为认识、理解、解决种种矛盾冲突，提供了基本理论依据。此外，还论述了汉族与少数民族、党与非党、革命与反革命、是与非、中国与外国等五个方面的政治关系，提出了共产党和民主党派“长期共存、互助谦让”的方针；要搞好汉族与少数民族的关系，巩固各民族的团结，共同努力建设伟大社会主义祖国；[2]对外要学习一切民族、一切国家的长处，来整理中国的，创造中国自己的、有独特的民族风格的东西。在《1957 年夏季的形势》中，毛泽东提出了政治建设的目标：“造成一个又有集中又有民主，又有纪律又有自由，又有统一意志、又有个人心情舒畅、生动活泼，那样一种政治局面。”[3]在《关于正确处理人民内部矛盾的问题》中毛泽东提出了“百花齐放、百家争鸣”的文化建设方针，明确了在宪法范围内，艺术问题上要百花齐放，学术问题上要百家争鸣。

---

① 毛泽东选集：第 4 卷[M]. 北京：人民出版社，1966：1476.
② 毛泽东文集：第 7 卷[M]. 北京：人民出版社，1999：34.
③ 毛泽东著作选读：下册[M]. 北京：人民出版社，1986：692.

十一届三中全会以来,中国进入改革开放的社会主义事业建设的新时期,以邓小平为核心的第二代领导集体,把党和国家的工作重点转移到社会主义现代化建设上来,开辟了走向共同富裕的中国特色社会主义事业道路。第一,坚持发展生产力是建设社会主义和谐社会的第一要务。社会主义时期的主要任务是发展生产力使社会财富不断增长,人民生活一天天好起来,为进入共产主义创造物质条件。① 第二,共同富裕是社会主义和谐社会的基本方向。社会主义的本质,是解放生产力,发展生产力,消灭剥削,消除两极分化,最终达到共同富裕。社会主义的目的就是要全国人民共同富裕,不要两极分化。② 邓小平提出,是否有利于发展社会的生产力、是否有利于增强社会主义国家的综合国力、是否有利于提高人民的生活水平等三个"有利于"是判断我们党各方面工作是非得失的根本标准。第三,完善民主政治制度是建设社会主义和谐社会的政治保障。制度问题"更带有根本性、全局性、稳定性和长期性",关系到党和国家的前途命运,"必须使民主制度化、法律化,使这种制度和法律不因领导人的改变而改变,不因领导人的看法和注意力的改变而改变"③,为全体劳动人民参与各种形式的国家管理以及国家管理人员的权力运行在人民群众的监督之下提供制度支持。

进入 21 世纪,中国特色社会主义事业进入一个新的发展阶段,社会主义和谐社会建设成为社会建设的重要方面。一方面,改革开放以来,社会生产力得到快速发展,人均国民生产总值达到 3000 美元左右。增长与问题、发展与矛盾交织在一起,我国进入了社会结构深刻变动、矛盾极易激化的社会发展风险期。另一方面,中国特色社会主义事业蓬勃发展,人民生活告别温饱,走向小康富裕;中华民族在国际社会上取得了富有影响力的话语权和行动力,可望在 21 世纪中叶全面实现中华民族的伟大复兴。以江泽民为代表的第三代领导集体,继续坚持以经济建设为中心、加强政治民主制度建设,把发展中国特色社会主义事业定位为满足人民现实的物质文化生活需要、促进人民素质的提高和努力促进人的全面发展④,明确提出了可持续发展的时代课题,要"正确处理经济发展同人口、资源、环境的关系,促进人和自然的协调与和谐"⑤。以胡锦涛为代表的新一届中央领导集体,在《中共中央关于加强党的执政能力建设的决定》中,在

① 邓小平文选:第 3 卷[M]. 北京:人民出版社,1993:171 - 172.

② 邓小平文选:第 3 卷[M]. 北京:人民出版社,1993:110 - 111.

③ 邓小平文选:第 2 卷[M]. 北京:人民出版社,1994:146.

④ 江泽民. 在庆祝中国共产党八十周年大会上的讲话[DB/OL]. http://www.cctv.com/specials/80zhounian/sanji/zxbb0702_1.html. 2001 - 07 - 02.

⑤ 江泽民文选:第 3 卷[M]. 北京:人民出版社,2006:462.

党的历史上第一次提出了“社会主义和谐社会”的概念。胡锦涛在2005年2月19日省部级主要领导干部提高构建社会主义和谐社会能力专题研讨班上的讲话中阐述了民主政治、公平正义、诚信友爱、安定有序、人与自然和谐相处的社会主义和谐社会的内涵及特征。2006年10月，《中共中央关于构建社会主义和谐社会若干重大问题的决定》，指出了构建社会主义和谐社会的指导思想、目标任务和基本原则。一是构建社会主义和谐社会的指导思想：以马克思主义理论为指导，在中国特色社会主义道路上，中国共产党领导全体人民共同建设、共同享有的和谐社会。社会和谐是中国特色社会主义的本质属性，是国家富强、民族振兴、人民幸福的重要保证。二是构建社会主义和谐社会的目标任务：社会主义民主法制更加完善，依法治国基本方略得到全面落实，人民的权益得到切实尊重和保障；城乡、区域发展差距扩大的趋势逐步扭转，合理有序的收入分配格局基本形成，家庭财产普遍增加，人民过上更加富足的生活；社会就业比较充分，覆盖城乡居民的社会保障体系基本建立；基本公共服务体系更加完备，政府管理和服务水平有较大提高；全民族的思想道德素质、科学文化素质和健康素质明显提高，良好道德风尚、和谐人际关系进一步形成；全社会创造活力显著增强，创新型国家基本建成；社会管理体系更加完善，社会秩序良好；资源利用效率显著提高，生态环境明显好转；实现全面建设惠及十几亿人口的更高水平的小康社会的目标，努力形成全体人民各尽其能、各得其所而又和谐相处的局面。

第二节　城乡教育一体化发展战略的思想资源

城乡教育一体化发展战略的设定除了需要上述理论进行指导以外，还需要积极吸收西方相关理论的合理内核。因此，西方教育平等思想、城乡关系理论、社会空间理论、投入和有效产出关系理论就成为城乡教育一体化发展的重要思想资源。

一、西方教育平等思想

教育平等思想是西方社会教育普及发展的强大动力。教育由古代社会“为少数人提供充分的教育”，到工业社会的初期“为多数人提供一定的教育，为少数人提供高深的教育”，直到现代社会“为尽可能多的人提供尽可能多的教育”，不断走向大众化和平等化。不同时期、不同阶级的平等观是有差异的。古希腊亚里士多德认为平等有两类，一类是“数量相等”，即“你所得的相同事物在数目和容量上与他人所得的相等”；另一类是“比值相等”，即“根据个人的真价值，按比例分配与之相衡称的事物”①。在当代美国哲学家罗尔斯看来，平等分为自由的平等和差别的平等。自由的平等是社会成员在一定社会制度环境中运用和发展自身的天赋和能力的自由；差别的平等就是处境不利的社会成员在社会制度的差别支持下，得到与其他社会成员同样的公民权利。所谓教育平等，就含义来说，包括教育权利平等和教育机会均等两个方面。“即教育的平等和平等的教育，前者相对于经济和政治的平等，是‘平等’的外延向教育领域的扩张，它的基础在于社会政治制度，从质上规定了是否可能受教育；后者相对于不平等的教育，是‘教育’内涵的深化。”②教育机会均等取决于生产力发展水平，从量上规定了社会成员受教育的机会是否充分。所谓教育机会均等，是指社会中“合适群体中的每个成员都能均等地得到质量均等的教育条件”③。

（一）古代西方教育平等思想

古希腊雅典的公民教育隐含了民主教育的思想，具体体现为公民教育权利平等思想。在闪耀着开放式社会和自由教育思想的《理想国》一书中，柏拉图提出了教育平等的思想。一是男女教育权利平等的思想。柏拉图认为，城邦内的公民都是平等的，“犹如圆周中的任何一点与圆心的距离都是等同的”。男女在本性上并没有什么区别，妇女不过在体质上有些柔弱而已。为了整个国家的利益，要使男女都成为优秀的公民，必须“给女子以同样的教育”④。他主张女子应和男子一样，接受音乐、体育和军事教育。“我们一向是用音乐和体操教育男子的。我们一定要同样的用两门功课来教育女子，并且还要给他们军事教育。”⑤让“女子和男子有共同的教育、有共同的子女和共同保护其他公民”⑥。二是处境不利阶层中有能力天赋者平等享受教育权利的思想。柏拉图认为，城邦中的教育对象应该是金质和银质的中上层统治者的子女，铁质和铜质的平民一般来说应当被排除在教育之外。但这种划分造成了受教育机会的不平等。然而，柏拉图认为：“由于同属一类，虽则父子天赋相承，有时不免金父生银子，银父生金子，错综复杂，不一而足。所以上天给统治者的命令最重要的就是要他们做后代的好护卫者，要他们极端注意在后代灵魂深处所混合的究竟是哪一

① 亚里士多德. 政治学[M]. 吴寿彭，译. 北京：商务印书馆，1965：256.

② 郭齐家. 中华人民共和国教育法全书[M]. 北京：北京广播学院出版社，1995：787.

③ 中央教育科学研究所比较教育研究室. 国际教育百科全书：第3卷[M]. 教育科学出版社，1990：436.

④ 柏拉图. 理想国[M]. 北京：商务印书馆，1986：181.

⑤ 柏拉图. 理想国[M]. 北京：商务印书馆，1986：181.

⑥ 柏拉图. 理想国[M]. 北京：商务印书馆，1986：203.

种金属。如果他们的孩子心灵里混入了一些废铜烂铁,他们决不能稍存姑息,应当把他们放到恰如其分的位置上去,安置于农民工人之间;如果农民工人的后辈中间发现其天赋中有金有银者,他们就要重视他,把他提升到护卫者或辅助者中间去。"[①]柏拉图强调了知识和品德是国家领袖人才的选拔标准,这样就使得处于社会底层的社会弱势群体拥有了通过接受平等的教育实现社会地位向上流动的梦想空间。

(二) 近代西方教育平等思想

西方资产阶级思想先驱致力于谋求新兴市民阶级的平等教育权利。英国空想社会主义者莫尔的《乌托邦》描绘了一个实行公共教育制度的理想国,在那里,所有的儿童,不论男女,都能受到良好的初等教育。宗教改革运动领袖马丁·路德主张实行普及性的强迫初等教育。1530 年,马丁·路德在《关于送子弟入学义务》的演讲中呼吁,教育机关应由公费设立,一律公开。全国的儿童不论贫富、贵贱、男女,都应入学校受教育,凡入学者不予收费。[②] 17 世纪,在《大教学论》与《泛智学校》两部著作中,夸美纽斯继承了古希腊罗马教育思想遗产,吸收了文艺复兴时期人文主义与新教教育的成果,提出了教育机会平等和受教育内容平等的思想。他认为,"人是造物中最崇高、最完善、最美好的",相信上帝造人就是让人认识万物,驾驭与管束万物。因此,"所有城镇乡村的男孩和女孩,不论富贵和贫贱,都应该进学校"。对人民来说,"一切人必须学会一切事物";对政府而言,必须"把一切事物教给一切人"。18 世纪,洛克、卢梭、爱尔维修等赋予教育平等以人权意义。卢梭在《社会契约论》中指出,在"自然"状态下,人人出生时都是平等的,人人都有同样的权利。政府不应该保护少数人的财富和权利,而应该着眼于每一个人的权利和平等。穷人的痛苦和不平等是由于剥夺了他们教育和政治机会的不公平的社会安排。这种社会的不平等可以借助人类理性加以纠正,应该由国家和政府为每个儿童提供初等教育的均等入学机会,而个体此后的发展则完全依赖于其天赋和家庭,这样就有助于建立一个更为公正的社会。[③] 至 18 世纪末期,英、法、美等西方国家在资产阶级大革命胜利以后,在法律上确认了公民平等的受教育权利。

(三) 现代西方教育平等思想

第二次世界大战以后,西方国家开始采取多元化的举措,全面推行和实践

---

① 柏拉图. 理想国[M]. 北京:商务印书馆,1986:128 – 129.

② 吴德刚. 中国全民教育问题研究:兼论教育机会平等问题[M]. 北京:教育科学出版社,1998:29.

③ 张人杰. 国外教育社会学基本文选[C]. 上海:华东师范大学出版社,1989:193.

教育平等思想，促使所有公民不论阶级、种族、性别、贫富等都能实际享受平等的教育权利，促使大众化的学校教育为所有有能力和有意愿的人提供教育及其发展机会。

1. 教育权利平等

教育权利平等权即受教育权利的平等，有着人权和公民权的双重属性。作为人权，价值依据是人的尊严与人的价值，规范依据是国际人权法；作为公民权利，依据是宪法以及相关法律法规。教育平等权利包括教育机会、教育过程、教育结果以及享受国家提供的教育资源等方面的平等。教育立法发端于近代西方社会。一般认为，德国、法国、美洲新大陆的马萨诸塞州等是世界上最早以法律确认公民的平等受教育权利的国家和地区。1619 年，德意志魏玛邦公布学校法令，规定父母应送 6～12 岁儿童入学，否则政府强迫其履行义务。美国的马萨诸塞和纽约两州先后于 1852 年、1853 年颁布的《强迫义务教育法》，英国 1870 年的《初等教育法》，法国 1881 年的《费里法》等，都是具有典型性和代表性的教育立法，其内容已经关涉入学年龄、教育年限、教育程度、处罚措施等义务教育的各个方面。在教育法制建设达到较高程度的现代西方社会，教育立法一直是教育法规的极为重要和基本的部分，并且日益系统、具体和完善。

二战以后，教育平等权利得到世界广泛认同。有关教育平等权利，国际上有过一些国际公约和国际习惯。1945 年，《联合国宪章》重申基本人权、人格尊严与价值及平等观念。1948 年，《世界人权宣言》第 26 款指出，“教育，至少初等教育以及基础教育应是免费的”，“初等教育是义务的”，“高等教育的入学，应该根据才能对所有人完全平等地开放”，明确将教育平等确立为一项基本人权，从而为教育平等权的确立提供了国际法依据。之后，联合国又陆续通过了《取缔教育歧视公约》《反对教育歧视建议》《经济、社会和文化权利国际公约》《世界全民教育宣言：满足基本学习需要》，确认了教育平等权是一项国际法介入保障的权利。

2. 教育机会均等

20 世纪 50 年代始，西方国家的专家学者进行了广泛的调查研究，了解法律法规所确认的公民教育平等权利在社会现实生活中的实现程度，陆续发表了英国的《普洛登报告》（1966）、美国的《科尔曼报告》（1966）、联合国教科文组织关于各国学生学业成绩差异的系列研究报告等。人们从中发现，一方面，需要由法律法规确认公民平等的教育权利；另一方面，公民平等的教育权利的实现，还受到各种社会因素的制约及影响。教育平等观、教育机会均等概念的内涵发生延伸及演变。1948 年，联合国大会在《世界人权宣言》中特别提出两项原则：废除种族歧视和人人具有均等地受教育的权利。在瑞典著名教育家胡森看来，

"若干年来,无论在国内还是在国际上,就教育问题进行的政策讨论中,'平等'已变成一个关键词"①。

胡森在《社会环境与学业成就》一书中,综合评述了第二次世界大战后欧美关于教育机会均等的研究成果。胡森认为,"均等"有三方面的含义:一是起点的平等,即指个体的起点平等。二是过程中机会的均等,指中介性的阶段,是以平等为基础对待不同人种、民族和社会出身的人,并促使不同人种、民族和社会出身的人在教育过程中受到平等的对待。三是最终目标的相等。那么,教育面前机会平等应当作为一个起点还是一个目标来加以考虑呢?胡森指出:"教育面前机会平等可以被视为一项目标,或者被看作一组指导原则。而入学和学业成就上的机会更加平等,则将有助于社会经济方面取得更大的平等,也就是说,在全体公民都关心的经济收入的水平和参与决策以及其它方面取得更大的平等。"②

美国社会学家科尔曼在剖析了教育机会均等观的演变过程后,认为在不同的历史时期,教育机会均等表现为不同的教育理念和诉求。19 世纪强调向所有儿童提供相同的普通课程,20 世纪初强调根据每个儿童期望的未来提供相匹配的课程,20 世纪 50 年代强调教育效果的机会均等,20 世纪 60 年代强调对教育输入各种资源的机会均等。1964 年美国国会通过的《民权法案》第四条提出,要对公共教育制度各个层次作出专门的调查,调查不同种族、肤色、宗教等平等教育机会的问题,以便形成有针对性的公共政策。科尔曼于 1964 年领导了对美国各种族教育机会问题的调查,收集了美国各地 4000 个学校 60 万个学童的数据,于 1966 年向国会递交了《关于教育机会平等性的报告》(又称《科尔曼报告》)。《科尔曼报告》的主要观点是"教育的平等受制于社会经济平等,反过来也影响社会经济平等,从而把教育平等问题提高到改造社会的整体目标上。首先,造成黑人儿童学习水平低的原因,主要不是学校的有形条件,而是学校的社会构成,即学童的家庭社会经济背景。在黑白合校而大部分是白人学生的学校里,黑人学生的学习比在全是黑人的学校里好。其次,学生的家庭背景和学习成绩有很强的相关性。黑人和其他弱势少数族裔,如拉丁裔和印第安人,相比白人中产阶级,缺乏一种改变和控制自己前途的自信,科尔曼名之为'自我评估'。受种族肤色等因素造成社会地位的影响,这些处于弱势的学生,自我评估

---

① 托尔斯顿·胡森. 平等:学校和社会政策的目标[A]//张人杰. 国外教育社会学基本文选. 上海:华东师范大学出版社,1989:193.

② 托尔斯顿·胡森. 平等:学校和社会政策的目标[A]//张人杰. 国外教育社会学基本文选. 上海:华东师范大学出版社,1989:195 – 196.

比较低，对自己的前途缺乏自我期望，学习士气较低，从而造成学习成绩较差，而且差距越往后越大。这和胡森对此问题进行了25年研究后得出的结论相吻合，即‘教育改革必须与社会和经济改造协调一致。’”①

联合国教科文组织在1960年12月的大会上阐述了教育机会均等的含义。《取缔教育歧视公约》和《反对教育歧视建议》提出，“教育机会均等”概念的含义由消除歧视和消除不均等两部分组成。基于联合国有关“教育机会均等”概念的认识、理解及各国的教育实践，“教育机会均等”概念的含义主要包括入学机会均等或入学不受歧视（在社会、经济、文化、阶级、民族、种族、性别、地理等方面）、受教育过程中的机会均等及取得学业成功的机会均等。

3. *教育权利的差别平等*

教育权利的差别平等思想，也就是教育补偿思想，作为“公平的正义”理念中的差别原则在教育领域的拓展，是基于教育权利平等原则而对社会中处境不利群体或者说社会弱势群体提供的社会制度性教育补偿。美国哲学家罗尔斯在《正义论》中，设置了一个“无知之幕”的原初状态，在这一选择背景下，社会成员将会一致认可（或选择）体现“公平的正义”理念的自由原则和差别原则：“第一个原则要求平等地分配基本的权利和义务；第二个原则则认为社会和经济的不平等（例如财富和权力的不平等）只要其结果能给每一个人，尤其是那些最少受惠的社会成员带来补偿利益，它们就是正义的。”②在罗尔斯看来，差别原则包含着某种平均主义，最基本的就是“平等的倾向”。差别原则意味着三点：一是补偿原则。差别原则不等于补偿原则，但它力图达到补偿原则的目的，应当对出身和天赋的不平等进行补偿。二是互惠的观念。差别原则是追求相互有利的原则。三是博爱原则。在西方社会中，与自由和平等相比，博爱处于较次要的地位。差别原则表明了一种公民友谊和社会团结。一个正义合理的社会分配制度，不是以牺牲一部分人的利益来增加另一些人的利益，而是在社会竞争和分配中保护弱者的利益。罗尔斯的体现“公平的正义”理念的差别补偿原则逐渐被美国、英国等认同，并被运用于社会中处境不利群体及学校的教育补偿或倾斜支持的制度设计，促进社会弱势群体家庭孩子获得和中等收入以上社会群体家庭孩子同等水平的教育机会。在第一次世界大战后，美国、英国等西方国家开始关注处境不利群体的平等受教育权利问题。

其一，美国补偿教育计划。补偿教育计划是保证处于困境的儿童享受正当

① 林达.科尔曼报告改变美国公共教育[DB/OL]. http://teacher.cersp.com/theo/development/200705/1568.html. 2007-05-03.

② 约翰.罗尔斯.正义论[M].何怀宏，何包钢，廖申白，译.北京：中国社会科学出版社，2009:12.

教育权利的各种计划的总称，旨在解决移民、少数民族和低收入家庭的儿童受教育的机会及能够占有的资源等问题，使这些家庭摆脱“一代贫穷，代代贫穷”的恶性循环。20 世纪五六十年代的民权运动，促使美国政府提出了“向贫穷开战”的口号。美国国会《1965 年初等和中等教育法》阐明了“为教育低收入家庭的儿童给地方教育机构提供财政援助”的联邦政策，第一条明确规定了给处境不利儿童数量集中的学区增加拨款，用于补偿教育。① 美国政府先后为贫困家庭儿童制订“头脑启迪”计划、为低收入家庭的孩子提供免费或低价的午餐和早餐、为移民家庭儿童实行双语教育计划、实行残疾儿童补偿计划。《残疾儿童教育法案》(1975 年)规定学校由联邦政府资助，确保所有学生接受“自由而适当的教育”②。

其二，英国教育补偿计划。20 世纪 60 年代前后，英国教育机会的不均等是一个严重的社会问题，社会中处境不利群体教育成就的表现低下现象日益突出。“最贫困的儿童往往只能接受最差的教育，而富裕家庭可以通过私立学校和购买昂贵的住房让孩子接受高质量的教育。”③英国政府通过实行“教育优先区”“教育行动区计划”“城市卓越计划”等，将学生学业表现不良的教育薄弱地区和薄弱学校作为教育改革的突破口。政府允许社会各界特别是私营工商企业提出申请，接管教育行动区(教育薄弱地区)所属的公立学校，提供优惠教育津贴，鼓励优秀教师到教育行动区服务。一是在课程方面，教育行动区学校在课程设计及实施方面可以进行灵活自由的改革，激发学生的学习兴趣，提高学生的读、写、算水平。二是在人事方面，教育行动区可以不受约束，通过提供比全国性教师聘任条例优厚的待遇，招聘行动区所需要的学校优秀管理人员及优秀教师。三是在资源方面，政府鼓励各教育行动区采取措施共享结盟学校在校舍、图书和设备等方面的资源。四是在经费方面，政府将在日常预算之外每年向每个教育行动区提供 25 万英镑的追加拨款，并希望行动区每年也能从工商界筹集数目相等的配套资金。④

其三，南非的贫困生免费教育计划。2003 年 6 月 17 日，南非政府通过一项“行动计划”，确保学校教育系统的全纳性。该计划能够广泛代表整个社会，同时提高系统各个方面的质量，逐步为南非所有的穷人建立一个免费的高质量的

---

① 马骥雄. 战后美国教育研究[M]. 南昌:江西教育出版社,1991:242.

② 费奥斯坦,费尔普斯. 教师新概念:教师教育理论与实践[M]. 王建平,译. 北京:中国轻工业出版社,2002:39.

③ 王小飞. 英国教育均衡措施:补偿弱势群体,关注全体学生[DB/OL]. http://edu.sina.com.cn/zxx/2011-06-20/1141302255.shtml. 2011-06-24.

④ 杨军. 英国促进基础教育均衡发展政策综述[J]. 外国教育研究,2005(6).

学校教育体系。“行动计划”提出，学校尤其是那些学生比较贫穷的学校，优质教育所需要的全部基本投入成本必须有充足的保证；学校必须能向所有学生提供有意义的知识和技能，通过这些知识和技能使学生能够充分参与到国家的经济、政治和文化生活中来；所有学生不应因经济上、身体上或者其他方面的原因而辍学。“行动计划”强调在接下来的三年（2004—2006），确保南非最穷的40%的学生接受更高质量的学校教育；所有阻碍他们接受教育机会的问题，不论是距离问题、学费问题或者其他一些障碍，都要最终得到妥善解决。①

二、西方城乡关系理论

城乡关系主要是指城市和乡村之间在经济、政治、文化等方面的关系，其中最为根本的是经济关系。城乡关系的发展是基于生产力发展基础上的一种历史进程，经历了生产力水平极其低下状态下的原始社会城乡不分，到生产力发展到一定水平状态下的城乡对立，再到生产力高度发展以至财富像泉水一样涌流的共产主义社会中的城乡融合。城乡对立是指城乡之间互不相融、互相矛盾的状态。城乡对立是城乡关系的一种形态。西方学者认为，城乡二元经济结构是城乡对立最根本的体现，是指以社会化生产为主要特点的城市经济和以小生产为主要特点的农村经济并存且互相不融的经济结构。城乡融合是指城市和农村之间互相协调、共荣发展的状态。城乡融合是与城乡对立相反的城乡关系表现形式。西方学者认为，城乡融合的本质是要消除“城乡二元经济结构”，以城市发展为中心，通过城乡逐步协调，最终实现城乡融合。城乡关系是广泛存在于城市和乡村之间的相互作用、相互影响、相互制约的普遍联系和互动关系，是一定社会条件下经济、政治、文化等诸多因素在城市和乡村两者关系上的集中反映。

（一）李嘉图的城乡差距理论

资本主义社会中，现代工业部门技术进步比传统农业部门快，投资回报和就业者的工资收入相对较高。在一定的经济发展阶段，工业代表着先进的生产力，农业则意味着落后的生产力。也可以认为是两大部门的生产方式不同。工业是可以重复的、连续不断的机械生产，农业则必须与自然生产交织，增加了生产经营的不确定性和问题的复杂性。还可以认为是工业产品和农产品需求决定的收入弹性不同，工业产品需求弹性高，而农产品需求弹性低。传统农业生

① 丁秀棠．南非推动义务教育均衡发展的经验及其启迪作用[J]，教育导刊，2006(9)．

产的基础——土地是不可再生的基本生产资料，随着人口的增长，对土地的需求压力会越来越大。加上传统农业技术进步缓慢，不断增加的劳动力供给的边际生产率会逐渐趋于零。而现代工业使用的资本、技术和设备可以再生，规模可以扩大，技术进步速度大大快于人口增长。19 世纪初，在《政治经济学及赋税原理》一书中，大卫·李嘉图认为导致城乡居民收入差距的根源在于工业和农业两部门的生产方式和产品需求方式不同，他列举了工业和农业部门生产方式和产品需求方式导致的城乡居民收入差距的根源。一方面，农业部门存在着收益递减规律，城市工业不仅不存在收益效率递减规律，反而呈收益递增趋势。另一方面，农产品收入需求弹性低。由于工业和农业的生产效率不同，城乡居民收入存在差距是必然的。城市工业将是社会发展的方向。但城市工业发展扩张需要吸纳农村剩余劳动力，所以城市劳动者的收入会比农村劳动者更高，造成城乡居民收入水平的差距。

（二）刘易斯的二元经济理论

二元经济结构是当代发展经济学的核心内容之一，代表人物是美国发展经济学家阿瑟·刘易斯。1954 年，刘易斯在《无限劳动供给下的经济发展》一文中，首次提出了用以解释发展中国家经济问题的二元经济结构模型。发展中国家一般存在着由传统农业部门和现代工业部门构成的二元经济结构，并将整个国民经济部门划分为传统农业部门和现代工业部门，把经济发展问题归结为工农业两大部门之间的关系。刘易斯的二元结构理论有一个理论假定前提，那就是整个发展中国家的劳动力供给是无限的，“在那些相对于资本和自然资源来说人口如此众多，以致于在这种经济的较大的部门里，劳动的边际生产率很小或等于零，甚至为负数的国家里，劳动力的无限供给是存在的”①。由于传统农业部门存在着大量低收入的劳动力，劳动力供给具有完全的弹性，只要工业部门需要，就可以获得无限供给的劳动力，直至农村剩余劳动力被城市完全吸收，农村工资与城市工资完全一致，城乡差别逐步消失，最后经济由二元变成一元。刘易斯二元经济模型的实质是在劳动力无限供给条件下，现代工业部门的扩大和传统农业部门的缩小。刘易斯的二元经济模型是以市场不存在失业、工资水平不变、劳动与资本的比例不变等假定为理论分析的前提，只强调现代工业部门的扩张，忽视技术进步在传统农业部门的应用及其发展。

（三）费景汗—拉尼斯二元经济理论

1961 年，费景汗和拉尼斯在《经济发展的一种理论》一文中继承了刘易斯

---

① 阿瑟·刘易斯. 二元经济论[M]. 北京：北京经济学院出版社，1989：3.

的二元经济模型中农业部门存在大量边际生产率为零的剩余劳动力的假设，同时也改造了刘易斯的二元经济模型。他们指出刘易斯没有足够重视农业在促进工业增长中的作用，没有注意到农业由于生产力提高而出现剩余产品是劳动力持续流入工业部门的先决条件，由此补充和完善了刘易斯的二元经济模型，形成了刘易斯—费—拉模型。在刘易斯—费—拉模型中，费景汗和拉尼斯把农业劳动力向非农业部门流动和工农业的发展联系起来，划分出三个阶段。第一阶段，农业部门存在着大量的边际生产率为零的农业劳动力，对工业无限供给。第二、第三阶段中，农业部门逐渐出现生产剩余，这些生产剩余可以满足非农业部门的消费，有助于劳动力向工业部门的转移。但是，农业剩余劳动力向非农业的转移，使配置到工业部门中的平均农业剩余降低到低于农业中不变的“维持生计工资”时，经济发展将处于停滞状态。促使经济得以持续发展的关键在于提高农业部门的劳动生产率以获取更多的农业剩余。费—拉模型充分认识到农业在发展中国家经济发展中的重要性，认为农业不仅仅是消极输送劳动力，还表现为对工业部门的扩展提供必不可少的农产品，工农业的平衡发展对二元经济结构的转换是至关重要的。但是，在这一模型中，农业部门始终处于附属地位，农业只是一个向现代工业提供资本积累和输送劳动力的被动部门。

（四）乔根森二元结构模型

美国经济学家乔根森在其 1967 年发表的《过剩农业劳动力和两重经济发展》一文中指出，工业部门的工资等于边际生产率，而农业部门的工资等于劳动的平均产出，劳动力可以在两部门之间自由流动。乔根森在新古典主义的框架下反思刘易斯—费—拉模型，不认同边际生产率为零的劳动力的存在，不认同农业和工业工资水平是固定的，重新解释了二元经济问题，形成了乔根森二元结构模型。乔根森二元结构模型主张，农村剩余劳动力转移的前提条件是农业剩余。农业产出的增长会被人口增长抵消，只有在农业产出的增长超过人口增长时才会出现农业剩余。当农业剩余大于零时，才有可能形成农村剩余劳动力的转移，农业劳动力向工业部门转移的速度取决于农业剩余的增长速度和工业部门的技术进步状况。工业部门的技术进步越快，其储蓄率就越高，劳动力增长越快，经济也就增长越快，最终完成二元结构的转化。在存在农业剩余的条件下，乔根森又提出了一种重要的假设，即农业总产出与人口增长相一致。在这种条件下，随着农业技术的不断发展，农业剩余的规模将不断扩大，更多的农村剩余劳动力将转移到工业部门。因此，农业剩余的规模决定了工业部门的发展和农村剩余劳动力转移的规模。① 但是，乔根森模型忽视了对农业物质投资的重要性以及城市的失业等问题。

（五）托达罗的二元经济理论

美国经济学家托达罗在20世纪60年代末到70年代初通过对发展中国家农村人口流入城市和城市失业同步增长的矛盾现象进行研究，创建了二元经济模型。托达罗认为，发展中国家之所以会出现这种矛盾现象，主要是因为吸引农村剩余劳动流入城市的原因是城乡“预期收入”的差异，而不是绝对差异。影响预期收入的因素是城乡实际工资差异的大小和在城市求得工作机会的可能性的大小。农村剩余劳动力是在权衡了这两个因素之后才做出是否向城市转移的决策的。也就是说，只要“预期城市收入”值大于“预期农业收入”值，剩余劳动力就会不断从农村转移到城市。这样，会造成城市劳动力市场严重失衡，失业问题日益严重。托达罗指出，实现二元经济结构转换不是依靠农村人口不断向城市迁移，而是靠提高农业生产能力，大力发展农村经济，缩小工农差别、城乡差别。大力发展农村经济是解决城市失业和实现农村剩余劳动力转移的根本出路。只有城市和农村协调发展，工业化才能顺利推进。但是，这一模式对现代工业部门增加就业的结果持消极态度，没有揭示农业剩余劳动力向非农产业转移对于改造传统农业的重要意义。

（六）霍华德的田园城市理论

18世纪中叶以后，英国等西方国家先后经历了工业革命。工业革命促进了城市化进程，大量农村剩余劳动力涌向城市，出现了一系列的社会问题。在工业化和城市化的进程中，如何制止农村劳动力的外流？劳动者怎样能够返回故土？乡村工业怎样返回农村？霍华德在对这些问题深入分析研究的基础上，找到了人口向大城市转移的真正原因——一种诱惑力，即所谓的引力概念。英国城市学家埃比尼泽·霍华德认为城市和农村有着不同的吸引力，也具有各自不可避免的缺憾。长期以来，人们要么选择城市的繁华环境，要么选择乡村的优美风景；要么选择在农村从事农业，要么选择到城市从事其他的职业。工业和农业，城市和乡村必然分开。但事实是，除了这两种选择之外还有另外的一种选择，那就是城市和乡村的结合体。1989年，在《明日，一条通向真正改革的和平道路》一书中，霍华德认为应该建设一种兼有城市和乡村优点的理想城市，用城乡一体的新社会结构形态来取代城乡分离的旧社会结构形态。把城市生动、

---

① 杜焕来，朱华. 国外有关农村劳动力就业的理论对我国社会主义新农村建设的启示[DB/OL]. http://www.doc88.com/p-0703996127645.html.

高享受、高收入的特点和美丽的、自然的乡村生活和谐地组合起来。这种组合将是人们梦寐以求的,人们不会再从家乡向城市流动,而是会很自愿地从拥挤的大城市投入这种生活的怀抱中去。霍华德提出在工业化条件下实现城乡结合的发展道路,用城乡一体的新社会结构形态来取代城乡对立的旧社会结构形态。

综观西方城乡关系理论演变的历史脉络,可以看出,从城乡对立走向城乡融合是城乡关系发展的必然趋势。这是由生产关系一定要适应生产力发展的客观规律决定的,是社会发展的必然要求。

三、西方社会空间理论

“空间”是人类文明得以维系和嬗变的基本维度。人们最早对于空间的理解是自己身体占据的某个场所和自己活动、生活的某个区域,是作为自身周围物质性空间实践的被感知空间。随着社会的发展和人类认识能力的进步,人们对于空间的认识开始跳出感性的感知阶段而进入理性的认知阶段,空间不再如以往一样是消极无为的、被动的地理环境,不再只是有生命和无生命生存的必需条件,而是具有一种全新的意义。西方学者对空间问题的认识经历了从“空间既定论”到“空间何以形成”的转变,布迪厄、列斐伏尔、哈维、戈特迪纳等是西方社会空间理论研究的代表人物。

(一)布迪厄的社会空间场域理论

20 世纪 80 年代,法国社会学家皮埃尔·布迪厄在比拟地理空间的意义上使用“社会空间”一词来表示个人在社会中的位置所构成的场域。布迪厄认为,场域是指在不同位置之间存在的客观关系的网络或构型。首先,场域主要表现为由不同要素结成的一种社会网络,是以各种社会关系联结起来的社会场所和社会领域。这些社会网络把行动者、规则、资源和要素联结在一起并发挥整体性作用。社会不同要素通过占有不同位置而在场域中存在和发挥作用,行动者依据不同的位置获得不同的社会资本。“正是在这些位置的存在和他们强加于占据特定位置的行动者或机构之上的决定性因素之中,这些位置得到了客观的界定,其根据是这些位置在不同类型的权力(或资本)——占有这些权力就意味着把持了在这一场域中利害攸关的专门利润的得益权——的分配结构中实际的和潜在的处境,以及它们与其他位置之间的客观关系(支配关系、屈从关系、结构上的对应关系,等等)。”①场域具有能动性。场域是充满力量的,个体在场域中展开竞争,每一个场域中都有统治者和被统治者,而任何统治都隐含着对抗。布迪厄认为,在场域中活跃的力量是那些用来定义各种“资本”的东西。

然而,布迪厄的资本概念不同于经济学家所用的资本概念,他把资本理解为积累起来的物化形式或“肉身化”形式的劳动,这种劳动可以作为社会资源在排他的基础上被行动者或群体占有。布迪厄依据资本的数量及其构成划分不同的场域,利用二维空间,将资本总量、资本结构分别作为纵轴和横轴来表现资本的分配状况,构建了一个复杂的社会空间图式。“场域”作为人们活动的场所,有着政治场域、文化场域、哲学场域等不同的表现形式和类型,制约着人们的心理、行为,从而制约着“构型”。社会空间中有各种各样的场域,场域的多样化是社会分化的结果。在此情形下,社会空间便成为一个包含由不同资本总量和资本结构所决定的各种位置的多元空间。“阶级”则指社会空间内不同行动者之间的位置差异和反映等级秩序的概念。布迪厄以“场域”和“社会空间”来替代“社会”概念,把社会理解为各个相对自主的“游戏”领域的聚合,这种聚合不可能被压制在一种普遍的社会总体逻辑之下,这是一个社会建构的、在实践中运作的、具有差异性的、游戏的竞争空间。在这样的空间里,行动者根据他们在空间里占据的位置进行争夺,以求改变或力图维持其空间的范围或形式。

(二)列斐伏尔的社会空间生产理论

法国哲学家列斐伏尔关于空间的一般社会理论将空间结构区分为空间的实践、空间的再现与再现的空间三个要素,即空间的实在、构想和认知三个层面。列斐伏尔阐发的关于空间的一般理论深刻地影响了后世的空间思考及其研究。在《空间的生产》(1974 年)一书中,列斐伏尔构建了“社会—历史—空间”的三元辩证法,认为“空间里弥漫着社会关系,它不仅被社会关系支持,也生产社会关系和被社会关系所生产”②。但是它内含于财产关系之中,又和生产力息息相关。“就像其他事物一样,空间是种历史的产物。”③空间是人类历史生产的产物,空间不仅是一种生产的结果,它本身也是再生产者;不仅是社会生产关系的历史性结果,而且是其本体论的基础或前提。列斐伏尔提出了自己的空

① 皮埃尔·布迪厄.实践与反思:反思社会学导引[M].李猛,李康,译.北京:中央编译出版社,1998:134.

② 列斐伏尔.空间、社会产物与使用价值[A].//包亚明.现代性与空间的生产.上海:上海教育出版社,2003:48.

③ Henri Lefebvre. The Production of Space[M]. Translated by Donald Nicholson-Smith. Oxfod: Blackwell Ltd,1991:34.

间三元辩证法的核心范畴。其一是空间实践。空间实践是社会空间的物质建构的维度,是对体现了社会生产关系的尤其是土地和地产所有权的社会构成物(如住宅、商业街区、铁路、高速公路、机场等)的生产与再生产,既是生产和再生产的过程也是其结果。在空间实践与社会空间之间存在着相互作用的辩证关系。[①] 一个社会的空间实践隐藏了这个社会的空间,它既生产社会的空间,同时又以之为前提,在分析的意义上,只有通过对空间的解码,才能揭示一个社会的空间实践。其二是空间的表征。它属于社会空间被构想的维度,是一个概念化的空间或者说构想的空间。空间的表征属于生产关系及其秩序的层面,与维护统治阶级利益的各种知识、意识形态和权力联系在一起。这是一个属于科学家、城市规划专家、技术统治官僚和社会工程师之类人物的空间。"这是在任何社会(或生产方式)中的统治的空间。"[②]空间表征体现了统治阶级所掌握的知识和意识形态的表象化作用及其介入并改变空间构造的实践影响。其三是再现性空间。它是一种直接经历的空间。这不是说人们只是在表现的空间中才体验到了空间,而是意味着对批评和反抗空间表征的空间真理的亲身体验,再现的空间"体现了复杂的象征系统,这些有时经过了编码有时则没有,这些象征系统与社会生活的暗中的或反对现存体制的方面相联系,同样也与艺术(可能被最终定义为一种表征空间符码的而不仅仅是空间的符码)紧密联系"[③]。与空间表征主要偏好于理智上所建构的语言符号系统不同的是,再现的空间更倾向于或多或少一致的各种非语言的象征和符号系统。[④] 列斐伏尔开拓了社会空间无穷尽的维度,使社会空间成为包罗万象的空间,既是自然的,又是社会的,包纳了无数网络和通衢,由此推进物质对象和信息的流动变化。而且又将历史性、社会性和空间性联系在一个策略均衡、超学科的三维辩证法中,将空间的主观性和客观性的思考引入空间的生产过程,使空间的主观性和客观性融为一体。

(三)哈维的城市空间理论

哈维的城市空间理论关注的聚点在于分析资本主义社会下的城市化,解剖

---

① Henri Lefebvre. The Production of Space[M]. Translated by Donald Nicholson-Smith. Oxfod:Blackwell Ltd,1991:38.

② Henri Lefebvre. The Production of Space[M]. Translated by Donald Nicholson-Smith. Oxfod:Blackwell Ltd,1991:33.

③ Henri Lefebvre. The Production of Space[M]. Translated by Donald Nicholson-Smith. Oxfod:Blackwell Ltd,1991:38-39.

④ Henri Lefebvre. The Production of Space[M]. Translated by Donald Nicholson-Smith. Oxfod:Blackwell Ltd,1991:39.

了资本主义城市化进程中的空间不平等及其根源。20 世纪 60 年代末 70 年代初，美国和欧洲各种社会问题凸显，城市成为一个各种社会矛盾聚集的空间。大卫·哈维以历史唯物主义为基本理论平台，将城市空间放置于一定的伦理关系之中，展开对西方社会城市空间的理论批判。在哈维看来，空间作为特定社会关系的载体，直接参与特定社会关系的建构。其一，空间模式表现着阶级关系。哈维在《巴黎城记——现代性之都的诞生》一书中指出，空间的生产就是阶级关系的生产。城市中的劳动者和低收入阶层，因其经济收入及其阶级地位的限制，在空间的占有和控制中处于劣势地位。“巴黎各个区各有其‘模式’，能够显露出你是谁，你的工作，你的身家背景以及你所追求的目标”。巴黎“将它的头放在阁楼上，居住的是科学家和天才，二楼住的是装得满满的胃；一楼则是店铺，是腿与脚，因为忙碌的商人一直在此匆忙地进进出出”①。与此同时，阶级关系也对空间分异产生影响。上层和中产阶级强烈要求城市规划和空间开发与开发地区的社会阶层相匹配。在欧洲城市形成中，普遍存在着富人和穷人的分区居住现象。工人“住的地方没有资产阶级家庭……实际上断绝了接受资助的机会”②。其二，空间剥夺。这种剥夺主要表现为城市公共空间的剥夺。哈维认为，城市公共空间是一种对世界的叙述，是对人们生存方式的叙述，是对现实阶级状况的叙述。资本主义的公共空间，赶走了“王权”，请来了金钱。咖啡馆作为公共空间的一部分，有穷人咖啡馆和富人咖啡馆之分。穷人因为囊中羞涩，根本不可能走进花费昂贵的富人咖啡馆。一座城市“如果将它的邻里街坊区隔成拥有财富过着优雅生活的人，以及注定要为生计奔波的人，那么，这样的城市将不能算是基督教城市，而只是一座野蛮人的城市”。其三是空间异化。哈维认为，空间是关系和意义的集合，是功能和社会属性的表征。作为一种对世界的叙述，空间的社会性诉说着人们日常生活中的“在场—不在场”“参与—排斥”的对应关系，他用“可接近性和距离”来界说这种关系。“可接近性和距离”不仅体现为与生产要素的空间流动相关的交通体系和城市网络，还是生命个体与城市之间“距离”的社会文化心理表现。③

（四）戈特迪纳的社会空间理论

美国社会学家戈特迪纳和亨切森在《城市空间的社会生产》（1987 年）和

---

① 大卫·哈维. 巴黎城记：现代性之都的诞生［M］. 黄煜文，译. 桂林：广西师范大学出版社，2010：44.

② 大卫·哈维. 巴黎城记：现代性之都的诞生［M］. 黄煜文，译. 桂林：广西师范大学出版社，2010：250.

③ 大卫·哈维. 巴黎城记：现代性之都的诞生［M］. 黄煜文，译. 桂林：广西师范大学出版社，2010：288.

《新城市社会学》(1995年)中提出社会空间理论,以拉斯维加斯为例对社会空间状况进行了实证研究。戈特迪纳和亨切森阐述了以下三组关系。其一,空间和社会因素(阶级、教育、权力、性别、种族等)的关系。社会因素决定了人们与空间的关系,一切社会活动都是在特定空间中发生的,社会因素在城市生活中无不通过空间向度展开并发挥作用。其二,空间与行为因素的关系,强调空间与行为的互动。空间以一种特有的方式影响人们的行为和互动,但这种方式是最初的空间设计者所未能考虑到的。个人通过人际互动改变了现有的空间安排,并建构了新的空间以表达心中的欲求。其三,空间与文化、心理因素的关系。特定的社会文化是空间意义的基础和渊源所在。空间环境之所以有意义、具有怎样的意义以及该意义的作用如何在人的行为环境中得以体现,均受到特定文化以及由此形成的脉络情景的影响。① 这种方法认为城市的发展是政治、经济、文化等因素共同作用的结果。

西方社会空间理论表达了对具有一定历史性的城市的急速扩张、社会的普遍都市化,以及空间性组织的问题等方面的关注及研究,对于我国在城市化进程中出现的空间极化与隔离,体现在收入差距、社会资本、公共权力、流动能力、社会认同等方面的城乡居民社会空间的二元化分隔,以及社会弱者群体被“边缘化”的命运改变,提供了理论启示。

四、西方教育投入和有效产出关系理论

教育的投入产出问题是西方社会与学者们所关注的热门话题之一。广义而言,投入是指向系统输送其运转所需的各种资源和要素。教育投入,是指教育的进行必须投入一定量的社会劳动或社会资源。有效产出是指微观经济单位耗费一定量的经济资源所得到的产出中,能为市场所需、能完成由实物形态或货币形态向价值形态转化的产出。教育投入形成的有效产出,在以舒尔茨为代表的人力资本理论、以斯宾塞为代表的筛选理论、以皮特·多灵格和米切尔·J. 派奥为代表的劳动力市场分割理论和以萨缪· 鲍尔斯和赫伯特·金迪斯为代表的社会化理论看来,主要表现在以下三个方面:教育投入,对于个人来说,是以后获取高学历、高工资的重要因素;对于国家和社会来说,是提高生产率、增加国民收入的来源;对于统治阶级来说,是通过教育促使学生习得统治阶级所需要的个性特征,成为社会经济结构所需要的人才类型。

① M. Gottdiener, R. Hutchison. The New Urban Sociology. Second Edition. New York: McGraw-Hill Companies, 2000.

（一）人力资本理论

人力资本理论创立的背景是对传统经济理论的质疑。传统经济理论提出了推动经济增长的三个要素：土地、劳动力和资本。虽然这三个要素中也有劳动力因素，但仅涉及劳动力数量，而劳动力质量没有被列入其中。二战以后西方国家的统计资料显示，国民财富的增长速度远远大于土地、资本等要素的耗费速度。传统经济理论无法解释其中的奥妙。人力资本理论就是在这样的背景下应运而生的。

亚当·斯密首先注意到人力资本问题。亚当·斯密在《国富论》（1766年）、《国民财富的性质和原因的研究》（1776年）等著作中明确表述了人力资本的思想，成为西方人力资本理论的学术源头。在亚当·斯密看来，一个国家全体居民的所有后天获得的有用能力是资本的重要组成部分，人的能力是一种资本，人们经过学习得到的有用才能可以变为社会财富的一部分。约翰·穆勒在《政治经济学原理》（1848年）中指出，“技能与知识都是对劳动生产率产生重要影响的因素”，阿弗里德·马歇尔在《经济学原理》（1890年）中主张把“教育作为国家投资”。20世纪中叶，西奥多·W. 舒尔茨在《人力投资——一个经济学家的观点》（1959年）、《论人力资本投资》（1981年）等论著中第一次系统地提出了人力资本理论，研究了教育投资的收益率以及教育对经济增长的贡献。加里·S. 贝克尔深化了舒尔茨的人力资本理论，在《生育率的经济分析》（1960年）、《人力资本》（1964年）、《家庭论》（1981年）等论著中，研究了人力资本与个人收入分配的关系，把在职培训作为人力资本投资的重要内容，并用成本—收益法对教育投资进行了分析。雅各布·明塞尔则将人力资本投资与收入分配联系起来，在《人力资本投资与个人收入分配》（1958年）一书中，建立了人力资本投资收益模型，将人力资本理论与分析方法应用于劳动市场行为与家庭决策，分析在职培训对于终身收入模式的影响。人力资本理论认为，人力资本是体现在劳动者身上的一种资本类型，经济发展主要取决于人的质量的提高。人力是一种资本，无论个人还是社会对其投资都会得益。

人力资本是为增加未来收益而进行的，耗费在人力保健、教育、培训等方面的投资所形成的资本。人力资本理论的基本观点是“教育—劳动—生产率—工资”，认为提高受教育程度就会提高一个人的劳动生产率，从而使其得到较高的工资收入。其一，人力资本是人作为经济中收入创造者的生产能力，是体现在人身上的技能和生产知识的存量，具体表现为劳动者的知识程度、技术水平、工作能力以及其他类似可以影响人从事生产性工作能力的东西。其二，人力资本是人在社会中从事有用工作的劳动时间，具体表现为劳动时间、健康状况和寿命。在加里·S.贝克尔看来,用于教育、在职训练、卫生保健、劳动力迁移等实际活动的任何一项费用开支,只要能影响未来的收益,就是投资。其三,教育形成的人力资本增加个人和社会的经济收入。教育尽管是一种纯粹的投资、既有消费,但更加具有显著的人力资本投资的特点和属性。

人力资源理论认为,合理分配自己的财产、劳动、金钱等各种资源的处理不均衡状态的能力,可以促进个人或社会的经济增长,以及增加个人和社会的经济收入。"舒尔茨对1929—1957年美国教育投资与经济增长的关系定量研究得出的结论:各级教育投资的平均收益率为17%;教育投资增长的收益占劳动收入增长的比重为70%;教育投资增长的收益占国民收入增长的比重为33%。"①贝克尔认为人力资本与物质资本投资一样,与个人未来收入之间是存在着紧密联系的。人力资本生产率取决于拥有这种资本的人的努力程度,适当而有效的刺激可以提高人力资本的使用效率。从个人经济利益角度考虑,每个人都应当在年轻时加强人力资本投资。

(二)教育筛选理论

20世纪60年代许多国家的实践证明,人力资本理论的一些观点与现实并不相符,教育的迅速扩张并未带来劳动生产率和经济的更快的增长。20世纪70年代初,迈克尔·斯宾塞和罗伯特·索洛等的筛选理论认为,教育是一种筛选装置,帮助雇主将不同能力的求职者安置到不同职业岗位,从而提高劳动生产率。迈克尔·斯宾斯发表的《筛选假设——就业市场信号》(1973年)一文,标志着筛选理论的形成。

筛选理论的基本观点是"教育—筛选—工资"。筛选理论认为,教育和劳动生产率之间不是一种直接关系。如果教育增长快于经济增长,会浪费经济资源和人才资源。其一,教育只是雇主选择和识别雇员能力的一种工具。如果个人接受了高水平的教育,但没有进入工作岗位,就谈不上生产能力。只有个人进入工作岗位后,才会呈现基于不同教育程度而表现出来的生产率。其二,教育的价值在于它揭示或指明了关于工人生产率的信息。企业将接受教育的程度及水平作为预测准备就业的工人未来生产率的一种信号,但不能预测准备就业的工人在未来工作过程中的真实生产率。雇主从求职者的性别、种族、年龄、家庭背景等种种标识和教育水平、婚姻状况等信号中找到有效的信息,以鉴定求职者的能力。其三,教育是一种信号,是人们向未来雇主传达本来不可观察到的生产率的一种方式。雇主按教育信号来选择工人并支付相应的工资,会促使

---

① 付廷臣.教育投资对经济增长作用的分析[J].商场现代化,2007(5).

个人投资教育，以增加被雇佣的机会。

筛选理论承认教育和收入之间具有正相关的关系，教育与工资之间的关系，是通过筛选作用而成立的；教育的贡献是挑选求职者的标志，“较高的收入”是对较高文凭的报偿。雇主通过观察雇员教育水平和真实生产率之间的关系，对工资水平进行调节，并确定新的雇佣标准，个体则相应做出自己的教育投资决策，如此反复而达到均衡状态。但是，筛选理论否认教育提高人的认知技能，片面强调教育的信号筛选作用。如果雇主过分地依赖学历文凭来选聘雇员，将会给国家的经济增长和个人带来严重的后果。

（三）劳动力市场分割理论

劳动力市场分割命题的提出是基于对工资差异解释的不同看法。亚当·斯密、约翰·穆勒、阿尔弗雷德·马歇尔等研究者认为，劳动力市场的竞争性和流动性障碍造成了劳动力在不同行业、不同职业中就业的工资的不均等。斯密将报酬平衡原理视为劳动报酬的一般法则，马歇尔则将斯密这一理论扩展到全部生产要素，形成了要素价格均等理论。穆勒则认为：“由教育、训练导致的劳动力熟练程度的差异所形成的自然垄断和由限制性法律、团体组织和习惯所造成的认为垄断，是形成工资收入不均等的重要原因。”[①]其中的一些解释构成了现代劳动力市场分割理论的基础。劳动力市场分割理论对人力资本理论提出了批评与挑战。1954 年克拉克·科尔在《劳动力市场的分割》一文中对劳动力市场分割理论进行了较为系统的论述，认为作为制度作用的直接结果，劳动力市场被分割为内部劳动力市场和外部劳动力市场。1971 年，皮特·多灵格和米切尔·J. 派奥发表《内部劳动力市场与人力政策》一文，把劳动力市场划分为非竞争性的主要劳动力市场和次要劳动力市场，标志着二元劳动力市场分割理论（双重劳动力市场模型）正式诞生。

劳动力市场分割是指，由于社会和制度性因素的作用，形成劳动力市场的部门差异；不同种族、性别的人在获得劳动力市场信息以及进入劳动力市场渠道方面的差别，导致不同人群在就业部门、职位以及收入模式上的分层；主要劳动力市场和次要劳动力市场之间流动很少。劳动力市场分割理论认为，人力资本理论忽视了劳动力市场被分割的内部结构，教育能够提高劳动力工资收入的假说只有在某些劳动力市场才能成立。其一，不同人群被分割在不同的劳动力市场。家庭背景优越和学历高的劳动力，一般进入对劳动力资历有着较高要求的由大公司、大企业组成的主要市场工作；具有学历低、家庭背景差或居住于低

① 约翰·穆勒. 政治经济学原理：上卷[M]. 赵荣潜，桑炳彦，朱泱，胡企林，译. 北京：商务印书馆，1997：19.

收入社区等个人特征的劳动力，一般被认为只适合在由小企业构成的次要市场工作。其二，次要市场的劳动力进入主要市场获得就业机会的概率很小。长期在次要劳动力市场工作的劳动力，日渐强化了与次要市场相适应的生活方式，逐渐形成了与次要劳动力市场相关的行为特征。其三，公共救济援助穷人制度固化了次要劳动力市场劳动力的行为特征。公共援助制度强迫领取救济金的人去从事非全日制的工作。主要劳动力市场的劳动力基本上是教育水平较高、年龄较大的男性白人。主要劳动力市场要求发展稳定的工作习惯，其特征是：就业稳定、职业有保障、工资高、工作条件好、享有平等的权利和晋升的机会。次要劳动力市场的劳动力主要是教育水平较低、年纪较轻的白人及妇女和少数民族成员。次要劳动力市场不要求也不鼓励发展稳定的工作习惯，其特征是：工作不稳定、周转性大、工资低、工作环境差、规章制度严厉、晋升机会少等。

劳动力市场分割理论与人力资本理论和筛选理论一样，承认较高的教育水平会带来较高的收入。劳动力市场分割理论认为，教育对整个经济增长的作用，在于它将人们分配到不同的劳动力市场，从而使整个社会形成一个有效的经济运行体。在很多西方发达国家里，政府用了不少国家经费举办各种训练课程，然而并没有改善青年及低下阶层人民失业的困境。劳动力市场分割理论解释为，人力资本投资只是一种信号，发挥筛选功能，劳动力接受教育只是为进入一级市场并提供给雇主一个培训潜力大的信号，而那些接受教育少的人被认为培训潜力低，只能占据劳动力阶梯的末端或留在二级劳动力市场上。在这个市场内，训练的多少与就业机会和工资并没有关系。

总之，上述理论涉及教育权利、教育空间、教育机会、教育成本等内容，这些理论对城乡教育一体化发展战略设计具有重大启发作用，对城乡教育一体化政策的制定、战略的提出与目标的设计具有一定的解释力与较强的说服力。

第三章　城乡教育一体化发展战略的价值诉求与评价体系

城乡教育一体化作为城乡一体化的衍生内容，必然以现代化以来的重要价值追求作为前提，而在中国这样一个后发现代化国家，要将城乡教育一体化的理念落实到现实中，又必须要有一整套符合中国国情的城乡教育一体化发展的指标体系。

第一节　城乡教育一体化发展战略的价值诉求

教育活动的价值诉求一方面来自国家，教育是当代中国实现现代化、民族复兴和百年梦想的重要手段，因此国家对教育活动的价值诉求既有工具价值层面的，亦有终极价值层面的；教育活动的价值诉求另一方面来自个体，个体通过教育改善自身处境，提高生活质量。教育对个体可能产生的利益影响，与其他利益有着明显的区别，它不同于金钱、权力、物质、地位等利益的分配，而表现为个人生存发展权利、培养机会、发展机会的获得。这些虽然不能马上表现出来，但对一个人的发展至关重要。可以说，教育利益是社会成员其他利益实现的前提，因此个体必然对教育产生强烈而持续的价值预期和价值追求。个体与国家对教育的价值诉求不可避免地存在着差异，但能够成功奏效的教育战略、教育制度和教育体制，必然以国家价值诉求和个体价值诉求的交集处为立足点。从现实经验来看，现代化有多种不同路径，但乡村的转型和发展是任何一种路径选择都绕不开的问题，因此城乡教育一体化发展的重心就是要提升和发展农村教育，政府应承担城乡教育一体化发展的主要责任，最终其必然也是受益者。

一、城乡教育一体化发展战略中以人为本的价值诉求

以人为本的价值追求，是城乡教育一体化发展战略价值体系中的首位性价值。接受教育，是个体获得全面、自由发展的必然路径。以人为中心的教育发展理念亘古有之，尽管“技术主义”、“学科中心”、功利主义思想在现代化进程

中影响甚隆，但现代化进程中所有的教训和反思都与以人为本直接相关。吸取以往的经验教训，是我国现代化具有的后发优势之一。城乡教育一体化从多个层面向现代化进发，以人为本在其中的价值引领地位不容置疑，正因为如此，2010年我国出台的《国家中长期教育改革和发展规划纲要(2010—2020年)》这一纲领性文件中，不但两次提到要构建“城乡义务教育一体化的机制”，而且将以人为本作为其战略主题之首：坚持以人为本、推进素质教育是教育改革发展的战略主题，是贯彻党的教育方针的时代要求，核心是解决好培养什么人、怎样培养人的重大问题，重点是面向全体学生、促进学生全面发展，着力提高学生服务国家人民的社会责任感、勇于探索的创新精神和善于解决问题的实践能力。①

（一）以人为本对“城本主义”与“农本主义”的解读

在城乡教育一体化视野中，“城本主义”和“农本主义”经常性地各执一端，争讼频起，事实上二者皆不恰当。将市场选择和国际经验作为逻辑依据的“城本主义”，宣称“农村教育的希望不在乡下在城镇”，当前农村中小学的过度撤并便是其现实产物，这样的思路和做法自然遭到理论上的强烈反驳：“城乡教育一体化”命题所隐含的前提假设是乡村教育的存在和发展，否则就不是“城”“乡”教育一体化，而是乡村教育城市化了。② 公众，尤其是农民，对农村学生及其家庭为此付出更高的教育成本、乡村文化氛围的破坏等现状产生了强烈的不满。“农本主义”则面临着另外的困境：首先是面对城镇及城镇教育在现代化进程中的强势表现，无力从功利层面证实“以农为本”的合理性。其次是教育目标发生偏差，一种做法是照搬城市教育的理念、模式，想方设法用城市的环境资源、生活经验来诠释教育理念，设计教育方案，既造成了农村教育中环境资源、生活经验的被忽略和闲置，又加大了农村学生理解知识、掌握技能的难度；另一种做法是“离农”教育，农村教育的核心目标就是让教育者接受了教育之后，能够具备脱离农村生活、工作的条件，此类教育发展不但没能缓解“三农”困境，而且与社会因素、经济因素共同加剧了农村的“空心化”现象。由此看来，“城本”和“农本”的互相纠缠，并未能促进现代化进程中的城乡教育科学发展、和谐发展。若要拨开“城本主义”与“农本主义”罩在城乡教育一体化之上的迷雾，以人为本的价值目标和价值取向将是最佳选择。

（二）以人为本的价值诉求成为世界共识

教育是一项以人为中心的社会活动，以人为本作为其指导思想自古有之。

① 国家中长期教育改革和发展规划纲要(2010—2020年)[DB/OL]. http://www.moe.edu.cn/publicfiles/business/htmlfiles/moe/moe_177/201008/93785.html,2010-07-29.

② 邬志辉. 城乡教育一体化：问题形态与制度突破[J]. 教育研究,2012(8).

中国语境中最初的以人为本的价值诉求更多是从政治哲学的立场提出的，注重以“民本”来塑造官民关系，但以人为本的价值追求依然出现在了教育活动中：处于主流理论地位的儒家学说强调“有教无类”；非主流的以老庄为代表的道家学说主张回归自然，返璞归真，反对用人为的精神枷锁来束缚人，强调顺应自然，按自然发展的规律去引导人，让人们能够自由发展，以实现自我完善的目的；魏晋玄学家嵇康继承道统，提出了“越名教而任自然”；明代中叶的王守仁批判了当时占统治地位的程朱理学，提出不能以孔子或朱子的是非为是非，每个人都应当独立思考，这种反权威、反偶像崇拜的观点，具有提高人的主体地位、促进思想解放的积极意义。① 西方语境中的以人为本的价值诉求与人本主义直接有关，虽然人本主义与人道主义、人文主义关系密切，但是西方的人本主义主要有两种指称：一是指 14 世纪下半期发源于意大利并传播到欧洲其他国家的哲学和文学运动，它构成现代西方文化的一个要素；二是指承认人的价值和尊严，把人看作万物的尺度，或以人性、人的有限性和人的利益为主题的任何哲学。② 虽然工业化及现代化进程的实践使得“知识本位”大行其道，但是杜威在 20 世纪初反省古典教育后倡导进步主义教育运动，他强调以学科为中心、以教师为中心的理念和模式对儿童造成的约束和禁锢，从而构建了以儿童为中心的新的教育坐标体系。美国在 1918 年明确提出中学教育的目标是“为生活做准备的教育”，以学生为本的价值诉求在教育中已相当普遍。西方的教育思想随着五四运动传入中国，陶行知、陈鹤琴等教育家在教学实践的基础之上，“强调教育以生活为中心，而不是以书本为中心，主张重建学校与社会、教育与生活的关系，对构建以人为中心的教育作出创造性的贡献”③。自新民主主义革命以来，我国素以民族性、科学性、大众性作为包括教育在内的文化建设的目标，以人为本教育思想的应然价值得到充分肯定。《经济、社会和文化权利国际公约》第 13 条明确规定教育的目标：教育应发展人性的“尊严”和鼓励人的个性的充分发展。综上所述，体现以人为本的教育价值观在当下已是世界共识。

（三）走出以人为本的价值诉求的认识误区

当下中国，教育几乎寄托了国家、企业、家庭和个体所有层面实现自身理想的希望，然而若审视中国教育近几十年的发展出现过的这样那样的偏差，会发现其根本原因就是在如何看待“人”上出了问题。没有把人当成教育的主人，没

① 高谦民. 中国古代教育思想的基本特征及其近代发展趋势[J]. 河北师范大学学报：教育科学版，2006(6).

② 汪天骥. 科学主义和人本主义的关系问题[J]. 哲学研究，1996(6).

③ 杨东平. 试论以人为本的教育价值[J]. 清华大学教育研究，2010(2).

有把学生当成教育的主体。淡化人，压低人，以长官意志为本，以经济发展或者某个功利的追求为本，以政绩为本，或把人仅仅当作工具教育。① 城乡教育一体化发展战略，要彻底纠正这些偏差，就必须充分尊重以人为本的价值诉求。城乡教育一体化视野中以人为本的价值诉求，必须厘清几个问题，克服一系列认识误区。

第一，城乡教育一体化视野中的以人为本，是以什么人为本？从最理想的状态来说，应以每一个人为本，真正实现“一个都不能少”。其基本要求是要平等给予城乡每一个学生同等的基本权利，除此之外还要关注每一个、每一类学生的特点和需求，但在城乡发展不均衡的现实层面，需要特别关照处于相对弱势地位的农村学生，众多研究专家一致认为城乡教育一体化的重心就是农村教育。关注农村学生，尤其要关注生活上存在各种困难的农村学生，诸如经济困难家庭子女、长期缺乏父母关爱的留守儿童等。近年来，我国的一些教育政策在具体执行过程中对本就处在弱势状态的农村教育产生了新的利益损害。城镇化的快速推进、农村学龄人口的日益减少、地方政府对乡村教育的关照力度不够，导致乡村学校大量被撤并，没撤并的乡村学校资源配置日益落后，进而出现农村生源和优秀教师的单向“趋城性流动”，其结果必然是乡村教育的衰败甚至消亡。乡村学校的撤并或衰败，损害的只能是农村弱者群体的教育利益。② 我们还必须清醒地认识到在学界热烈研究农村教育的背后有着这样的隐蔽导向：一是以城市教育作为标准之一来衡量、观照农村教育，从而对比出农村教育在经费、师资、校舍、仪器等方面的匮乏，于是呼吁政府的投入、师资的培养等等；二是以城市教育为目标来规划农村教育，更凸现出农村教育的贫穷、落后、困顿和迟滞，急欲努力摆脱、逃离这种难堪的“农”性“村”质③。在这样的隐蔽导向下，农村教育表现出“离农”的性质，而非“为农”。农村教育作为国家教育的主体地位得不到体现，进而使农村教育的功能与价值定位出现偏差。农村经济社会城镇化的提法也在教育方面有所体现，农村教育开始了城镇化的进程，农村教育也成了落后的代名词，而看不到农村教育的优势与特色。

在城乡二元经济、社会结构的负面影响下，城乡教育一体化发展经常演变为下面的情况：优先保证城市教育的质量、地区排名，将优质教育资源集中在城市，然后再将基于城市的教育理念、教育设施水平设计的教育方案直接向农村

---

① 储朝晖. 以人为本的教育：首先必须尊重人[DB/OL]. http://business. sohu. com/20100630/n273194652. shtml，2010－06－30.

② 邬志辉. 城乡教育一体化：问题形态与制度突破[J]. 教育研究，2012(8).

③ 曲铁华，袁媛. 近代中国乡村教育实验理论标本价值探析[J]. 教育科学，2010(12).

推广，看似积极向上的城乡教育一体化发展思路，实则既侵犯了广大农村学生平等接受教育的权利，又忽视了农村学生的需求，农村学生个体化需求的满足更是奢谈。城乡教育一体化视野中的以人为本，并非空泛地谈“人”，现实中人的需求因人而异，亦会因阶段而异。马斯洛的需要层次理论已越来越为公众所熟知，其中人有生理需要、安全需要、社会交往需要、尊重需要和自我实现等五大需要的观点共识度较高，但人的需求满足并非如马斯洛所言需依次递进，往往会出现跳跃性的需求满足，或者是叠加性的需求满足特征。因此，城乡教育一体化进程中，不仅要满足学生物质层面的需求，还要考虑满足其社会交往需要、尊重需要，从根本上说要尽可能设计出符合各类学生的不同需求的多元教育方案。

第二，城乡教育一体化发展体现以人为本，必须厘清“社会本位”与“个人本位”之间的关系。城乡教育一体化发展战略中，个人和社会对教育的要求既有一致性，又有矛盾之处，一直以来的争论焦点同时也是左右教育政策设计的关键在于：“个人本位”与“社会本位”，何者具有优先价值？所谓“社会本位”的教育理念，就是教育的一切以社会为中心，以社会发展的需求来设计教育目标、教育计划和教育政策，个人的发展必须服从于社会需要，教育之于个人的意义和价值就在于完成个人的社会化，个人成为社会所需要的人。客观地说，“社会本位”有其合理性，它体现了社会与个体在教育活动中形成的张力，但不可忽视的是，在“社会本位”的教育理念中的“人”总是以“群像”方式出现，个体的“人”及其需求在“群像”中被严重遮蔽直至模糊、消失。另外，相对于社会，个体要求满足需求的声音和力量总是显得很微弱，往往在教育的社会需求与个人需求发生矛盾时，个人需求处于“求告无门”的尴尬境地。在此背景下，就有了对“社会本位”价值观的反向诉求，“个人本位”的教育价值追求应运而生，它主张教育的目的应以个人价值为中心，根据个人自身完善和发展的需要来决定教育目的和建构教育活动。它否定社会制度的权威，反对社会对个人的束缚，拒斥现实社会对人的发展的干扰，强调个人的价值高于社会的价值。① “社会本位”和“个人本位”之间的紧张关系，既体现了教育之于个人、社会都有其不可替代的重要作用，又是两种偏颇观点所致。城乡教育一体化发展战略必须以满足个体和社会的需要为前提，不能执着于“社会本位”或“个人本位”的立场，既要避免将个人视为教育加工的原材料，为了实现教育的社会价值而牺牲个人价值的情况，又要避免将社会简单地划分为个体的集合，忽视社会制度对教育的反向影响力。因此，城乡教育一体化发展战略必须恰当地处理好个人需求与社会需求的关

① 王根顺，郝路军. 关于两种教育价值观的代价探讨[J]. 教育导刊，2006(7).

系，最理想的状态是基于社会需求与个体需求的交汇点制定城乡教育一体化发展战略，若是二者间出现矛盾，由于个体处于相对弱势地位，应以个体价值为优先。

第三，城乡教育一体化发展战略体现以人为本的价值追求，要防止被片面的政绩观绑架直至异化。由于城乡一体化既是现代化的重要标志，亦是现代化进程的主要动力，因此长期以来被各级政府作为衡量现代化发展水平的重要指标体系，被最大限度地量化，见物不见人的城乡一体化发展的数量、速度和规模逐渐成为各级政府的主要追求目标。城乡教育一体化发展战略是城乡一体化战略的衍生物，这种片面、狭隘的政绩观对不能直接产生经济效益的教育的危害更甚：重学校校舍、教学设备等硬件设施建设的投入，轻对学校、学生的文化和精神层面的需求满足；重对升学率的追求，轻对学生学习能力、学习兴趣及个人道德素养的培养；重将城市教育作为农村教育的范本，轻农村教育的地方特色和地域需求。以人为中心的教育活动，常常演变为官员们汇报材料中一串串漂亮的数据，特定的学校、学生及其家庭的价值诉求被严重忽略，利益受到损害。因此，城乡教育一体化发展战略，必须时刻警惕以人为本的价值追求被强烈而冲动的政绩观绑架并异化。

（四）以人为本的价值诉求的真实体现

城乡教育一体化发展战略中以人为本的价值诉求，体现在城乡教育一体化发展战略的各个阶段和层面，归纳起来大致有三个方面的主要内容。

首先，培育“有用的人”和培育“适用的人”相结合应是城乡教育一体化发展战略以人为本的价值诉求的主要目标。从一般意义上讲，基于个体差异，好的教育必须因人而异，因势利导，每个人都被培养成对社会有贡献的人，由此可见，好的教育必须是以人为本的教育。但教育也是个体社会化的重要手段，具体社会总是会有具体的要求，因此好的教育还应该把人培养成社会需要的人才，即培养成具体社会“适用的人才”。城乡教育一体化发展战略宜构建一个多层次的教育目标：宏观层面上遵循以人为本的原则，努力把每个学生培养成“有用的人”；中观层面上按照党的十八大报告的明确要求，坚持教育为社会主义现代化服务的根本任务，培养德智体美全面发展的社会主义建设者和接班人；微观层面上，结合城、乡不同的地域特点，结合不同家庭的需求，努力使人人都能成为被社会需要的人。

其次，提供为生活做准备的教育，是城乡教育一体化发展战略以人为本的价值诉求的核心内容。“生活教育”作为一种教育哲学，是一种能够统辖各种教育基本问题的顶层理论，对城乡教育一体化发展战略亦有直接的指导意义。我国著名教育家陶行知先生终其一生都在倡导、实践“知行合一”的教育理念，强调教育与生活实践的密切关系。大半个世纪过去了，陶行知先生的教育理念在理论上得到普遍认同，可在实践中却被应试教育的知识本位、学科中心和学位主义击得支离破碎，考试至上和分数至上的原则大行其道，教育与生活、学校与社会、书本与实际相脱离，这样的教育不但浪费了社会资源，而且更严重的是削弱了一代代年轻人成就自我、实现自我的能力，痛心的“钱学森之问”由此而生。在我国城乡教育水平不均衡的现实中，有的地区不顾农村的教育基础、产业结构和人才需求，照搬城市教育的培养方案，对农村教育及农村学生造成了很大的伤害，这种现象在职业教育领域尤其严重。20 世纪初，美国改革中等教育时为中学的“生活教育”制定了著名的“七项基本原则”：健康、公民的权利和义务、有价值地利用闲暇时间、有效的家庭成员、基本学习过程的掌握、合乎道德的品质、职业训练。德智体美全面发展是我国教育和人才培养的总标准，上述原则不失为达成目标的有效途径，为此城乡教育一体化发展战略应以城乡一体化发展的实践作为背景，为每个年轻人提供既适合他们个体特点又适应时代发展要求的教育培养方案，帮助他们真正成为未来社会的主人、自己生活的主人。

最后，确立个性化的发展道路和教育方案是城乡教育一体化发展战略以人为本的价值诉求的基本要求。或者是受传统的“大一统”文化影响，或者是出于对效率的追求，类同的模式化思维在各个领域都很有影响力，忽视具体特点的缺乏持续生命力的浪潮式的教育理念也经常危害教育。城乡教育一体化发展战略最忌讳以一地、一城为模板的教育方案被大范围推广，因为中国的城市和农村差距巨大，同一地区的城乡差距也相当明显，要实现物质层面的硬件水平趋同，只要有足够的经济支持和政府的投入意愿即可，但若以此为基础在城乡间、不同地区的城乡间采用趋同的教育方案，有一个矛盾就会显得特别突出：在现代化进程中，农村演变的趋势不可阻止，但究竟是缓慢衰落直至消亡、向城市转型还是转化为新的农村形态，其具体路径有多种可能，相对而言，城市间的发展差异小很多，因此如果将城市间基本能通用的方案直接移植到农村，其水土不服的概率将会很高。中国城乡一体化进程的多元路径，决定了城乡教育一体化战略必须采取立足城、乡特点，形成城乡教育良性互动的适切教育方案，唯有如此，以人为本的价值诉求才能在城、乡层面得到共同呼应。

当社会公众越来越明确地要求把以人为本作为城乡教育一体化发展的价值取向时，政府更应该在责任层面将以人为本作为城乡教育一体化发展的价值基点，因为“现代社会的教育不仅对于国家竞争、社会发展具有基础性、全局性、先导性和战略性，同时关系每一个儿童的成长、每一个家庭的幸福。‘立国先立人’（鲁迅语），面向未来的教育，应当明确地以人的发展为本，以青少年的健康成长和终身幸福为本，将学生的身心健康、人格陶冶、道德养成、文化传承等放在教育的中心地位。每一个学生的健康成长和终身幸福、个体的教育权利资格，是以人为本的教育价值的基本内涵，也是改善教育公共服务，建设服务型政府新的逻辑起点"①。

二、城乡教育一体化发展战略中的公平价值诉求

"公平"是现代社会发展过程中最重要的价值目标之一，它与"平等""均等""公正"等多个概念语义相近，尤其是"公平"与"平等"两个概念，经常被等同使用，事实上二者既有着密切的联系，又有着不可忽略的差异。"公平"与"平等"，都与资源分配相关。"平等"往往指个体之间的对等、等同关系，比较重视数量、程度、品质上的一致；"公平"作为一个含有价值判断的规范性概念，是对利益关系调整和资源配置合理性的价值判断，比"平等"更抽象，更具道德意味、伦理性和历史性，其本质是合理性。由此可见，二者不能简单地画等号，"平等"的分配并不一定是公平的，同样，"公平"也不一定表现为均等的数量、品质和程度。

（一）教育公平价值取向的内涵

教育活动中往往会出现基于国家发展的价值诉求与基于个人发展的价值诉求之间的矛盾，而公平却是国家整体与公民个体对城乡教育一体化发展的共同价值诉求。2010 年颁布的《国家中长期教育改革与发展规划纲要（2010—2020 年）》就明确提出："把促进公平作为国家基本教育政策。教育公平是社会公平的重要基础。教育公平的关键是机会公平，基本要求是保障公民依法享有受教育的权利，重点是促进义务教育均衡发展和扶持困难群体，根本措施是合理配置教育资源，向农村地区、边远贫困地区和民族地区倾斜，加快缩小教育差距。教育公平的主要责任在政府，全社会要共同促进教育公平。"②而新世纪以来，公众关注、追问的"异地高考何时解禁""城市外来人员子女城市就读享受同等待遇""我国重点高校中的农村生源为何越来越少"等教育热点问题，充分反映了公众对城乡教育一体化中实现教育公平的期待。

教育公平被认为是政治公平和社会公平在教育层面的具体体现，从教育中可以窥视到社会公平的状况，以及社会的发展程度。教育公平是社会公平的起

---

① 杨东平. 试论以人为本的教育价值观[J]. 清华大学教育研究，2010(2).

② 国家中长期教育改革和发展规划纲要(2010—2020 年)[DB/OL]. http://www.moe.edu.cn/publicfiles/business/htmlfiles/moe/moe_177/201008/93785.html，2010-07-29.

点，是社会公平的基石。从长远来看，一切社会不平等的根源均是教育不公平。因此，公平成为一切教育活动的核心价值目标，城乡教育一体化发展战略更是以公平为首要的价值目标。

教育公平是指公众对政府、社会合理配置教育资源的价值追求和价值判断，公众对教育公平的追求，实为教育的内在属性使然。教育作为一种培养人的社会活动，是个人社会化的重要手段，是个人缩小先赋因素所致差距的重要手段，教育也是一个国家经济发展的“加速器”、科技进步的“孵化器”，同时，由于教育在社会流动、社会分层中所具有的“筛选器”作用，教育又被视为社会发展的“稳定器”和“平衡器”。① 因此，“人人都必须接受教育”对于任何一个政府来说都是利于自身的功利之举，更是责无旁贷的责任。对此，我们的古代先哲已经早有认识：孔子认为应该“有教无类”，柏拉图则认为教育是国家通过“公养公育”的方式培养人才，亚里士多德更是提出通过法律保证自由民的教育权利。由此可见，教育公平是公众在文明的社会生活中必然形成的价值判断和价值追求。尽管在阶级社会，教育在实然性上被烙上了深深的阶级印记，出现了壁垒森严的阶级教育、等级教育、特权教育，使教育演化为极富阶级色彩的特权活动和私人产品，教育的公平性也因此遭受到了严重的扭曲和遮蔽，但是在应然属性上，教育始终潜存着对公平、公正、平等的价值追求和永恒向往。②

教育公平是原则和规范，“教育平等指公民受教育权利的相同性、一致性，受教育机会的相同性、一致性，更多的是关涉事实、形式上的判断” ③ 。教育平等是公平原则在实践层面贯彻的结果，从相反角度而言，教育现实中的不平等现象总是促使公众、政府对教育公平的追求和重视，我国提出城乡教育一体化战略就是基于这种路径。我国长期的城乡二元经济、社会结构必然导致城乡教育的二元结构，优质的教育资源集中在城市，在校舍、设备、师资、教学质量等方面，城乡教育成为“两个世界”。改革开放以后，随着国家经济实力的不断增强，为了改变农村教育的落后状况，政府加大投入力度，出台了“一费制”“两免一补”“免费义务教育”等一系列政策，普及了九年义务教育，农村教育因此有了很大发展，但是城乡差距仍然很大。我国的教育管理制度中，农村义务教育“实行在国务院领导下，由地方政府负责，分级管理，以县为主的管理体制”。这种体制有如下问题：第一，统筹的重心过低，县域层面的城乡教育统筹，弥合城乡教

① 杨东平.中国教育公平的理想与现实[M].北京：北京大学出版社，2006：15.

② 司晓宏，宋红霞.教育公平是教育平等与教育效率和谐发展的理想状态[J].教育理论与实践，2008(6).

③ 郭彩琴.教育公平和规定性[J].江海学刊，2003(3).

育差距的程度有限;第二,各级政府权责不清,农村学校难以获得有效管理和及时资助。在这一体制下,出现地方政府教育投入的积极性和主动性不高,甚至推卸教育经费投入责任的现象①,造成包括教师在内的各种教育资源分布、流动不均衡的现象,未能从根本上解决城乡教育差距问题。由此也激发了新世纪以来,从个体、家庭到政府和社会等多类主体对教育公平的强烈追求。

(二)坚持教育公平价值取向的基本原则

城乡教育一体化的实践要体现合理性,真正实现教育公平,必须遵循一些基本原则。

第一,平等性原则。此原则的最低要求首先是在人权层面应该无条件地、无歧视性地赋予每个公民受教育的权利,其基本依据是人的尊严和人的价值必须得到尊重和保护。在权利平等的基础上,更高要求的平等性原则体现为机会均等,即国家的各项相关制度要保证社会成员有平等的参与机遇,它要求社会提供的生存、发展、享受机会对于每一个社会成员都始终均等。任何一个人的全面自由发展必然是一个不断追求的过程,在这个过程中,社会要毫不偏袒地为所有人提供同样的机会。首先是参与起点要机会均等,其次是在参与的各个阶段,每一个社会成员能力大小不同,利益实现的程度也会有区别,但社会对每一个社会成员的尊重和关怀、提供的帮助应该是同等的。② 从城乡教育一体化的视角提出教育平等的价值诉求则主要体现在以下三个方面:首先,城市中的优质教育资源(重点中学)不以户籍等标准设置进入门槛,限制农村生源或是城市外来务工人员子女平等地享受;其次,大中专院校在招生录取工作中不能对城市生源在录取分数和录取比例等方面有倾斜;最后,男女平等接受教育,这一价值诉求并不是城乡教育一体化发展中所特有的诉求,但在城乡教育一体化发展中显得尤其突出。重男轻女的思想在农村中更普遍,一些农村家庭在家境窘迫时往往让女孩中断学业,这从短期来看侵害了农村女童平等接受教育的权利,从长期来看,辍学女童一旦成为母亲之后必然成为家庭教育的主角,她自身的受教育水平直接影响到家中孩子的发展状况,因此现有的义务教育普及率的检查工作、援助农村学生等一系列相关工作要关注农村女童平等接受教育的权利,在条件许可的情况下若能特别关注则更为理想。

第二,差异性原则。教育公平既主张人人都受教育,又主张人人都受适切的教育,其原因就在于受教育个体之间普遍存在差异。就城市教育和农村教育相比较而言,既存在由于制度等主观原因而形成的历史差距,又存在着因地域、

① 张旺.城乡教育一体化:教育公平的时代诉求[J].教育研究,2012(8).
② 牛先锋.社会公平的多重内涵及其政策意义[J].理论探讨,2006(5).

业态、风物等客观原因形成的自然差异。根据这一现状，公平的价值追求恰恰应该体现为面对现实，因人而异，因地制宜，一味地追求教育内容的等同、教育资源配置结果的均等不仅是难以实现的乌托邦式的理想，往往还会造成对教育公平的破坏。要考虑到个人禀赋和能力差异，考虑到地区特点，提供多样化的教育服务以供特定教育者选择。提供多样化的教育资源意味着差异和不同，但也意味着公平。从终极意义上讲，让每个学生的个性和禀赋得到充分发展是最公平的。[①] 如今试图通过读书改变命运的诸多农村孩子及其家庭，往往因就业困难转而失去了对教育的满意度和信心。因此，要重建教育的形象，要真正让教育发挥促进个人发展和社会公平的功能，农村教育或许不应再一味复制城市教育的内容和模式，特别是高中阶段的职业教育，应该反复寻找和揣摩农村发展对人才的需求结构和特点，科学制定出切合农村社会、经济、文化发展的教育内容和教育模式。为农村孩子和农民家庭提供实在的亦是包含公平性原则的教育服务，农村教育就会在高度分化的社会中发挥其应有的功能，获得其独特的地位。

第三，补偿性原则。公平与分配有关，平等的分配意味着公平，有时不平等的分配同样意味着公平。在分配包括教育资源在内的社会公共资源时，要特别关注弱者群体的状况，对这些群体实行倾斜性的资源配置，以改变、改善他们在现实中的不利处境。事实上，公平是一种对合理性的价值判断，存在着不同的公平观。罗尔斯把“正义”作为描述“公平”的目标，其理论体系中既包含着“普惠”原则——每一个人都有平等的权利去拥有可以与别人的类似自由权并存的最广泛的基本自由权，又包含了差异原则——对社会和经济不平等的安排应能使这种不平等不但可以合理地符合每一个人的利益，而且与向所有人开放的地位和职务联系在一起……财富和权力的不平等，只有在它们最终能对每一个人的利益，尤其是对地位最不利的社会成员的利益进行补偿的情况下才是正义的。[②] 当前，农村义务教育中实行的“两免一补”政策，显然就是以农村受教育者因受制于地区经济条件、文化发展水平和家庭状况相较于城市受教育者为弱者作为前提而出台的政策，这样的补偿性原则从表面上来看是歧视，而这种反向歧视被视为积极的歧视。在城乡教育一体化发展战略中，基于补偿性原则制定相关政策时，必须考虑到城乡教育体系中的弱者（个体、家庭、学校、地区）利益，向他们实施倾斜，将更多的教育资源分配给起点较低的学生，缩小起点高低不同的两类学生之间的差距，促进两者之间的平等。如向农村贫困地区的中小

---

① 褚宏启．关于教育公平的几个基本理论问题［J］．中国教育学刊，2006(12)．

② 约翰·罗尔斯．正义论［M］．何怀宏，等，译．上海：上海译文出版社，1991：66，16．

学生提供免费餐、营养餐,对农村留守儿童给予物质、精神上的特别关怀,政府和相关组织帮助农村的中考、高考学生做好职业生涯规划,主动地、无偿地向他们提供填报志愿的信息和诀窍等,即使这样的政策和做法仅利于这些弱者群体的利益提升,也有效地促进了教育结果均等,体现了教育公平的价值取向,最终必然利及其他社会群体和整个国家。

上述城乡教育一体化中体现公平价值取向的三大原则,内部还存在着选择的先后次序问题。一般情况下,首先要考虑的是平等原则,这是横向的无条件原则,从法律层面细究,教育平等权包含人权与公民权的双重属性。作为人权,它的价值依据是人的尊严与人的价值,规范依据是国际人权法;作为公民权利,它的依据是中国宪法以及相关法律、法规。教育平等权是具有消极权利和积极权利双重属性的权利。作为消极的权利,权利主体有权要求国家及其国家授权的主体(以下简称国家)承担不作为义务:不得制定任何在教育方面的歧视性规定,不得有歧视性的决定或判决;作为积极的权利,公民有权要求国家积极作为,为教育平等权的实现提供物质保障。① 其次,从纵向考虑可以选择差异原则,而补偿性原则是在横向和纵向选择基础之上的特定选择,应用这一原则时要慎之又慎,否则就是人为地干扰了教育公平。以诺齐克为代表的自由主义者正是出于这种担忧,反对罗尔斯过于积极的公平观,坚称"教育平等就是每个人充分利用自己劳动所得和财富,选择最适合自己的教育",诺齐克的观点未必能成为城乡教育一体化决策的依据,但不失为一个冷峻而又有价值的提醒。

(三)教育公平价值取向的实践困境

城乡教育一体化视野中的教育公平价值取向包含了教育平等与教育效率的完美统一。城乡教育一体化发展战略近年来不但受到理论界的热切关注,而且得到了政府的普遍认同。在这种积极现象的背后,依然有学者清醒地发现了其中的另外一种困境——压缩性发展难题,即在追赶式发展和某种程度上由其带来的发展焦虑和压力的驱使下,城乡教育一体化的压缩发展模式往往在实践过程中流于急切和浅表。急切主要表现在急于拉平城市和农村的发展目标,急于通过"输血"让农村获得暂时的"进步";浅表主要表现为机械追求某一维度的城乡教育资源均等化。② 造成这一现实困境的关键是未能辩证地理解教育平等与教育效率之间的关系。

众所周知,教育平等既是教育公平的前提,即教育机会公平,又是教育公平的结果,即教育结果公平。追求教育效率是 20 世纪 60 年代以来,西方国家基

① 周永坤.教育平等权问题及解决之道[J].华东政法学院学报,2006(2).

② 秦玉友.城乡教育一体化发展的压缩性难题[J].探索与争鸣,2012(10).

于对人力资源的全新认识和重视，在教育中把“分层、筛选、精英”作为主要指导思想的一种潮流，我国20世纪最后20年的教育主要以高淘汰率作为特征，为此许多年轻人失去了充分接受教育的机会。对教育效率的单方面追求一定程度上使教育整体得到了发展，但更为重要的是，由于教育竞争机制不完善和不健全，教育机会的不平等使得教育不公平问题加剧，进而导致了城乡教育发展差距较大的现实。这同样影响了一代人通过教育改变困境、实现自我的人生安排。还有人从经济学层面说明，平等与效率，二者只能取其一。上述现象和理论给教育发展留下了一种错误的经验：教育效率与教育平等天然地存在矛盾，从而造成了类似压缩性发展等偏向的教育路径选择。事实上，城乡教育一体化视野中的教育平等与教育效率之间存在着必要的张力：它们有矛盾，但也有相互支持的关系，试想，城乡教育一体化如果没有以一定的效率为基础，便很难有教育设施以及入学率、升学率等可统计指标在数量和质量、结构和规模上的提升与融合发展，没有这些硬性指标作保障，如何实现城乡教育真正的高水平的一体化？

为此，在城乡教育一体化实践中，要切实体现教育公平的原则，要克服压缩性发展的倾向，必须充分理解教育效率与教育平等和谐统一的辩证关系，并且根据特定社会条件下教育平等和教育效率在运行过程中的确切样态与实际进度，适时地、动态地做出相应的政策调整与缓冲。具体来说，当教育效率的提高呈现出超前化特征而教育平等的改进出现了滞后局面时，就应在政策倾斜和舆论导向上对教育平等予以更多的关照和救济；而当教育公平呈现出良好的态势而教育效率增长出现了迟缓局面时，则又应审时度势地对教育效率予以强化和关照。[①] 而当教育效率与教育平等出现矛盾时，则要确定一个基本信念：教育平等具有优先选择的价值，毕竟教育是一种生产性投资事业，但又不完全是生产性投资事业，教育更多的是一项社会消费性或福利性事业，在追求教育效率的过程中更需要对促进教育公平的价值目标加以考量和彰显。[②] 只有这样，城乡教育一体化中教育公平的价值诉求才能完全得以实现。

---

① 司晓宏，朱红霞. 教育公平是教育平等与教育效率和谐发展的理想状态[J]. 教育理论与实践，2008(6).

② 白洁. 教育效率与教育民主的关系[J]. 北京电力高等专科学校学报，2010(1).

第二节　城乡教育一体化发展程度评价体系

一段时间以来，人们几乎将城乡教育统筹发展、均衡发展等范畴与城乡教育一体化发展等量齐观，直到2010年《国家中长期教育改革和发展规划纲要(2010—2020年)》出台，明确提出了构建“城乡教育一体化机制”，才揭示了上述三个范畴间的层次和关系：城乡教育一体化通过“统筹城乡发展的方式”，通过城乡教育的双向沟通、良性互动，实现城乡教育均衡发展，缩小城乡教育差距的目标。① 由此可见，对城乡教育一体化而言，统筹发展是手段，均衡发展是其标志之一，城乡教育一体化是涵括二者在内的更丰富的综合体系，亦将是一个长期的复杂过程。若要城乡教育一体化发展战略取得理想的实践成效，必须为其构建评价体系，在城乡教育一体化推进的不同阶段做好准备性评价、形成性评价和总结性评价，为城乡教育一体化发展战略的成功推进提供经验借鉴和政策导向。

一、构建城乡教育一体化发展程度评价体系的基本要求

构建科学的评价体系是评价活动赖以有序、有效进行的基本前提与必要环节。城乡教育一体化评价体系的建立，能够将城乡教育一体化的总体目标和各个方面具体化、数量化，使之可以测度、评价。不仅如此，研究者还可以利用评价体系，对我国改革开放30多年来的城乡教育发展差异进行纵向比较，对发展进程进行考核评价和动态监测，同时便于对各省市的城乡教育一体化程度进行横向比较；同时，构建评价体系，还可以将影响城乡教育一体化的各种因素量化，通过因子分析法找出主要影响因子，并通过因子赋权来更准确地把握主要矛盾、主次关系，为科学决策提供参考。② 城乡教育一体化发展程度，涉及城、乡教育发展的不同层面的多类指标，一般而言，构建多指标综合评价体系有着从原则、程序到方法等多个方面的更高要求。

（一）构建原则

针对城乡教育一体化发展程度构建多指标综合评价体系，必须要遵循的基

① 邵泽斌.理论变革与制度创新：从城乡教育均衡到城乡教育一体化[J].复旦教育论坛，2010(5).

② 张金英，陈通.城乡教育一体化的理论与指标体系建构[J].中国农机化，2010(4).

本原则有五个。

第一，基于全面性的系统性原则。系统性原则不仅强调评价体系包含所有要素，即全面性，还强调评价体系要体现各类要素之间的相互联系。城乡教育一体化发展战略，不是“以城观城，以乡观乡”，也不是“以城观乡”，更不是简单地在城乡之间“削峰填谷”，而是在突破城市、农村的小系统和小循环，形成城乡良性互动的基础上城乡融合的大系统。因此，准确地描述、评价这一系统的状况，必须将城市和农村教育的各方面因素都纳入评价体系之中，更重要的是要将城市和农村教育之间的关联性体现在评价体系中。

第二，科学性原则。在构建依据和理念方面，城乡教育一体化的评价指标主要以《国家中长期教育改革和发展规划纲要（2010—2020 年）》为依据，结合城乡教育统筹、均衡发展的精神实质编制而成，要在指标体系中反映出城乡教育一体化的本质特征及其发展规律；在指标选择方面，注重指标定义的准确性、规范性，切勿造成指标之间的重复，注意测评指标的覆盖密度和精度，尽可能全覆盖以及突出重点。

另外，要坚持评价体系的科学性原则，还必须借助主客观相结合、定量分析和定性分析相结合的方式。基于客观事实基础之上选取指标并对指标进行定量分析，其评价结果的科学性可能更高，但并不是对所有的指标都可以做定量分析，不可能每一方面都假以数学将其量化、比较和分析，尤其教育是以人为中心的社会活动，大量的事实材料经过人的思维整理和理性建构之后，会更具合理性和逻辑性，因此，主观评定、定性分析是构建多指标综合评价体系时必不可少的分析手段。

第三，可比性原则。首先是横向可比性，即地区与地区之间、国家与国家之间的城乡教育一体化发展程度指标具有可比性，这样可以显示出一个地区或国家在整体中的位置；其次是纵向可比性，即时间上的可比性，测评指标可反映一段时间内的同一地区或国家的发展轨迹。出于对这两种可比性原则的考虑，在选取指标时要“力求统计口径、计算方法的动态可比性，以增加统计指标的分析、评价和管理功能”①。

第四，可操作性原则。“指标是一种评测准则，是对评价的内容或方面的质的规定，这种评价准则是具体的、行为化的、可测量的和可量化的。”②它内在地包含下面三个方面的要求：其一，符合科学性原则。可操作性原则不是独立的

① 王蔚，张生丛，魏春雨，张玉桃. 湖南省城乡一体化评价指标体系及量化分析[J]. 湖南大学学报：自然科学版，2011(4).

② 邬志辉. 教育指标：概念的争议[J]. 东北师范大学学报：哲学社会科学版，2007(4).

要求，而是与科学性原则相结合的，指标概念的模糊、不规范，指标间的重叠与交叉等不科学性都会导致指标测评时的理解困难，甚至造成测评过程中为完成任务而主观臆造的理解。其二，符合实际情况。可操作性原则是针对构建评价体系的目的提出的，这就意味着测评指标的选择必须是基于现实实际的而不是空想的，避免主观臆造，要根据实际情况制定不失偏颇的指标，既不能过分拔高城市优势指标的权重，又不能过分压低农村劣势指标的权重。总之，要基于实际且合理规划权重。其三，专业性和便捷性相统一。利用统计学知识对各项指标数据进行计算、处理往往需要一定的专业性，专业性是科学性的重要保证。设计指标时要兼顾不同地区不同工作人员的专业素养，专业性太强会使指标测评体系过于封闭，因此，指标设计得不能过细，要便于统计和计算。根据这一要求，指标要在系统性和科学性的前提下力求精简、便于操作，并尽可能地利用现有的统计数据编定指标①，节省评价活动的成本，从而获得较高的社会认同和政府支持。

第五，动态性原则。教育发展与社会经济发展有机联系，城乡经济社会变化迅速，城乡之间的经济、文化等方面的差距会随着社会的发展有所变动。“因此，统计指标体系要立足核心指标设置，针对变化的形势对新的监测指标予以补充，对钝化的、失效的指标予以剔除，使整个指标体系能较为准确客观地反映客观实际。”②

（二）构建方法

多指标综合评价体系的构建大致分为三个阶段，每个阶段的任务不同，具体运用的方法也不同，同一种方法亦有可能对不同阶段的任务都具有支持作用。

第一阶段，确定评价要素，选取评价指标。这一阶段采用的方法有以文献为目标的频度分析法和德尔斐法。理论分析法和以文献为目标的频度分析法，都是依靠相关学术文献搜索引擎，将近年来有关城乡教育一体化发展的文献进行整理，总结该领域专家对城乡教育一体化发展最关注的事项和要素，并记录这些事项和要素出现的频度。德尔斐法在 20 世纪 40 年代由赫尔默和戈登首创。1946 年，美国兰德公司为避免集体讨论存在的屈从于权威或盲目服从多数的缺陷，首次用这种方法用来进行定性预测，后来该方法被迅速广泛采用。20 世纪中期，当美国政府执意发动朝鲜战争的时候，兰德公司又提交了一份预测

① 王蔚，张生从，魏春雨，张玉桃. 湖南省城乡一体化评价指标体系及量化分析[J]. 湖南大学学报：自然科学版，2011(4).

② 曹明霞，包宗顺. 苏州城乡一体化进程测算与分析[J]. 农业现代化研究，2010(7).

报告，预告这场战争必败。政府完全没有采纳，结果一败涂地。从此以后，德尔斐法得到广泛认可并常用于预测领域。① 随着德尔斐法的不断成熟，如今它还被推广至评价、决策、管理沟通和规划中。德尔斐法也称专家调查法，具体到城乡教育一体化评价体系的构建中，做法如下：课题组将城乡教育一体化发展程度评价的目的和意向等内容用通讯方式单独发送给各个专家以征询意见，专家组成员之间互不发生联系，各专家只能根据自己的知识背景和学术水平来对指标体系的构建提出自己的意见，调查员将各位专家独立提出的意见整合后，综合制定出一个关于城乡教育一体化的指标体系，然后再次将综合意见和最后所要达成的评价目标反馈给各位专家，各位专家根据这些反馈意见进一步审视自己的意见，并再次独立给出自己修改后的意见，通过多次的整合、反馈与修改，逐步达成趋向一致的意见。

第二阶段，将指标无量纲化处理。无量纲化，也称作数据的标准化、规格化，是一种通过数学变换来消除原始变量量纲影响的方法。多指标综合评价中涉及两个基本变量：一是各评价指标的实际值，另一个是各指标的评价值。由于各指标所代表的物理含义不同，因此存在着量纲上的差异。这种异量纲性是影响对事物整体评价的主要因素。指标的无量纲化处理是解决这一问题的主要手段。构建城乡教育一体化发展程度评价体系时，对指标进行无量纲化的常用方法有目标值设定法、城乡比值法、极值比较法和均值比较法。目标值设定法，就是将原始值与目标值进行比较以消除量纲，但由于目标值的选取一般依据各地政府设定的目标或预测趋势，各地区差距较大且主观色彩较浓，既不利于横向比较，又可能影响原始数据无量纲化之后的客观性。极值比较法和均值比较法，是将原始数据与极（极大或极小）值和均值进行比较之后消除量纲的方法，这种方法的最大特点就是“对统计数据进行数学处理，能够有效避免无量纲化的主观影响，但是它也存在问题：随着监测地区的不同或监测年份的增加，作为参照的模式极值和均值都会发生变化，即不同地区的基准值由于各地发展水平不同而不同，或者同一地区的基准值将随时间递增而改变，最终导致不同地区或者同一地区不同年份经过无量纲化后的指标值的可比性降低”②。城乡比值法是目前城乡教育一体化发展程度评价体系中无量纲化处理时普遍采用的方法。这一方法能够有效克服上述两类方法的缺陷，既能够全面地反映各地区不同年份城乡教育一体化的发展水平，又能够保证无量纲化之后的客观性和稳

① 转引自寸雪涛. 应用德菲尔法预测东盟国家语种专业发展趋势的探讨[J]. 高教论坛，2002(1).

② 焦必方，林娣，彭婧妮. 城乡一体化评价体系的全新构建及其应用：长三角地区城乡一体化评价[J]. 复旦学报，2011(4).

定性，从而确保可比性。这一方法最大的问题是：如何反映出各地区城乡教育一体化发展的现实水平？修正比值的方法可解决这一问题，即对多个地区的城乡教育一体化水平进行横向比较时，选择其中的最高水平或最低水平或中间水平的地区作为参照，其他地区将本地的原始数据与参照地区的各类对应原始数据作比较之后作相应修正，兼顾到相对比值和绝对数据之间的一致性。

第三阶段，确定各指标权重。这一阶段参考第一阶段文献频度分析法和德尔斐法的相关数据。已有的相关实证分析发现，对特定地区的城乡教育一体化发展程度宜用层次分析法确定各指标的权重，而对于多个地区间城乡教育一体化发展程度进行比较性的评价时，宜采用均方差的方法确定各指标的权重。层次分析法，是指对城乡教育一体化的评价目标进行递阶处理，从上往下依次为目标层、准则层和指标层，然后从准则层开始，对于从属于（或影响）上一层每个因素的同一层诸因素，用成对比较法和1—9比较尺度构造成对比较阵，直到最下层。通过对每一个成对比较的计算，先进行一致性检验，如果一致性检验通过，最终计算权向量，即向每一个指标赋权重值。均方差决策法是常用的统计、分析方法，是指“利用不同地区的数据对每个指标逐一求出标准差，每个指标的标准差占标准差总和的比重即为各指标的权重。这样一来，标准差越大的指标在体系中所占的权重越大，也就是说，地区间差异越大的指标所占的权重就越大。这种方法不仅符合指标体系中赋权的原则，而且避免了对复杂体系中的两两指标进行比较评分的主观性”①。城乡教育一体化发展程度评价体系构建过程中要根据实际需要进行借鉴利用。

二、构建城乡教育一体化发展程度评价体系的思路和具体方案

出于研究的需要，构建城乡教育一体化评价体系时，根据本章提出的构建原则与基本方法，“忠诚于”本章既定的评价体系构建的一般程序。具体内容见图3－1。按照这一程序，构建评价体系可分为五个步骤。

（一）初步确定评价指标名称

《国家中长期教育改革和发展规划纲要（2010—2020年）》是城乡教育一体化发展程度评价体系构建的主要理论依据，纲要始终将以人为本和教育公平的价值观作为核心，不但强调了城乡义务教育一体化发展需要建立“教育质量基本标准和监测制度”，而且规定了城乡义务教育一体化发展的体制改革中首要

① 焦必方，林娣，彭婧妮．城乡一体化评价体系的全新构建及其应用：长三角地区城乡一体化评价［J］．复旦学报，2011(4)．

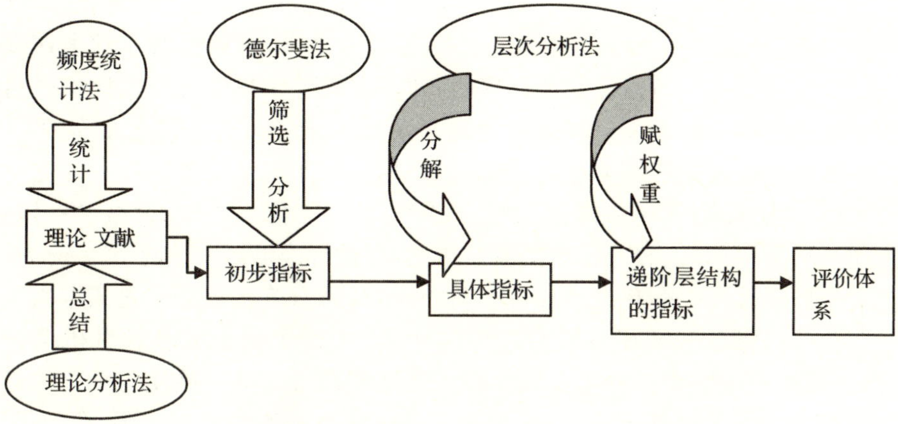

图 3-1　构建城乡教育一体化发展程度评价体系的基本程序

的任务就是改革人才培养机制,其保障措施则包含了教师队伍建设保障、经费投入保障、教育信息化等方面的内容,上述纲领性要求是评价体系构建中评价目标的重要选项。

近年来关于城乡教育一体化发展的文献,主要涉及以下三个方面:

(1) 城乡教育一体化发展的研究内容,主要涉及基础教育、职业教育、继续教育三个类别,涉及的广度和深度在程度上依次递减,基础教育在城乡教育一体化中排在首位。①

(2) 城乡教育一体化的路径选择,应从教育管理体制改革、"省级统筹"的教育经费投入一体化、改革教育人事和培训制度等方面入手。

(3) 教育公平、教育平等、均衡发展、统筹发展等是城乡教育一体化发展的主要价值追求和具体手段,可作为衡量城乡教育一体化发展程度的内在指标。邬志辉先生就此曾经有过相关总结,认为主要可以从三个层面来考量:一是城乡义务教育的资源配置是否实现了均等化,即学校的办学要素资源配置是否达到了国家规定的底线标准并在特定的空间内实现了基本均衡。但达到这一标准,我们只能说城乡义务教育实现了初步的一体化。二是城乡义务教育的吸引力是否实现了同等化,即农村学生家长是否会因为教师水平、教育质量等原因选择城市学校,农村在职教师是否会因为工资福利待遇和发展晋升机会等原因而进行单向的"向城性流动",新毕业的师范学院大学生是否会歧视性地不到农村学校就业。达到这一标准,我们可以说城乡义务教育实现了基本的一体化。

① 褚宏启. 教育制度改革与城乡教育一体化:打破城乡教育二元结构的瓶颈[J]. 教育研究,2010(11).

三是城乡义务教育学生接受高质量后续教育的机会是否实现了平等化，即从结果的意义上看，城乡义务教育是否真正实现了一体化，还要看城乡学生在义务教育结束后接受高中阶段教育和高等教育时，在同等水平学校所占比例是否大致相当。达到这一标准就是实现了更高水平城乡义务教育一体化的表现。[①]魏登尖等则从已经成功的城乡教育一体化模式中总结出，“城乡教育一体化应该注重：城乡教育发展规划一体化、办学条件城乡一体化、队伍建设城乡一体化、教育质量城乡一体化、教育经费城乡一体化、评估标准城乡一体化”[②]。

关于城乡教育一体化发展评价体系的研究，张金英和陈通率先依据城乡教育一体化的内涵及我国城乡教育发展的实际，构建了涵盖城乡教育机会一体化、城乡教育资源配置一体化及城乡教育质量和教育成就一体化三个二级指标的城乡教育一体化指标体系，以此来测度我国城乡教育发展的现状。[③] 刘明成等研究者根据相关研究成果及其研究背景设计了由城乡受教育机会、城乡教育投入、城乡教育环境和城乡教育成就四个一级指标构成的城乡教育一体化评价指标体系，以此来衡量我国城乡教育一体化的发展水平。[④]李玲等则将人事制度、投入制度和人事培养制度、评价制度作为城乡教育一体化发展水平评价体系的主要指标。[⑤] 张继远等以四川省成都市城乡教育实验区为实证研究对象，将教育机会城乡一体化、办学条件城乡一体化、教师队伍建设城乡一体化、教育经费投入城乡一体化和教育质量城乡一体化等五个方面作为城乡教育一体化研究的主要指标[⑥]。

通过中国期刊网学术搜索引擎，搜索 1999—2013 年的以“城乡教育一体化发展”为主题的相关文献，共有 41 篇，经检验有效的相关文献有 38 篇，通过统计可以得到主要观点和范畴的出现频次，把相近观点合并、归纳，按频次由高到低排列出从属于“城乡教育一体化发展水平”这一核心概念的相关指标，处于前列的相关指标及其频次见表 3-1。

---

① 邬志辉. 当前我国城乡义务教育一体化发展的核心问题探讨[J]. 教育发展研究，2012(17).

② 魏登尖，严怡. 对城乡教育一体化改革理论和实践复杂性的思考[J]. 教育与教学研究，2012(7).

③ 张金英，陈通. 城乡教育一体化的理论与指标体系建构[J]. 中国农机化，2010(4).

④ 刘明成，李娜，金浩. 城乡教育一体化的评价体系研究[J]. 教育探索，2012(4).

⑤ 李玲，宋乃庆，等. 城乡教育一体化：理论、指标与测算[J]. 教育研究，2012(2).

⑥ 张继远，张艳. 城乡教育一体化指标体系：构建与应用[J]. 中小学管理，2013(2).

表 3-1　处于前列的核心概念和相关指标

师资队伍建设(篇)	教育经费投入(篇)	教育资源配置(篇)	受教育机会(篇)	办学条件(篇)	教育现代化(篇)	教育质量(篇)
23	21	18	11	10	8	8

运用比较理论分析法和以文献为对象的频度分析法得出的结果比较接近，从中可以发现：师资队伍建设、教育资源配置、经费投入是影响城乡教育一体化发展水平的主要因素，这样的结果也互证了运用这两种方法的合理性。

（二）通过专家筛选确定具体评价指标

对上述经由理论分析法和频度分析法得出的观点和相关指标的统计数据进行再次统计和分析，得出构建城乡教育一体化评价体系的主要指标的初步结果，主要有七个方面的指标：师资队伍建设一体化、受教育机会一体化、教育质量一体化、资源配置一体化、办学条件一体化、经费投入一体化、教育现代化水平一体化。课题组将评价指标的初步结果，分别寄给事先经过精心考虑确定的八位专家以征求意见，第一轮回收意见之后，课题组记录了专家意见及相关结果，大致确定教育机会一体化、办学条件一体化、教师队伍建设一体化、教育经费投入一体化、教育质量一体化等五个指标为评价体系的主要目标，即最高层次的评价目标。

第二轮，课题组又将这个结果再次寄送给八位专家，请专家们给这五个指标赋上权重，意见回收后运用加权平均法计算，计算公式为：根据专家对各指标重要程度的评分，通过式(1)，可计算出指标体系的各指标权重。

$$W_j = \frac{\overline{X_j}}{\sum_{j=1}^{n} \overline{X_j}} \qquad (1)$$

其中，X_j 表示第 j 个指标重要程度专家评分的均值。计算结果见表 3-2。

表 3-2　专家匿名评价主要指标的权重

教育机会一体化	办学条件一体化	教师队伍建设一体化	教育经费一体化	教育质量一体化
25%	15%	25%	22%	13%

第三轮，请专家根据评价体系的主目标设置第二层次、第三层次的评价指标，回收后进行统计和整理，作为之后层次分析法的重要参考。

（三）通过层次分析法确定指标结构并赋权重

根据以上两个步骤得到的有关评价指标及相关数据，通过层次分析首先对主要评价目标进行降阶处理，总共分为三个递进层次结构，由高到低分别为：目标层、准则层、指标层。根据层次分析方法，先构建判断矩阵，再计算各元素对上一层目标的权重，最后计算各层级元素对系统目标的合成权重，进行总排序，以确定最底层各个元素在总目标中的重要程度，在计算各级权重的同时进行一致性检验。① 经过计算，各指标的权重如表3-3所示。②

表3-3　城乡教育一体化发展程度评价体系

目标层(A)	准则层(B)	指标层(C)	编号	权重	指标层得分
教育机会城乡一体化 权重:25%	城乡入学率 权重:18%	城乡幼儿园入园率	C1	4.5%	
		城乡小学入学率	C2	3%	
		城乡初中入学率	C3	3%	
		城乡高中入学率	C4	3%	
		城乡经济困难学生入学率	C5	2.25%	
		城乡残障学生入学率	C6	2.25%	
	教育承载能力 权重:7%	每个幼儿园平均服务人数	C7	1.75%	
		每个小学平均服务人数	C8	1.75%	
		每个初中平均服务人数	C9	1.75%	
		每个高中(中专技校)平均服务人数	C10	1.75%	
办学条件城乡一体化 权重:15%	生均校舍面积 权重:4%	城乡幼儿园生均校舍面积	C11	1%	
		城乡小学生均校舍面积	C12	1%	
		城乡初中生均校舍面积	C13	1%	
		城乡高中生均校舍面积	C14	1%	
	生均绿化面积 权重:2%	城乡幼儿园生均绿化面积	C15	0.5%	
		城乡小学生均绿化面积	C16	0.5%	
		城乡初中生均绿化面积	C17	0.5%	
		城乡高中生均绿化面积	C18	0.5%	

① 王蔚，张生丛，魏春雨，张玉桃．湖南省城乡一体化评价指标体系及量化分析[J]．湖南大学学报：自然科学版，2011(4)．

② 根据调查时的具体情况，指标名称与数量可以适当调整，只要城乡之间进行同质比较，比值不影响数据的有效性。

续表

目标层(A)	准则层(B)	指标层(C)	编号	权重	指标层得分
	生均图书占有量 权重:3%	城乡幼儿园生均图书占有量	C19	0.75%	
		城乡小学生均图书占有量	C20	0.75%	
		城乡初中生均图书占有量	C21	0.75%	
		城乡高中生均图书占有量	C22	0.75%	
	生均计算机占有量 权重:2%	城乡幼儿园生均计算机占有量	C23	0.5%	
		城乡小学生均计算机占有量	C24	0.5%	
		城乡初中生均计算机占有量	C25	0.5%	
		城乡高中生均计算机占有量	C26	0.5%	
	班级规模 权重:4%	城乡幼儿园每个班级人数	C27	1%	
		城乡小学每个班级人数	C28	1%	
		城乡初中每个班级人数	C29	1%	
		城乡高中(中专技校)每个班级人数	C30	1%	
教师队伍建设城乡一体化 权重:25%	教师学历结构 5%	城乡幼儿园教师大专以上学历比例	C31	0.83%	
		城乡小学教师大专以上学历比例	C32	0.83%	
		城乡初中教师大专以上学历比例	C33	1.67%	
		城乡高中教师大专以上学历比例	C34	1.67%	
	教师职称结构 权重:5%	城乡幼儿园教师高级以上职称比例	C35	1.25%	
		城乡小学教师高级以上职称比例	C36	1.25%	
		城乡初中教师高级以上职称比例	C37	1.25%	
		城乡高中教师高级以上职称比例	C38	1.25%	
	教师在职培训 权重:6%	城乡幼儿园教师在职培训比例	C39	1.5%	
		城乡小学教师在职培训比例	C40	1.5%	
		城乡初中教师在职培训比例	C41	1.5%	
		城乡高中教师在职培训比例	C42	1.5%	

续表

目标层(A)	准则层(B)	指标层(C)	编号	权重	指标层得分
	教师交流 权重:6%	城乡幼儿园教师交流人数比例	C43	1.5%	
		城乡小学教师交流人数比例	C44	1.5%	
		城乡初中教师交流人数比例	C45	1.5%	
		城乡高中教师交流人数比例	C46	1.5%	
	教师月平均收入 权重:3%	城乡幼儿园教师月平均收入	C47	0.75%	
		城乡小学教师月平均收入	C48	0.75%	
		城乡初中教师月平均收入	C49	0.75%	
		城乡高中教师月平均收入	C50	0.75%	
经费投入城乡一体化 权重:22%	生均教育经费支出 权重:9%	城乡幼儿园生均教育经费支出	C51	2.25%	
		城乡小学生均教育经费支出	C52	2.25%	
		城乡初中生均教育经费支出	C53	2.25%	
		城乡高中生均教育经费支出	C54	2.25%	
	生均教育支出占 GDP 的比重 权重:9%	城乡幼儿园生均教育支出占 GDP 的比重	C55	2.25%	
		城乡小学生均教育支出占 GDP 的比重	C56	2.25%	
		城乡初中生均教育支出占 GDP 的比重	C57	2.25%	
		城乡高中生均教育支出占 GDP 的比重	C58	2.25%	
	生均教育支出占所在辖区(市)级财政的比重 权重:2%	城乡幼儿园生均教育支出占所在辖区(市)级财政的比重	C59	0.5%	
		城乡小学生均教育支出占所在辖区(市)级财政的比重	C60	0.5%	
		城乡初中生均教育支出占所在辖区(市)级财政的比重	C61	0.5%	
		城乡高中生均教育支出占所在辖区(市)级财政的比重	C62	0.5%	
	生均教育支出占所在市级财政的比重 权重:2%	城乡幼儿园生均教育支出占所在市级财政的比重	C63	0.5%	
		城乡小学生均教育支出占所在市级财政的比重	C64	0.5%	

续表

目标层(A)	准则层(B)	指标层(C)	编号	权重	指标层得分
		城乡初中生均教育支出占所在市级财政的比重	C65	0.5%	
		城乡高中生均教育支出占所在市级财政的比重	C66	0.5%	
教育质量城乡一体化 权重:13%	学业质量 权重:8%	城乡初中辍学率	C67	2.5%	
		城乡高中升学率	C68	2.5%	
		城乡大学升学率	C69	1.5%	
		城乡社区教育参与率	C70	1.5%	
	社会贡献 权重:5%	城乡就业人口平均受教育年限	C71	3%	
		城乡高中以上教育程度的劳动人口就业率	C72	2%	

对于表3-3需要作出说明的有三个方面:一是城乡非义务教育体系中的职业高中没有单列,而是将其数据纳入“城乡高中”这一层次;二是城乡差异的指数是通过比值法无量纲化的结果,具体来说是以城市教育的相关指标为参照单位,然后将农村教育的对应统计数据与之进行比较之后得出相关比值,也就是城乡教育差异始终是乡城比率;三是指标体系中各一级指标的权重与上述德尔斐法计算的权重有差异,这是对同一统计数据选用不同的计算方法计算的结果,考虑到层次分析法中运用比较矩阵计算,所关照的层面更加细微,结果的精确度更高一些,因此最终采纳的数据为层次分析法计算的结果。

三、城乡教育一体化发展程度评价体系的应用与分析

正如表3-3所示,城乡教育一体化发展程度评价体系由5个一级指标构成,每一个一级指标又包含若干个数目不等的二级指标,共有18个二级指标,每一个二级指标中又包括一些三级具体指标,共计72个。这一评价体系所包含的内容各自具有独立性,同时又彼此联系。每一个指标都具有可计算性,形成可以比较的具体的数量值体系。这些数量值最终成为评价区域城乡教育一体化程度的重要手段,也成为区域之间进行比较的重要工具。

(一)综合评价指数生成应用

根据测评需要,对总的评价体系中设计的具体指标采用加权数学计算法进行计算,形成明确的数量值。由于数量值具有可比性,因此数值的大小就直观

地反映了某一区域城乡教育一体化水平，同时不同区域之间也可以借此进行比较。其计算公式如下：

$$I = \sum_{i-1}^{n} (W_i X_i)$$

其中 $\sum_{i-1}^{n} W_1 = 1$，X_i 是第 i 个评价指标的数值，W_i 是第 i 个评价指标的权重。该指数的区间为 0 ~ 1，指数值越接近于 1，表明指标集成的综合评价值越高，即该县（区）整体上城乡义务教育一体化程度越高；指数值越接近于 0，表明指标集成的综合评价值越低，即该县（区）整体上城乡教育一体化程度越低。① 这样的计算从指标层开始，对应着依次向上一层次进行计算，从而得到不同层面各个指标项的指数。

（二）确定评价标准

根据城乡教育发展进程的不同阶段，给五个阶段划定分值范围：城乡分割（60 分以下）、初步统筹（61 ~ 70 分）、基本统筹（71 ~ 80 分）、整体协调（81 ~ 90 分），全面融合（91 分以上）。

（三）样本实证分析

1. 样本一

样本 1 以 2011 年成都市城乡教育一体化发展程度为分析对象。

（1）获取单项评价指标的得分。以评价体系中编号为 C2 的指标为例，即以城乡小学入学率差异为例，具体情况见表 3-4。具体步骤如下：

通过比值法对统计数据、单项比率进行无量纲化处理②：

表 3-4　2011 年成都市城乡小学入学率差异

成都市	6 ~ 11 岁学龄儿童总数（人）	小学在校学龄人数（人）	入学率
城	251168	251168	100.00%
乡	405316	404937	99.91%

乡城比率 = 乡/城 = 99.91%/100.00% = 0.99。

计算城乡小学入学率差异在城乡教育一体化体系中的最终得分：

得分 = 乡城比率 × 权重 = 0.99 × 3 = 2.97 分。

（2）计算整个评价体系的综合得分。按照上述方法可以得到其他各项指

① 李玲，宋乃庆，等. 城乡教育一体化：理论、指标与测算[J]. 教育研究，2012(2).

② 有关 2011 年成都市城乡教育一体化的相关数据参考张继远和张艳的《城乡教育一体化指标体系：构建与应用》一文（载于《中小学管理》2013 年第 2 期）。

标的得分，然后利用加权平均法对城乡教育一体化发展水平总分进行计算，2011 年成都市城乡教育一体化发展水平综合得分为 80.10 分。

（3）分析：对照城乡教育一体化不同发展阶段的分数分布，成都市城乡教育一体化发展处于整体协调阶段，处于城乡教育一体化发展的第四个阶段，水平较高。2005 年中央教育科学研究所、2009 年国家教育部相继把成都市武侯区、成都市作为国家级城乡教育一体化试验区，在中央政府、省政府及成都市政府的共同努力下，以成都市为核心的城乡教育一体化取得了卓著成效，多项数据显示成都市的城乡教育一体化水平已经接近最高水平。

2. 样本二

样本 2 以 2012 年宜兴市学前教育城乡教育一体化程度为分析对象，具体情况见表 3-5；以常州市武进区为对象分析整体综合得分情况。

（1）获取单项评价指标的得分。以学前三年入园率为例，以评价体系中编码为 C1 的指标为例，方法同上。

表 3-5　2012 年宜兴市城乡学前教育差异

宜兴市	4~6 岁儿童总数（人）	入园总数（人）	入园率
城	6772	6772	100%
乡	14615	14615	100%

宜兴学前教育城乡比率 = 乡/城 = 100%/100.00% = 1，学前教育得分 = 乡城比率 × 权重 = 1 × 4.5 = 4.5 分。上述情况与苏南所有城市几乎相同。

（2）以常州市武进区为例计算整个评价体系的综合得分（具体见表 3-6）。①

表 3-6　2012 年常州市武进区城乡教育一体化程度

目标层（A）	准则层（B）	指标层（C）	编号	乡城比例	权重	指标层单项得分
教育机会城乡一体化 权重：25% 得分：30.14	城乡入学率 权重：18% 得分：17.93	幼儿入园率（学前教育）	1	99.69%/99.7% = 0.99	4.5%	0.99 × 4.5 = 4.46
		小学入学率	2	100%/100% = 1	3%	1 × 3 = 3.00
		初中入学率	3	100%/100% = 1	3%	1 × 3 = 3.00
		高中入学率	4	98.63%/99.21% = 0.99	3%	0.99 × 3 = 2.97
		经济困难学生入学率	5	100%/100% = 1	2.25%	1 × 2.25 = 2.25
		残障学生入学率	6	100%/100% = 1	2.25%	1 × 2.25 = 2.25

① 武进区的高中都在城区，没有城乡比例，相应的指标数据只有 52 个。由于准则层没有变动，所以指标总体数据照样有效。

续表

目标层(A)	准则层(B)	指标层(C)	编号	乡城比例	权重	指标层单项得分
	教育承载能力 权重:7% 得分:12.21	每万人幼儿园数(总数)	7	3.64/2 =1.82	2.33%	1.82 ×2.33 =4.24
		每万人小学学校数(总数)	8	3.93/2 =1.96	2.33%	1.96 ×2.33 =4.57
		每万人初中学校数(总数)	9	2.928/2 =1.46	2.33%	1.46 ×2.33 =3.40
办学条件城乡一体化 权重:15% 得分:17.61	生均校舍面积 权重:4% 得分:3.26	小学生均校舍面积	10	9.71/13.8 =0.70	2%	0.70 ×2 =1.40
		初中生均校舍面积	11	18.9/20.3 =0.93	2%	0.93 ×2 =1.86
	生均绿化面积 权重:2% 得分:1.50	幼儿园生均绿化面积	12	4.34/4.4 =0.99	0.67%	0.99 ×0.67 =0.66
		小学生均绿化面积	13	8.96/9.5 =0.94	0.67%	0.94 ×0.67 =0.63
		初中生均绿化面积	14	17.37/54.7 =0.32	0.67%	0.32 ×0.67 =0.21
	生均图书占有量 权重:3% 得分:2.86	幼儿园生均图书占有量	15	7.79/7.16 =1.09	1%	1.09 ×1 =1.09
		小学生均图书占有量	16	27.08/23.41 =1.16	1%	1.16 ×1 =1.16
		初中生均图书占有量	17	27.68/45.23 =0.61	1%	0.61 ×1 =0.61
	生均计算机占有量 权重:2% 得分:1.81	幼儿园生均计算机占有量	18	0.03/0.03 =1	0.67%	1 ×0.67 =0.67
		小学生均计算机占有量	19	0.10/0.09 =1.12	0.67%	1.12 ×0.67 =0.75
		初中生均计算机占有量	20	0.13/0.23 =0.58	0.67%	0.58 ×0.67 =0.39
	班级规模 权重:4%	幼儿园班级规模	21	62.5/41 =1.52	1.33%	1.52 ×1.33 =2.02
		小学班级规模	22	120.36/62 =1.94	1.33%	1.94 ×1.33 =2.58
		初中班级规模	23	53.71/20 =2.69	1.33%	2.69 ×1.33 =3.58
教师队伍建设城乡一体化 权重:23% 得分:24.53	教师学历结构 权重:3% 得分:3.10	小学教师大专以上学历比例	24	93.51%/92.3% =1.013	1%	1.013 ×1 =1.01
		初中教师大专以上学历比例	25	93.26%/89.2% =1.0455	2%	1.0455 ×2 =2.09
	教师职称结构 权重:5% 得分:6.44	小学教师高级以上职称比例	26	25.99%/20.4% =1.274	2.5%	1.274 × 2.5 =3.19
		初中教师高级以上职称比例	27	39.32%/30.3% =1.298	2.5%	1.298 × 2.5 =3.25
	教师在职培训 权重:6% 得分:6.00	小学教师在职培训比例	28	100%/100% =1	3%	1 ×3 =3.00
		初中教师在职培训比例	29	100%/100% =1	3%	1 ×3 =3.00

续表

目标层(A)	准则层(B)	指标层(C)	编号	乡城比例	权重	指标层单项得分
	教师交流 权重:6% 得分:6.01	小学教师交流人数比例	30	14. 76%/14. 3% = 1.032	3%	1.032×3=3.10
		初中教师交流人数比例	31	15. 21%/15. 7% = 0.969	3%	0.969×3=2.91
	教师年平均收入 权重:3% 得分:2.98	幼儿园教师年平均收入	32	44098. 07/45196 = 0.976	1%	0.976×1=0.98
		小学教师年平均收入	33	82927. 14/83006 = 0.999	1%	0.999×1=1.00
		初中教师年平均收入	34	83395. 71/83138 = 1.003	1%	1.003×1=1.00
经费投入城乡一体化 权重:25% 得分:33.44	生均教育经费支出 权重:10% 得分:13.53	幼儿园生均教育经费支出	35	5753.21/4981=1.155	3.33%	1. 155 × 3. 33 = 3.85
		小学生均教育经费支出	36	11051.64/9100=1.214	3.33%	1. 214 × 3. 33 = 4.04
		初中生均教育经费支出	37	15587. 43/22456 = 0.694	3.33%	0. 694 × 3. 33 = 5.64
	生均教育支出占GDP的比重 权重:10% 得分:10.41	幼儿园生均教育支出占GDP的比重	38	0. 117%/0. 10% = 1.171	3.33%	1. 171 × 3. 33 = 3.90
		小学生均教育支出占GDP的比重	39	0. 564% 0. 58% = 0.973	3.33%	0. 973 × 3. 33 = 3.24
		初中生均教育支出占GDP的比重	40	0. 324%/0. 33% = 0.983	3.33%	0. 983 × 3. 33 = 3.27
	生均教育支出占所在辖区(市)级财政的比重 权重:2% 得分:3.81	幼儿园生均教育支出占所在辖区(市)级财政的比重	41	0. 055%/0. 05% = 1.1	0.67%	1.1×0.67=0.78
		小学生均教育支出占所在辖区(市)级财政的比重	42	0. 34%/0. 15% = 2.286	0.67%	2. 286 × 0. 67 = 1.53
		初中生均教育支出占所在辖区(市)级财政的比重	43	0. 224%/0. 10% = 2.243	0.67%	2. 243 × 0. 67 = 1.50
	生均教育支出占所在市级财政的比重 权重:3% 得分:5.69	幼儿园生均教育支出占所在市级财政的比重	44	0. 0197%/0. 015% =1.314	1%	1.314×1=1.31
		小学生均教育支出占所在市级财政的比重	45	0. 096%/0. 045% =2.143	1%	2.143×1=2.14
		初中生均教育支出占所在市级财政的比重	46	0. 067%/0. 03% = 2.243	1%	2.243×1=2.24

续表

目标层(A)	准则层(B)	指标层(C)	编号	乡城比例	权重	指标层单项得分
教育质量城乡一体化 权重:12% 得分:12.46	学业质量 权重:7% 得分:7.57	初中辍学率	47	1	2%	1×2=2.00
		高中升学率	48	98.62%/99.21% = 0.994	2%	0.994×2=1.99
		大学升学率	49	96.418%/96.78% = 0.996	1.5%	0.996×1.5=1.49
		社区教育参与率	50	55.25%/39.7% = 1.392	1.5%	1.392×1.5=2.09
	社会贡献 权重:5% 得分:4.89	户籍人口平均受教育年限	51	10.668/10.74=0.993	3%	0.993×3=2.98
		户籍人口中高中以上教育程度的劳动力就业率	52	42.671%/44.59% = 0.957	2%	0.957×2=1.91

（3）分析:常州市武进区城乡教育一体化程度得分共114分,即达到完全融合的水平,甚至出现农村超过城市的状况。计算结果中,52个指标中大部分指标得分接近1,多个指标得分超过1。武进区在城乡教育机会、城乡教育投入、城乡办学硬件等方面出现农村优于城市的局面。这一计算结果真实地反映了苏南地区的城乡教育一体化程度,在城乡教师素质、城乡教育质量等指标方面出现城市优于农村的情况,而在城乡社区教育、学前教育这两方面农村优于城市的现象还是比较明显的。

第三节　苏南地区城乡教育一体化发展程度总体分析

用第二节中阐述的测量方法来测量苏南三个地区城乡教育一体化发展程度是本书的重要内容。本节通过对三个城市城乡教育一体化测量表的展示,分析数字的一般含义,为揭示数字背后深刻的社会、经济、文化发展等原因提供依据。

一、苏南地区城乡教育一体化发展总体程度

根据测评指标对苏南地区苏州、无锡、常州三个城市的调查数据进行分析发现,三地城乡教育一体化程度指数分别是106.5、105.9、105.6。由于在调查过程中有些数据难以获得,所以在无锡市教育局调查过程中,对测评指标中的

第三层进行了某些调整。但是区域内城乡之间进行比较的项目保持一致，因此总体不影响数值的代表性。

苏州城乡教育一体化进程中，由于工业园区从2011年就已经开始进行一体化管理，所有学校全部纳入园区教育局直接管理的范畴，城乡区域无区别地全部进入园区统一管理范围，因此，研究苏州城乡教育一体化主要是研究苏州市下属的昆山、张家港、常熟、太仓四个县市，其城乡教育一体化程度指数分别为108.5、104.93、104.26、100.35。

无锡城乡教育一体化程度指数平均为105.9，由于无锡城区的几个区域教育局直接管理学校，研究城乡教育一体化的典型意义不大，因此主要以宜兴市与江阴市为重点进行研究。其中江阴城乡教育一体化程度指数为113.44，宜兴为100.91，其他作为一个整体进行计算，得分为105.6。

常州主要包括武进区、城区、溧阳、金坛等区域，其中城区几个区域已经实现一体化管理，所以主要以武进区、溧阳、金坛作为研究对象。其总体指数是105.6，其中武进114，溧阳99.2、金坛99.1，其他区域城乡无差别，指数约等于100。

二、苏南地区城乡教育一体化发展程度共性分析

数据已经表明，苏南地区城乡教育一体化程度处于高度融合水平。除了总体水平几乎相同外，其他几个方面也存在明显的共性特征。

（一）总体处于高度融合水平

从数据看，三地县域内城乡教育一体化程度都已经达到高度融合水平，这与2013年11月公布的教育部均衡教育发展验收数据保持一致。苏南三个城市教育均衡发展指数都达到99分以上，几乎都为100分。这表明，以教育部教育均衡发展发展程度评价体系以及本课题组设计的城乡教育一体化发展程度评价体系为衡量依据，苏南地区城乡教育不仅一体化发展、均衡发展，而且某些指标已经显示出农村超过城市的“逆向均衡”“逆向一体化”发展格局。

（二）存在农村教育因子超过城市教育因子现象

正如前面所述，苏州、无锡、常州城乡教育一体化都已达到高度融合水平，从五个目标层看，所有数据都超过100%，准则层中，入学率、班级规模、经费投入、学校生均绿地等项目农村高于城市的幅度最大，有些城市甚至出现农村是城市的2~3倍的“逆向一体化”发展格局。常州武进区准则层52项指标中农村超过城市的项目有25项。尤其要说明的是，城乡教育待遇农村普遍比城市

高。苏南地区教师待遇不是因城乡而出现差别，主要表现为不同职称教师之间的收入不同。在职称相同、工作任务大致相等的情况下，农村教师收入一般比城市教师高，高出的部分以奖励、补助等形式得以体现。

（三）纵向教育系列中义务教育城乡一体化程度最高

城乡教育一体化总体程度比较高，但是不同层级的教育之间还存在差别。就苏南地区而言，义务教育城乡一体化程度最高。以江阴市为例进行分析，见表3-7。

表3-7　江阴市不同层级学校城乡教育一体化差异表

类别	目标层	准则层		乡城比例	指标层单项得分	得分
学龄前	教育机会 权重:25% 得分:26.82	入学率	权重:18% 得分:18.00	1	4.5	23.04
		教育承载能力	权重:7% 得分:8.82	1.24	2.17	
	办学条件 权重:15% 得分:15.89	生均占地面积	权重:2% 得分:1.98	0.79	0.53	
		生均建筑面积	权重:2% 得分:2.19	0.95	0.64	
		生均绿化面积	权重:2% 得分:2.53	1.08	0.54	
		生均图书占有量	权重:3% 得分:3.31	1.08	0.81	
		生均计算机占有量	权重:2% 得分:1.98	0.92	0.46	
		班级规模	权重:4% 得分:3.90	0.99	0.99	
	教师队伍建设 权重:25% 得分:22.67	教师学历结构	权重:5% 得分:4.47	0.99	0.99	
		教师职称结构	权重:5% 得分:4.45	0.79	0.99	
		教师在职培训（区、县级及以上各类培训）	权重:6% 得分:5.57	0.9	1.35	
		教师交流比例	权重:6% 得分:5.25	0.86	1.29	
		教师月平均收入（含社保）	权重:3% 得分:2.93	0.96	0.72	

续表

类别	目标层	准则层		乡城比例	指标层单项得分	得分
	经费投入 权重:22% 得分:35.43	生均教育经费	权重:9% 得分:8.56	0.63	1.42	
		生均教育支出占GDP的比重	权重:9% 得分:21.94	2	4.5	
		生均教育支出占所在辖区(市)级财政的比重	权重:2% 得分:2.29	1.02	0.51	
		生均教育支出占所在市级财政的比重	权重:2% 得分:2.64	1.25	0.63	
义务教育	教育机会 权重:25% 得分:26.82	入学率	权重:18% 得分:18.00	1	3	31.16
		教育承载能力	权重:7% 得分:8.82	1.415	2.475	
	办学条件 权重:15% 得分:15.89	生均占地面积	权重:2% 得分:1.98	1.46	0.98	
		生均建筑面积	权重:2% 得分:2.19	1.52	1.02	
		生均绿化面积	权重:2% 得分:2.53	1.575	0.79	
		生均图书占有量	权重:3% 得分:3.31	1.18	0.885	
		生均计算机占有量	权重:2% 得分:1.98	1.14	0.57	
		班级规模	权重:4% 得分:3.90	0.955	0.955	
	教师队伍建设 权重:25% 得分:22.67	教师学历结构	权重:5% 得分:4.47	0.985	1.24	
		教师职称结构	权重:5% 得分:4.45	0.89	1.115	
		教师在职培训(区、县级及以上各类培训)	权重:6% 得分:5.57	0.94	1.41	
		教师交流比例	权重:6% 得分:5.25	0.88	1.32	
		教师月平均收入(含社保)	权重:3% 得分:2.93	0.99	0.745	

续表

类别	目标层	准则层		乡城比例	指标层单项得分	得分
	经费投入 权重:22% 得分:35.43	生均教育经费	权重:9% 得分:8.56	1.185	2.67	
		生均教育支出占GDP的比重	权重:9% 得分:21.94	3.61	8.125	
		生均教育支出占所在辖区(市)级财政的比重	权重:2% 得分:2.29	1.225	0.615	
		生均教育支出占所在市级财政的比重	权重:2% 得分:2.64	1.49	0.745	
	教育质量 权重:13% 得分:12.63	学业质量	权重:8% 得分:7.96	1	2.5	
高中教育	教育机会 权重:25% 得分:26.82	入学率	权重:18% 得分:18.00	1	3	20.45
		教育承载能力	权重:7% 得分:8.82	0.97	1.7	
	办学条件 权重:15% 得分:15.89	生均占地面积	权重:2% 得分:1.98	0.7	0.47	
		生均建筑面积	权重:2% 得分:2.19	0.79	0.53	
		生均绿化面积	权重:2% 得分:2.53	0.81	0.41	
		生均图书占有量	权重:3% 得分:3.31	0.97	0.73	
		生均计算机占有量	权重:2% 得分:1.98	0.75	0.38	
		班级规模	权重:4% 得分:3.90	1	1	
	教师队伍建设 权重:25% 得分:22.67	教师学历结构	权重:5% 得分:4.47	0.6	1	
		教师职称结构	权重:5% 得分:4.45	0.98	1.23	
		教师在职培训(区、县级及以上各类培训)	权重:6% 得分:5.57	0.93	1.4	
		教师交流比例	权重:6% 得分:5.25	0.88	1.32	
		教师月平均收入(含社保)	权重:3% 得分:2.93	0.96	0.72	

续表

类别	目标层	准则层		乡城比例	指标层单项得分	得分
	经费投入 权重:22% 得分:35.43	生均教育经费	权重:9% 得分:8.56	0.8	1.8	
		生均教育支出占 GDP 的比重	权重:9% 得分:21.94	0.53	1.19	
		生均教育支出占所在辖区(市)级财政的比重	权重:2% 得分:2.29	1.1	0.55	
		生均教育支出占所在市级财政的比重	权重:2% 得分:2.64	1.04	0.52	
	教育质量 权重:13% 得分:12.63	学业质量	权重:8% 得分:7.96	1	2.5	
大学	教育质量 权重:13% 得分:12.63	学业质量	权重:8% 得分:7.96	0.99	1.49	1.49
社区	教育质量 权重:13% 得分:12.63	学业质量	权重:8% 得分:7.96	0.98	1.47	1.47

在三级指标中,除高校、社区教育所占比重比较小以外,其他层级学校的权重都是平均分配的,即每一项内容按照平均赋分的方式给学前教育、义务教育、高中教育三个层级赋分。而数据显示,三类教育的得分差距还是比较明显的。表 3-7 的数据显示,义务教育总得分 31.16 分,学前教育 23.04 分,高中 20.45 分,最大差距近 11 分,其他城市也存在类似的情况。

(四)硬件超过软件现象比较明显

从统计数据可知,城乡教育一体化指标体系中,办学条件城乡一体化与经费投入城乡一体化两个指标的得分最高。以苏州昆山、无锡江阴、常州武进为例进行分析。两项总分分别如表 3-8 所示:

表 3-8　苏南地区城乡教育硬件一体化指数表

项目	办学条件	经费投入
标准指数	15	22
昆山	18.47	25.29
江阴	15.89	33.47
武进	17.61	26.60

上表数据显示,苏南地区三个有代表性的城市在城乡教育一体化推进过程中,硬件设施一体化程度呈现农村超过城市现象。城市硬件设施建设原本比较好,但是在2010年前后苏南对农村学校建设投入力度比城市大,因此出现乡城比值不仅接近1,而且超过1甚至达到2~3的现象。

其他项目城乡一体化水平也比较高,但是程度不如办学条件、经费投入两个项目高。

(五)学前教育与社区教育城乡教育一体化程度相对低

在三个城市城乡教育一体化发展总体水平较高的前提下,共同存在一个系列教育中的差异化现象,即纵向教育系列一体化过程中,义务教育一体化程度高于其他,而处于较低水平的是学前教育与社区教育。虽然苏南地区这两项教育的一体化发展程度比其他地区高,但是就域内教育发展而言,这两项教育一体化发展程度相对较低。

三、苏南各地区之间存在的差异分析

虽然苏南地区城乡教育一体化程度总体比较高,但是地区之间还存在一定的差异。就数据而言,苏州一体化程度略高于无锡与常州,各项小指标之间的差异还是比较明显的。

(一)总体性差异

三个城市在城乡教育一体化水平保持基本平衡的前提下,略有高低之分,其中苏州最高106.5分,其次无锡105.9分,最后常州105.6分。而各城区之间存在总体差异。就县域视角进行比较,最高的区域是武进114分,其次是江阴113.44分,再次是昆山108.5分。得分相对比较低一点的区域是溧阳与金坛,指数分别是99.2与99.1。对武进指数有贡献的项目主要是教育机会一体化与办学条件一体化。对江阴指数做出重要贡献的也是教育机会一体化、办学条件一体化与经费投入一体化。这两个区县在2010年前后对城乡学校空间布局进行的调整特别明显,投入硬件设施的力度超过其他几个区域。排名比较后的两个县市,主要也是硬件设施的投入稍微落后于前者,另外教师队伍建设这一指标稍微薄弱一些,尤其是学前教育与社区教育两个环节,对城乡教育一体化指数的影响比较明显。

(二)分体性差异

总体性差异能够说明不同区域之间的发展走势,而由分体性差异能够比较具体、直观地看出区域之间的差异所在。

1. 入学机会城乡一体化程度差异

三个区域在入学机会一体化方面的指数分别是26.10、26.05、26.09，总体分数差距不大，各项入学率几乎都达到100%。但是地区之间在教育承载能力维度上还存在差距。如无锡的江阴是8.82分，宜兴是8.41分；苏州的四个城市之间也存在差别，昆山、张家港、常熟、太仓分别是8.62、8.57、8.14、8.00；而常州市的武进区则达到12.21。

2. 办学条件城乡一体化程度差异

无锡的江阴总分是15.89，而宜兴是14.75分。其他各项指标也存在差别：生均占地面积，宜兴1.79，江阴1.98；生均建筑面积，宜兴1.91，江阴2.19；生均绿化面积，宜兴2.11，江阴2.53；生均图书占有量，宜兴3.14，江阴3.31；生均计算机占有量，宜兴1.94，江阴1.98；班级规模，宜兴3.84，江阴3.90。苏州各区域之间准则层与指标层之间同样存在差异，就总分而言，张家港16.78，常熟16.34，太仓15.88，昆山18.47。常州情况也如此。

3. 教师队伍建设城乡一体化程度差异

教师队伍建设分总体准则层与指标层。三个城市主要县区准则层之间约有6分之差，最高分是26.60分，最低分是20.77分。见表3-9。

表3-9　苏南部分城市教师队伍建设指数比较

标准分	宜兴	江阴	张家港	昆山	常熟	太仓	武进
25	20.77	22.67	22.79	25.30	26.12	26.15	26.60

教师队伍建设总体差异性，主要由教师素质结构、教师待遇等指标构成。在教师素质结构中，学前教育教师素质结构方面存在的差异比较突出，这主要表现在区域之间学前教育教师学历构成的差异性。由于有些地方在统计这一数据时带有一定的地方“护短”行为，表格中的相关数据可能有一定的水分。从宜兴市提供的学前教育统计数据看，其真实性比较强。这一数据恰好反映了宜兴学前教育教师素质结构的差异性。以在获得教师资格的教师队伍中，具有大专以上学历的教师情况为例，分析城乡之间的差异性，具体见表3-10①。

表3-10　宜兴市所有幼儿园大专以上教师比例表

序号	比例(%)	序号	比例(%)	序号	比例(%)
1	100	31	100	61	71.43
2	100	32	92.31	62	100

① 数据截止时间为2013年6月，1—19号幼儿园为镇区幼儿园，20—76号幼儿园是乡村幼儿园。

续表

序号	比例	序号	比例	序号	比例
3	97.82	33	100	63	100
4	95.45	34	76.92	64	71.43
5	95.23	35	85.71	65	42.86
6	95.94	36	100	66	100
7	100	37	57.14	67	100
8	100	38	80	68	84.62
9	100	39	96.15	69	98.25
10	100	40	100	70	100
11	100	41	53.85	71	84.62
12	78.57	42	100	72	92.86
13	100	43	77.78	73	100
14	91.66	44	100	74	85.71
15	95.00	45	97.14	75	86.67
16	100	46	91.67	76	92.86
17	92.30	47	100		
18	100	48	85.71		
19	88.23	49	100		
20	97.69	50	100		
21	100	51	95		
22	100	52	95.45		
23	85.71	53	100		
24	83.72	54	76.92		
25	94.12	55	76.92		
26	100	56	95.49		
27	90.91	57	93.10		
28	86.96	58	96.55		
29	87.50	59	95.49		
30	93.13	60	85.71		

表3-10的数据显示，城乡幼儿教育实践中，城乡教师素质结构差距比较明显，最大差距约为58个百分点。城镇比较重视教师队伍建设，乡村教师队伍建设中主要重视中心幼儿园，而普通幼儿园的师资力量明显相对薄弱。苏南其他地区这样的问题也比较普遍。而乡村师资力量比较弱的幼儿园大部分是民办幼儿园（宜兴市称其为普惠性民办幼儿园，即民间投资举办、政府补贴性质的幼儿园）。苏州、常州两地学前教育教师大专以上学历比例略高一些，城乡教师学历结构差距在30个百分点左右。

4. 经费投入城乡一体化程度差异

苏南地区经费投入都比较高，但是区域之间还存在一些差距。无锡该项指数平均得分为28.20，苏州平均得分25.98，常州平均得分25.86。具体城市之间的差距比较明显，得分最高的是江阴，35.43分，其他分别为宜兴26.50分，昆山25.29分，常熟23.11分，太仓23.89分，张家港26.03分，武进26.20分，溧阳23.21分，金坛23.14分。

5. 教育质量城乡一体化程度差异

教育质量主要通过学业质量与社会贡献两个准则层来表示，其中学业质量以升学率、参与率来表示，社会贡献率以主要劳动力平均受教育年限以及高中以上成员就业率来反映。苏南地区这两项指标得分总体情况比前四项稍微低一些，地区之间仍存在差异性。得分最高的是常州12.60分，其次无锡12.53分，苏州得分12.52分。主要城市之间的差距表现在江阴得分12.63分，宜兴12.50分，武进13.46分，溧阳12.21分，金坛12.19分，张家港12.77分，昆山12.82分，常熟12.55分，太仓12.63分。主要差距在于社区教育城乡差距指数，有些地区农村社区教育参与率比较低。有关社区教育的相关数据，有些地方明显存在虚报现象，我们通过问卷与访谈得知社区教育城乡参与率都不是想象中的那么高，尤其是农村社区教育参与率还有待进一步提高。

综上所述，苏南地区城乡教育一体化发展程度比较高，而项目之间、区域之间还存在一定差距。那么这些成绩是如何取得的？各地一体化发展的模式又是如何构建的？还存在哪些问题？这些问题将在第五章到第六章具体论述。

第四章　城乡教育一体化发展模式

城乡教育一体化发展不仅是一个政策术语与理论命题，还是一个实践行动。伴随城乡社会一体化、教育现代化步伐的加速，城乡教育一体化在全国不同地方已经开始了积极探索，形成各具特色的发展模式。本章立足全国教育发展视野，选择具有典型意义的发展模式，从比较研究角度探讨城乡教育一体化发展的共性与个性、经验与挑战，为完善城乡教育一体化发展提供实践依据。

第一节　城乡教育一体化发展模式概述

任何一种发展模式都不是盲目闯荡而成就的，也不是机械地按图索骥而成的，而是在反思相关实践的基础上，以某种发展观作为指导思想，经过探索、总结、再探索、再总结，逐步呈现清晰轮廓、凸显理论深度的，是经过复杂的综合过程而形成的。为了深入研究与综合概括各地城乡教育一体化发展模式，我们必须理顺相关概念以及相关理论问题。

一、城乡教育一体化发展模式的内涵

厘清什么是发展模式、发展模式有何特点等理论问题是正确解读城乡教育一体化发展模式内涵的逻辑前提与关键。学术界一般认为，发展模式通常指在一定地区、一定历史条件下形成的独具特色的社会发展路子，具体而言是指一个地区在特定的生活场景中，即在自己特有的历史、经济、政治、文化等背景下所形成的具有自己特色的发展状态以及发展方向。山东大学王忠武教授的观点比较有代表性，他认为，“社会发展模式是指社会发展的目标、方式、方法、道路的统一体，它在实质上是社会发展主体作用于社会发展客体、促使社会发展客体向着符合人的需要和理想的方向变化，从而达到主体自身目的的一种中介

手段"①。

本文借鉴社会发展模式的理解方式来界定城乡教育一体化发展模式。城乡教育一体化发展模式具有明显的地域性，是指在特定区域内经济、政治、文化等独特条件下所形成的具有该地区特点的城乡教育一体化发展样态或者一体化发展典范。为了理解一体化发展模式的本质含义，我们可以从语言分析角度对其进行解读，也可以从各地实践操作层面出发对其加以理解。

从语言分析角度看，城乡教育一体化发展模式是几个关键词构成的术语。运用关键词分析方法可以准确把握该概念的核心内容。首先，城乡教育一体化发展模式是一种发展样态。城乡教育一体化发展模式是相对于其他发展模式，如与城乡割裂、城乡封锁发展等发展样态相对应的教育发展样态而言的，它包括静态与动态两个方面。就静态而言，它是在该地区社会经济、政治、文化等各要素共同作用下通过所有教育主体的共同创造或者理性选择而呈现出来的教育发展样态，它是教育发展模式地域性特征的具体体现，具有相对稳定性以及可比性；从动态角度看，城乡教育一体化发展样态将随着其赖以形成的社会经济、文化、政治等外部因素的变化而变化，发展而发展，具有与社会同步发展的特点。其次，城乡教育一体化是一种发展典范。发展模式不仅是一般的发展样态，而且是从各种不同的具体表现样态中抽象与概括出来的典型样本，即在外部条件作用下形成的具有本地特点的、符合本地发展需要的标准化发展样态。正如日常生活中人们所穿的衣服具有标准模式一样，城乡教育一体化发展模式必须对通过各种探索形成的模式精心清理，剔除不符合需要的、不能体现发展主要特点的样态，而最终形成经典形态。最后，城乡教育一体化是强调城乡教育融合的发展态势。城乡教育整体性、融合性是该模式的本质要求，它是关于城乡教育如何整体发展、融合发展的典范与样态。作为一种发展模式的城乡教育一体化，其地域性或者空间性决定了它不具有普世性，而是从自身条件出发，根据实际情况理性确定的未来发展目标以及相应的发展方式与发展路径的总和。

从实践探索角度看，城乡教育一体化发展模式是理论研究者基于各地实践，对实践活动进行总结与高度概括的结果。没有实践活动本身，就不可能有发展模式。发展模式总是在不断实践探索的基础上，通过多次总结与反思、改革与修正而得到逐步呈现的。虽然各地城乡教育发展的最终目标具有一致性，但是各地具体情况具有特殊性，实践者对城乡教育一体化的理解也具有差异性，实践探索过程具有反复性，因此城乡教育一体化发展模式具有多样性，即城

---

① 王忠武.论社会发展模式[J].浙江学刊,2001(4).

乡教育一体化在各地具有不同的发展样态。总之,从实践先于理论视角看,城乡教育一体化发展模式是城乡教育一体化实践的产物,是认识与实践不断互动的产物。

二、城乡教育一体化发展模式的构成要素①

城乡教育一体化发展模式是一种特定的社会发展模式,它并不是社会宏观大系统中孤立存在的实体性要素,而是社会大系统发展模式中的一个子系统发展模式,它一方面是指教育与社会经济、政治、文化各发展要素之间的互动、联结状态,另一方面是指教育系统内部各要素之间的互动关系、联动程序与作用机理。从逻辑分析角度看,它既是一个静态存在系统,又是一个动态互动状态。就静态而言,城乡教育一体化发展模式主要由发展主体(政府、学校、社会组织或者公民)、发展客体(发展资源、发展环境等)和发展手段(中介性的发展方式、方法、具体措施等)三大系列的基本要素组成;就动态而言,城乡教育一体化是各构成要素之间不断互动的发展过程。为了研究方便,我们借鉴山东大学王忠武教授社会发展模式的研究思路,从静态分析视角对城乡教育一体化发展模式的主要构成要素进行分析。

(一)城乡教育一体化发展模式的主体思想性要素

城乡教育一体化发展模式是由作为教育发展主体的人来构建或者采用借鉴的方式进行选择的,构建或者选择以后又要通过主体来实行。这一构建、选择与实施的过程本身就是对主体观念、意愿与需求的能动反映与理性实践。因此,一体化发展过程既然是主体观念与意愿的反映,那就必然要满足于、服务于主体的需求。城乡教育一体化发展主体是一个复杂构成体,包括政策制定者主体——政府,教育政策落实者主体——学校及其他教育管理机构,教育一体化发展的各类参与者主体——社会民众等。主体的意愿、需求与愿望集中表现为一种集体思想或者集体智慧,而集体思想本身包含着深刻的主体本质与人文关怀。由于政府是教育发展的主导角色,因此城乡教育一体化的思想要素主要以政府对教育尤其是对城乡教育一体化内涵的理解为主,主要包括以下三方面的规定性。

1. 教育发展的观念模型

教育发展的观念模型是一种简化了的表达理解,是指人们对教育的内涵、

---

① 王忠武. 论社会发展模式[J]. 浙江学刊,2001(4).

教育发展的价值以及功效、教育发展的方向等总的看法，或者是指人们对教育的总体理解。“社会发展模式作为满足人的需要的手段，是人按照一定的理论、理想、原则、思路也即按照一定的观念模型建构的。”①“社会发展的观念模型是社会发展模式建构的指导思想、基本依据和方法论原则，任何社会发展模式都是对于一定观念模型的具体推行和实践操作。”②人类社会进入文明时代以后，教育发展体现了人类的追求与意图，成为在一定的教育观念基础上形成的人类有计划、有目的的社会活动。对教育有什么样的理解，就有什么样的教育发展规划，就产生什么样的教育行为。教育观念不同，设计教育发展的总体思路、教育发展目标的定位、教育政策的制定、教育方针路径的选择等方面都会随之不同。

城乡教育一体化发展首先涉及教育观问题，如果教育观不同，城乡教育一体化的政策设计、操作规程等将呈现相应的特点。中国城乡教育一体化实践已经在各地区相继开始，这些实践探索不仅反映了各地经济社会发展对教育的影响力之差异，还直接折射出各地对城乡教育一体化理解的异同。因此，分析研究城乡教育一体化模式，首先必须关注教育观念这一前提性要素。

2. 教育发展的目标体系

目标与目的不同，目的更强调发展的终极价值，而目标特指通过行为主体的努力，行为主体本身预计在未来某个时间段里所可能发生的变化。即行为主体由于意识到了自身的需要、意向，进而付诸行动而实现的具体任务与相关效应。目标在人类从事的活动中具有导向功能，成为评价活动是否有效以及有效性程度的重要依据。

社会发展模式从根本上说就是社会主体为实现自己的目标而创造和实行的某种手段以及形成的某种发展状态。它服务和服从于主体人的需要，并以“人的目标的满足功效作为评价尺度和存废理由，并且随着人的目标的发展而发展，这可以说是社会发展模式的本质属性和主体内涵”③。

由此看来，目标是社会发展模式的核心与灵魂，任何社会发展模式的选择和运用都是由其内在的目标体系引领的，“一个国家若确定了提高人民生活水平和经济现代化的追赶目标，就要选择相应的市场经济制度模式和国际化发展道路”④。而发展目标不以单一形式出现，总是通过系列目标的方式而呈现出

① 王忠武. 论社会发展模式[J]. 浙江学刊，2001(4).
② 王忠武. 论社会发展模式[J]. 浙江学刊，2001(4).
③ 王忠武. 论社会发展模式[J]. 浙江学刊，2001(4).
④ 王忠武. 论社会发展模式[J]. 浙江学刊，2001(4).

来。这是因为社会主体的需求多种多样,社会发展的内容丰富多彩。这些目标的实现程度,正体现了人们需求的满足程度,也可以衡量人们自身的变化程度。教育目标也是如此。城乡教育一体化发展的目标定位,不仅使我们对教育发展的方向有了准确的把握,而且直接影响到城乡教育一体化的其他一系列保障机制的制定与实施步骤的确定。城乡教育一体化发展目标包含了教育主体——教师与学生的一体化发展目标、学校教育条件的一体化改善目标、城乡教育文化等资源的一体化配置目标等,这些目标因子共同构成一体化发展目标体系。

这些目标的设定反映了主体对教育目标在城乡教育一体化过程中作用的理解,也是教育思想的重要体现。如果没有形成城乡教育一体化发展目标的正确思想,就不可能有城乡教育一体化发展目标的正确定位,也不会形成具有理论前沿性与实践操作性的一体化发展程序。显然,城乡教育一体化发展模式中的一体化发展目标观对城乡教育一体化发展模式的形成具有重要意义。

3. 城乡教育一体化发展的智慧支持要素

"社会发展模式是人的观念的外化和智慧的结晶,它反映和表征着人的智慧水准。无论是新社会发展模型的构想、选择和实行,还是对现有社会发展模式的评价、改进和创新,都需要有相应的认识条件和智慧支持。没有一定的适宜认识条件依托和智慧条件支持,人就不能正确选择和实行最适合自己具体条件、能够实现自身最大化发展的高效发展模式,更不能进行发展模式的自由探索、自主设计和持续创新。"①马克思主义认识论告诉我们,实践是认识的源泉,但认识尤其是正确认识能够对实践产生指导作用。认识提高到什么程度,实践也发展到什么程度。从这一立场出发,我们可以这样来理解人的认识、智慧对社会发展模式的影响力,即主体人的认识能力与相应的智慧水平对社会发展模式的形成与发展进程具有重要决定作用。城乡教育一体化发展不仅需要教育规划者、教育管理者、教育实施者等多元主体准确的教育目标设定、科学的教育观念引导,还需要多元主体的教育智慧。教育智慧是对教育行动的直接支持,城乡教育一体化发展是化解社会发展过程中原本存在和不断出现的种种教育问题的实践探索,完成这一任务需要社会各主体的通力合作,需要各主体在现有条件的基础上充分发挥各自智慧,形成一股强大的合力。这些智慧有些以系统理论的方式表现,有些是通过灵活的、比较零散的观念、主张或者思想来加以展现。

综上所述,城乡教育一体化主体思想性因素是其发展模式的重要构成要素,它决定着一体化发展模式的方向,是一体化发展模式实践过程中的精神力

① 王忠武.论社会发展模式[J].浙江学刊,2001(4).

量甚至是灵魂因素。

（二）城乡教育一体化发展模式的客观条件性要素

城乡教育一体化发展模式的客观条件性要素是指作为教育发展主体必须认识、利用与改造的相关对象，包括教育资源、教育环境、教育对象、教育传统、教育文化、教育制度体系相关因素所形成的客观性条件。虽然城乡教育一体化发展过程中，强调各教育参与主体的平等性，追求教育主体间性，但是从认识发生学角度看，必然存在认识主体与认识客体两个认识要件，因此在认识形成过程中主客认识范式具有其合理性。在这一认识视域下，城乡教育一体化发展模式实际就是教育发展主体反映、利用与改造教育发展客体的中介手段。这一发展模式是否具有适当性，直接取决于它可以利用、挖掘与改造的各项客观条件是否成熟，教育发展客观条件是否能够适应与满足主体需要，是否与主体追求的发展思想相一致。城乡教育一体化发展模式中各种客观条件与发展手段之间事实上存在这样的逻辑关系：客观条件制约与决定了发展手段，发展手段反映与适应客观条件的本质与特点。这一内在逻辑关系进一步说明主体人总是理性地确定或者选择城乡教育一体化发展模式，即必须衡量现存的各种客观条件的优势与局限，根据现有条件进行合理构建或者模仿选择。无视城乡教育一体化发展的客观实际情况的一体化模式构建与选择的实践只能是盲目行动，必然会付出沉重代价。

（三）城乡教育一体化发展模式的中介性要素

中介性要素又称手段性要素，此处特指实现城乡教育一体化发展的重要手段与具体措施。教育发展手段与目标一样，不是单一呈现，而是由多样化、综合手段构成的一个系统。该系统的基本构成要素主要包括两个层次：一是政策与制度层面，它是支撑城乡教育一体化发展模式的基本框架与直观的、具体的存在形态。包括国家统一的教育法、教育发展纲要、教育中长期发展规划、城乡均衡发展意见等重要的教育制度与教育政策，还包括地方性教育法规、教育制度、教育政策等。二是具体措施与操作程序，它是把主体思想性要素转化为具体行动、把系列发展目标化解为具体步骤的技术保障，也是联结主观性思想与客观性条件的重要桥梁。包括城乡教育一体化发展动力激发机制、学校空间一体化合理布局机制、城乡教师一体化交流机制、城乡教育经费一体化投入机制、城乡教育文化一体化发展机制等。

综上所述，城乡教育一体化发展主体性要素、客体性要素与中介性要素是城乡教育一体化发展模式的基本构成部分。由于各地上述三个要素所包含的具体内容存在差异性，所以由三个要素组合而成的发展模式之间必然存在差异性。也正因如此，由于各地一体化发展所需的构成要素不同，所以形成了不同的一体化发展模式。

三、城乡教育一体化发展模式的形成机理及研究路径

虽然构成城乡教育一体化发展模式的主要因素不同，各地一体化发展的实践探索进程也不同步，但是一体化模式的形成机制却有相似之处，城乡教育一体化发展模式的研究路径也因此得以明朗。

（一）城乡教育一体化发展模式的形成机理

城乡教育一体化发展模式不是从来就有的，也不是凝固不变的，而是在社会系统运行背景下，在教育发展过程中产生，并且随着社会实践、教育实践的发展而形成与发展的。其形成与发展有其力量源泉、动力基础和客观条件，并在这些元素与基本条件共同作用下发生作用。其间主要体现了以下机理。

1. “推动—概括”机理

相对于客观的社会大系统运动与教育子系统发展过程本身来说，城乡教育一体化发展模式具有主观构建性与被决定性特点。它不但间接来源和派生于宏观社会发展实践，直接来源于城乡教育发展实践，而且还受动与验证于社会发展实践，制约于教育发展实践。它既是城乡经济社会一体化发展的具体表现与积极回应，也是对城乡经济社会一体化发展实践和城乡教育一体化发展实践的趋势、规律、形式和经验的抽象概括与理论提升。城乡教育一体化发展模式随着城乡教育一体化实践探索的需求而形成，一方面，城乡教育一体化实践推动城乡教育一体化理论研究的进行，从而进一步对城乡教育一体化实践进行指导与调整；另一方面，由于城乡教育一体化实践过程中形成的地方性经验与教训同时存在，需要从理论层面对此进行综合研究与概括，及时把握机会将丰富的实践经验提升到理论的高度，再进一步指导实践。通过从实践到理论的转化环节，再经由理论到实践的指导过程，城乡教育一体化发展的理论价值得以提升。因此，实践推动形成模式，通过模式展示概括并上升为理论，即“推动—概括”是蕴藏在城乡教育一体化运作过程中的重要机理。

2. “指导—转化”机理

城乡教育一体化发展模式不仅直接来源于城乡教育一体化发展实践，而且还受到教育理论的直接指导，是相关理论在指导和运用于教育发展实践时，同具体的教育发展实践相结合的过程中发生的一种具体推广与生动转化。马克思主义教育公平理论呼吁将城乡教育一体化变为现实，中国特色的教育均衡发

展理论直接指导城乡学校之间的各种资源的均衡配置，西方城乡一体化空间理论指导城乡教育机构的空间一体化布局，中国特色社会主义和谐理论、科学发展观等重大理论对城乡教育一体化发展模式的形成起到了重要的引领作用。城乡教育一体化发展模式是基于平等、公平、和谐、全面发展等社会发展理念以及相应的价值诉求而出现的教育改革实践探索，其中教育机会均等、教育公平等理论成为城乡教育一体化发展的直接指导理论，而社会主义和谐社会理论、以人为本的科学发展观、新型城镇化理论、以五个统筹为核心的社会发展理论等都为城乡教育一体化模式的构建提供理论支持。所以，城乡教育一体化发展模式是在上述相关理论引导下，不断体现其精神内涵，直接转化为具有可操作性的教育发展实践。“引导—转化”是这一发展实践过程中即城乡教育一体化发展模式形成过程中的又一重要机理。

3.“移植—整合”机理

城乡教育一体化发展模式不仅可以通过主体从自身实践中直接概括、自主创新而形成，也可以根据区域现有条件，由区域实践主体通过学习、移植域外的经验与模式，加以整合改造而形成。如果把中国作为一个整体，以外国作为参考系，城乡教育一体化发展模式可以在中国城乡教育发展过程中把国外的模式直接搬到国内，这一模式就是移植国外模式的直接成果；城乡教育一体化发展模式也可以把中国作为一个教育文化中心，借鉴其他国家经验，吸收国外其他国家在城乡差距存在的前提下通过教育制度、教育政策以及其他经济、社会、文化等手段的介入而收到良好效果的做法，提炼具有中国特色的城乡教育一体化模式，这一模式就是借鉴、整合的直接成果。如果以国内县域为单位，城乡教育一体化发展模式可以吸收本县域之外的先进经验，整合与移植国内其他地方的办学理念与具体做法，构成适合本地发展特点、满足本地发展需要的模式，进而实现一体化发展模式本土化。城乡教育一体化发展模式无论就其名称维度还是从其实践视角来看，无不彰显着移植与整合机制的力量。

4.“继承—创新”机理

对中国而言，城乡教育一体化发展模式是一种创新，正如文化具有继承性一样，城乡教育一体化发展模式也是在教育改革过程中经由其他形式而不断演化过来的。纵观中国教育改革的历史，城乡二元结构下的教育发展实践与城乡教育一体化实践之间存在对立的价值诉求，但是没有经过二元发展过程，怎么能够形成一体化发展的思想？所以一体化发展模式是对二元发展模式的超越与创新。

城乡教育一体化发展模式似乎是纯粹的创新之举，然而其间仍然呈现继承的内涵。一方面可以从教育理论转化角度来分析：它是对教育平等思想、马克思主义人的全面发展思想等经典教育家思想的继承；另一方面可以从城乡教育一体化发展模式中的具体手段角度来分析：它是教育资源城乡配置原理、城乡空间布局理论、城乡教育培养模式的具体应用，这一应用过程除了具有理论对实践的指导特点外，最重要的是体现其理论继承性与实践继承性；也可以从城乡教育一体化发展模式中的教育客观条件视角来分析：城乡教育文化的一体化繁荣诉求、城乡教育环境的一体化建设诉求等早就形成成熟的理论与实践，它们是城乡教育一体化发展模式继承性的具体表现。

无论从何种角度分析，城乡教育一体化发展模式都离不开文化的继承性与创新性，没有继承的发展是无根的发展，没有创新的发展是无生命的发展。所以，从发展机理看，城乡教育一体化发展模式的形成中，“继承—创新”机理同样发挥着重要作用。

（二）城乡教育一体化发展模式的研究路径

城乡教育一体化发展模式研究需要选择一定的切入口，寻找切入口是研究活动的重要步骤。从前文对城乡教育一体化发展模式的形成机理分析来看，城乡教育一体化模式研究的基本路径可以比较清晰地呈现出来。城乡教育一体化模式的形成机理是一个重要的事实，我们可以按照这一客观事实并以此为依据，梳理其一般的研究思路。

1. 积极开展社会调查

城乡教育一体化发展模式不是外在于实践主体的实实在在的活动，从本质上讲，它是各地多元教育实践主体对于本地城乡教育一体化实践活动的能动反映。从表达形式上看，它是对各地城乡教育一体化实践活动的主观展示与理论提炼。苏南地区以及全国其他地区相继开展了城乡教育一体化实践，相继采用了“捆绑式”结对、教育联盟以及教育集团的方式加强城乡学校之间的联系与一体化发展，创新了各种教师一体化发展的实践手段与管理制度。作为理论工作者，我们必须对这些实践成果加以概括与提炼，把实践经验上升成为理论，进一步指导一体化发展实践。通过进行科学有效的教育实践实际调查，一方面能够及时总结经验，另一方面可以及时发现一体化实践过程中面临的新问题与新挑战，重新设计实现一体化发展的新模式与新方略。总之，社会调查是研究城乡教育一体化发展模式的最直接、最有效的途径与方式。

2. 进行典型研究与理论推广

城乡教育一体化发展模式既然来源于各地教育实践，是对城乡教育一体化实践经验的直接概括，那么一体化发展模式是否有价值，需要对其进行深入研究。通过解剖麻雀式的典型个案研究，深挖一体化发展模式的特点，揭示一体化发展实践的有条件性，概括一体化发展模式的重要组成部分，特别研究一体化发展模式与城乡经济、社会各要素发展之间的内在逻辑关系。通过重点研究，我们可以进一步提升城乡教育一体化发展个别模式的理论成果。在综合比较一体化发展模式的各种相关条件后，分析其理论价值以及实践指导价值，揭示其可推广性。

3. 横向开放交流

比较城乡教育一体化发展各类模式的优势与相对局限性，为构建与优化理想型一体化发展模式提供借鉴。城乡教育一体化发展模式的主体性思想要素在城乡空间分布上是一个多元集成与相对独立的统一体，各发展主体具有独特的城乡教育一体化发展理念，设定了一系列具有地方特色、符合主体需求特点的一体化目标体系，在继承地方教育发展优秀文化传统的基础上，创造性地形成一套具有鲜明地方特色的具体发展模式。各发展主体通过与域外主体的交流，广泛接触与自己不同的发展模式，深入分析外围其他各种一体化发展模式的精神实质，结合本地一体化发展条件，进行横向理性比较、客观评价和择优吸收。只有在比较中吸收外围有用因素，在评价中审视自己的优劣，在批判中加以吸收，在吸收中加以调整，才能有效地提炼本地一体化发展模式的精神内涵，从而最大限度地体现本地模式的创新性，有效地保持本地模式的相对先进程度。一体化发展模式研究的目的就在于比较不同模式形成的主要条件与各要素相互作用的机理，构建适合各地实际情况的一体化发展模式，进一步促进城乡教育一体化发展水平的提高。

四、城乡教育一体化发展模式的基本特征与社会功能

任何一种发展模式必然有其基本特点，同时也必然承担特定的社会功能。城乡教育一体化发展模式也不例外。

（一）城乡教育一体化发展模式的特点

学术界一般认为，包括城乡教育一体化在内的各种具体社会发展模式，都不同程度地在其产生与发展过程中表现出诸如合规律性、多样性、系统性、互补性、动态性等特点。这些特点的概括主要是基于人们对发展模式的本质、呈现形式、价值诉求等要素的认识层面，有不同的认识层面就会有不同的认识结果。概括城乡教育一体化发展模式的特点可以借鉴上述认识立场，并在此基础上从辩证思维视角进行把握。

1. 合目的性与合规律性的有机统一

人具有理性，其社会活动总是出于一定的目的。教育活动也不例外。而城

乡教育一体化本身就是针对城乡教育之间存在明显的不平衡性而提出的发展战略，其目的就是通过教育体制改革等手段，实现城乡之间教育资源的均等化，实现城乡居民教育权利的平等化，促进全体居民全面发展。城乡教育一体化发展模式是在综合各地现有经济、政治、文化等条件的基础上，从追求教育平等、人的全面发展目的出发进行理性构建或者精心选择。显然，城乡教育一体化模式是合目的性的。

不仅如此，城乡教育一体化发展模式还是合规律性的。任何一种城乡教育一体化发展模式就其本质而言，是教育活动主体作用于各类教育客体的途径、方法与形式的总和。就认识论角度看，是城乡教育一体化发展各种主体“对于主客体之间内在的本质、持续和必然性联系的一种高度概括、精确把握与转化形式，也可以说，模式是主体对于事物发展客观规律的一种主观反映形式与实践契合过程”①。它既不是现实教育系统中的一种实在要素，也不是教育发展过程本身，而是教育发展主体对于教育发展客体尤其是对城乡教育一体化发展规律的一种认识理解和创造性转化。城乡教育一体化发展模式的形成具有认识、实践层面的逻辑秩序：第一步是认识和把握社会、教育变化发展的一般规律，这是城乡教育一体化发展模式产生的前提；第二步是在此基础上总结和概括出城乡教育发展的道路、方法与形式，即形成教育发展模式，这是城乡教育一体化发展模式的产生机理和必由之路。正如“社会发展运动规律本身不是社会发展模式，但它却是社会发展模式的孵化母体和依据，任何社会发展模式只有真实地反映、契合、表现社会发展规律才可能是正确有效的”②一样，城乡教育发展规律也不是城乡教育一体化发展模式本身，但是不了解城乡教育发展规律，尤其是不了解教育发展与社会发展之间、教育发展与人自身发展之间等各种与教育发展相关联的因素之间存在的必然联系，即规律性，而背离教育发展规律的各种发展模式必然遭遇失败的厄运。因此，与教育发展客观内在的、必然的运动规律相契合才是城乡教育一体化发展模式首要的、基本的特征。

城乡教育一体化发展模式一方面是合目的性的，另一方面又是合规律性的，是合目的性与合规律性的有机统一。如果没有一定的目的，就不可能也没有欲望对城乡之间的教育发展规律进行认识；没有对城乡教育关系的正确认识，城乡教育一体化发展的目的则难以实现。

2. 一元化与多样性的有机统一

城乡教育一体化发展模式的一元化不是指城乡教育一体化具体操作过程、

---

① 王忠武.论社会发展模式[J].浙江学刊，2001(4).

② 王忠武.论社会发展模式[J].浙江学刊，2001(4).

实践方式的一样化，而是特指其内在精神的一元化，即作为一种教育发展模式必须具有一定的构成要素，包括教育主体要素的各相关组成部分、客体要素的组成部分、中间要素及其组成部分。具体而言，所谓城乡教育一体化发展模式的一元化，特指城乡教育一体化发展必须具备明确的教育目标体系、教育发展观念模型、教育发展智慧支持等主体性要素，必须具备教育资源、教育环境、教育对象、教育传统、教育文化、教育制度体系等客体要素，必须具备基本制度设计、政策选择、具体运用方法和工具等中介要素。只要是城乡教育一体化发展的一种模式，就必须具备这些要素。如果缺少上述要素，就缺少作为一体化发展模式的基本框架。就这一角度而言，城乡教育一体化发展模式具有一元化特点。

城乡教育一体化发展模式是人们对城乡教育关系的一种认识与改造成果，具有主观能动性与客观实在性。主观能动性表现为人们设计的模式有可能表现为多样性。客观实在性是指一种模式的形成与社会可能提供的各种条件之间具有高相关性。条件达到什么程度，模式就呈现出与这一条件的相似性。由于各地所具备的条件具有多样性，所以城乡教育一体化发展的模式必然具有多样性。正如国外城乡教育一体化发展模式有日本模式、法国模式、美国模式等，国内发达地区与欠发达地区城乡教育一体化发展模式之间也存在差异，可能会出现成都模式、苏南模式、嘉兴模式、浦东模式等。总之，多样性是城乡教育一体化发展模式的重要特点。

一元化是强调城乡教育一体化模式的内在特点，体现其隐蔽性与刚性；多样化是强调外在表现形式，体现其外显性与柔性。城乡教育一体化发展模式总是内在隐蔽特点与外在显性表现的统一，是刚性与柔性的有机结合。

3. 系统化与互补性的有机统一

城乡教育一体化发展模式不但是多样化的，而且是高度系统化的。其系统性特征表现在多方面。一是其目的性上的系统化，即所有的具体城乡教育一体化发展模式都是人根据具体客观条件以及主观目的进行选择、为主观目的服务的。二是其层次性，即城乡教育一体化发展模式包括不同层次的一体化，从教育体系看，可以包括学前教育城乡一体化、义务教育城乡一体化、高中（含职业中学）教育城乡一体化、社会教育城乡一体化等，同时还包括残疾人教育城乡一体化、老年教育城乡一体化等。三是其整体性。虽然城乡教育一体化发展模式具有多样性表现，但无论何种具体模式，都是一个紧密关联、功能互补、不可分割的城乡教育发展统一整体。各类一体化发展模式之间有着整体性的本质与特征、整体性的结构与功能、整体性的地位与作用、整体性的本质与规律。

城乡教育一体化发展模式在发展层次与表现形式上具有多样性，而其内在的效能形态表现为价值多元与功能互补性。无论是目的还是层次，城乡教育一体化各类模式之间存在相互补充性。学前教育城乡一体与义务教育城乡一体，乃至于社会教育城乡一体、老年教育城乡一体之间构成了一个相互依赖和支持、相互制约和促进的多维一体的功能互补体系。其中任何一个层次和环节的滞后、欠缺或者失误，都会影响模式系统的整体功能和教育发展的实际效果。

4. 静态性与动态性的有机统一

任何一种城乡教育一体化发展模式都是由发展主体、客体以及发展手段等重要因素构成的，从发展模式与构成要素之间的关系来看，两者之间具有高度的关联性。这一关联性不会随着构成要素的变化而发生变化。换句话说，城乡教育一体化发展模式的内涵具有明确性，其构成要素具有确定性，其与构成要素之间的关系也具有相对稳定性。这种确定性与稳定性，就是城乡教育一体化发展模式的静态性表现。

虽然城乡教育一体化发展模式具有稳定性，但那也只是相对稳定性，即静态性是相对的。因为任何一种发展模式都会随着其构成要素的变化而发生变化，构成要素是发展模式发生变化的"内生力量"。[①] 它也会随着各地经济、政治、文化、教育等社会系统的变化而变化，特别是在当代科技迅猛发展、经济领域产业转型升级、城乡生活方式瞬息万变、人们内在需求多样化的条件下，城乡教育一体化发展模式必须进行及时调整与创新。另外，城乡之间本来就没有跨越不过的鸿沟，随着我国政治体制与行政管理体制改革的进一步加大，新型城镇化推进速度的加快，城乡教育之间的差距将进一步缩小，城乡教育需求更趋多样性，城乡社会可以提供的服务不断丰富，城乡教育一体化发展模式将随之"自动"发生调整与改变。否则，一体化发展模式不仅不能发挥特有的正向社会功能，还会阻碍教育发展进程，从而抑制城乡社会和谐关系的形成。

因此，城乡教育一体化发展模式不可能是绝对静止的，也不可能无相对静止地瞬息变化，它总是处于静态与动态的有机整合过程中。

（二）城乡教育一体化发展模式的教育影响力

城乡教育一体化发展模式的形成有效地体现了主体人对于城乡教育综合发展状况的认识与改造能力。城乡教育一体化发展模式的构建与运行具有重大的教育影响力，体现了其多样化的社会功能。

第一，城乡教育一体化发展模式进一步促成城乡教育一体化发展实践。如果说社会发展是"社会主体积极主动地作用于社会客体、使社会客体向对着肯

---

① 王忠武. 论社会发展模式[J]. 浙江学刊，2001(4).

定人的目的的方向发生积极改变的运动过程”①的话，那么，教育发展也是教育主体积极地作用于教育客体，并使其向着人们的预期目标前进的过程。但主体对于客体的成功认识和有效改造必须按照一定的原则和途径、运用一定的方法和形式才能进行，并得到预期收益，否则无从实现。从城乡教育一体化发展模式与城乡教育一体化实践探索的作用机制来看，城乡教育一体化发展模式发挥着组合城乡教育体系内各要素以及其他社会系统相关要素、引导教育自身发展、改造城乡教育存在形式，最终实现促进教育系统正常运行、教育系统与社会大系统之间良性互动发展的综合功能。显然，没有对于教育发展模式的理性构建或者自觉选择以及积极实施，不仅城乡教育整体不可能健康持续发展，连单向的城市教育或者农村教育的发展都将成为一句空话。

第二，城乡教育一体化发展模式是实现城乡教育一体化发展战略的中介手段。教育发展有着内在一贯的目的追求，其核心就是人的全面发展。“然而目的本身还只是一种理想、期望和意识到了的需要，没有一定的手段的运用和引渡它就不可能摆脱自身的主观形态而转变成为一种客观现实性的东西。”②城乡教育一体化发展模式从根本上说就是一种起源和创生于人所规定的教育的目的、服务和服从于这一既定目的的基本手段，它的理论构建或者有效选择与积极实施正是实现这一发展目的的中介与必备条件。

第三，城乡教育一体化发展模式是解决城乡教育一体化发展问题的基本对策。人类社会发展过程中，教育起着重要的促进作用，但是由于各种原因的存在，教育发展又会出现各种各样的问题。从宏观上的教育价值问题，到微观上的学业成就问题，从城乡关系上的割裂问题到城乡各级各类学校之间的差距问题，教育问题伴随着社会发展不断出现。从某种意义上讲，教育的发展过程是在不断出现各类问题和解决各类问题的过程中实现的。城乡教育一体化发展模式内在必然地构成了解决城乡教育关系问题的基本途径和基本方式。

第四，城乡教育一体化发展模式是创造城乡教育一体化发展成果的重要思想保证。教育发展成果不同于社会发展的其他成果，如果说社会发展成果“就是人们在社会发展实践中所创造的各种具体物质文明成果、精神文明成果和制度文明成果的总和”③，那么作为教育发展成果之一的城乡教育一体化发展成果只是社会发展成果中的某一部分，具体化为城乡教育差距缩小，城乡各级各类教育资源向城乡所有人平等开放，城乡所有人都得到平等的入学机会与成功的

① 王忠武. 论社会发展模式[J]. 浙江学刊，2001(4).
② 王忠武. 论社会发展模式[J]. 浙江学刊，2001(4).
③ 王忠武. 论社会发展模式[J]. 浙江学刊，2001(4).

可能,所有人都拥有实现全面发展的外部条件。而这些成果的创造都是在一定的城乡教育一体化发展模式下得以实现的,没有一定的城乡教育一体化发展模式,就不可能有相应的发展成果。一定类型的城乡教育一体化发展模式是实现城乡教育最大限度均等化的基本保证。

第五,城乡教育一体化发展模式是推进城乡教育一体化发展的重要精神力量。"社会发展实践与社会发展模式之间存在着相互依托和促进的本质联系。"①城乡教育关系处理的过程都是同城乡关系发展模式的进步相伴随的。从早期城乡教育之间的一样化,到由于城乡教育之间差距的形成而导致的二元对立形态,再到城乡教育资源统筹配置,城乡教育一体化发展,每一次的变化不仅源于社会发展的根本动力,而且得益于城乡教育关系处理的模式追求。虽然教育发展模式是人们对教育发展过程中的城乡关系处理的认识与改造的成果,是一种理性认识成果,但是认识上升到思想层面成为一种指导实践的力量时,对教育发展的推动力就会通过具体的措施显性化,成为正确处理城乡教育关系的指导力量。显然,城乡教育一体化发展模式既具有明确的哲学意义上的教育思想要素,又具有具体的操作意义上的清晰的实践步骤与实践方法,因此对城乡教育一体化实践具有直接的指导价值,是推进城乡教育一体化的重要力量。

第二节　城乡教育一体化发展模式的类型

对城乡教育一体化发展模式进行分类是从分类学的角度进行的一种反思性研究,是对发展模式的理性提升,是对发展模式研究的理论深入,反映出城乡教育一体化研究由混沌走向有序,由个别走向全面、整体,趋于成熟的研究态势。

一、城乡教育一体化发展模式的分类依据

正如前文所言,城乡教育一体化发展模式是特定地区在已有的历史、经济、政治、文化等社会条件下,在教育主体对教育发展的理解与其他教育智慧的支持下所形成的具有该地域特点的城乡教育一体化发展样态与典范。而这一样态与典范,又可以从城乡教育一体化发展观念、发展体制机制、发展思维与实践行动等方面表现出来的特点来加以理解。为了方便分析,我们从这些特点出发

① 王忠武.论社会发展模式[J].浙江学刊,2001(4).

进行分类，从而清楚地划分出城乡教育一体化的几大类别。

（一）以地域作为划分依据

通过查阅相关资料，我们可以发现，城乡教育一体化发展模式的概括以地域名称作为标准不仅可能，而且已经成为现实。人们模拟社会发展模式命名的做法，把现实教育改革实践中的城乡教育一体化模式概括为苏南模式、成都模式、莱芜模式、浦东模式、嘉兴模式等。

2012 年西南大学教育科学研究所教授、博士生导师廖其发与其博士生刘秀峰对我国各地形成的城乡教育一体化模式进行了归类与梳理，认为"城乡教育一体化是在我国农村城镇化加速推进的大背景下，为解决农村非农化进程中的若干教育问题而形成的一种教育发展模式。城乡教育一体化发展是新时期我国农村教育发展的必由之路"，"在实践中也形成了几种典型的模式，如比较著名的有成都模式、苏州模式、张家口模式、三河模式等"。[①] 2011 年 5 月，以教育现代化和城乡教育一体化为主题的首届城市教育现代化论坛在成都召开，15 个副省级城市及上海、四川、湖北等各地代表参加论坛并进行经验交流。会议进一步明确提出经过 8 年实践的城乡教育一体化成都模式为全国提供了丰富的经验。

不管是成都模式，还是苏州模式、张家口模式、三河模式，这些称呼都与中国共产党第十六次代表大会以来提出的"城乡统筹思想""和谐社会思想""新型城镇化思想"有着直接的联系。党的十六大提出"统筹城乡发展"这一新概念，各地纷纷提出"统筹城乡经济社会发展"的新思路。十六届四中全会提出"全面、协调、可持续"发展观，十六届五中全会进一步提出"五个统筹"思想。在这期间，各地都设计出城乡统筹、协调发展的新模式，于是成都模式、苏州模式、张家口模式开始不断出现。这说明各地为落实有关城乡统筹思想而在积极探索。党的十七大报告明确提出，"统筹城乡发展、缩小城乡差距、促进城乡和谐发展"的理论，并明确提出要建立以工促农、以城带乡长效机制，形成城乡经济社会发展一体化新格局。在这一基础上进一步把社会公平诉求推到重要位置。这也是第一次在正式党报中提出教育公平是社会公平的基础这一重要观点。因此，2008 年前后，各地一方面开始探索城乡一体化实践，另一方面积极申报全国城乡一体化发展示范城市，试图得到国务院的直接领导。城乡教育一体化作为城乡一体化发展格局中的重要内容日益被提到政策制定与政策落实层面。2009 年 8 月，国家发改委把苏州、重庆、成都与嘉兴四个城市确定为中澳管

---

① 刘秀峰，廖其发. 城乡教育一体化的成都模式及启示[J]. 教育与教学研究，2012(7).

理项目(CAGP)的试点城市,该项目的宗旨是“消除城乡一体化的体制障碍,促进农民富裕与城乡统筹发展”。同年9月,江苏省委、省政府正式发文,把苏州列为江苏省城乡一体化发展综合配套改革试验区,苏州也成为江苏省唯一的城乡一体化发展综合配套改革试点城市。2010年国家发改委把苏州、成都、嘉兴、重庆等城市正式列为城乡一体化发展综合配套改革联系点以及中澳管理项目试点城市。同年,在国家出台的《长江三角洲地区区域规划》中,“建设苏州城乡一体化发展示范区”被正式提出。党的十八大上,有关城乡统筹、城乡一体化的思想在新型城镇化框架下得到进一步理论化。十八大报告指出:“加快完善城乡发展一体化体制机制,着力在城乡规划、基础设施、公共服务等方面推进一体化,促进城乡要素平等交换和公共资源均衡配置,形成以工促农、以城带乡、工农互惠、城乡一体的新型工农、城乡关系。”①这些重要会议以及重要精神为各地城乡经济社会一体化发展指明了方向,城乡教育一体化发展成为理所当然之事。

城乡教育一体化的不同地区模式就是在这样的背景下形成的,即在国家权威部门的主导与推动下,在各地方政府的积极支持下,各地结合实际的社会基础、经济条件,积极探索出的为地方经济社会发展提供服务的教育一体化模式。因而,城乡教育一体化实践模式可以用地名加以表示,也可以通过地名来区分各地城乡教育一体化模式。

(二)以均衡发展作为划分依据

关于城乡教育一体化,学术界有二十几种不同的理解,实践中对此的理解不仅受到教育观念的影响,还受到实践条件的限制。从目前有关城乡教育一体化的不同理解来看,把城乡教育一体化理解为城乡教育均衡发展的占有较大优势。在教育改革与发展实践中,“教育均衡”话语的出场率比较高。无论是理论研究还是地方教育实践操作,以均衡发展作为城乡教育一体化的内涵的理解具有一定的代表性。认为城乡教育一体化是城乡均衡发展的表现,是城乡教育均衡发展的抓手与重要手段,城乡教育一体化的最终目的是实现城乡之间教育的均衡发展。由于各地城乡教育一体化发展实践中,均衡程度存在地区差异性,均衡发展采用的具体操作手段也不尽相同,因此城乡教育均衡发展的类别也不同。这样,基于城乡教育均衡发展观基础上的城乡教育一体化模式可以分为如下几种:低位均衡发展模式、中位均衡发展模式与高位均衡发展模式等。

均衡发展模式是指城乡教育在教育资源、教育机会、教育质量、教育环境等方面具有相同程度的发展,实现“教育环境一样美、教育质量一样高、教育条件

---

① 胡锦涛.坚定不移沿着中国特色社会主义道路前进 为全面建成小康社会而奋斗:在中国共产党第十八次全国代表大会上的报告[M].北京:人民出版社,2012:23-24.

一样好、教育机会一样公平”目的的发展模式。城乡教育均衡发展模式最主要追求的是城乡学校学生拥有一样的教育资源，获得一样的教育待遇，得到一样的发展机会。学术界关于均衡发展模式的归类研究，主要集中在义务教育均衡发展层面，即中小学教育均衡发展。有些研究者对实践中的义务教育均衡发展类别进行整理，提出教育均衡发展模式主要有“政策扶植—外延拓展型”发展模式、“教学变革—内涵提升型”发展模式、“专家带动—内外兼修型”发展模式。①

各地经济发展条件不同，文化资源有别，区域内城乡之间教育差距大小不同，决定了各地均衡发展的近期目标与程度存在一定的差异。借鉴有的研究者把基础教育均衡发展的阶段分为低水平均衡、初级均衡、高级均衡、高水平均衡的概念，我们把城乡教育一体化发展模式分为低位均衡、中位均衡与高位均衡三种发展模式。

低位均衡就是在普及义务教育的基础上，把有限的资源投放在城乡各类学校之间，实现公民就学平等、受教育条件基本均等，追求相对低标准的均衡发展目标。这一模式在经济不发达地区比较常见。山区县域内农村学校与城市学校之间的差别比较明显，即使国家财政转移支付加以补贴，城乡教育均衡发展也不可能达到较高水平。因此，实践中城乡教育均衡只能是力求实现初级均衡或者低级均衡发展。

中位均衡发展模式是指在实现基本均衡的基础上，在教育资源、教育环境、教育质量在城乡学校之间得到进一步均衡发展的基础上，重点落在加强各类学校内部建设，追求教育质量的均等，让每一个学生能够最大限度地发挥自己的特长，体现学校办学特色的发展模式。这一模式下，教育均衡的衡量指标要高于低位均衡指标，即在学校硬件设备基本均衡的情况下，实现教师队伍、学校环境、教育质量等高级指标的均衡，同时追求特色教育指标。

高位均衡发展模式是指在中位均衡发展的基础上，由于教育资源极其丰富，城乡不同受教育群体之间的差别极大缩小，城乡每一个学生都能接受相对均等的教育，并都能最大限度地发挥自己的特长和学习潜能、获得学业成功的发展模式。经济发达地区的江苏省苏南几个城市，城乡教育均衡发展模式就是高位均衡发展模式。江苏省无锡市早在 2008 年人均 GDP 就超过 1 万美元，在经济指标视角，无锡已经“跨过了国际公认的发展中状态与发达状态的分界线。2007 年，无锡在江苏省率先通过区域教育现代化评估验收，标志着整体教育发展水平进入了全省乃至全国的领先地带。该市下辖的江阴市、宜兴市、锡山区、惠山区、滨湖区、崇安区、南长区等，相继被评为江苏省义务教育均衡发展先进

① 晋银峰. 基础教育均衡发展：模式与反思[J]. 教育探索，2013(2).

县（市、区），全市小学入学率、巩固率均保持100%，初中入学率、巩固率分别达到100%和98.4%，盲聋哑及智障儿童义务教育入学率达到99.8%，新市民子女按政策接受平等义务教育得到良好保障”①。这是无锡均衡发展的前期水平，因此所谓高位均衡，就如同无锡市教育管理人员所言，是这样一种发展状况：“一是在均衡程度上要努力追求高水平，二是在均衡途径上坚持提谷齐峰而不是削峰填谷，三是在均衡内涵上既重办学条件，更重师资、管理和质量。”②

二、城乡教育一体化实践的具体模式

城乡教育一体化发展模式最终还要通过具体做法得到体现，因此也可以根据城乡教育一体化发展过程中主要采用的做法来划分，将城乡教育一体化发展模式归纳为这样几种：“捆绑”发展模式、教育集团发展模式、教育共同体发展模式等。

（一）“捆绑”发展模式

从字面上看，这一模式的内涵可以理解为：通过将城市优质学校与农村薄弱学校捆绑在一起的手段来缩小城乡学校差距，实现共同发展的模式。在这一发展模式语境下，城乡相关学校不仅共享资源，共享发展成果，而且是共负发展责任的有机整体。“捆绑”发展模式涉及的主体一般只有两个，所以有时也称“一对一”结对发展模式。

“捆绑”发展模式是城乡教育一体化发展早期各地探索的一种比较典型的模式，一方面有效地利用了优质学校的教育资源，另一方面也为薄弱学校提供了教育发展的新理念，增加了两类不同内涵学校的交流与合作。“城市学校发展迅速，大面积的农村学校却拖住后腿，区县教育如何冲出困境？经历了‘普九’攻坚，很多乡镇学校硬件已‘过关’，但管理和教学滞后。在对农村教育状况进行深入调研后，我们意识到，以物化形式帮扶农村薄弱学校固然重要，但是从观念、机制、管理上给予指导尤为可贵。因此，我们开始尝试立足于内在的、非物化的师资和经验支持，以城市优质学校捆绑扶持农村薄弱学校。”③2003年成都市在探索城乡教育一体化操作过程中，率先在全国采用了这一方法，形成“捆

---

① 潘玉英．让每一名学生都优秀　让每一所学校都精彩（上）：无锡推进义务教育高位均衡发展纪实[N]．江苏教育报，2012-11-09．

② 潘玉英．让每一名学生都优秀　让每一所学校都精彩（上）：无锡推进义务教育高位均衡发展纪实[N]．江苏教育报，2012-11-09．

③ 郑海波．捆绑联动：促进城乡教育一体化发展[J]．校长阅刊，2005(9)．

绑”发展模式。“为打破城乡教育‘二元’分割状态，从2003年起，成都市锦江、青羊、金牛、武侯、成华5城区和有条件的农村中小学全部纳入城区学校管理。同时，在城市和农村小学间探索实施‘捆绑式’教育，对城乡捆绑学校实行‘一个法人代表，一套领导班子，一体考核评估’的新办法，大力实施‘输血式捆绑’‘下挂式捆绑’和‘直管式捆绑’，有力促进了城乡学校均衡、和谐发展。”①

（二）教育集团发展模式

2012年国务院印发的《关于深入推进义务教育均衡发展的意见》明确提出，“鼓励建立学校联盟，探索集团化办学，提倡对口帮扶，实施学区化管理，整体提升学校办学水平”。各地根据这一精神探索教育集团化发展模式，实现城乡教育一体化。该模式是指在城乡教育一体化实践中采用创建教育集团的方式来实现城乡教育一体化，促进城乡教育均衡发展。全国许多地区采用组合集团的方式，让区域内优质学校与其他薄弱学校合作，每一个学校成为集团成员，集团内资源共享，集团管理者将各个学校作为一个系统加以管理。北京西城区于2012年成立了教育集团。教育部副部长刘利民在北京西城区成立教育集团时这样评价：教育集团“探索了制度化推进优质教育资源共建共享的新模式，有效促进区域教育优质均衡发展”②。教育集团不仅成为引领优质教育均衡发展的新模式，而且成为城乡教育一体化发展的新模式。

哈尔滨市也在2012年前后启动了教育集团发展模式。2013年3月，香坊区教育局召开了以“加快教育集团化发展，有力推进城乡一体化，促进教育公平”为主题的工作动员会。会议总结了教育集团成立以来的成果，教育局领导强调了推进教育集团化的重要意义，认为“探索和推进集团化办学是落实区政府有关促进城乡一体化，促进区域教育均衡发展的指示，是关注每一个孩子的健康成长，实现城乡内差距逐步缩小，维护普通民众平等地接受教育权利的要求”③。

（三）教育共同体发展模式

教育共同体发展模式又称城乡教育发展联盟模式，是指在区域教育背景下，为了盘活教育资源，针对教育生源、师资、教育配置、地域范围等教育资源条件，对区域内的相关学校进行合理重组，形成优势互补、城乡教育一体化的教育

---

① 刘裕国. 成都城乡捆绑式教育　乡下娃“享受”城里教学[DB/OL]. http://sichuan.scol.com.cn/cddt/20050614/200561445047.htm，2005－06－14.

② 王斌，罗德宏. 教育集团　引领教育均衡新模式[N]. 北京晨报，2012－09－20.

③ 哈尔滨市香坊区教育局中教科. 加快教育集团化发展　推进城乡一体化　促进教育公平[DB/OL]. http://www.xfedu.net.cn/jydt/ShowArticle.asp? ArticleID＝26342，2013－04－03.

联盟板块的发展模式。该发展模式旨在“通过城区学校的教育品牌向农村辐射，以管理输出，教育理念输出，教育制度文化输出，进一步发展城区教育品牌的内在属性和特质，形成城乡教育的发展共同体，从而实现区域教育的均衡发展”①。该模式以浙江省台州市椒江区为典型，他们在2009年开始进行课题论证的基础上，分两期进行试验。这一发展模式主要利用名校的办学理念，依托城区的优质资源，采用从城到乡“反哺式”流动方式，“改变优质资源由乡到城的单向集聚，建立更为合理的教育资源配置方式，在城乡发展共同体内实施统一的教育教学管理，校名、校徽统一样式，教师统一调度，学生学籍统一管理，教学‘五表’统一安排，校本培训统一组织，教学、科研活动统一计划，教育经费统一收支，教学质量统一评估，教师业绩统一考评，以以上‘九统一’管理为切入口，实现城乡教育教学管理一体化，在教育发展共同体区块内激活人才资源和学校文化资源，为每个教师教育价值的实现提供最有效的途径，为每个学生的全面发展提供最有效的服务。在联盟互动的平台上，形成城乡教育发展共同体，促进教育的均衡发展”②。

除了浙江台州市椒江区外，全国其他地方也在积极探索这一实践模式。江苏、浙江、沈阳、吉林等城市与地区都根据各自具体情况摸索教育共同体发展模式。尤其是山东省潍坊市寒亭区，同样从教育均衡发展理念出发，采用共同体发展方式，构建城乡教育一体化共同体发展模式，取得了良好的教育效果与社会反响。③

第三节　城乡教育一体化“全域成都”发展模式介绍

不管哪一种模式，城乡教育一体化都是在一定的教育观念指导下，通过各不同主体的积极参与，充分挖掘与有效利用符合各地实际情况的经济、文化、政治等社会资源，通过政策引导，创造新的机制而具体表现出来的发展样态与发展典范。因此，为了总结各地发展经验，我们综合了上述三种分类方法的优势，采用地域加做法或者地域加观念的分类标准，将城乡教育一体化发展模式归纳

① “教育发展共同体”：区域推进城乡教育一体化实践研究[DB/OL]. 椒江教育网 http://www.jjedu.net/? a=112650.

② “教育发展共同体”：区域推进城乡教育一体化实践研究[DB/OL]. 椒江教育网 http://www.jjedu.net/? a=112650.

③ 宏火，杨光瑞，张秀君，于康健. 打造教育共同体　力促城乡一体化：山东省潍坊市寒亭区教育均衡发展探秘[N]. 中国教育报，2011-01-20.

为“全域成都”一体化发展模式、高位均衡苏南发展模式、教育集团椒江发展模式、教育共同体张家口发展模式等。苏南模式将在第五章、第六章、第七章中专门讨论，本章主要对“全域成都”模式加以介绍，且以教育模式构成要素作为坐标进行描述与分析。

成都城乡教育一体化发展模式是在成都市委市政府统一部署下，由四川大学科学发展研究院、四川大学公共管理学院等组成的成都市城乡教育一体化研究课题组在2011年首届城市教育现代化论坛上发布的研究报告《成都市城乡教育一体化发展研究报告（2003—2010）》中明确提出的概念。研究报告指出，2003年成都市就开展了城乡教育一体化的实践探索，经历“自主实践”“全域成都”“优质均衡”等几个阶段，逐渐形成一套具有地方特色的发展模式，即“全域视角、政府主导、一元标准、倾斜配置，优质共享”。

一、“全域成都”城乡教育一体化发展模式的主体性要素

教育发展目标、教育发展观念、教育发展智慧支持是构成教育一体化发展的主体性要素，成都城乡教育一体化模式的特点蕴藏于其主体性要素之中。

（一）均衡发展——城乡教育一体化发展的观念要素

正如本书第一章导论中所言，“教育均衡”作为官方话语在我国的提出始于2005年教育部印发的《关于进一步推进义务教育均衡发展的若干意见》。2006年，《中华人民共和国义务教育法（修订草案）》正式提出我国义务教育向均衡化方向发展的目标。2012年教育部印发的《关于深入推进义务教育均衡发展的意见》，把义务教育均衡发展作为城乡教育全面、持续、协调发展的重要目标。成都市对“教育均衡发展”的理解决定了城乡教育一体化实践的方向与目标。他们认为，“教育均衡发展”不是遏制城市教育发展势头的“削峰填谷”式发展，而是把教育资源优先倾向于农村、促进城乡教育整体发展的“造峰抬谷”式的均衡发展。

成都市率先在全国把“均衡发展”作为城乡教育一体化发展的目标来确定。2003年之前，成都全域范围内教育不均衡现象相当突出，教育发展的不均衡导致成都各区县之间、各学校之间教育差距不断扩大。与此相关，各区域之间的经济发展差距并没有缩小，反而具有差距越来越大的趋势。因此，从整体均衡发展角度缩小校际之间的差距、实现教育资源的均衡分配成为成都教育研究与政策制定的重要前提，也是成都城乡教育一体化的现实观念与战略理念。显然，成都城乡教育一体化均衡发展模式不是一时有热情的结果，而是在成都市

城乡统筹发展过程中经过全盘考虑以后提出的战略性方案。

（二）“造峰抬谷”——城乡教育一体化发展的战略目标

成都以“教育均衡发展”作为城乡教育一体化实践的战略理念，并将其确定为全域城乡教育一体化的战略目标。通过2003年以来多年的实践探索，成都教育均衡发展已经达到一定水平，城乡教育一体化发展视野中的均衡发展已确定为高水平的均衡发展，即追求优质教育资源的挖掘与生产，“以全域成都整体水平的提高为前提，高水平地区在扶持低水平地区的同时，也要保证自己的发展，通过城市教育与农村教育的良性互动与相互促进来有效保证城乡教育一体化发展的顺利推进”①。

基于上述认识，成都教育均衡发展的总体目标确定为：一是提升城乡教育一体化实现度、城乡教育均衡度、教育公平度和老百姓满意度；二是有效治理与解决全域范围内的择校热、城市义务教育阶段大班额等热点难点问题；三是基本形成城乡教育一体化的有效途径和有效模式；四是建立与完善城乡教育一体化的体制机制等保障体系。②

（三）城乡教育一体化发展的智慧支持

“均衡发展”作为成都城乡教育一体化发展的战略目标，不是停留于一般均衡或者低水平均衡、中位均衡的目标层次，而是追求高位均衡并把高位均衡发展作为城乡教育一体化发展的观念框架。这一理解与认识，是建立在怎样的智慧支持基础上的呢？成都城乡教育一体化发展模式的构建，首先得到国家教育发展战略的启发。其均衡发展的理念就是国家一贯以来的主张。从2005年教育部《关于进一步推进义务教育均衡发展的若干意见》，到2006年《中华人民共和国义务教育法（修订草案）》，到2010年《国家中长期教育改革和发展规划纲要》，再到2012年教育部印发的《关于深入推进义务教育均衡发展的意见》，教育均衡发展一直是国家办学，实现教育公平的最高追求目标，因此也是成都城乡教育一体化的最权威智慧支持。

此外，成都城乡教育一体化发展模式的构建还得到了各级党委、政府的政策支持与直接领导。国家的教育发展理念需要各级地方党委、地方政府加以落实。如果没有得到落实，那么最科学的办学理念也无法变为现实。所以，成都市城乡教育一体化发展的成功与政府的支持紧密相连。以《成都市经济社会发

① 蓝婧，汪玲.成都教育一体化成都模式为全国提供经验[DB/OL].http://scnews.newssc.org/system/2011/11/05/013357103_01.shtml,2011-11-05.

② 蓝婧，汪玲.成都教育一体化成都模式为全国提供经验[DB/OL].http://scnews.newssc.org/system/2011/11/05/013357103_01.shtml,2011-11-05.

展第十二个五年规划》为例，第一章第二节“深入推进教育均衡发展”中，指出“优化城乡学校布局，逐步形成城乡均衡、规模适度、效益较高的布点格局。加大对薄弱学校、农村学校的倾斜力度，均衡配置区（市）县域内教育资源。完善‘县管校用’教师交流机制，完善城乡校长互派、教师交流机制。进一步完善教育集团的管理和运行机制，发挥优质学校的辐射、带动作用，多种途径扩大优质教育资源。完善小学升初中‘就近入学’制度。完善普通高中招生制度，合理引导初中学校生源流向。加大资助力度，切实解决经济困难群体和外来人口子女上学问题”①，“深入推进义务教育均衡发展，建立均衡化的义务教育资源配置标准。制定义务教育阶段学校现代化标准，实现义务教育阶段城乡学校建设标准统一、装备标准统一、师资配置标准统一、生均经费标准统一、教师收入标准统一”②。此外，《成都市教育事业发展第十二个五年规划》也作出了义务教育均衡发展的明确规定。这些重要文件是指导成都城乡教育一体化实践的重要智慧。

高校以及其他研究机构的直接参与是成都城乡教育一体化发展模式的重要智慧支持。四川大学等数家高校参与成都城乡教育一体化的框架研究，把国家办学理念具体化为符合成都特点的教育思想，并直接转化为实践、操作步骤。同时，成都的每一步发展都与教育研究部门的积极指导有着密切联系，教育部相关学会、各级教育督导等相关组织定期检查与论证，为成都一体化发展“搭脉”。可以说，成都城乡教育一体化实践成果凝聚了多方专家、学者的大力支持。如果没有这些智慧支持，一体化模式实践可能还要经历更长时间，也有可能会进入比较盲目的发展状态。

二、“全域成都”城乡教育一体化发展模式的客体性要素

教育资源、教育环境、教育对象、教育传统、教育文化等是城乡教育一体化发展模式的重要客体性要素，它们是体现模式特点的重要内容。

成都城乡教育一体化发展模式是“全域成都”发展模式。这一模式的构建与其独特的客体因素有关，即必须反映客体的特点，又能够满足客体的发展要求。

---

① 成都市国民经济和社会发展第十二个五年规划纲要［DB/OL］. http://www.chengdu.gov.cn/special/template/detail.jspid = 419759&ClassID = 02124501，2011 - 04 - 11.

② 成都市中长期教育改革和发展规划纲要（2010—2020 年）. 参见 http://www.moe.edu.cn/publicfiles/business/htmlfiles/moe/s5520/201104/117539.html，2011 - 04 - 16.

从教育资源来看，全域成都教育资源总量比较丰富，但是城乡差距比较突出。成都又是我国中西部地区，经济发展不如东部沿海城市。因此，这样的城乡教育一体化具有明显的中西部地方特色，它是在普及国家规定的九年义务教育基础上进一步追求的高水平城乡教育一体化发展目标。

2010—2012 年三年中，从人均国内生总值、城市居民人均可支配收入与农民人均纯收入三项指标看，成都处于全国中游位置，属于中西部地区的发达地区。参见表 4-1、表 4-2、表 4-3①。

表 4-1　成都市主要经济指标与苏州和全国的对比(2010 年)

地区	人均 GDP(元)	城市居民人均可支配收入(元)	农民人均纯收入(元)
全国	29992	19109	5919
成都	48511	20835	8205
苏州	87607	29219	14657

表 4-2　成都市主要经济指标与苏州和全国的对比(2011 年)

地区	人均 GDP(元)	城市居民人均可支配收入(元)	农民人均纯收入(元)
全国	35181	21810	6977
成都	60117	23932	9895
苏州	167454	33243	17226

表 4-3　成都市主要经济指标与苏州和全国的对比(2012 年)

地区	人均 GDP(元)	城市居民人均可支配收入(元)	农民人均纯收入(元)
全国	38449	24565	7917
成都	69664	27194	11501
苏州	114029	37531	19396

从全域成都各区县经济发展状况看，城乡之间、地区之间差距比较明显。结合 2011 年成都市各地区人均生产总值、2008—2010 年城镇居民可支配收入

① 各项数据来源：《2012 年苏州市国民经济和社会发展统计公报》，苏州统计调查公众网 http://www.sztjj.gov.cn/Info_Detail.asp?id=19944；《2012 苏州统计年鉴》《2011 苏州统计年鉴》，苏州统计调查公众网 http://www.sztjj.gov.cn/info.asp?ParentID=64；《2013 成都统计年鉴》《2012 成都统计年鉴》《2011 成都统计年鉴》，成都统计信息网 http://www.cdstats.chengdu.gov.cn/list.asp?ClassID=020703；《中华人民共和国 2012 年国民经济和社会发展统计公报》，国家统计局网站 http://www.stats.gov.cn/tjgb/ndtjgb/qgndtjgb/t20130221_402874525.htm；《中国统计年鉴(2012)》《中国统计年鉴(2011)》，国家统计局网站 http://www.stats.gov.cn/tjgb/ndtjgb/index.htm。

与农民纯收入来看，各地之间差距明显。①

表 4-4　成都各区县经济发展状况（2008—2011 年）

序号	地区	2011 年人均GDP(元)	2008 年		2009 年		2010 年	
			城镇人均GDP(元)	农村人均GDP(元)	城镇人均GDP(元)	农村人均GDP(元)	城镇人均GDP(元)	农村人均GDP(元)
1	锦江区	73735	16768	10394	18696	11394	21148	13320
2	青羊区	70503	16498	10300	18484	11651	21125	13292
3	金牛区	49347	16359	10166	18191	11155	20304	13015
4	武侯区	45024	19195	10450	21403	11443	24210	13365
5	成华区	50730	16391	9600	18659	10580	21105	12411
6	龙泉驿区	59923	13627	7255	15857	7901	17937	9248
7	青白江区	63463	15933	6236	17896	6767	20127	7871
8	新都区	50841	16143	7086	18250	7699	20537	8985
9	温江区	56931	17109	7611	19340	8264	21790	10007
10	金堂县	22883	11909	5410	13635	5088	15291	6699
11	双流县	47845	16817	7129	18977	7718	21350	9230
12	郫县	34072	15051	7320	16955	7944	18956	9271
13	大邑县	22675	11382	6095	13039	6538	14815	7544
14	蒲江县	28572	10381	5856	11897	6298	13618	7330
15	新津县	48295	12514	6417	14616	6962	16546	8020
16	都江堰市	26839	9456	5400	11818	5832	13721	7086
17	彭州市	24224	9007	5228	10326	5602	11825	6672
18	邛崃市	21043	11357	5689	13000	6110	14773	7071
19	崇州市	21274	11496	5970	13121	6412	15020	7464

以上数据表明，成都在城乡教育一体化过程中，可以依托的经济资源不断丰富，但是城乡之间、地区之间的经济发展差距比较明显。成都的一体化水平与经济发达地区的苏南相比，存在明显差距。因此，成都均衡发展模式具有自身独特的经济发展特点。

城乡教育一体化发展模式的客体要素除了社会经济发展这一宏观外部条件外，还包括成都城乡教育一体化实践中的其他条件，如尊重知识、重视教育的

① 相关数据来源于《2011 成都统计年鉴》，成都统计信息网 http://www.cdstats.chengdu.gov.cn/list.asp? ClassID = 020703。

传统文化,教育对象旺盛的教育需求等。

三、"全域成都"城乡教育一体化发展模式的中介性要素

城乡教育一体化发展模式的构成还需要中介性要素加以支撑,而一体化实施的手段是重要的中介性要素。"全域视角、政府主导、一元标准、倾斜配置、优质共享"是成都城乡教育一体化发展模式的特点,而这一特点就是从方式、手段角度来概括的。

(一)政府制定政策,主导城乡教育一体化发展方向

为了顺利实现城乡教育一体化,成都市政府积极扮演引领角色。首先,成立成都市教育体制改革领导小组,专门负责对成都全域城乡教育一体化的领导工作与政策落实和监督工作。其次,出台相关政策,制定具体的改革措施,通过政策与措施引导成都城乡教育一体化方向,规范成都各级政府以及相关行为主体的行为。再次,建立与完善成都市地方性教育法规和政策,规范与促进城乡教育综合改革试验区实践工作,加强城乡教育一体化工作的领导和协调。最后,落实规划,明确实践步骤。

为了做好全国城乡教育一体化改革试点工作,成都市政府引入风险分析理论,对一体化实践中可能出现的相关风险进行预测,并就此制定了应对预案。首先,对可能出现的弱化县级政府的办教育责任心的风险,成都市制定政策规定市级和县级政府的教育职能。前期主要运用柔性政策,对全域范围内各相关县级政府的教育管理职能进行调控与统筹,待时机成熟,逐步加大刚性调控力度,保证各级政府对一体化实践承担相关职能。其次,对城乡教育一体化可能出现的"削峰填谷""一体化即同质化、均衡即平庸"等发展风险,采取"强化研究和培训,更新观念,树立先进的理念,注重科学的规划、保持政策的严密和延续性,强化对执行过程的监督的应对措施"①。

(二)科学制定城乡教育一体化发展规划

规划是一体化实践的首要任务与重要内容。成都把城乡教育一体化实践目标与战略部署纳入成都教育中长期规划的正式文件中,实现政府主导2010年至2020年城乡教育一体化实践总体方向的重要功能。中长期规划明确规

① 教育部.四川省成都市推进城乡教育一体化、促进"全域成都"教育优质均衡发展改革试点实施方案[DB/OL].http://www.moe.gov.cn/publicfiles/business/htmlfiles/moe/s4934/201012/112860.html,2010-12-08.

定，在2010年，成都市通过调查，总结全域城乡教育发展状况，在制订一体化发展方案的基础上，细化实施方案，正式启动改革试点工作。规划明确提出，在2011年至2015年，进入城乡教育一体化实践的第二阶段工作，在调查、获取第一阶段相关信息的基础上积极探索建立和完善城乡教育一体化发展的相关机制。在2016年至2019年期间，进入总结试点阶段，进一步完善一体化改革体制机制，基本形成成都地域性的一体化发展模式。到2020年为止，全面完成城乡教育一体化试点任务，并在此基础上总结经验，确定新的改革目标。①

城乡空间合理布局是城乡教育一体化实践的重要环节，成都构建了“幼儿园小学就近、初中进镇、高中进城”的空间布局原则，进行统筹规划、合理调整、科学布局。一方面体现规划布局中的人文关怀，即照顾学前儿童与小学生年龄较小的特点，落实就近入学原则；另一方面又体现新型城镇化发展的集中居住、规模化发展的理念。

（三）倾向农村的城乡一体化办学条件

成都在城乡教育一体化实践中，明确认识到城乡教育条件的差异性，积极采取优先改善农村学校条件的措施，实现城乡办学条件的一体化。主要通过薄弱学校校舍改造和统筹改善城乡学校技术装备配备手段来实现。

（四）教育经费城乡一体化投入机制

由于成都城乡之间教育差距明显存在，教育经费投入成为城乡教育一体化实践的重中之重的环节。根据成都经济发展的实际情况，成都坚持“政府投入为主，支持城区、补助近郊、扶持远郊的倾斜农村”②的思路，提高城乡教育保障水平。

（五）教师队伍建设城乡一体化

教师是城乡教育一体化实践的核心，教师素质的提高，尤其是农村教师素质的提高是保证城乡教育一体化目标实现的关键。因此，成都在城乡教育一体化试点过程中，提出城乡教师队伍建设一体化战略与措施。具体表现为“建立教师的城乡统筹配置、交流互动和培养培训制度”③，通过这一制度的建立与落实，不断提升农村教师的素养、农村学校的现代化管理水平，不断提升农村学校的教育教学质量。总之，通过教师交流与培养，提升全域城乡教师的综合素养，形成一支适应城乡教育一体化实践的优质教师队伍。

---

① 教育部. 四川省成都市推进城乡教育一体化、促进“全域成都”教育优质均衡发展改革试点实施方案［DB/OL］. http://www.moe.gov.cn/publicfiles/business/htmlfiles/moe/s4934/201012/112860.html, 2010-12-08.

② 周波. 深入推进城乡一体化　努力促进教育现代化［N］. 成都日报，2009-12-31.

③ 周波. 深入推进城乡一体化　努力促进教育现代化［N］. 成都日报，2009-12-31.

（六）教育质量城乡一体化提高

教育质量的提高是城乡教育一体化发展的重要出发点之一，通过提高教育质量，促进学生的全面发展，保障城乡学生公平学习、公平发展的教育权利。成都城乡教育一体化实践中促进城乡教育质量一体化提高的主要措施是“通过深入推进素质教育，深化招生考生制度改革”①，促进城乡学生全面发展。即一方面学校普遍用素质教育理念来设计教育活动，开展课程教学；另一方面，通过改革招生制度，为城乡学生创造获得优质教育资源的机会。

（七）建立城乡一体化的评估标准

教育评估标准的建立是衡量城乡教育发展水平的重要任务，也是测量与评价城乡教育一体化发展程度的重要标志之一。如果标准不统一，或者标准层次比较低，那么就无从真正掌握城乡教育一体化发展的程度。成都市为了建立促进均衡发展的监测与评估机制，制定了“统一的小学、初中、普通高中、中等职业学校、社区教育的现代化评估标准”②。这一标准不仅体现了成都城乡教育一体化实践的横向一体化特点，还体现了城乡教育一体化发展的纵向一体化追求。一体化教育发展评价标准以及评价体系的建立为全面掌握全域各级各类学校教育水平提供了重要依据，也为各区域之间城乡教育一体化水平的横向比较提供重要物质基础。

根据对上述相关要素的分析，我们认为，成都城乡教育一体化的时代特点与地域特色比较明显。一是全域特点，即在全成都各区域范围内推进一体化。二是政府主导性，“六统一”直接表明了政府在一体化过程中所扮演的角色。三是基础性，重点在于基础教育，尤其是义务教育。四是物质性，以改进学校教育设备为重点，促进农村学校的发展。五是同步性，即与经济社会发展之间具有同步性。

成都模式具有地区性，它反映了我国中西部地区城乡教育一体化发展的典型模式。从城镇化率来看，2012 年年底四川省城镇化率为 50%，成都市城镇化率为 60.02%；江苏省城镇化率为 63.40%，苏州市为 72.30%，苏南地区总体超过 70%。所以苏南地区是经济发达地区城乡教育一体化发展的典型。但是，成都模式不仅可以为苏南模式提供借鉴，还可以为全国其他地区城乡教育一体化发展提供重要参考作用。因此，在研究苏南城乡教育一体化发展模式之前研究成都模式具有重要价值。

---

① 周波. 深入推进城乡一体化　努力促进教育现代化[N]. 成都日报，2009－12－31.

② 周波. 深入推进城乡一体化　努力促进教育现代化[N]. 成都日报，2009－12－31.

第五章 “学有优教”——城乡教育一体化发展苏州模式

苏州是苏南地区经济社会发展的领头羊，也是全国教育发达城市。随着苏州市成为江苏省唯一的全国城乡一体化发展示范城市，苏州城乡教育一体化实践也开始积极推进。在实践过程中，苏州根据本地经济社会发展特点与教育发展现实，形成了具有苏州特点的城乡教育一体化模式，“学有优教”成为苏州市城乡教育一体化实践的理想追求。

第一节 苏州推进城乡教育一体化发展的社会基础与历史必然性

苏州城乡教育一体化方案是在2009年开始设计的，2010年开始在苏州不同地区正式推进。苏州城乡教育一体化实践与苏州特有的文化社会基础紧密联系，具有历史必然性。

一、苏州城乡教育一体化发展的社会基础

苏州崇文尚教传统源远流长。1035年，宋代范仲淹在苏州举办府学，首开东南兴学之风，奠定了这座城市的文化底蕴。此后，古城文风昌隆，文人雅士辈出。仅近代以来，苏州便涌现出了100多位院士以及叶圣陶、钱穆、钱钟书等众多文化名流，由此足可管窥这座古城的深厚文化底蕴。[①] 由于工业化、城市化进程的加速，苏州市进行了区域重新合并与划分，到2013年为止，苏州市共包括姑苏区、工业园区、高新区、吴中区、相城区、吴江区六个城区以及张家港市、昆山市、太仓市、常熟市四个县级市。

---

① 任国平，朱哲．让每位教师成为最好的自己：江苏省苏州市教师队伍建设工作纪实［J］．人民教育，2012(18)．

（一）人口基数大

苏州再也不是一个小城市，而是一个特大城市。到 2012 年年底，苏州常住人口突破 1000 万，达到 1054.91 万，其中外来人口已超过本地人口，达到了 655.24 万。各区人口总数与构成见表 5-1[①]。

表 5-1　2012 年苏州各地区人口总量情况

单位	常住总人口（万人）	户籍登记人口（万人）	流动暂住人口（万人）
苏州市	1054.91	647.81	655.24
姑苏区	94.96	75.12	26.86
高新区	60.81	34.57	38.65
工业园区	76.17	39.17	60.61
吴中区	113.83	60.92	72.52
相城区	70.94	38.72	41.66
常熟市	150.71	106.78	79.34
张家港市	124.18	91.02	55.05
昆山市	163.89	73.76	165.83
吴江区	128.74	80.49	70.19
太仓市	70.68	47.26	44.54

与全市总人口相关，2012 年度苏州教育的基本情况也具有特色：学生数量增加，学校总数以及构成发生了变化。全市拥有各级各类学校 1096 所，班级 23109 个，在校学生 1252808 人（未含外来务工人员子弟学校学生数），毕业生 307842 人，教职工总数 97202 人，其中专任教师 79543 人。苏州市义务教育阶段中小学生总数 712037 人（含外来务工人员子弟学校学生数），其中外来务工人员子女 321857 人，占总数的 45.2%。[②]

总人数超过千万，不是 2012 年突然出现的，而是改革开放 30 多年来人数不断增加的结果。苏州城市化速度加快，流动人口不断增加。2012 年年底，苏州城镇化率达 72.3%，超过全国城镇化率近 20 个百分点，超过江苏城镇化率近

① 2012 年苏州市分地区人口总量情况[DB/OL]. 苏州市人口和计划生育委员会网站 http://www.jsw.suzhou.gov.cn/szjsw/InfoDetail/? InfoID = d02be307 - 22bb - 4a7f - a8d4 - e139dc983986&CategoryNum = 017001003002,2013 - 02 - 21.

② 2012 年苏州教育发展情况统计[DB/OL]. 苏州市教育局网站 http://www.szedu.com/zfxxgk_10755/jytj_10994/201304/t20130402_217157.shtml,2013 - 02 - 28.

10个百分点。其中本地户籍人口城镇化率较高，昆山为79.25%，常熟为64.05%，张家港为64%，太仓为63.67%。这一趋势导致城乡经济发展结构发生变化，城乡居住样态也发生深刻变化，而这些变化必然引起城乡学校空间布局的变迁。与此同时，外来务工人员人数不断增加，其随迁子女一起进入苏州市区以及各县市，受教育人口总数具有不断上升趋势，构成也有不断调整之势。这么大的人口基数，这么快速变化的城乡人口结构，一方面对城乡教育一体化发展的紧迫性与必要性提出时代要求，另一方面给城乡教育一体化发展增加了难度。

（二）教育发展起点高

改革开放30多年来，苏州教育发展成绩斐然。1982年苏州率先在全国基本普及小学教育。1992年率先普及九年义务教育。1997年荣获江苏省“两基”工作教育先进市称号。1998年率先普及高中教育。2000年被教育部列为全国8个社区教育实验地区之一。2001年被教育部评为全国“双基”工作先进地区。2002年被评为全国职业教育先进单位。2004年率先普及高等教育。2005年苏州市委、市政府召开全市教育工作会议，确立了2007年率先基本实现教育现代化的战略目标。2006年率先实现免费义务教育。2007年率先基本实现教育现代化。2008年被教育部评为“教育管理信息化标准”应用示范区，还被评为江苏省规范教育收费示范市、江苏省师资队伍建设先进市。2009年被教育部评为全国义务教育均衡发展先进地区。2010年被列入首批江苏省义务教育优质均衡改革发展示范区创建名单。2010年，苏州市委、市政府召开全市教育工作会议，确立了2020年率先实现高水平教育现代化的战略目标。这一高起点，证明了苏州城乡教育一体化发展不是低层次的普及教育阶段的一体化，而是基于现实水平进一步提升的过程，是一种向更高阶段发展的一体化过程。这一高起点说明苏州城乡教育一体化具有雄厚的教育发展基础，同时也说明城乡教育一体化水平的进一步提高具有一定压力。

（三）城乡优质资源比重普遍提高

城乡优质资源主要以经费投入与优质学校为表现方式。“十一五”期间，苏州市教育经费总投入620亿元，其中预算内教育经费405亿元，比“十五”时期分别增长138.9%、154.7%；年均国家财政性教育经费增长率超过18%。苏州“十一五”期间全市有幼儿园405所，其中省优质幼儿园316所，占76%。小学334所，初中189所，全部达到苏州市教育现代化标准。普通高中68所，其中四星级高中32所，占47%，公办高中全部建成省三星级学校。中等职业学校48所，其中省级以上重点职业学校36所，占75%。普通高等学校24所。其中本科院校4所,独立学院4所。社区教育中心率先在省内实现全覆盖,其中省级以上社区教育试验区12个,国家级实验区4个,国家级示范区1个。① 这进一步说明,苏州城乡教育一体化已经具备良好的教育发展传统,它为进一步提升一体化发展档次提供了坚实的物质基础。

(四)城乡教师整体素质明显提高

"十一五"期间,苏州各级各类学校教职工总数85395人,其中专职教师70606人。全市幼儿园、小学、初中、高中、中等职业学校教师学历合格率分别达99.95%、99.96%、98.92%、98.82%、92.54%。② 具体情况见表5-2。

表5-2 苏州市相关类别教师学历达标情况表

名称	学历合格比例	高一级学历教师比例	中高级教师比例
幼儿园教师	99.95%	94.20%	31.14%
小学教师	99.96%	91.14%	61.35%
初中教师	98.92%	89.72%	64.81%
高中教师	98.82%	9.50%	68.09%
中等职业学校教师	92.54%	10.38%	47.22%

与此同时,全国幼儿园、小学、初中、高中教师学历合格率分别达到96.5%、99.5%、98.7%、94.8%。其中,农村幼儿园、小学、初中、高中专任教师的学历合格率分别达到了92.5%、99.3%、98%、91.5%。③ 全国专科以上幼儿教师、专科以上小学教师、本科以上初中教师、研究生学历高中教师的比例分别为60.3%、78.3%、64.1%、3.6%。在农村学校中,专科以上幼儿教师、专科以上小学教师、本科以上初中教师、研究生学历高中教师的比例分别达到41.8%、71.2%、54.8%、2.1%。④

苏州全市在职教师中,各类优质教师数量超过江苏省其他地区,这一师资结构为城乡教育一体化提供了重要的人力保障。市级中小学学科带头人及以上优秀教师约1800名,其中江苏省教育家培养对象4名,正高级教师43名,江

① 苏州市城乡一体化办公室,苏州市行政管理学会.城乡一体化建设:苏州的实践与探索[M].北京:红旗出版社,2011:229.

② 苏州市城乡一体化办公室,苏州市行政管理学会.城乡一体化建设:苏州的实践与探索[M].北京:红旗出版社,2011:229.

③ 教育部.农村小学教师学历合格率达99.3%[DB/OL].http://edu.people.com.cn/GB/15599260.html,2011-09-06.

④ 教育部.农村小学教师学历合格率达99.3%[DB/OL].http://edu.people.com.cn/GB/15599260.html,2011-09-06.

苏省特级教师162名,市名教师211名,市名校长70名,市中小学学科带头人1400名,受国家和省级表彰的教师有500多名,全市“双师型”职业教师比例在50%以上。正因为如此,“十一五”期间,苏州市被评为江苏省师资队伍建设先进市。

显然,苏州市教师队伍建设水平领先于全国水平,这一较高的教师整体综合素质为苏州城乡教育一体化实践提供了重要的精神资源与智力支持。

二、苏州城乡教育一体化发展的历史必然性

随着苏州城镇化水平的提高,城乡空间一体融合成为发展趋势,经济社会城乡一体化发展成为必然选择。2010年,苏州市2.1万个自然村在城乡一体化实践与新农村建设过程中已经规划调整为2517个集中居住的居民点,33%的农民已经迁入其中集中居住。这一居住结构的变化及苏州经济结构的调整、区域功能定位的变化,对苏州教育规划与学校布局、教育经费城乡分割投入、城乡教师两级管理等办学模式提出了挑战。苏州教育必须与苏州经济社会的城乡一体化发展态势同步,突破城乡分割管理的教育模式,实现城乡教育一体化发展。因此,城乡教育一体化发展是苏州教育顺应时代发展要求的必然选择。

(一)城乡教育规划与学校空间布局优化面临教育管理的制度阻碍

直到“十一五”与“十二五”交际之年,苏州市管辖的各市(县)、区直管学校的规划与布局由市(县)、区有关部门确定,农村学校的规划与布局需要市(县)、区有关部门与乡镇(街道)协商确定,而乡镇(街道)实际上控制着农村教育规划与学校布局的决定权。这在很大程度上制约着区域范围内城乡之间教育规划与学校布局的全面优化。同时,虽然苏州教育发展总体水平较高,但是“十一五”末仍然有44所由乡镇管辖的农村小学,这些学校由于种种原因与当地教育行政部门直接管理的学校之间的差距比较大,在办学条件与师资等方面存在不少问题,成为提高城乡教育整体发展水平的“短板”。因此,打破乡镇与教育管理部门分别管理的制度安排是促进城乡教育一体化发展的重要举措。

(二)城乡办学条件的差异性影响城乡居民及其子女的平等受教育权利

到2008年为止,苏州市所有小学(含村办小学)和初中已经全部通过江苏省教育现代化评估验收,但是学校之间,尤其是城市学校与某些村办小学之间,办学条件仍存在一定的差距。江苏省教育现代化评估本来就有两套标准,根据这一评估精神,苏州市制定的评估标准也分别有针对普通小学的与针对农村小学的,即《苏州市教育现代化小学评估标准》与《苏州市农村村小现代化建设评

估标准》。这两个标准本身就是针对现实中两类学校之间可能存在的差异而制定的，而用这两个标准进行评估的实践又一次拉大两类学校之间的差别。这些差别是对农村孩子享受公共教育权利的相对剥夺，也直接影响社会公平与教育公平思想的落实。

（三）城乡办学经费未能实现平等投入

苏州市由教育行政管理部门直接管理的所有学校的日常公用经费已经实现了由市（县）、区财政按照标准在预算内统一拨付。而在苏州大部分区域，农村学校的这些费用主要由乡镇（街道）按照市（县）、区规定的最低标准酌情进行拨付。这就意味着，农村的孩子将享受不到与城市孩子一样的市财政公用经费，同时也意味着农村学校与城市学校之间公用经费可能存在不均衡投入的现象。这一现象最终导致城乡孩子教育机会与教育权利的不公平获得，从而影响城乡教育均衡发展的水平。

（四）城乡教师整体水平存在差异

"十一五"期间，虽然城乡各级教师学历合格率、中高级教师在教师总数中的比重等指标在达标方面差距不大，但是在高一级学历教师占比、高级教师占比等发展性指标方面城乡差距比较明显。更为突出的是，农村学校各学科骨干教师数量明显低于城市，更为甚者，苏州部分农村学校至2009年前后还存在代课教师。虽然数量不多，但它仍然是教师队伍"短板"的一个表现，也是拉大城乡学校差距的一个重要因素。据统计，至2009年前后，苏州农村代课教师约有2000名。代课教师与公办学校其他教师相比，享受的工资待遇明显不同，城乡教师之间、代课教师与正式教师之间的物质与精神待遇差距较大。代课教师待遇的偏差，影响其发展的质量，从而也影响农村教师队伍的稳定。

（五）城乡教师管理体制不同影响优质教育资源的有效配置

2010年前后，苏州全市实行的是县乡两级共同管理的教师管理体制。教育行政管理部门直接管理的学校与乡镇（街道）管理的学校之间在教师聘用、管理、调配等方面无法采用统一标准，这严重影响了城乡教师资源的有效整合与合理利用，城乡教师互动、交流由于财权与事权的制约，难以整体、正常开展，城乡教师之间的差距难以在短时间内得到缩小。教师流动的积极性难以得到制度保障，校长交流、学校之间的合作与结对也因为教师管理方面存在的两套制度而受到影响。因此，城乡教育均衡发展的重要条件——教师的合理配置无法实现。

第二节 城乡教育一体化发展苏州模式的基本内涵

城乡教育一体化发展苏州模式是指在城乡教育高水平现代化的基础上，以“学有优教”品牌建设实现城乡教育一体化发展。所谓高水平，是指在目前城乡所有学校率先达到江苏教育现代化标准的基础上实现城乡各级各类教育的进一步发展。如果用数量指标来表示的话，苏州城乡教育一体化发展模式是指城乡教育发展主要指标均达到发达国家21世纪初的平均水平，教育综合竞争力位居发达地区同类城市前列的一体化模式。[①] 所谓“学有优教”，是指在城乡全面实施素质教育的基础上，通过优化体制机制，提高教师质量与教育环境水平，建立促进学生全面发展的多元人才培养模式，持续提升人力资源开发水平，促进所有人成长进步，尤其是义务教育阶段学生健康成长。[②]

苏州成为江苏省唯一一个城乡教育一体化综合整治试点城市以后，苏州城乡教育一体化成为苏州城乡一体化发展的重要内容。而苏州在2007年就通过了江苏省教育现代化的所有评估，率先在江苏乃至全国基本实现了教育现代化。但苏州教育人没有裹足不前，他们又确立新的发展目标——“十二五”期间率先实现教育现代化，2020年实现高水平教育现代化。“教育发展，必须不断地自我扬弃，不断地给自己确立新标杆。30多年来，苏州教育之所以能保持一个良好的发展态势，就在于不断给自己确立新的目标和追求。”[③]

苏州教育现代化目标的实现不是仅指城市教育，而是指城乡所有学校教育与社会教育实现现代化。苏州教育始终关注城乡联动、区域推进。城乡教育空间布局日益优化，规模化水平明显上升，教育经费大幅提高，学校办学条件显著改善，教师队伍整体水平持续提高，呈现并保持着高水平均衡协调的发展态势。

为了进一步阐明城乡教育一体化发展苏州模式的基本特点，我们从构成城乡教育一体化发展苏州模式的要素入手进行阐述。

---

① 参见《中共苏州市委苏州市人民政府关于加快实现城乡教育一体化现代化的意见》（苏发〔2010〕55号）。

② 参见《中共苏州市委苏州市人民政府关于加快实现城乡教育一体化现代化的意见》（苏发〔2010〕55号）。

③ 任国平，朱哲. 让每位教师成为最好的自己：江苏省苏州市教师队伍建设工作纪实[J]. 人民教育，2012(18).

一、城乡教育一体化发展苏州模式的主体性要素

城乡教育一体化发展苏州模式与其独特的主体性要素有着直接联系，下面主要对苏州城乡教育一体化发展的观念模型、目标体系模型、其他智力支持模型等要素进行分析。

（一）苏州城乡教育一体化发展的观念模型

城乡教育一体化发展苏州模式的构建与实践是建立在苏州人对城乡教育一体化的独特理解基础上的，是在苏州城乡教育一体化科学发展观念基础上构建与形成的。思想决定行为，有什么样的城乡教育一体化观，就有什么样的城乡教育一体化发展实践。城乡教育一体化发展观是科学设计一体化发展战略与具体实施路径的重要前提，它的独特性决定了城乡教育一体化发展苏州模式的独特性。

城乡教育一体化发展观，就是关于城乡教育一体化内涵及本质的相关思想。苏州人对城乡教育一体化的理解不像其他城市那样主要从“均衡教育”这一理念来理解，而是从城乡社会一体化发展视角来理解，并在此基础上设定城乡教育一体化发展战略。

1. 城乡教育发展目标的一样化

这一理解具体表现为《关于加快实现城乡教育一体化、现代化的意见》（苏发〔2010〕55 号）中提出的“城乡学校校园环境一样美、教学设施一样全、公用经费一样多、教师素质一样好、管理水平一样高、学生个性一样得到弘扬”的城乡义务教育一体化发展理想。“六个一样”就是苏州城乡一体化实践探索中关于城乡教育一体化内涵的理解。

为什么这样说呢？我们可以用苏州市有关城乡教育一体化发展的文件以及苏州市教育局领导的理解来证明。由苏州市教育局局长主持的课题“苏州推进城乡教育一体化战略研究”，第一部分论述了城乡教育一体化的内涵，最后提出“六个一样”的论述，教育局局长认为城乡教育“六个一样”就是城乡教育一体化。城乡教育这“六个一样”包含了丰富的内容，其中最主要的是两个：

一是城乡教育物质条件的一体化。包括学校环境、教学设施等以物化的形式表现出来的教育条件。对城乡学校进行一体化建设，达到一样美丽与一样齐全之效果。

二是城乡教育智慧条件的一体化。包括教师素质与学校管理的城乡一体化建设。城乡教育发展的核心是教师素质，城乡教育一体化发展的关键在于城

乡教育管理水平的共同提高。教师素质与管理水平都是实现城乡教育一体化的精神条件,也可以说是智慧条件。通过创造这一条件,城乡学校之间的距离不断缩小,城乡学生获得基本相同的发展机遇与大致相同的人文关怀。

2. 城乡“大教育”一体化发展

城乡教育一体化发展观念除了涉及义务教育层面的一体化外,还包括城乡学前教育一体化以及职业教育、社区教育一体化。因此,城乡教育一体化发展苏州模式中的城乡教育一体化是一个涵盖所有教育的一体化过程。《苏州市人民政府关于进一步加快学前教育改革发展的实施意见》(苏府〔2011〕4 号)明确提出学前教育城乡一体化发展。该文件指出:“建立城乡一体化的学前教育管理体制。2012 年各地要基本建立‘以县为主、城乡一体’的统一管理体制,做到区域内整体规划,合理布局,规模适度,就近入园,满足本地人口与外来人口子女入园需求;2013—2015 年公办幼儿园要全部统一办园标准、统一办园经费、统一教师配置、统一办园水平。”

从苏州市《关于在全市开展城乡教育一体化示范区评估验收的通知》(苏教督〔2011〕12 号)中关于城乡教育一体化的理解来看,苏州城乡教育整体一体化发展的观念十分明确,即整体化的城乡教育一体化是苏州城乡教育一体化观念模型的重要内容。该文件将《苏州市城乡教育一体化示范区评估标准》作为附件发布,该标准将城乡教育一体化过程中的重要内容作为评估项目,其中包括重点评估的七个方面,共 26 条内容,即组织领导、规划布局、管理体制、办学条件、教育水平、教育经费和师资队伍。其中“办学条件”中明确规定“区域内 85% 以上的幼儿园达到苏州市优质幼儿园建设标准,70% 以上的义务教育学校达到苏州市高水平现代化学校建设标准,基本消除单轨及双轨制小学,90% 以上的镇(街道)成人教育中心校和老年大学达到苏州市现代化建设标准”。关于“教育水平”指标是这样规定的:“城乡全面实施素质教育的体制机制更加优化,促进学生全面发展的人才培养模式更加多元,人力资源开发水平持续提升。0—3 岁婴幼儿早期教育覆盖率达 90% 以上,学前三年教育毛入园率、义务教育巩固率、高中段教育毛入学率达 100% 。城乡社会教育水平较高,老年教育普及率达 30% 。”此外,在教育经费投入、师资队伍建设等方面也涵盖教育体系中的学前教育、社会教育、基础教育等。显然,这些文件以及实际落实的过程足以说明,城乡教育一体化发展苏州模式蕴含的是一种全方位、立体式的“大教育”一体化观念。

3. 城乡教育现代化一体化发展

苏州城乡教育一体化发展战略不是基于普及阶段的发展战略,而是在普及基础上的高水平的一体化发展战略。在 2011 年红旗出版社出版的《城乡一体化建设——苏州的实践与探索》一书“公共服务与社会发展”篇中，苏州市教育局以“加快推进城乡教育一体化，全面实现教育现代化”为标题介绍了苏州城乡教育一体化发展的基础与进程，其中所有内容都是围绕“城乡教育一体化现代化”展开。苏州市教育发展相关文件中也以“城乡教育一体化现代化”指代苏州城乡教育一体化发展战略。如 2010 年苏州市颁布《中共苏州市委苏州市人民政府关于加快实现城乡教育一体化现代化的意见》，其核心概念就是“城乡教育一体化现代化”。因为苏州早在 2007 年就在全域范围内实现了江苏省规定的教育现代化的要求，但是当时苏州城乡教育现代化的标准不统一，即城市教育现代化标准略高于农村教育现代化标准。而既然城乡教育一体化，城乡就必须建立统一的现代化标准，因此，苏州城乡教育一体化发展战略是建立在城乡教育一体化现代化观念基础上的科学设计。

（二）苏州城乡教育一体化发展的目标体系模型

城乡教育一体化是城乡一体化的重要组成部分，是促进教育公平、实现教育均衡发展、办好人民满意教育的必然要求。苏州市根据国家、省、市中长期教育改革和发展规划纲要，确立了“以县为主、城乡一体”的教育管理体制，要求区域内所有幼儿园、小学、初中和高中段学校和特殊教育学校均由各市、区教育行政部门统一管理。

苏州城乡教育一体化发展目标是一个综合发展目标体系，涵盖学前教育、义务教育、基础教育、社会教育以及老年教育。2010 年，苏州市委、市政府召开全市教育工作会议，确立了 2020 年率先实现高水平教育现代化的战略目标。同时发布了《中共苏州市委苏州市人民政府关于加快实现城乡教育一体化现代化的意见》（苏发〔2010〕55 号），明确苏州城乡教育一体化的战略目标，提出“0—3岁婴幼儿早期教育覆盖率达 90% 以上，学前三年教育毛入园率、义务教育巩固率、高中段教育毛入学率保持 100%。城乡社会教育水平进一步提高，老年教育普及率达 30%”。

2010 年 9 月，苏州市出台了《苏州市中长期教育改革和发展规划纲要（2010—2020 年）》，纲要从学前教育到老年教育，提出一系列明显高于、优于全省和全国水平的教育发展指标，既体现了苏州市教育在全省、全国率先发展的定位，又体现了教育事业优先于苏州市现代化建设其他事业发展的要求，确立了教育改革发展的新标杆。纲要明确指出：到 2015 年，教育发展主要指标达到发达国家 21 世纪初平均水平；到 2020 年，教育发展主要指标达到世界发达国家同期平均水平，教育综合竞争力位居国际先进城市前列，率先实现高水平教育现代化。

在此基础上，苏州市提出重点做到“四个办好”：

一是办好更加规范的学前教育。坚持学前教育的公益性，将学前教育纳入经济社会发展规划，完善以政府投入为主、以公办幼儿园为主、以教育行政部门主管为主、鼓励多渠道投入、支持多体制办园的学前教育体系，逐步实现就近入园入托。探索以政府购买服务方式发展学前教育，健全经济困难家庭孩子入园补助机制，为孩子们进入幼儿园学习、生活创造公平机会。

二是办好更加公平的义务教育。完善城乡一体化的义务教育发展机制，使区域内学校办学规模、办学条件、师资队伍、管理水平等大致相当、各有特色，择校现象明显减少。逐步推进小班化教学，力争小学班额控制在30人左右，初中班额控制在35人左右。坚持政府负责、公办学校吸纳为主，实现对流动就业人口随迁子女的免费义务教育全覆盖。切实保障残疾孩子平等接受义务教育，使他们在社会关爱中健康成长。

三是办好更具特色的职业教育。进一步完善区域现代职教体系，着力培养“德高技强，全面发展”的应用型人才。深化开放、共享理念，把苏州国际教育园建成国内一流、国际知名的示范性职业教育园区。增强职业教育吸引力，完善流动就业人口随迁子女接受中等职业教育制度，率先实行中等职业教育免费制度。

四是办好更加完善的终身教育。把终身教育纳入区域、行业总体发展规划，为所有成年人提供终身教育的机会。大力发展社区教育、老年教育和家庭教育，加强现代农民教育。大力实施学习型城市建设工程，努力把苏州建设成为“人人皆学、时时能学、处处可学”的示范性学习型城市。①

城乡学前教育一体化发展目标、城乡义务教育一体化发展目标、城乡职业教育一体化发展目标、城乡终身教育一体化发展目标共同构成苏州城乡教育一体化发展战略目标体系。《苏州市城乡教育一体化示范区评估标准》中的各项主要规定真实反映了苏州城乡教育一体化的战略目标体系。

第一，城乡教育管理一体化发展目标。区域内公办幼儿园、小学、初中、高中段学校和特殊教育学校由各市、区教育行政部门统一管理率达100%；区域内公办教师和校长由各市、区教育行政部门统一录用，统一直接调配和统一任免率达100%；区域内的公办教师专业培训进修（校本培训除外）由各市、区教育行政部门进行规划、实施与考核率达100%；公办幼儿园、小学、初中和高中段学校的撤并、新建、迁建、改扩建由各市、区教育行政部门会同相关部门决定率达100%。

---

① 陈瑞昌，殷建华. 苏州争当教育改革发展先导区[N]. 中国教育报，2010－10－26.

第二,城乡办学条件一体化发展目标。区域内85%以上的幼儿园达到苏州市优质幼儿园建设标准;70%以上的义务教育学校达到苏州市高水平现代化学校建设标准,基本消除单轨及双轨制小学;90%以上的镇(街道)成人教育中心校和老年大学达到苏州市现代化建设标准。

第三,城乡教育水平一体化发展目标。城乡全面实施素质教育的体制机制更加优化,促进学生全面发展的人才培养模式更加多元,人力资源开发水平持续提升。0—3岁婴幼儿早期教育覆盖率在90%以上,学前三年教育毛入园率、义务教育巩固率、高中段教育毛入学率达100%。城乡社会教育水平较高,老年教育普及率达30%。

第四,城乡教育经费一体化投入机制建设目标。依法保障教育经费"三增长":教育财政拨款应当高于财政经常性收入的增长,在校学生人均教育经费逐步增长,教师工资和学生人均公用经费逐步增长,并向农村学校倾斜。建立与完善教育公共财政保障体系、教育财政统筹和运行机制。区域内城乡中小学校的人员经费、建设经费、校舍维护经费、设备购置经费、日常公用经费、师资培训经费等实行统一标准,由市、区财政统一拨付。城乡社区教育专项经费不低于人均每年2元的标准。

第五,城乡师资队伍一体化建设目标。幼儿园、小学教师本科及以上学历的均达65%以上,初中教师本科及以上学历的达98%以上,城乡各级各类学校骨干教师比例和职称水平大致相当。

实行义务教育学校校长、教师交流制度。校长交流情况列入当地教育行政部门对学校和校长的考核体系,并作为进一步任用、提拔的条件。教师交流比例每年不低于15%。

对镇及以下学校教师、有支教经历的城区教师实行职称评定、评优评先等倾斜政策。晋升中级以上职务和参加县级以上评优、评先的教师,必须有在镇学校一年以上的工作经历。

区域内中小学教职工按统一编制标准进行配置,并逐步向农村学校倾斜。

在区域教师绩效工资总额的框架内统筹安排、设立扶持农村义务教育专项资金,用于教师到农村学校支教和交流的补贴。

当地财政按照不低于中小学教师工资总额1.5%的标准设立教师培训专款,优先保证农村义务教育教师免费专项培训。农村中小学按不低于学校年度公用经费预算总额5%的标准安排教师培训经费。①

① 参见《关于在全市开展城乡教育一体化示范区评估验收的通知》(苏教督〔2011〕12号)。

（三）苏州城乡教育一体化发展的智慧支持体系模型

苏州城乡教育一体化发展在基本理念的引导下，确定战略目标，然后动员全社会积极参与，获得社会各界的智慧支持。

智慧原本是梵语“般若”的意译，一般用在佛教文化之中。在佛教话语体系之中，智慧谓超越世俗虚幻的认识，达到把握真理的能力。虽然我们不是从佛教理念来理解智慧，但是这一含义的理解维度本身告诉我们：“灵活的人类是一种具备灵魂，充满灵性与情感的生命，是拥有认知能力、思维能力、判断力、记忆力、想象力、忍耐力与审美能力等在内的高级智能型生命。”①

智慧是一个相对概念，并不局限于人类，任何物体组成的体系都有智慧，只是高低不同，有时是对物体或者组织的结构合理、运行程序优良以及产生的功效比较大的描述。在生物有机体或者某一组织中，一定数量的质点组合构成某一物体的空间结构。在外力场作用下按一定的时间顺序和方向运动，同样质点数的情况下，系统结构的合理性，功效与内耗的比例大小决定了系统智慧的高低。“结构越合理，内耗越小，功效越大，系统的智慧越高，反之越低。”②如某一著名的零售系统相对于零散的杂货铺来说就是一个较高的智慧系统，是因为其有一个各子系统密切互动的高效的组织结构和合理的产供销流程。“人的智慧的高低，其本质也是取决于其脑神经细胞的组织结构合理与否、思维方式（精神场的波动属性）优良与否和由精神场引导的行为结果功耗比大小。人的智慧是内精神场与外精神场相互作用使内精神场优良性波浪式上升的结果。在外精神场以及时空的共同作用下，人智慧的高低可以改变。”③

当我们分析某项社会活动时，其智慧不同于物体或者个体，而是指构成社会的各部分之间有机联系而形成的精神力量。包括广义的互相合作、协调关系而形成的高效活动场，也包括狭义的精神启发、宏观谋略与知识支撑。苏州城乡教育一体化实践需要相关社会主体之间的互动与有效合作，需要各主体扮演不同的角色，发挥不同的智慧功效。

1. 社会公平与教育公平的主流价值观

社会主流价值观是最大的智慧，也是苏州城乡教育一体化发展的重要精神支柱。社会公平的价值诉求表明每一个社会成员都应该获得平等发展的机会与权利，其发展成果得到社会的公正评价与认同。教育公平是社会公平的基

---

① 心灵.时代孕育大智慧革命[N].人民政协报，2008－12－18.

② 心灵.时代孕育大智慧革命[N].人民政协报，2008－12－18.

③ 职业素养[DB/OL].http://wenku.baidu.com/view/015f2fd7195f312b3169a540.html，2012－10－22.

石，每一个人都要获得平等的受教育权利与机会，社会为每一个社会成员创造全面发展的环境，提供公平接受教育的条件。只有这些平等与公平的价值诉求成为社会的主流意识形态，每一个社会成员才能最大限度地获得公平发展的权利，才能形成生存与发展的公平感。苏州城乡教育一体化发展战略就是在“公平诉求”成为社会主流意识形态的背景下提出并科学确定的，如果没有这样的智慧支撑，城乡教育一体化将失去方向与动力。

2. 政府部门的宏观战略部署

苏州教育从国家经济社会发展规划、国家教育发展战略、江苏省教育发展战略中获得精神启发与直接引导。国家“十一五”规划、“十二五”规划、全国教育发展纲要、国家教育发展中长期规划（2010—2020 年）以及江苏省经济、社会、教育规划中，对城乡教育一体化发展分别做出了明确的规定。苏州市从这些规定中获得国家、省对各地教育发展战略的基本定位，再结合本地实际对国家教育发展战略、江苏省教育发展战略的意图进行吸收与消化，进而制定苏州城乡教育一体化发展的战略目标与步骤。国家与江苏省教育发展战略思想是苏州城乡教育一体化发展战略的重要智慧支持，它们为苏州城乡教育一体化确定了基本方向。

3. 各路教育精英的知识支持

苏州城乡教育一体化实践与教育界各路精英的积极参与直接相关，主要通过开展社会调查、招标立项研究、召开学术会议等形式获得知识支持。一是开展调查，征求教育界的支持。2009 年 4 月，城乡教育发展一体化调研组开展了“苏州市城乡教育发展一体化”专题调研。此次调研范围为四市及吴中区、吴江区、相城区、工业园区和高新区。主要内容是全市城乡教育发展一体化的总体状况、主要经验和存在问题，重点是收集对各地城乡教育管理体制的意见、设想与初步实践等方面的信息。具体涉及办学条件、办学经费和人事管理等方面的设想与探索。调研主要采用实地调研、会议调研、书面调研、资料调研、电话调研、网络调研等形式，对苏州市城乡教育一体化的现状进行了全面分析，并对全面实现城乡教育一体化发展的主要目标设想和政策提出了翔实的建议，对推动苏州市城乡教育一体化的发展发挥了不可替代的作用。二是招标立项研究。苏州城乡教育一体化的概念提出不仅是出于国家城乡一体化、城乡教育一体化的试点需要，而且是基于苏州教育均衡发展实践而提出的改革思路。早期苏州主要与全国各地一样，强调城乡教育均衡发展。2009 年前后，随着城乡一体化进程的推进，城乡教育一体化发展成为必然。就理论层面而言，如何实现从苏州城乡教育均衡发展转化到苏州城乡教育一体化发展，学术界不仅需要在一般观念视角就此形成科学认识，而且要在两者的本质区别、实践机制等更高层次进行理论探索。因此,苏州市积极发挥教育局、教科院、各科教育研究室专业人员的智力作用,把城乡教育一体化研究作为苏州市教育研究课题进行立项招标。与此同时,组织召开全国性的研讨会,吸收全国教育研究领域部分研究人员的智力优势,为苏州城乡教育一体化实践提供理论支持。2012 年苏州市哲学社会科学研究课题“城乡一体视野下苏州农村终身教育体系建设若干问题研究”(编号:12 - D - 25),在立项、开题等各环节,得到了各路专家的帮助与支持。苏州市通过课题招标的方式,提高苏州城乡教育一体化发展的理论层次。三是积极参与全省、全国性的科研项目研究,提升城乡教育一体化的理论研究水平。2013 年 7 月 6 日由苏州市教科院主持的全国教育科学“十二五”规划 2012 年度单位资助教育部规划课题“学有优教:基于城乡教育一体化的实践研究”正式开题,邀请国内专家学者为苏州城乡教育一体化战略的全面实施进行科学论证。

二、城乡教育一体化发展苏州模式的客体性要素

城乡教育一体化发展模式的客体性要素主要以教育环境、教育对象、教育传统、教育文化、教育制度体系等形式表现出来。苏州城乡教育一体化模式的独特性也可以通过上述因素的独特性来体现。苏州在实施与推进城乡教育一体化进程中充分利用与整合丰富的社会、经济、教育、文化等教育资源,尊重城乡教育对象的特殊性与差异性,尽最大可能为实现城乡教育一体化提供外在支持。

从 2009 年开始,苏州市以开展城乡一体化发展综合配套改革试点和创建全国首批义务教育发展基本均衡县(市、区)为契机,更加注重公共教育资源向农村倾斜,城乡之间、学校之间在办学条件、管理水平、师资素质、办学质量等方面的差距不断缩小,义务教育的公平度、优质度和满意度不断提高,促进了义务教育均衡发展与进一步提升教育现代化水平的高度融合。

(一)充分利用苏州社会经济一体化发展的成果并将其整合为重要的外部社会环境,进而推动城乡教育一体化发展

城乡教育一体化不能脱离经济社会发展的情况孤立地解读,比较高的城乡一体化程度是现代苏州发展的很鲜明的特色。这种区域特色为苏州城乡教育一体化发展奠定了坚实的基础。关于苏州市经济社会发展的具体内容将在第七章城乡教育一体化战略的实施条件与路径选择中详细论述。2012 年,苏州城乡一体化综合配套改革取得新进展,全市新增农村社区股份合作、土地股份合作、农业专业合作组织 431 家,累计 3928 家,持股农户占农户总数的比重达

96%。农村集体资产突破1200亿元,村均集体收入582万元,分别比上年增长14%和15.7%。全市90%的农村工业企业进入工业园,88%的承包耕地实现规模经营,48%的农民实现集中居住。① 城乡社会保障一体化稳步推进。苏州实现养老保险、医疗保险城乡并轨,成为全国首个全面实现社保城乡并轨的地区。2012年年末,全市城镇职工养老保险缴费人数472.88万人,职工医疗保险参保人员541.56万人,城镇职工失业、工伤、生育参保缴费人数分别为375.74万人、404.07万人和403.97万人。城镇职工五大社会保险覆盖率和社会保障基金征缴率均保持在99%以上。城乡居民养老保险和医疗保险覆盖率均在99%以上。城乡老年居民享受社会养老保险待遇覆盖率达到100%。企业退休人员月人均增加基本养老金165.5元。城乡居民最低生活保障标准由每人每月500元提高至570元。② 苏州在社会保障制度建设过程中,通过发放市民卡的方式,实现城乡居民医疗保障的一体化。另外,苏州的各个县级市,城乡普遍建起了十五分钟"交通圈",这客观上为教师的城乡流动创造了条件。③

这些配套改革的成果既是城乡教育一体化发展的物质条件,又是一体化发展的重要外部环境。即城乡生产关系、城乡居民生活方式等已经实现一体化的背景,有利于形成城乡教育一体化的社会氛围与城乡教育一体化的观念,这些为城乡教育一体化的推进工作提供重要的外部条件。

(二)充分利用苏州教育现代化稳步推进的成果,整合城乡教育一体化发展重要的教育资源

2012年年末全市拥有各级各类学校1096所(含幼儿园),在校学生125.28万人,毕业生30.78万人,教职工总数9.72万人,其中专任教师7.95万人。在苏州的普通高等院校20所,独立学院4所。普通高等学校在校学生19.22万人,毕业生4.97万人;成人高等学校在校学生3.4万人,毕业生1.94万人。各类教育均衡发展:学前三年幼儿入学率达99.9%,义务教育阶段学生入学率、巩固率继续保持100%,全市初中毕业生升学率为99.7%。全市高等教育毛入学率预计达到63.3%。④ 苏州独墅湖科教创新区被教育部确定为高等教育国际化示范区。这一现代化教育成果事实上已经成为苏州城乡教育一体化发展的

① 2012年苏州市国民经济和社会发展统计公报[DB/OL].苏州统计局调查公众网 http://www.sztjj.gov.cn/Info_Detail.asp? id=19944,2013-04-16.

② 2012年苏州市国民经济和社会发展统计公报[DB/OL].苏州统计局调查公众网 http://www.sztjj.gov.cn/Info_Detail.asp? id=19944,2013-04-16.

③ 苏雁.苏州义务教育构建"城乡一体"新模式[N].光明日报,2010-05-18.

④ 2012年苏州市国民经济和社会发展统计公报[DB/OL].苏州统计局调查公众网 http://www.sztjj.gov.cn/Info_Detail.asp? id=19944,2013-04-16.

重要教育资源与外部教育环境。一方面，全市范围内各级学校数量的增加，增加了教育资源，扩大了优质教育资源的覆盖面；另一方面，各类学校之间本身存在优势互补的逻辑关系，相互之间在师资培养与优质教师城乡配置、教育资源共享等方面为城乡教育一体化实践提供外部支持。

（三）城乡教育经费均衡性直接投入，推动城乡教育实现一体化发展

苏州不仅教育资源丰富，而且教育资源城乡均衡，这为城乡教育一体化发展目标的实现提供了重要的物质条件。2012 年度，苏州市财政用于教育支出的总费用达 175224.03 万元。苏州地区 GDP 突破了 1.2 万亿元，同比增长 10%。苏州经济实力为全国地级市之首，紧逼北京、上海、广州、深圳。依托这一经济发展实力，苏州市 2010 年到 2012 年三年内教育投入总数与生均公用教育经费不断提高。具体见表 5-3①。

表 5-3　苏州市中小学生均教育公用经费支出情况表（单位：元）

学校级别	2010 年	2011 年	2012 年
小学	586	645	705
初中	750	825	870
高中	400	440	550

苏州是中国经济高度发达的地区，下辖的常熟市、昆山市、吴江市（2012 年改成吴江区）、太仓市和张家港市等五个县级市的经济实力均列全国百强县（市）前五位。苏州教育资源城乡投入不仅可以做到相对均衡，而且呈现出农村超过城市的态势。苏州所属五个县级市（2012 年吴江市改成吴江区）农村新建学校的硬件条件，有时往往超过市区同类学校，硬件设施现代化程度普遍较高。这样的发展实力使得为区域城乡教育一体化发展提供足够资金不仅成为可能，而且已经成为现实。苏州城乡教育一体化发展战略的高标准之所以能够设计，就是因为有外部经济条件的支持。

（四）苏州独特的自然环境与社会环境为城乡教育一体化发展提供重要的教育资源

“事实上，人的发展及人的素质的提高，无一不是与社会大教育环境紧密相联的，可以说没有大教育环境对人的积极主动作用以及各个教育环境因素之间的协调配合，就不可能有人的良好发展，更谈不上人的素质的良好发展。”②城乡

① 根据相关统计数据整理而成。

② 李晋德. 试论我国大教育环境对人的发展的影响[J]. 昆明师专学报，1998(3).

教育一体化的客体因素中重要的因素是教育环境因素。苏州城乡美丽的自然环境以及高雅的人文环境为城乡教育一体化发展提供了坚实的基础。“自然环境是人类的重要直接教育环境之一，它直接影响着人类受教育的能力和水平。这不仅仅是因为自然环境制约着人，也同时因为自然环境决定着人的生存空间和水平及发展空间和水平，决定着人的生活水平，当然也就决定着人对发展的认识水平。因此只要我们能有意识地控制并创设自然，使之成为教育环境，就必然对人的发展产生更有目的的更大的影响。”①教育环境的城乡一样美是对城乡教育一体化发展的外部支持。

社会教育环境对人的发展起着尤为重要的作用，电影、电视、广播、报刊、书籍等传统媒体，网络、手机等新媒体，各种形式的文化活动以及周围人的言行与思想，都是重要的社会教育因素，它不仅“直接影响着青少年的思想学习乃至行为习惯的养成与发展”②，直接影响着成年人的思想与行为，而且直接影响城乡教育公平程度的实现。苏州在营造城乡高雅社会环境的时候，特别注重文化氛围的营造。

苏州创建文明城市，始终坚持城乡一体，即提高城乡全体居民环境的文明程度，以此来促进城乡全体居民的文明水平，这种创建活动为城乡教育一体化提供了重要的精神元素。苏州文化建设、公民道德建设的城乡一体化推动了城乡一体教育社会环境的营造。

以苏州公民道德建设为例。苏州为城乡教育一体化创造和谐的社会环境，从而影响城乡教育一体化的进程。苏州市试图以城乡一样的要求、一样的主题、一样的载体积极开展全市范围内的公民道德建设，提高所有苏州人的现代化水平，在苏州大地上呈现出既具有苏州总体特色，又具有苏州城乡不同风格的公民道德风貌。

苏州以“城市的标准建农村，以市民的要求育农民”，农村的精神文明与物质文明互动，中心城市与县级市联动，率先走出了城乡一体化的文明建设之路、城乡一体化的公民道德建设之路。③ 早在 1999 年苏州市（辖张家港市和昆山市）被评为首批“全国创建文明城市工作先进城市”；2002 年苏州市和所辖五市（县）全部建成“全国创建文明城市工作先进城市”，初步形成了全国首个“文明城市群”板块；2005 年苏州市继续保持“全国创建文明城市工作先进城市”的荣誉，张家港市成为全国县级市中唯一的“全国文明城市”。此后，苏州以张家港

---

① 李晋德. 试论我国大教育环境对人的发展的影响[J]. 昆明师专学报，1998(3).

② 李晋德. 试论我国大教育环境对人的发展的影响[J]. 昆明师专学报，1998(3).

③ 张帅. 城乡一体：苏州文明发展之路[N]. 苏州日报，2011-07-23.

为典范，在全市范围内开展了创建全国文明城市的活动，把这一活动与公民道德建设融为一体，使苏州以公民道德建设促进人的现代化实践进入一个崭新的时代。

苏州市在张家港成为全国文明城市的基础上，于2009年1月20日被评为第二批全国文明城市，张家港市又被确认为继续保留荣誉称号的首批全国文明城市，苏州成为了全国唯一拥有地级市和县级市“全国文明城市”称号的地区。

这些荣誉是对苏州公民道德建设成果的肯定，也是对苏州以公民道德建设促进人的现代化实践的认同。苏州公民道德建设成果赢得“全国文明城市”的称号，而“全国文明城市”称号又进一步引领苏州公民道德建设的方向，提升公民道德建设的质量。在“双料”全国文明城市的基础上，苏州又提出创建“全国文明城市群”的崭新目标，为苏州描绘了一幅令人充满期待的崭新蓝图。根据部署，苏州将按照素质提升与社会发展协同推进、政府主导与社会参与协同推进、分类指导与典型示范协同推进、重点突破与长效建设协同推进的原则，整体推进城乡文明一体，打造具有高效能的基础设施、高水平的管理体系、高质量的生活环境、高效率的合作分工、高品位的城乡文化、高素质的公民思想道德的城市群，使城乡文明一体化水平走在全国前列。

公民道德建设是苏州社会文化环境建设的重要内容，文明程度的城乡共同提升，为城乡教育一体化建设步伐的加快提供了重要精神力量。教育环境的城乡一体化建设不仅包括学校内部的教育环境优美，而且包括广义的社会大环境的优美。这样的优美环境不仅是城乡教育外部条件的一体化展示，而且是城乡教育一体化成果的体现。人是环境的产物，同时人又是环境的创造者。外部环境的城乡一体化是城乡教育一体化发展苏州模式的客体要素的重要构成部分，也是城乡教育一体化发展苏州模式中优秀的育人环境的内涵体现。

（五）城乡各类教育对象的旺盛需求推动城乡教育一体化的特色发展

教育的发展必须与教育对象的特点尤其是教育对象的需求相一致。在贯彻落实教育规划纲要与推进教育现代化一体化的过程中，苏州一直从教育对象的多样化需求入手，积极探索义务教育的特色化与普通高中多元发展的路径。苏州传统文化不仅具有巨大的教育价值，而且对特色教育的发展起着举足轻重的作用。例如，苏州昆曲需要后继有人，在城乡学校教育过程中结合素质教育的要求，举办昆曲特色教育。苏州各区域根据文化资源的多样性以及学生的发展需求，相继开设特色班、特色课。特色教育成为城乡义务教育一体化发展过程中的一道亮光。高中学生的需求更加多样化，城乡教育一体化实践过程中，各市教育局引导学校满足学生的发展需求，开辟多种渠道，形成城乡一体的特色教育。实践表明，苏州市的高中教育突出了差异性和选择性，要求每所高中都形成自己的特色，从而让学生能选择合适的教育。多元化发展的一个显著结果是，苏州初中生在中考后，就有了规划人生的机会，在高中能从不同的方向发展自己。在高中教育多元化的进程中，很多高中形成了自己鲜明的特色。例如，提到苏州市第三中学，很多人就知道“多语种”，学生不仅要学英语，还要学日语、德语、法语；说到苏州市田家炳中学，乒乓球、篮球就跳了出来，耳边就会响起体育活动的呐喊声；苏州市第十中学，以“诗性教育、人文情怀”为特色内容……每所高中都有看家本领，家长能根据孩子的潜质、兴趣去挑学校，农村乡镇高中也不例外①，体现出苏州城乡教育特色一体化要求、一体化管理、一体化引导与一体化支持的发展态势。

不仅义务教育以及基础教育体现特色，社区教育等社会教育也既体现城乡教育一体化的风格，又呈现其自身的特点。以“全覆盖、强内涵、创特色、惠民生”为社区教育工作要求，苏州市城乡一体积极以社区教育实验项目为抓手，大力推进社区教育创新发展，不断提升社区教育品质。此处以2012年社区教育实验项目评估信息为例，分析苏州社区教育一体化发展的基本走向。通过对苏州全市范围内的社区教育实验项目的评估，苏州市教育局最终认定2012年度苏州市社区教育精品实验项目9项，重点项目20项，一般项目67项。具体见表5-4②。

表5-4　2012年度苏州市社区教育实验项目评估结果

精品实验项目		
序号	项目名称	申报单位
1	整合社区教育资源　提高社区教育实效——挖掘东渡文化教育资源　推进区域社区教育建设	张家港市塘桥镇社区教育中心
2	加强社区培训学院教育服务能力建设	常熟市社区培训学院
3	打造“学在周市”学习品牌　推动全民学习活动的实验	昆山市周市镇社区教育中心
4	隔代亲子教育的实践与研究	吴江区社区培训学院
5	提高残疾人幸福指数的实践与探索	姑苏区留园街道虎丘路社区
6	社区健康教育与健康促进机制	姑苏区胥江街道
7	2012年木渎镇全民学习活动	吴中区木渎镇社区教育中心校
8	“戏曲之乡”特色文化的传承与发展	相城区北桥街道社区教育中心
9	实施“居民心理幸福计划”　助力幸福社区建设	工业园区湖东社区教育中心

① 王亮，赵建春，陈瑞昌，缪志聪. 从学有所教到学有优教[N]. 中国教育报，2011-11-09.

② 数据来自苏州市教育局《关于公布2012年度苏州市社区教育实验项目评估结果的通知》。

续表

重点实验项目		
序号	项目名称	申报单位
1	关于金港镇主要劳动力受教育年限延长的实验	张家港市金港镇社区教育中心
2	以十字绣教育为抓手 推动优秀传统文化的传承	太仓市浏河社区教育中心、浏河新塘社区
3	百场讲座进社区	昆山市高新区社区教育中心
4	开展旅游文化教育,服务水乡旅游产业	昆山市周庄镇社区教育中心
5	同里宣卷与提升人文素质研究	吴江区同里镇社区教育中心
6	社区教育提高老年人再适应能力实验	姑苏区平江路街道
7	翰墨飘香 书法育人	姑苏区桃花坞街道
8	关于农贸市场外来务工人员“爱心小学堂”项目的探索	姑苏区苏锦街道
9	书香社区引领文明新风尚	姑苏区虎丘街道红星社区
10	挖掘教育文化资源,打造“全民学习”多功能平台	姑苏区白洋湾街道新渔村、金阊社区学院
11	创建学习型社区实验	姑苏区吴门桥街道
12	依托社区教育大课堂,寻求社区教育的生长点	姑苏区沧浪社区培训学院
13	法治精神提升人文素养,普法教育引领健康生活	姑苏区双塔街道
14	社区培训学院参与退役士兵技能培训	吴中区社区培训学院
15	全民读书项目实验	吴中区甪直镇社区教育中心校
16	残疾人厨艺培训项目实验	吴中区郭巷街道社区教育中心校
17	整合教育资源,加强未成年人思想道德建设的探究	相城区黄桥街道社区教育中心
18	构建社区网络学习资源共享联盟的项目实验	工业园区社区培训学院
19	推进过渡型社区教育工程 探索乡镇农民市民化教育模式实验项目	工业园区胜浦镇社区教育中心
20	苏州话培训提高“新苏州人”归属感的实践研究	高新区狮山街道社区教育中心
一般实验项目		
序号	项目名称	申报单位
1	以镇老年大学建设为载体的社区教育发展策略研究	张家港市锦丰镇社区教育中心
2	社区学院与电大共享共赢模式的构建与运行	张家港市社区培训学院

续表

序号	项目名称	申报单位
3	因地制宜,彰显特色,开发本地产业发展需要的培训课程	张家港市凤凰镇社区教育中心
4	开展未成年人教育“心灵导航”工程的实验	张家港市乐余镇社区教育中心
5	发展双杏遗风,提升人文素质	张家港市大新镇社区教育中心
6	青少年校外教育的研究	张家港市南丰镇社区教育中心
7	太湖地区有机农产品——水稻生产技术简明教程的开发与研究	常熟市古里镇社区教育中心
8	利用学校科技特色资源,提高社区居民科学素养	常熟市虞山镇成人教育中心
9	乡镇老年教育热点探索与实践	常熟市董浜社区教育中心
10	乡镇老年人的家庭安全防范教育	常熟市尚湖社区教育中心
11	以“孝爱”教育为抓手,促进社区和谐发展	常熟市梅李社区教育中心
12	诵读经典,提升未成年人素质	常熟市支塘社区教育中心
13	以基地为平台推动农村社区教育的实验	太仓市璜泾镇社区教育中心
14	终身教育数字化建设的实践	太仓市社区培训学院
15	加强基层社区教育队伍能力建设的研究	太仓市城厢镇社区教育中心
16	社企文化艺术节	太仓市经济开发区社区教育中心
17	农村老年教育实验	太仓市沙溪镇社区教育中心
18	青少年假期科普学习进社区	太仓市浮桥镇社区教育中心
19	校社互动助推青少年精神文明建设	太仓市双凤镇社区教育中心
20	“社区大课堂”搭建了社区居民素质提升平台	昆山市陆家镇社区教育中心
21	开展创业培训　开辟社区教育新天地	昆山市社区培训学院
22	城市新型社区家园意识的培育	昆山市高新区娄江街道办事处
23	科普活动进社区与提高居民素质关系的项目实验	昆山市花桥经济开发区社区教育中心
24	创建学习型组织,提升干部综合素质	昆山市巴城镇社区教育中心
25	唱响锦溪宣卷　弘扬传统文化	昆山市锦溪镇社区教育中心
26	昆曲学唱	昆山市千灯镇社区教育中心
27	阅读连着致富路	昆山市淀山湖镇社区教育中心
28	老有所学,学有优教	昆山市张浦镇社区教育中心
29	开发“芦墟山歌”资源促进社区教育的实验	吴江区汾湖经济开发区社区教育中心

续表

序号	项目名称	申报单位
30	星期学校的建设与研究	吴江区松陵镇社区教育中心
31	强化社区育人功能，提升外来工子女素养的研究	吴江区平望镇社区教育中心
32	开展企业员工有效教育培训的研究	吴江区震泽镇社区教育中心
33	社区老年教育创新与发展研究	吴江区盛泽镇社区教育中心
34	信息技术在农村劳动力实用技术培训中的整合应用	吴江区七都镇社区教育中心
35	以职业能力提升为导向的农村社区培训方式研究	吴江区桃源镇社区教育中心
36	开拓农村电子商务推动地方经济发展的研究	吴江区横扇社区教育中心
37	传承“范蠡文化”，服务“财智长桥”	吴中区长桥街道社区教育中心
38	健康行动进社区项目实验	吴中区金庭镇社区教育中心
39	送教下乡——电脑培训走进渡口、吴巷村	吴中区东山镇社区教育中心
40	农村“书香家庭”建设的实践与研究	吴中区横泾街道社区教育中心
41	胥口镇居民日语教育	吴中区胥口镇社区教育中心
42	深化道德讲堂建设，提升市民道德修养	吴中区临湖镇社区教育中心
43	孙子文化进校园项目实验	吴中区光福镇社区教育中心
44	营造文化氛围、建设和谐越溪	吴中区越溪街道社区教育中心
45	农家乐餐饮培训项目实验	吴中区香山街道社区教育中心
46	新市民职业技能培训实验	吴中区城南街道社区教育中心
47	“学校放假，社区开学”——未成年人“假日课堂”实验	吴中区苏苑街道社区教育中心
48	社区教育资源整合实验	吴中区龙西街道社区教育中心
49	动迁农民文明礼仪教育研究	相城区望亭镇社区教育中心
50	拓展校园特色文化，提升社区教育活动水平的实践研究	相城区黄埭镇社区教育中心
51	社区教育基础能力建设的实践和探索	相城区元和街道社区教育中心
52	琴弦飞舞，演绎精彩——小提琴教学的实验	相城区渭塘镇社区教育中心
53	教育现代化村市民学校建设实践与研究	相城区阳澄湖镇社区教育中心
54	终身教育在线平台建设初探	相城区太平街道社区教育中心
55	“掌握健康的金钥匙”系列主题讲座	姑苏区观前街道
56	提升人口文化建设，彰显人文城北特色	姑苏区城北街道

续表

序号	项目名称	申报单位
57	关于提升居民数字化学习能力的实验	姑苏区娄门街道
58	娄葑“好人讲堂”的实验报告	工业园区娄葑镇社区教育中心
59	开发社区教育课程项目实验——物联网智能安防培训项目的开发	工业园区社区培训学院
60	依托区位地理优势,积极开展外来人员和失地农民培训	高新区培训中心
61	枫桥街道失地人员培训	高新区枫桥街道成教中心
62	失地农民就业培训	高新区阳山街道
63	依托街道无公害基地建设,扶持失地失业人员自主创业	高新区镇湖街道办事处
64	创新文化工作形式,提高文化发展效益	高新区横塘街道办事处
65	以教育文体中心为载体,开展失地、失业农民就业培训	高新区浒墅关镇社区教育中心
66	社区信息化建设探索与实践	高新区通安镇
67	拆迁失地农民就业培训	高新区东渚镇

从内容上看,上述研究项目涵盖了苏州城乡城镇化过程中涉及的重点、热点话题。从项目主持单位看,研究项目呈现城乡一体化合作的态势,镇与街道之间联动研究。不仅如此,苏州还呈现城乡跨地区之间的研究合作、互动趋势。随着农村城镇化的加速,农村社区居民如何市民化成为苏州城镇化实践必须面对的重要主题。为此,2011 年苏州市社区教育领先进行试验研究,促成古城区平江路街道与工业园区胜浦吴淞社区就相关问题开始城乡联动研究实践,他们就城市文化与乡村文化、现代文化与传统文化如何协调发展,农民如何适应城市发展进行结对研究。这些试验研究进一步促进了城乡居民之间的联系与理解,有效实现了城乡之间文化的融合,城乡居民的素质得到一体化提升。

三、城乡教育一体化发展苏州模式的中介性要素

城乡教育一体化发展模式的中介性要素主要是指手段性要素,即推进城乡教育一体化的重要手段与措施。以实践手段为核心的中介性要素是区分各地城乡教育一体化实践模式的重要依据之一。

（一）建立城乡一体化的人力管理体制

人力管理是教育管理中的核心内容，教师是城乡教育一体化发展过程中重要的人力资源，也是决定城乡教育一体化发展的重要前提，因此建立城乡教师一体化发展机制是苏州城乡教育一体化发展的重要手段。2010 年颁布的《苏州义务教育均衡发展示范区建设的意见》明确规定，“区域内城乡所有义务教育学校教师由市、区教育行政部门统一录用，统一直接调配；校级领导全部由市、区教育行政部门统一任免，统一直接管理；到 2012 年，所有初中由市、区教育行政部门统一直接管理；到 2015 年，所有小学由市、区教育行政部门统一直接管理”。《关于加快实现城乡教育一体化现代化的意见》指出，“各市、区要对义务教育学校合理定编，科学设岗，教师轮岗流动，满足义务教育优质均衡发展对师资的需要，到 2012 年乡镇及以下义务教育学校师生比与城区同类学校持平，2015 年起，乡镇及以下义务教育学校师生比略高于城区同类学校；要采取调控措施，使骨干教师和中高级职称的比例在义务教育学校保持均衡，到 2015 年，乡镇初中县级以上骨干教师比例和职称水平基本达到城区同类学校平均水平”。[①] 具体来说，苏州城乡一体化的人力管理体制重点包括以下内容：

1. 城乡教师交流制度

《关于加快实现城乡教育一体化现代化的意见》指出，“各市、区要依法建立区域内义务教育学校教师定期交流制度，大力推行骨干教师交流和帮教制度，每年城区优质义务教育学校到农村相对薄弱学校支教的教师不少于城区学校教师总数的 5%；各镇中心小学、市镇小学到村校支教的教师不少于村校在编教师总数的 20%。凡晋升中级以上职务和参加县级以上评优、评先的教师，必须要有在乡镇及以下学校或薄弱学校工作一年以上的经历”。

教师交流制度化、常态化是苏州城乡教育一体化建设的重要举措，交流过的教师归区县统一安排。其实，教师城乡交流的实践在苏州早就开始了。2005 年苏州工业园区开始了校长城乡交流的实践探索。2006 年前后，张家港、昆山、太仓、吴江等市也开始实施校长轮岗制度和城区教师支教制度。2010 年苏州市颁布《苏州义务教育均衡发展示范区建设的意见》后，各市、区又在现有条件下建立了具体的交流制度。

苏州工业园区教育局每年都会按照一定比例在区内学校安排部分教师流动。以园区一中为例，自 2010 年至 2012 年期间先后有 5 位正副职校长、3 位优秀教师加盟学校，促进了学校管理水平和教育质量的大幅提高。

---

① 参见《中共苏州市委苏州市人民政府关于加快实现城乡教育一体化现代化的意见》（苏发〔2010〕55 号）。

太仓市为了加大教师流动力度，建立了流动制度。一是定期交流制度，在同一学校任教满6年、离法定退休年龄5年以上的教师，须在本市内进行交流。逐步达到每年教师交流比例不低于符合交流条件的教师总数的15%，城镇学校骨干教师交流比例不低于符合交流条件的骨干教师总数的15%的目标。二是农村任教制度，中学教师评聘高级职称、小学（幼儿园）教师评聘中级职称，须有2年及以上农村学校任教经历（四星级高中教师评聘高级职称须有2年及以上三星级高中或农村学校任教经历）。三是支教制度，坚持骨干教师支教制度、托管共建制度、向外来务工人员子弟学校支教制度，城区义务教育阶段学校、幼教中心的太仓市级学科带头人，要在任职后的每五年内，至少有一年到农村学校任教经历，公办学校向外来务工人员子弟学校派出支教教师比例逐步达到20%。四是服务期制度，对被选送参加出国培训、在职攻读教育硕士等有关教师实行服务期制度。经组织选派出国培训者，必须在原单位至少工作服务3年。被组织选送在职攻读教育硕士取得学位并得到教育局、学校奖励者，必须在原单位至少工作服务5年。①

张家港制定并落实校长轮岗、教师交流制度，先后有18名校长（园长）、250多名教师下乡支教。2010年前后还出台规定，应届师范毕业生经公开招考被录用后，一律到农村学校任教。②

2. 教师流动激励机制

苏州市加大了在教师工资和学生人均公用经费上对农村学校倾斜的力度，向农村骨干教师发放更多的岗位津贴和交通补贴，并要求各农村中小学安排的教师培训经费不低于学校年度公用经费预算总额的5%。政府还出台规定，应届师范毕业生经公开招考被录用后，一律到农村学校任教；农村骨干教师的津贴是市区同类骨干教师的两倍。

3. 刚柔相济的落实机制

苏州在推行城乡教育一体化过程中注意政策“刚性”与“柔性”相结合。一方面加强对学校和教师的评估标准建设，另一方面在推行改革时考虑到各地区的实际情况，灵活地掌握落实标准。2011年，对工业园区内的乡镇学校就是采用“达标升级”的模式进行管理，即先进行达标评估，不达标的项目，由乡镇政府组织改进和提升，待学校全面达标后，再由教育局统一管理。城乡学校间教师流动制度落实过程中，针对教师家庭情况与交通因素，前期主要在县市（区）内

---

① 苏州市教育局. 苏州太仓市用制度确保教师流动[DB/OL]. http://www.ec.js.edu.cn/art/2013/7/18/art_4343_125433.html,2013-07-18.

② 苏雁. 苏州义务教育构建“城乡一体”新模式[N]. 光明日报,2010-05-18.

进行。城区教师到农村支教时鼓励其任满 3 年，以便更好地配合学校的教学任务。[①] 在众多人性化的教师待遇保障基础上，采取“走出去”“请进来”“手拉手”等形式，实现师资流动、资源共享，从根本上提升城乡教育一体化的内涵。

4. 教师素质提升机制

教育现代化不仅涉及教育设备的现代化，关键在于教师队伍的现代化。教师队伍现代化的关键在于促进教师素质的提高，培育教师发展的主动性，点燃教师自我发展的引擎。同时也需要营造有利于教师发展的社会环境。

苏州教育主管部门还致力于城乡在职教师的学历提升，从“十五”开始，苏州市先后提出了“教师硕士培养工程”“小学和幼儿园教师学历本科化战略”。2013 年 1 月起，苏州市在职中小学教师攻读研究生及以上学历所需费用由政府全额埋单。在此基础上，苏州市还组建了“苏州市名师发展共同体”，吸收全市各级各类名师参与其中，扩大他们在城乡教育一体化过程中的教育影响力。[②]

（二）建立城乡统一的标准管理机制

教育发展需要一定的评判标准，城乡教育一体化发展也需要统一的建设标准。苏州市早在 2006 年就出台了苏州市义务教育现代化学校评估标准、农村村级小学现代化建设标准、苏州市特殊教育现代化学校办学标准、苏州市民工子弟学校合格建设标准等一系列配套文件，规范和引导学校建设，实现城乡教育建设标准一体化管理。

1. 统一城乡学校办学标准

《关于加快实现城乡教育一体化现代化的意见》规定，“制定苏州市义务教育高水平现代化学校建设标准，到 2012 年，100% 的城区、70% 以上的乡镇及以下小学、初中达到苏州市高水平现代化学校建设标准，基本消除单轨制小学；到 2015 年，全市所有小学、初中都达到苏州市高水平现代化学校建设标准，完全消除单轨制小学、基本消除双轨制小学”。这一方案的实施具有扎实的基础。虽然目前苏州全市范围没有达到统一办学标准，但是一些区域基本达到。苏州工业园区从 2010 年起开始实行全区统一办学标准政策，至 2012 年年底全区实现统一办学标准改革。

2. 建立城乡统一的学校办学经费标准

《关于加快实现城乡教育一体化现代化的意见》指出：“完善市、区教育公共财政保障体系、教育财政统筹和运行机制；区域内城乡义务教育学校的人员经

---

① 晓颖. 苏州通过统一管理体制改革推进城乡教育一体化[DB/OL]. http://www.js.chinanews.com/news/2011/0906/29918.html,2011－09－06.

② 苏雁. 苏州义务教育构建“城乡一体”新模式[N]. 光明日报,2010－05－18.

费、建设经费、校舍维护经费、设备购置经费、日常公用经费、师资培训经费等实行统一标准,由市、区财政统一拨付;建立区域内学校公用经费年均增长不低于8%的长效机制;自2010年起,校舍维修经费按学校实际校舍面积每平方米不低于15元/年的标准在市、区财政预算内安排;2015年实行每平方米不低于20元/年的标准。”苏州城乡学校的这项标准的达标率为100%。

3. 建立城乡统一的学校布局标准

城市优质学校向外围辐射。苏州市立达中学、景范中学、平江中学、草桥中学都是苏州老百姓心目中的品牌学校。2004年年底苏州市启动开发建设沧浪、平江、金阊三座新城。根据新城建设的规划,每座新城的入住人口都在10万人以上。为了向新城辐射优质教育资源,2011年3月,苏州市把立达学校整体搬迁至沧浪新城,景范中学在金阊新城建分校,平江中学搬迁至位于苏州市东部的第二十中学,草桥中学搬迁至城北的平江新城。① 苏州其他各区县都按照这一模式形成优质学校向边缘尤其向农村地带辐射的布局。昆山的“一校多区”也是学校合理布局的一个表现,即城区优质学校在边缘地区开办分校区,扩大优质学校的辐射范围,带动周边学校的发展,吸纳学校所在地区内的城乡学生。《2013年苏州市区义务教育阶段学校入学工作意见》进一步明确了义务教育阶段学校布局标准,指出“结合行政区划调整、新城区建设、城市综合改造,科学合理、积极稳妥地调配公共教育资源。加快中小学布局调整,通过老校改造、资源重组、品牌输出、施教区共享等治本措施,进一步扩大热点学校施教区服务范围,发挥优质学校的辐射带动作用”。

4. 建立城乡统一的学校特色标准

义务教育均衡发展,城乡教育一体化,不代表校校千篇一律,“千校一面”。2007年年初,苏州出台了《苏州市深化素质教育,丰富校园生活,促进学生全面发展三项规定》(简称《三项规定》),要求“小学每天15:20后、初中每天16:00后严禁上课”,把时间还给孩子们“玩”。《三项规定》的实质是素质教育,它在促进学生全面发展的同时,也促使学校在内涵发展上下功夫,形成各自的特色。如今,研发机器人的、观测天文的、学做桃花坞木刻年画的、学唱昆曲和评弹的,在苏州城乡校园里都能找到。②

依托深厚的历史人文底蕴和丰富的自然山水资源,苏州市高新区打造了科技、双语、生态、体育、民间工艺、少儿书画等六大教育特色链。建立在城乡一体、均衡基础上的特色教育发展,让家长的择校标准逐步从“择重点”向“择特

① 苏雁.苏州义务教育构建“城乡一体”新模式[N].光明日报,2010-05-18.

② 苏雁.苏州义务教育构建“城乡一体”新模式[N].光明日报,2010-05-18.

色”转变。这一变化不仅体现了素质教育的内涵，也最大限度地缩小了城乡学校之间教育质量的差距。①

第三节 苏州各地城乡教育一体化特色实践

苏州全市城乡所有的幼儿园、小学、初中、高中、特殊学校自 2012 年起全部实现由县级人民政府统一管理、统一规划布局、统一配置教师、统一配置校长。预计到 2015 年止，苏州城乡所有学校从硬件到软件实现全部统一。由于苏州各县市以及各区域之间存在一定的差异性，城乡教育一体化的进展速度也存在差异性。

一、“城乡统一管理”的园区模式

苏州工业园区教育是在原吴县和郊区 5 个乡镇的农村教育基础上起步的。20 世纪 90 年代初，这里分布了 100 多所中小学和办学点，单班学校、复式班普遍存在。进入 21 世纪，该区在全市率先试行区一级管理，先后投入 60 多亿元，撤并了 80 多所薄弱学校和办学点，异地新建 60 多所中小学及幼儿园，完成了每一所乡镇学校的提升改造。2010 年荣获江苏省阳光体育运动先进区称号；2011 年成为教育工作省级督导考核专家眼中的“教育发达地区”；2012 年起，园区 15 所乡镇学校已全部升级为区直管，在苏州市率先实现了城乡教育一体化管理；2012 年以高分成为“全国义务教育发展基本均衡县（市、区）”。

（一）教育资源配置城乡一体化

经费投入是园区教育发展的重要前提，在前期全区统一达到省级教育现代化的基础上，2012 年，全区投入教育经费 16.24 亿元，其中 4.97 亿是建设经费，主要项目是 3 所新学校、5 个改扩建工程、7 个教育发展开工项目。通过投入，教育资源持续优化，“启动学校教育技术装备提升工程，在全市、全省率先实现所有中小学省教育技术装备一类水平全覆盖”②。

（二）教师交流机制与校长职级制城乡一体化

园区在苏州较早实行教师交流制度，通过制定优惠政策鼓励优质学校教师

---

① 苏雁. 苏州义务教育构建“城乡一体”新模式[N]. 光明日报，2010－05－18.

② 苏州工业园区教育局. 盘点：2012 年园区教育发展主旋律[J]. 园区教育信息，2013(1).

流入农村薄弱学校任教。2012 年,“ 311 名教师双向流动、152 名优秀管理干部交流任职,每所学校师资配置实现大体均衡”①。

2012 年 6 月 30 日,园区召开教师队伍建设推进大会,颁布《苏州工业园区中小学(幼儿园)校长职级年薪制实施意见(试行)》《苏州工业园区骨干教师发展共同体实施方案》等重要文件,建立中小学学科的“骨干教师发展共同体”,试行校长职级制,大力健全校长考核、培训、监督、流动制度,在全省率先实施校长职级制度,促进校长队伍专业化发展。

(三) 名校名师行动城乡一体化

深入推进“名校名师行动计划”,加快师资队伍年轻化、知识化和专业化建设。

2012 年,园区深入开展名校创建活动,注重学校内涵发展,全面提升办学品位,全区八成以上幼儿园成为省、市优质园,所有小学和初中创建成苏州市教育现代化学校,全部高中段学校跻身省四星级学校行列。

(四) 教育特色城乡一体化

继续推进教育特色化战略,促进学校个性化发展,一批以书香校园、人文学苑、双语教学、书法教学、科技活动为主题的特色品牌更加凸显。服务外包学院、工业技术学校率先启动中高职人才培养贯通试点工作。2012 年,园区进一步加快推进教育教学改革,全面提高学校教学质量,高考、中考再次取得骄人成绩。

(五) 教育惠民工程城乡一体化

惠民工程是城乡教育一体化管理中的重要内容,园区把惠民作为城乡教育发展的重点工程与核心工程。一是首创幼教财政补助制度,即按照每年每人 3000 元的标准鼓励民办学前教育。2012 年投入 1425 万元,发放 100 万元安全奖励基金,扶持民办幼儿园持续健康发展,保质量、降收费,为广大百姓切实解决“入园难”“入园贵”的难题,保证园区幼儿有学上、上好学。二是关心弱者群体的教育公平。对外来务工人员子女坚持公办学校全吸纳制度,同时完善帮困助学体系,激发经济困难学生努力学习。2012 年度 1.33 万名外来务工人员子女全部进入园区公办学校上学,共享优质教育。共发放各级各类奖助学金 985 万元,免收学杂费等各项学习费用1750 多万元,7.7 万人次学生受惠,其中 2.66 万人次受惠者为进城务工人员子女,占受惠者总数的 32% 。三是大力推进城乡一体社会教育。通过市民学校、老年大学等形式多样的社会教育提高居民的文

---

① 苏州工业园区教育局. 盘点:2012 年园区教育发展主旋律[J]. 园区教育信息,2013(1).

化素质，满足其文化需求。至2012年，全区共有17所社区学校创建成为“苏州市市民学校”。胜浦等社区老年大学创建成为首批“苏州市现代化乡镇老年大学”，胜浦镇、娄葑镇先后创建成为全国社区教育示范乡镇，园区普通话辅导点落户园区社区培训学院并投入运营，民办非学历教育培训机构增至52个，为提高社会教育水平提供物质条件。

（五）建立普通教育与职业教育融合制度

普通中学与职业中学的融合是苏州工业园区教育发展过程中的改革，这一改革对园区经济发展与学生全面发展、教育特色发展具有重要理论意义与实践创新价值。目前中国普遍存在普通中学应试教育的弊端，考不上大学意味着学习失败。工业园区从企业用人单位的实际需求出发，引进国外先进的教育理念，大力推进普职教育融通。四所高中与园区工业技术学校和服务外包职业学院对接，1100余名高一学生走进了职业学校教室，学习普通高中通用技术课程。普通高中与职业院校“联姻”，是园区率先探索普职互动、资源融通的全新尝试，也是实现教育体系自身横向一体化、纵向一体化发展的重大举措。

二、城乡“五同步”发展的张家港模式

所谓“五同步”，即城乡教育资源同步布局、城乡教育经费同步增长、城乡办学条件同步改善、城乡教育质量同步提高、城乡教师素质同步提升。①

（一）城乡教育资源同步布局

积极推进教育资源的科学配置和高效利用，持续优化区域义务教育规划，切实加强城乡教育的统筹发展。根据城乡一体化的建设规划与人口增长的实际情况，不断加强城乡小区配套学校建设，确保校际之间办学条件、师资队伍、管理水平等相对均衡，努力从根本上消除“择校”现象，目前择校生比例低于5%。

（二）城乡教育经费同步增长

全市义务教育阶段学校公办教师工资由市财政统筹管理，义务教育经费纳入市财政结算中心统一管理，对公办义务教育阶段学校公用经费实行一样标准、同样核拨。不断加大教育投入，教育预算内经费拨款、生均预算内公用经费、生均预算内教育事业费均确保逐年增长。

---

① 苏州市教育局.苏州张家港市义务教育均衡发展“五个同步”模式显成效[DB/OL]. http://www.ec.js.edu.cn/art/2013/5/27/art_4343_120806.html,2013-05-27.

（三）城乡办学条件同步改善

始终把改善城乡学校办学条件列入政府实事工程来实施，努力实现城乡学校“环境一样美、硬件一样好、装备一样高”。全力扩充公办资源，有效保障新市民子女进入公办学校上学，至2012年9月，全市公办学校吸纳新市民子女达到3.22万人，比例超过了75%。

（四）城乡教育质量同步提高

全市义务教育阶段打破学校和学校之间的界限，在课程进度、教学内容、资料汇编等各方面实现成果共享。在初中，着重推进学校文化建设、生态课堂实践、“三会”活动实践等特色共同体建设，做到资源共享、优势互补；在小学，采用分校式、辅导式和共建式等管理模式，促进优质教育资源的城乡整合，较好地实现了村校与市镇小学在办学理念、硬件设施、规章制度、课程体系、人员待遇、考核标准上的“六个一样”。从2008年起，将大课间活动纳入学校课程，保证学生每天运动一小时，逐渐形成了具有张家港特色的“333大课间模式”。面向全体学生，尊重学生选择，每天一小时免费发展学生个性特长，实现了“学校少年宫”“新市民子女学校少年宫”和镇“中心少年宫”三个全覆盖。

（五）城乡教师素质同步提升

制定并实施了城乡一体化的教师培养和配备体制，从2008年起，以农村教师队伍建设为重点，实施了骨干教师评选向农村倾斜的政策，建立了骨干教师三年服务期制度，在最新评出的622名骨干教师中，农村学校教师337人，占总数的54.2%。不断健全完善校长岗位城乡交流制度，近两年共有117名校长进行轮岗交流，有力促进了农村学校管理水平的进一步提升。

三、“输出管理”的太仓模式①

所谓“输出管理”，就是在人事、收入等不变的情况下，教育局通过委托城区优质学校向农村学校尤其是农村薄弱学校输出先进的教育理念、高水平的教师等手段行使教育管理、实现城乡教育一体化的管理模式。通过这一模式，实现城乡教育资源均衡配置，提高城乡学校教育质量。

早在2007年，太仓市实验小学率先托管九曲小学、直塘小学，从“文化融合”切入带动两所相对薄弱的乡镇学校快速发展，推进义务教育城乡一体化发

① 太仓市文明办. 太仓义务教育城乡一体化发展之路[DB/OL]. http://wm.jschina.com.cn/9654/201304/t1190725.shtml,2013-04-25.

展,走出了一条全新的托管之路,成为全省乃至全国共同体建设的一个样本。

(一)加大投入,努力改善办学条件

太仓市把教育现代化纳入地方现代化建设的整体布局,城乡同步规划,统筹安排,市、镇、校三级联动,共同推进。在教育布局调整方面,做到起点早、标准高、力度大,早在“十一五”之前就调整、撤并了300多所中小学校,提前完成了每10万人设置1所高中、每3万人设置1所初中、每1万人设置1所小学的布局调整任务;将“科教兴市”放在五大发展战略之首,从根本上确立了教育适度超前、优先发展的战略地位,并根据经济社会的发展水平和人民群众对教育事业的需求,适时调整、不断优化教育发展战略。整个“十一五”期间,太仓市易地新建和改扩建28所中小学校,惠及全市3万多名学生,并新增吸纳近万名外来务工人员子女就读的能力。

近五年来,全市教育经费总投入63.63亿元,其中预算内教育经费拨款45.71亿元,年平均增长率分别为18.77%、17.19%;全市义务教育经费总投入36.48亿元,其中预算内教育经费拨款27.52亿元,年平均增长率分别为20.42%、18.56%。2012年,太仓市制定《全市教育技术装备工程建设实施方案》,明确了“到2015年全市70%的学校、到2020年100%的中小学校教育技术达到省I类标准”的教育现代化建设目标。

(二)城乡一体,坚持资源均衡公平

太仓市制定《关于加快推进我市义务教育阶段农村学校现代化建设的实施意见》等一系列文件,建立健全教育投入和保障机制,全力推进教育现代化建设,缩小城乡之间、学校之间的差距,均衡提升学校办学条件,满足群众对优质教育的迫切需求。连续七年把教育建设工程列入政府实事工程,投入近30亿元,组织实施了“乡镇学校建设十大工程”“农村中小学校改扩建工程”“教育装备现代化建设工程”“全市校园技防工程”“中小学校舍升级工程”等一系列教育现代化建设工程,高水平、合理化地配置了公共教育资源,全市公办学校均基本达到了生均占地充足、校舍建筑完备、专用教室齐全、教育设施先进的省中小学标准化建设标准和要求,义务教育段学校技术装备均已达到或超过省II类标准。

通过多年努力,太仓市义务教育经费投入增长机制、校舍维修改造长效管理机制、学校债务化解机制、学校预算管理制度已经日趋健全完善,并实现了教育发展由市政府统一规划、教师和干部由市教育局统一管理、教师工资由市财政统一发放、农村中小学公用经费由市财政按苏州市规定统一足额拨付、免费义务教育专项资金由市镇两级财政统一承担、教师医保和住房公积金等统一纳

入市财政预算等六个"统一",保证和促进了教育事业的科学发展、均衡发展、快速发展。①

(三) 对口支教,加强骨干教师流动

太仓市出台《关于加强太仓市教育人才工作的意见》《关于贯彻落实"姑苏人才计划",实施太仓"522"人才工程的意见》《太仓市优秀教育工作者奖励办法(试行)》等一系列文件,组织实施教师教育工程、优秀人才培养工程、引才引智工程、学校管理灵魂四大工程建设,把城乡教师均衡配置作为推进义务教育均衡的突破口,采取多种措施,强化对农村学校师资队伍建设的政策倾斜和支持。骨干教师的流动优化机制、示范性学校教师对口支教机制、学校教育骨干培养机制已基本形成,教师队伍整体水平有了较大的提升。小学教师具有专科以上学历比例达 93.48%,本科及以上学历比例达 68%;初中教师具有本科以上学历比例达 93.89%。全市拥有省特级教师 8 名,省教授级中学高级教师 4 名,苏州市名教师、名校长 25 名,苏州市学科带头人 83 名,太仓市学科带头人 440 名。②

(四) 规范管理,大力促进教育公平

按照"以流入地政府管理为主,以全日制公办中小学吸纳为主"的原则,太仓加强对外来务工人员子女就学的管理。成立了全市外来务工人员子女就学管理领导小组,制定《太仓市来太务工人员子女就学管理办法》。开放所有乡镇公办学校,鼓励公办学校积极吸纳外来务工人员子女入学就读并享受本地学生同等待遇,市教育局对吸纳比例超过 30% 的学校给予一定的奖励。目前,全市公办学校吸纳外来务工人员子女 17753 名,占比 71%。2008 年组织实施了政府实事工程——"太仓市外来务工人员子弟学校规范化建设工程",对民工子弟学校进行整顿和建设,全市民工子弟学校从最初的 20 多所撤并为每个镇区 1 所(共 8 所)。

太仓出台《太仓市来太务工人员子弟学校办学水平考核办法》,采取以奖代补的形式,支持符合办学条件的民工子弟学校的建设与发展。市财政投入 2300 万元专项资金,购置了 45 辆标准校车,接送近 6000 名学生上下学,其中 90% 为民工子弟学校的学生,并制定了义务教育阶段公办学校学生免费乘坐公交车政策。目前,公安、计生等有关部门提供的调查统计数据显示,外来流动人口子女

---

① 太仓市文明办. 太仓义务教育城乡一体化发展之路[DB/OL]. http://wm.jschina.com.cn/9654/201304/t1190725.shtml,2013-04-25.

② 太仓市文明办. 太仓义务教育城乡一体化发展之路[DB/OL]. http://wm.jschina.com.cn/9654/201304/t1190725.shtml,2013-04-25.

在太仓市接受义务教育的就学率达到了100%。

（五）规范办学，全面实施素质教育

全面实施素质教育，定期组织“聚焦课堂，学会学习”课堂教学观摩研讨活动、“百节好课”评比展示活动、教学管理深度调研活动，提高教育教学工作的科学性和实效性。完善教育质量综合考评体系，以“教育质量综合评估先进学校”创建评比为抓手，督促和引导学校全面实施素质教育。规范办学行为，开齐开足义务教育课程，坚持均衡分班，无重点班、特色班现象。

以课程改革和特色建设为抓手，加强对学校校长、教师在课程建设和特色建设等方面的管理力、开发力和执行力的培养，提高广大教师的专业发展水平，促进学校的可持续发展。开展区域课程建设研究，引导城乡学校加大课程开发力度，涌现出了以实验小学的“草根文化”、新区三小的“楹联文化”、浏家港中学的“科技教育”等为代表的一大批个性鲜明的校本课程。促进学校特色发展，开发、建立和完善了各类校外教育活动场所（基地）100多个，全市一校一品特色学校超过了80%，形成了多层次、板块状、特色化的校外教育场所（基地）群。

四、“结对多区”的昆山模式①

所谓“结对”，就是学校之间，尤其是优势学校与薄弱学校之间相互结对、共同发展；所谓“多区”或者“一校多区”，即以城区优质学校为核心，在全市教育薄弱点建立其分校区，带动其他学校发展的管理模式。

（一）倡导“园际结对、园际联盟”，推进城乡学前教育一体化发展

昆山以创建学前教育改革发展示范区为抓手，加大教育投入，扩大教育资源，构建“以政府投入为主、以教育行政部门主管为主、以公办幼儿园为主”的学前教育体系，推进城乡学前教育一体化管理，促进学前教育个性化、优质化发展。

（二）建立学校发展共同体，探索“一校多区”的办学模式

昆山以城区优质学校为核心，创办分校区，并以分校区为点吸纳薄弱学校加盟，形成学校共同体，推进义务教育均衡发展。

（三）调整学校空间布局，增强优质学校辐射力

适当调整施教区，严格控制班容量，有效控制“择校”现象，促进城乡义务教

---

① 昆山市坚持主动有为　全面提升教育水平[DB/OL]. http://www. njjspx. com/njtrcms/cms/article. jsp? articleId =402894173fc1ffa801403e989f3a02d8,2013 -08 -02.

育学校一体化、均衡化发展。

（四）多渠道办学，实现城乡教育多元化

积极探索普通高中多渠道升学、多样化成才的办学模式，积极推进课程基地建设，促进普通高中特色化、多元化发展。

此外，昆山职业教育、社区教育城乡一体化管理实践探索积极有效，其实践模式符合昆山经济社会发展特点。如启动江苏省高水平现代化职业学校创建工作，提高中等职业学校办学水平；加强实训基地建设，成效显著。2013 年 9 月，花桥商务城中专物流商务等 3 个实训基地创建成为江苏省高水平示范性实训基地，电子技术运用实训基地创建成为国家级实训基地。职业教育实践中，推行校企合作、工学结合、顶岗实习等培养模式，毕业生中级工技能证书获得比例在 95% 以上，当年就业率在 98% 以上，其中专业对口就业率在 70% 以上，用人单位满意率在 80% 以上。①

昆山社区教育也实行城乡一体化管理。社区教育坚持为社会进步服务，优化市民学习在线网站建设和管理，至 2013 年 8 月，各类课程达 2500 门，注册市民达68 万人，评选24 个数字化学习实验社区，新增昆山市学习型社区 10 个、学习型企业（单位）100 个、学习型家庭 1000 个。建立昆山市社区教育指导服务中心，加强城乡社区教育指导工作。其中巴城镇社区教育中心、周市镇社区教育中心争创省社区教育中心，巴城镇昆山阳澄湖现代渔业产业园争创省农科教结合示范基地。2 所老年大学建成苏州市教育现代化乡镇老年大学，还建立了 10 所江苏省、苏州市教育现代化居民学校。②

五、“区域联动”的常熟模式③

常熟秉承崇文重教的地方文化积淀，坚持教育优先发展、内涵发展，努力创建体系完备、优质均衡、内涵丰厚、特色鲜明的现代教育名城，实现人人享有平等教育、优质教育、幸福教育的教育发展梦想。

所谓平等教育，就是每一个市民都享有接受教育、享受文化的平等权利，即

① 昆山市坚持主动有为　全面提升教育水平［DB/OL］. http://www. njjspx. com/njtrcms/cms/article. jsp? articleId = 402894173fc1ffa801403e989f3a02d8，2013 - 08 - 02.

② 昆山市坚持主动有为　全面提升教育水平［DB/OL］. http://www. njjspx. com/njtrcms/cms/article. jsp? articleId = 402894173fc1ffa801403e989f3a02d8，2013 - 08 - 02.

③ 苏雁，李锦. 办人人满意的幸福教育：江苏省常熟市义务教育均衡发展纪实［N］. 光明日报，2012 - 12 - 03.

人人享有平等教育权;所谓优质教育,就是让每一个人享有高质量的教育,现代化标准的教育;所谓幸福教育,即每一个学生都有享受教育过程的权利,教育过程是一个知识创造、精神陶冶与享受的过程。为此,常熟采取了下列措施。

(一)高投入保障城乡教育一体化

为了让每个孩子都能在“有学上”的基础上“上好学”,常熟强化政府责任,加大教育投入,着力拉平农村学校、民工子弟学校等薄弱学校的“短板”,实现义务教育阶段办学水平的“高位均衡”发展。建立国库支付中心,把教育投入单列,并将财政投入向薄弱学校倾斜。“十一五”以来,启动了新一轮义务教育学校布局调整,学校基本建设投入近9亿元,新建校舍建筑面积超过10.5万平方米。2009年,常熟义务教育阶段学校全部成为“苏州市教育现代化学校”。其后,继续加大教育投入。2010年以来,教育经费总投入45.74亿元,仅2011年教育总投入就达25.1亿元。以乡镇中学海虞中学为例,学校拥有独幢的科技楼、体育馆、阶梯教室,教师通过科技楼实验室拥有的条件,辅导学生制作航母、飞机模型。常熟的普通中学都拥有这样基本的教育条件。

(二)设计区域联动策略

区域联动发展策略是实现城乡校际教育教学质量均衡的重要举措。常熟将全市义务教育阶段学校分成教育协作区,发挥名校的资源辐射效应,加强协作区内的统一管理、共同发展。

一是名校牵头,分片协作。全市36所初中分为4个办学协作区,52所小学分为5个办学协作区,由城区9所名校牵头,成立协作区学科中心备课组,组织开展各科教学交流活动,提高各科教学水平。

二是建立校长、园长异地交流制度。各学校校长与学前教育园园长,在协作区内进行交流,优势互补。

三是建立乡镇学校中层以上干部城区学校挂职锻炼制度。农村学校校长、园长进入城区相关学校、幼儿园挂职,学习城区学校教育管理经验。

四是建立城区百名骨干教师支持乡镇学校制度。城区学校骨干教师流入乡镇学校,积极发挥自己的特长,主动带领乡镇学校教师进行学科教学与研究活动,提高农村教师教学与研究能力。

五是开展各项活动,形成城乡优质教师队伍。开展“教师队伍建设校长谈”活动,调动校长办学的积极性,交流校长办学的经验;创新“教师发展中心”“骨干教师轮值培训”“骨干教师梯队培训”“校际联合培训”“协作区教师基本功竞赛”等校本培训模式,增加教师交流的机会,提高教师协作攻关的能力。

常熟不仅学前教育、义务教育城乡一体化发展,其他教育一体化进程也比较出色。2013 年 4 月 27 日，常熟市申报的江苏省“十二五”规划立项课题“构建城乡一体化特殊教育发展模式的实践性研究”开题仪式在特殊教育学校举行。常熟市特殊教育指导中心全体成员、该课题组核心成员、各子课题组组长、市特殊教育专家顾问团成员等共 40 多人参加，积极探索特殊教育的城乡一体化发展问题。另外，社区教育、职业教育等也呈现城乡一体化的时代特点。

苏州的吴江区、吴中区、相城区、高新区城乡教育一体化实践经验也很丰富，地方特色显著，本章不阐述。

第四节　苏州城乡教育一体化发展的经验与面临的挑战

苏州城乡教育一体化实践的经验，可以通过上述构成要素得以体现。为了及时总结苏州城乡教育一体化的实践经验，我们有必要对此加以概括，并在概括经验的同时客观而又理性地揭示苏州城乡教育一体化所面临的挑战。

一、苏州城乡教育一体化发展的经验

（一）将“学有优教”作为城乡教育一体化追求的目标

所谓“学有优教”，是指在城乡全面实施素质教育的基础上，通过优化体制机制，提高教师质量与教育环境水平，持续提升人力资源开发水平，促进所有人成长进步尤其是义务教育阶段学生健康成长的一体化发展模式。苏州城乡教育一体化的提法是“城乡教育一体化现代化”，即一体化发展的目标或者定位是现代化。现代化标准是基础标准，苏州在现代化基础上提出更高目标的一体化指标，即追求高水平城乡教育一体化。无论是学校发展所需公用经费，还是学校教师的整体素质，都必须高标准、高要求。所谓高水平，是指在目前城乡所有学校率先达到江苏教育现代化标准的基础上实现城乡各级各类教育的进一步发展。如果用数量指标来表示的话，苏州城乡教育一体化模式是指城乡教育发展主要指标均达到发达国家 21 世纪初平均水平，教育综合竞争力位居发达地区同类城市前列的一体化模式。

苏州成为江苏省唯一一个城乡教育一体化综合整治试点城市以后，苏州教育城乡一体化成为苏州城乡一体化发展的重要内容。而苏州在 2007 年就达到了江苏省教育现代化的所有评估标准，率先在江苏乃至全国基本实现了教育

现代化。但苏州教育人没有裹足不前,他们又确立新的发展目标——“十二五”期间率先实现教育现代化,2020 年实现高水平教育现代化。“教育发展,必须不断地自我扬弃,不断地给自己确立新标杆。30 多年来,苏州教育之所以能保持一个良好的发展态势,就在于不断给自己确立新的目标和追求。”①

至 2013 年 5 月,苏州市包括特殊教育学校在内的义务教育阶段学校全部建成教育现代化学校,村级小学“示范村小”验收通过率达 100%。此外,74 所外来务工人员子弟学校全部通过省合格学校验收,验收合格率为 100%。2013 年 5 月初,因苏州县域推进义务教育工作扎实、优势明显,教育部率先在全国对张家港、常熟、太仓的义务教育均衡发展进行连片督查与评估,并宣布“三个县级市全部达到教育部《县域义务教育均衡发展督导评估暂行办法》中的标准,通过认定,示范全国”。2013 年 11 月 2 日到 8 日,国家教育督导检查组又对吴中区、相城区、姑苏区、吴江区、高新区(虎丘区)和昆山市进行了全国县域义务教育均衡发展评估认定,六个区域最终以 1 个 99 分、2 个 98 分、3 个 97 分的优异成绩,通过了教育部现场认定。至此,苏州全市的县域义务教育发展基本均衡就全部通过了现场认定,成为全国首批义务教育发展基本均衡地级市。②

苏州城乡教育一体化的高水平目标以及实践成果可以由 2011 年度苏州市优质教育资源分布情况加以证明,如图 5-1 所示。③

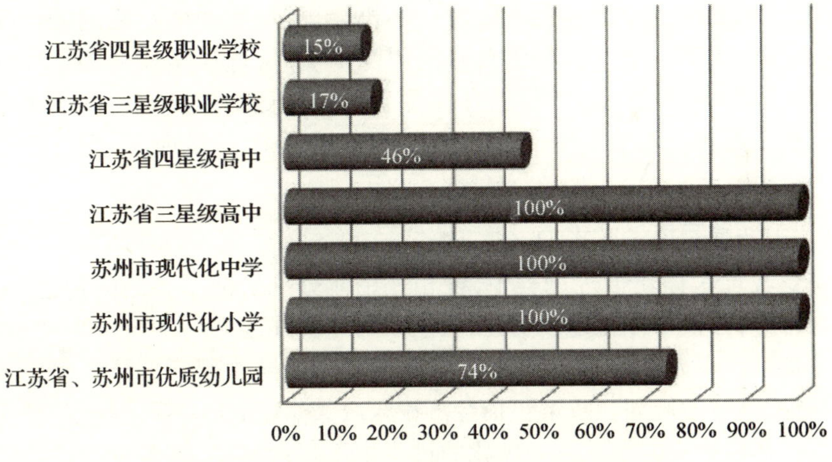

图 5-1 苏州市 2011 年度优质教育资源比例图

---

① 任国平,朱哲. 让每位教师成为最好的自己:江苏省苏州市教师队伍建设工作纪实[J]. 人民教育,2012(18).

② 夏禾,李颖. 苏州率先成为全国义务教育发展基本均衡地级市,苏州日报,2013-11-09.

③ 苏州市教育局. 2011 年教育统计数据. 苏州教育网,2013-08-11.

2011 年，苏州市提出《苏州市高水平教育现代化小学、初中评估方案》，提出到 2020 年，全市实现高水平教育现代化目标。2015 年全市省、市优质幼儿园比例达到 85%，2020 年提高到 95%；2015 年 70% 以上的小学、初中、特殊教育学校（高水平教育现代化特教学校标准另定）建成苏州市高水平教育现代化学校，2020 年提高到 90% 以上；2015 年全市所有普通高中全部建成省优质高中，2020 年建成 15 所国内一流、国际知名的品牌高中。方案还就各类学校高水平现代化目标建设提出了分阶段实施的具体时间表。

（二）步步推进的一体化模式

城乡教育一体化发展是一项战略目标，需要在实践中不断探索。苏州市从这一实际出发，从总体上设置一体化目标，但是在不同阶段呈现不同的一体化模式。这些阶段性模式主要体现在一体化的推进方式上。从“结对子”到教育集团，到教育联盟的出现，既呈现出一体化模式的时代性特点，又体现出一体化模式内涵的不断提升。

早期大多采用“结对子”形式，即个别学校之间结成互助、帮扶关系，一般是一个优势学校与一个薄弱学校之间结成互帮互助关系。教育集团体现多个学校之间的合作，是以一个中心学校带动几个相对薄弱学校共同发展的一体化模式，它相对“一对一”模式合作效率更高，优质学校办学理念、教师影响力等辐射范围更广，城乡学生获得享受优质教育的机会更多，集团学校之间的合作力度大，关系比较紧密。教育联盟比教育集团范围更广，优质学校的辐射力相对更大，参与互动的学校更多，优质教育资源享受面也更加广阔。这一步步推进的过程反映了苏州市教育管理部门始终抓住教育均衡发展理念，促进教育公平发展。

（三）实践主体多元化

城乡教育一体化推进过程中，各相关主体分别扮演了不同的角色，主体之间共同合作，分担一体化建设责任，共享一体化实践成果。

一是苏州市人民政府以及县级市政府发挥主导作用。主导作用表现为政策的制定、目标的规划。政策包括经济投入政策、人事统一管理政策、空间规划政策等。苏州市在城乡教育一体化的进程中不断地反思、调整和改进自己的发展模式，出台了一系列加快实现城乡教育一体化的指导性文件，明确构建城乡教育一体化新格局的指导思想、目标任务、政策措施和相关要求，重点突破关键问题，着力解决制约苏州实现城乡教育一体化的体制机制问题，以推动“以县为主、城乡一体”的教育管理体制的全面形成；修订、实施城乡学校现代化新办学标准，按照公共服务均等化、同质化的要求和教育现代化水平不断提升的新需要，修订、完善《苏州市教育现代化初中评估标准》《苏州市教育现代化小学评估标准》，并适时实施新一轮城乡学校现代化建设工程，分阶段推进省、市优质幼儿园全覆盖工程，实现办学标准的城乡一体化；推进办学经费实行统一标准、统一拨付，建立教育公共财政保障体系，对城乡学校办学经费实行统一标准并由市（县）、区财政统一拨付。根据苏州经济、社会发展实际和中小学实际需要及新颁布的办学条件标准，制定出台相应政策，形成学校公用经费逐年增长机制，满足学校教育教学的基本需求与正常运转；设立扶持农村教育专项资金，各市（县）、区政府逐渐设立扶持农村教育专项资金，重点扶持农村困难学校和城市薄弱学校，资助农村困难家庭学生就学；科学规划、合理布局农村社区教育资源，加强农村儿童、少年校外活动设施的补偿性建设，建立健全农村儿童、少年校外活动制度，加强对农村儿童、少年校外活动的指导；对农村学校教师实施岗位津贴、交通补贴、生活补助和免费专项培训，使农村义务教育学校教师待遇适当高于城市同类教师。

二是学校积极参与。学校是教育改革的主要落实主体，没有学校的参与，教育改革政策将成为空话。在城乡教育一体化过程中，苏州城乡各级学校发挥了核心作用。一方面，优质学校勇于担当，通过与薄弱学校“结对子”或者与其他学校建立教育联盟、教育集团等合作方式带动其他学校的发展，从而推动城乡教育一体化进程。另一方面，通过推动教师流动的方式，发挥学校在促进城乡教育一体化进程中的核心作用。教师是教育理论、教育政策的应用者与落实者，如果教师得不到提升，教师素养得不到发展，那么再好的教育理论也只能停留于纸上，再好的教育政策也只能成为没有用的口号。因此，只有充分发挥了教师在教育活动中的主导地位，充分激发了教师在城乡教育一体化活动中的主人翁地位，才能有效推动教育实践的顺利进行。苏州城乡教师交流率总体在10%以上，有些学校在15%以上。

除了采用教师交流等方式激发各类学校的参与，尤其是扩大优质教师资源，提高教师在城乡教育一体化过程中的参与度外，苏州市还通过建设“校校通”“班班通”教育公共服务平台，提高学校的参与力度，促进教师之间的交流与合作。这一高科技教育平台，调动全市10名江苏省人民教育家培养对象，61名省中学正高级教师，200名特级教师、大市级名教师，360名名校长，1365名大市级中小学学科带头人的积极性，建立“名师同步课堂”，促进城乡优质教育资源共建共享，惠及城乡更多孩子。

三是社会组织积极参与。社会组织对城乡教育一体化建设具有重要作用，因此也是城乡教育一体化实践的重要主体。教师培训中心或者教育发展中心就是这样的组织。在推进全市义务教育城乡一体化高质量发展的过程中，苏州市在全国地级市中率先成立教师发展中心，建立并完善以教师队伍建设为重点的经费投入机制，加大名优教师培养、引进和柔性化使用力度，让更多的教师做最好的自己。教师发展中心除了肩负提高苏州整体教师素质的责任，还在促进城乡教师一体化发展过程中担当教师交流、教师培训重任，推动城乡教师的高质量流动与有效性配置。

（四）城乡教育纵横一体化推进

苏州城乡教育一体化不仅表现在义务教育阶段，学前教育与社会教育的城乡一体化实践也在全国领先，主要表现在四个方面：一是学前教育发展规划与实践的城乡一体化。二是职业教育的城乡一体化。三是社区教育的城乡一体化。四是老年大学的城乡一体化。

2013 年年初，苏州市政府制定实施的实事项目中，包括新建、改扩建 100 所幼儿园项目。2013 年 9 月，全市新建或异地新建幼儿园 45 所，改扩建幼儿园 11 所，新增班级数 348 个，新增学位数 10710 个，其中新增小班学位数 3570 个。全市新建、异地新建、改扩建小学 21 所，初中 6 所，新增小学班级数 134 个，初中班级数 82 个，新增小学学位数 5627 个，初中学位数 3270 个。①

不仅学校义务教育得到一体化发展，而且随着城乡一体化进程的推动，城乡社会教育水平得到提高，尤其是农村社区教育得到重视。在城乡一体化改革试点工作中，苏州市实施了“三集中”“三置换”“三大合作”举措。所谓“三集中”，即工业企业向园区集中、农民居住向社区集中、农业用地向规模经营集中；“三置换”即农民可将其宅基地使用权、土地承包经营权和集体经济组织中的资产所有权置换成商品房、城镇社会保障和合作社股权，带房、带保、带股进城进镇；“三大合作”即农村社区股份合作、土地股份合作、农民专业合作。这些做法促进了农村生产方式和生活方式的积极变化，促进了城乡一体化进程，推动了农民社会身份的转变。这些变化进一步提高政府对成人教育的重视，政府必须引导农村成人教育发展，满足农民市民化、农村现代化发展的需求。一是满足社区教育的需求，促进农民市民化；二是满足现代农业生产技术及规模经营培训的需求，促进农村、农业现代化；三是满足第二、第三产业从业者从业能力培训的需求，促进城乡经济发展、人民顺利就业。

综上所述，苏州城乡一体化综合改革试点有效推动了农村成人教育发展，使之成为苏州城乡一体化与城乡教育一体化发展的重要支撑。

---

① 苏州市教育局.苏州市教育局新闻发言人就 2013 年苏州市各级各类中小学幼儿园入学入园招生政策答记者问[DB/OL]. http://www.szedu.com/bmfw/ggl/201305/t20130510_228710.shtml,2013－05－10.

二、苏州城乡教育一体化发展程度与面临的挑战

苏州城乡教育一体化实践是在其特有条件下开展的，其实践经验必须要有成果加以证明。对成果与面临挑战的思考是研究城乡教育一体化发展苏州模式的必要内容。

（一）苏州城乡教育一体化发展程度

以本书第三章论述的城乡教育一体化评价体系为衡量标准，以在苏州市实际调查的数据为事实依据，我们对2012年度苏州市城乡教育一体化程度进行了测量与分析。具体见表5-5。

表5-5 2012年度苏州市城乡教育一体化发展情况调查表

目标层(A)	准则层(B)	指标层(C)	编号	乡城比例	权重	指标层单项得分
教育机会城乡一体化 权重:25% 得分:26.10	城乡入学率 权重:18% 得分:18	城乡幼儿园入园率	1	1	4.5%	4.50
		城乡小学入学率	2	1	3%	3.00
		城乡初中入学率	3	1	3%	3.00
		城乡高中入学率	4	1	3%	3.00
		城乡经济困难学生入学率	5	1	2.25%	2.25
		城乡残障学生入学率	6	1	2.25%	2.25
	教育承载能力 权重:7% 得分:8.10	每个幼儿园平均服务人数	7	1.14	1.75%	2.00
		每个小学平均服务人数	8	1.27	1.75%	2.22
		每个初中平均服务人数	9	1.23	1.75%	2.15
		每个高中（中专技校）平均服务人数	10	0.99	1.75%	1.73
办学条件城乡一体化 权重:15% 得分:18.86	生均校舍面积 权重:4% 得分:4.28	城乡幼儿园生均校舍面积	11	1.06	1%	1.06
		城乡小学生均校舍面积	12	1.06	1%	1.06
		城乡初中生均校舍面积	13	1.46	1%	1.46
		城乡高中生均校舍面积	14	0.70	1%	0.70
	生均绿化面积 权重:2% 得分:3.37	城乡幼儿园生均绿化面积	15	1.76	0.5%	0.88
		城乡小学生均绿化面积	16	1.48	0.5%	0.74
		城乡初中生均绿化面积	17	2.41	0.5%	1.21
		城乡高中生均绿化面积	18	1.08	0.5%	0.54

续表

目标层(A)	准则层(B)	指标层(C)	编号	乡城比例	权重	指标层单项得分
	生均图书占有量 权重:3% 得分:5.18	城乡幼儿园生均图书占有量	19	3.30	0.75%	2.48
		城乡小学生均图书占有量	20	0.92	0.75%	0.69
		城乡初中生均图书占有量	21	1.77	0.75%	1.33
		城乡高中生均图书占有量	22	0.90	0.75%	0.68
	生均计算机占有量 权重:2% 得分:1.77	城乡幼儿园生均计算机占有量	23	0.97	0.5%	0.49
		城乡小学生均计算机占有量	24	0.94	0.5%	0.47
		城乡初中生均计算机占有量	25	0.58	0.5%	0.29
		城乡高中生均计算机占有量	26	1.03	0.5%	0.52
	班级规模 权重:4% 得分:4.26	幼儿园每个班级人数	27	1.24	1%	1.24
		小学每个班级人数	28	1.08	1%	1.08
		初中每个班级人数	29	0.95	1%	0.95
		高中(中专技校)每个班级人数	30	0.99	1%	0.99
教师队伍建设城乡一体化 权重:25% 得分:23.00	教师学历结构 权重:5% 得分:4.90	城乡幼儿园教师大专以上学历比例	31	1.03	0.83%	0.85
		城乡小学教师大专以上学历比例	32	0.88	0.83%	0.73
		城乡初中教师大专以上学历比例	33	1	1.67%	1.67
		城乡高中教师大专以上学历比例	34	0.99	1.67%	1.65
	教师职称结构 权重:5% 得分:3.62	城乡幼儿园教师高级以上职称比例	35	0.42	1.25%	0.53
		城乡小学教师高级以上职称比例	36	0.81	1.25%	1.01
		城乡初中教师高级以上职称比例	37	0.67	1.25%	0.84
		城乡高中教师高级以上职称比例	38	0.99	1.25%	1.24
	教师在职培训 权重:6% 得分:5.63	城乡幼儿园教师在职培训比例	39	0.83	1.5%	1.25
		城乡小学教师在职培训比例	40	0.97	1.5%	1.46
		城乡初中教师在职培训比例	41	0.95	1.5%	1.43
		城乡高中教师在职培训比例	42	0.99	1.5%	1.49

续表

目标层(A)	准则层(B)	指标层(C)	编号	乡城比例	权重	指标层单项得分
	教师交流 权重:6% 得分:5.81	城乡幼儿园教师交流人数比例	43	0.91	1.5%	1.37
		城乡小学教师交流人数比例	44	0.99	1.5%	1.49
		城乡初中教师交流人数比例	45	0.97	1.5%	1.46
		城乡高中教师交流人数比例	46	0.99	1.5%	1.49
	教师月平均收入 权重:3% 得分:3.04	城乡幼儿园教师月平均收入	47	0.97	0.75%	0.73
		城乡小学教师月平均收入	48	1.02	0.75%	0.77
		城乡初中教师月平均收入	49	1.07	0.75%	0.80
		城乡高中教师月平均收入	50	0.99	0.75%	0.74
经费投入城乡一体化 权重:22% 得分:26.02	生均教育经费支出 权重:9% 得分:9.37	城乡幼儿园生均教育经费支出	51	0.83	2.25%	1.87
		城乡小学生均教育经费支出	52	1.28	2.25%	2.88
		城乡初中生均教育经费支出	53	1.06	2.25%	2.39
		城乡高中生均教育经费支出	54	0.99	2.25%	2.23
	生均教育支出占GDP的比重 权重:9% 得分:11.68	城乡幼儿园生均教育支出占GDP的比重	55	0.95	2.25%	2.14
		城乡小学生均教育支出占GDP的比重	56	1.72	2.25%	3.87
		城乡初中生均教育支出占GDP的比重	57	1.53	2.25%	3.44
		城乡高中生均教育支出占GDP的比重	58	0.99	2.25%	2.23
	生均教育支出占所在辖区(市)级财政的比重 权重:2% 得分:2.52	城乡幼儿园生均教育支出占所在辖区(市)级财政的比重	59	1.01	0.5%	0.51
		城乡小学生均教育支出占所在辖区(市)级财政的比重	60	1.47	0.5%	0.74
		城乡初中生均教育支出占所在辖区(市)级财政的比重	61	1.53	0.5%	0.77
		城乡高中生均教育支出占所在辖区(市)级财政的比重	62	0.99	0.5%	0.50

续表

目标层(A)	准则层(B)	指标层(C)	编号	乡城比例	权重	指标层单项得分
	生均教育支出占所在市级财政的比重 权重:2% 得分:2.45	城乡幼儿园学生均教育支出占所在市级财政的比重	63	1.09	0.5%	0.55
		城乡小学生均教育支出占所在市级财政的比重	64	1.22	0.5%	0.61
		城乡初中生均教育支出占所在市级财政的比重	65	1.58	0.5%	0.79
		城乡高中生均教育支出占所在市级财政的比重	66	0.99	0.5%	0.50
教育质量城乡一体化 权重:13% 得分:12.52	学业质量 权重:8% 得分:7.79	城乡初中辍学率	67	1	2.5%	2.50
		城乡高中升学率	68	0.98	2.5%	2.45
		城乡大学升学率	69	0.96	1.5%	1.44
		社区教育参与率	70	0.93	1.5%	1.40
	社会贡献 权重:5% 得分:4.73	就业人口平均受教育年限	71	0.96	3%	2.88
		城乡高中以上教育程度的劳动人口就业率	72	0.94	2%	1.88

从苏州城区五个区以及昆山、张家港、常熟、太仓四个县市的教育统计资料、问卷调查所得的数据显示,苏州市2012年度城乡教育一体化指数平均为106.5。从2011年年底开始,苏州工业园区全面实施了区直管教育体制,因此2012年城乡教育已经实现了一体化管理理念。而昆山、张家港、常熟、太仓四个县市随着城乡一体化程度的提高,实施城乡教育一体化管理,一体化发展程度指数分别为108.5、104.93、104.26、100.35。显然,按照第三章设计的城乡教育一体化评价体系进行分析,其结果表明,苏州全市城乡教育已经实现高度一体化。该结果与2013年教育局公布的义务教育均衡化程度保持一致性,可见其可信度比较高,即与苏州教育发展实际比较符合。

(二)苏州城乡教育一体化实践面临的挑战与思考

虽然苏州城乡教育一体化发展取得了令人欣慰的成果,但是由于教育体制等深层次原因的影响,苏州城乡教育一体化实践仍然面临一定的挑战,对此进行深入思考成为理论工作者的重要使命。

1. 城乡学校一体化空间布局的挑战与思考

虽然苏州市对城乡学校布局进行了重新调整,优质义务教育服务对象不断扩大,但是包括学前教育在内的所有学校空间布局还存在某些隐蔽问题。城乡一体化过程中,农村土地不断被征用。房地产繁荣,新城不断涌现,配套学校同步建设。城乡学校空间布局表面上似乎是城区优质资源的外延,实际上是否存在开发商利用优质学校之名获取经济利益等问题还有待以后进一步研究。

现实生活中普遍存在"学区房"这一概念。城市扩张过程中名校领先占据郊区空间,然后繁荣其周边的房地产市场已经成为不争的事实。名校与高房价之间形成的效应已经成为经济发展过程中的特有现象。房地产经济的繁荣从某种意义上讲,并不完全是开发商所造房子的品质以及提供的高质量服务之功劳,而是名校的吸引力助推房地产市场的不断繁荣。因此,名校与房地产之间的联盟与捆绑关系中,最大的获益者也许是房地产开发商。随着城镇化不断加速,学校与房地产开发商之间的利益关系问题、城乡学校生态布局问题、就近入学问题都值得进一步关注与研究。

2. 城乡教育一体化质量的挑战与思考

教育现代化指标中虽然有柔性内容,但是刚性的、可以考核的内容居多。以考试分数衡量教育质量高低现象与全国其他地方一样没有得到根本性的转变。评判城乡学校之间差距的标准还是升学水平。"升学率比较低的学校就是薄弱学校,反之就是优质学校"的观念无论在官方还是在民间都大有市场。

与此相对应,"应试型""分数型"教师素质观对教师质量的考评具有重要的"暗箱导向"作用。实践与理论都证明,教师素质的高低决定了学校的发展水平,影响着学生的健康成长,也影响着城乡教育一体化的质量。但是在城乡教育一体化过程中,以能力尤其是应试能力为考核重点的教师评价现象没有根本消除。能够为学校提高考分的教师就是好教师,反之就是差教师或者能力比较弱的教师,这一评价现象虽然无法登上"大雅之堂",但是在实际操作过程中仍然在一定范围内存在,作为教师考评过程中的"暗箱导向"而发挥实际作用。

城乡教育一体化过程中以物质条件作为重要教育资源的评价思路还有较大市场。政府花钱改善办学条件是否一定能够提高教育质量还需要理论上的进一步研究。教育质量观与学生全面健康发展之间、教育发展与教师身心健康之间存在悖论现象并未完全消除。城乡教育一体化注重学生知识学习权利的获得,学生全面发展问题、教育物质环境与学生健康成长之间关系的正确处理问题有待理论研究。

与教育质量有关的问题比较多,由于优势学校与薄弱学校的评判主要还是以在各类升学考试中的表现为依据,因此,城乡不同学校之间的联盟主要是为了达到什么目的,其价值诉求到底是什么,这些问题是否有悖城乡教育一体化中教育公平与全面发展等价值追求,这一系列问题都有待于进一步研究。

3. 城乡教育一体化进程中外来人口子女教育问题的思考

苏州是外来人口比较集中的地区，与苏南其他城市一样，就义务教育层面上看，城乡教育一体化过程中存在的薄弱学校大部分是外来人口子女所在学校。外来人口子女虽然大多在公办学校就学，但是这些学校在当地城乡学校中仍然属于相对比较差的学校。苏州城乡教育一体化程度或者均衡教育程度都很高，相当一部分外来人口子女获得了比流出地学校更好的学习条件，但是毕竟还有一小部分学生的学习环境比较令人担忧。另外，民工子弟学校管理问题也说明外来人口子女教育公平问题没有得到根本解决。“校车问题”的出现最早就与民工子女学校有关。为了办学的经济利益，这些学校一般更需要集中化管理。“就近入学”对这些孩子而言，不是一个空间概念，而是一个社会概念，即与民工子女融合在一起学习、生活。

除了义务教育外，学前教育、社会教育、职业教育等领域也面临类似问题。因此，如何最大限度或者彻底解决这些问题，不仅是苏州城乡教育一体化实践中需要探索的重大理论课题，还是苏州乃至全国各地社会发展综合管理的重要任务。

第六章　“高位均衡”——城乡教育一体化发展无锡模式

无锡是苏南最重要的城市之一，也是城乡教育一体化实践较早的地区。与苏南乃至全国其他地区不同，无锡主要强调城乡教育均衡发展。而无锡城乡教育已经分别达到现代化水平，城乡一体化发展必然基于“高位均衡”基础之上。因此，“高位均衡”成为无锡城乡教育一体化发展、城乡教育均衡发展的主要模式。

第一节　无锡城乡教育一体化“高位均衡”发展模式的必然性

无锡城乡教育一体化实践是建立在其特有的经济、政治、文化发展基础上的必然选择，也是无锡城镇化的必然结果，更是无锡教育发展与社会进步良性运行的重要标志。因此，分析无锡城乡教育一体化实践，必须首先分析其社会基础。

一、无锡城乡教育“高位均衡”发展的物质基础

无锡城乡教育一体化发展的社会条件主要包括其特有的文化传统与经济社会地位，以及无锡前期教育发展的基础性成果。

（一）城乡经济社会发展总体水平及其在全国的地位

无锡，简称“锡”，古称梁溪、金匮，由于地处太湖流域核心地带，故被誉为“太湖明珠”。无锡是一座具有3500年历史的江南名城，早在春秋战国时期，已是当时的经济、文化中心，孕育了许多文人墨客，至今仍保留着众多的历史遗迹。无锡位于北纬31°7′至32°2′，东经119°33′至120°38′，是长江三角洲江湖间的走廊部分，北扼长江、南控太湖，西依锡山、惠山，京杭大运河穿城而过，有着“运河绝版地，江南水弄堂”的美称。无锡是苏南地区的交通中枢、长江咽喉，地理位置十分重要：东邻苏州，距上海128.2千米；南控太湖，与浙江省交界；西接

常州，距南京183千米；北望长江，与泰州市所辖的靖江市隔江相望。

无锡是中国著名的鱼米之乡，繁华富庶，文物之邦。无锡自明起素有布码头、钱码头、窑码头、丝都、米市之称。无锡是中国民族工业和乡镇工业的摇篮，苏南模式的发祥地，中国民营企业之都。无锡的商业形成了向全省的强劲辐射力。无锡景色优美，是中国优秀旅游城市之一、国家卫生城市、国家森林城市、国家园林城市。

无锡是国家历史文化名城之一，也是现代中国经济最发达的城市之一。它拥有产业、服务外包与创意设计基地，区域性商贸物流中心，职业教育中心，旅游度假中心，曾被《财富》（中文版）杂志评为“中国最佳商务城市”。2004年1月2日当选CCTV“全国十大最具经济活力城市”，连续多年入选福布斯大陆最佳商业城市。无锡辖区内的江阴市和宜兴市两个县级市的经济实力均列全国百强县（市）前十。江阴市的华西村被誉为“天下第一村”。2012年在全国相对富裕地区排行榜中，无锡位列全国第五。

至2012年12月，无锡市经过调整整合成为6个行政区、2个县级市、1个国家级开发区（单列管理），共32个镇、51个街道；全市实际总面积3966.66平方千米（含太湖水域总面积为4606.75平方千米），太湖水域总面积为640.09平方千米（滨湖区太湖水域面积397.8平方千米，宜兴市太湖水域面积242.29平方千米）；山区和丘陵为782平方千米；2012年城市建成区面积为496.7平方千米，全国排名第10位。全市户籍总人口470.07万人，其中江阴121.26万人，宜兴107.73万人，城区241.08万人。全市地区生产总值7568.15亿元，其中江阴2535.38亿元，宜兴1085.98亿元，城区3946.79亿元。

（二）城乡教育均衡发展起步较早

早在1998年，无锡市教委就提出了“三年改变薄弱学校面貌”的意见，确定了全市202所薄弱学校，并落实了各级政府及教育行政管理部门的“改薄”任务和责任。“十五”开始，无锡市教育局在每年的工作计划中，都把教育均衡发展作为重要目标与内容。各区县教育管理部门相继出台政策，加强对本区域义务教育均衡发展的规划，力求把提高义务教育均衡发展水平作为教育发展的重要目标。如江阴市2002年年初率先提出：“要将60%以上的小学、初中办成省级以上实验学校（示范学校）。”宜兴市教育局提出“采取切实措施、降低重心、突出办好农村学校、发展农村学校”均衡发展思路。惠山区2002年提出，所有中心以上建制的学校，五年内全部要成为省以上实验学校（示范学校）。锡山区教育局2002年提出义务教育工作以“高标准、高质量、高水平”为目标。

2005年年初，无锡市教育局通过媒体明确提出，无锡市教育要实现“高位均衡”的目标。预计三年之内,要使全市70%的学校(即400多所初中、小学学校中的300所)成为省、市实验学校(或省示范学校),并实施了无锡市级实验小学的评定工作,以扩大优质教育资源的覆盖面。2005年9月,《中共无锡市委、无锡市人民政府关于加强推进教育强市建设六项重点工作的决定(征求意见稿)》明确提出“提升义务教育均衡化水平”的目标:合理调整优化义务教育学校布局,加大对义务教育的扶持力度,重点提高对农村义务教育的保障水平。与此同时,各市(县)、区财政性教育经费新增部分主要用于农村教育。各区县又进一步根据各地特点,提出“高位均衡”发展的目标。2005年上半年,滨湖区在对本区调研的基础上制定本区义务教育均衡发展规划,进一步明确义务教育工作的“三高”(硬件高标准、软件高水平、质量高品位)目标和措施,提出到2007年,全区80%以上中心小学建成省实验小学,100%的初中建成省示范初中。北塘区教育局提出“高位均衡、优化布局、和谐发展”的思路和规划。南长区教育局也正在对全区义务教育均衡发展作进一步规划。总之,提升义务教育均衡发展水平,已成为无锡市各级政府和各级教育行政部门关注的重点。这些规定与政策,为无锡教育高位均衡发展的实现提供了重要的物质基础与精神动力。

(三)城乡教育现代化达标起点较高

无锡市一直有着较坚实的教育改革与发展基础,辖区内所有市、区都具有实践探索的基础与成果。其中,锡山区于1996年在全省率先提出区域性整体推进素质教育的发展思路,2001年成为全国首批38个国家级课程改革实验区之一就是其实践探索的有效成果。

江苏省开展教育现代化评估工程以后,无锡积极参与其中。2007年10月全市所有学校都顺利通过江苏省现代化评估验收。其中,在2006年,宜兴市28个镇(乡)全部通过了江苏省和无锡市教育现代化乡镇的评估验收,34所学校成为无锡市实施教育现代化工程示范学校。2007年,宜兴所有学校通过教育现代化验收。锡山也在2007年“高标准地率先通过了江苏省县(市、区)教育现代化建设水平评估验收,并于2008年、2010年两次被授予‘江苏省全面实施素质教育先进县(市、区)’荣誉称号”①。

2007年10月,锡山市以较高水平顺利通过教育现代化评估验收,鉴定会专家认为:“锡山区委区政府始终以办好人民满意教育为宗旨,坚持优先发展教育,以教育现代化建设总揽全局,形成了各级各类教育事业迅速发展、优质教育

① 孟静卫.锡山:打造义务教育高位均衡的“锡山模式”[DB/OL].http://www.wxjy.com.cn/Item/7918.aspx,2011-12-09.

资源迅速扩大、教育综合实力和竞争力明显增强、全区教育跨越式发展的良好格局。近两年先后被评为江苏省‘双高普九’先进区、幼儿教育先进区、普及高中阶段教育先进区、师资队伍建设先进区和规范教育收费示范区，为全区经济社会的现代化建设提供了坚实有力的人才和智力支持。”①锡山“注重统筹协调快速发展的同时推进均衡发展，基本实现了原自然镇每镇一所初中、一所小学、一所幼儿园的布局，村、镇教育差距逐步缩小，公办、民办学校均衡发展，义务教育、非义务教育同步发展，通过创优和公共资源合理配置改变薄弱校，初步实现义务教育发展均衡化”②。此外，2006 年全区从业人员培训率达 64.8%，2007 年进城务工农民子女被公办学校接纳率达 84%，基本形成了具有锡山特色的现代国民教育体系。③ 同年，江阴、无锡市城区及其他各区域先后通过现代化验收。具体见表 6-1。

表 6-1　锡山、宜兴、江阴 2007 年度城乡教育现代化主要指标达标情况表④（单位：%）

项目	锡山	宜兴	江阴
学前三年入学率	99.7	99.5	99.6
小学入学率	100	100	100
小学巩固率	99	100	100
小学升学率	100	99.77	100
初中毕业生升学率	96	96.03	96
残疾儿童入学率	100	100	100
高考录取率	92.3	91.23	92
民工子女就学率⑤	84	85.3	100
社区教育覆盖率	100	100	100

至“十一五”末，无锡市九年义务教育的人口覆盖率就已达 99.1%，小学、初中阶段的入学率均为 100%，巩固率也分别达到了 100% 和 99.5%。小学、初中、高中和职业学校教师学历达标率分别达到 99.62%、95.84%、92.13% 和

① 江苏省评估组高度评价锡山教育现代化建设[DB/OL]. http://jy.chinawuxi.gov.cn/xwzx/jydt/2465314.shtml,2007-11-08.

② 江苏省评估组高度评价锡山教育现代化建设[DB/OL]. http://jy.chinawuxi.gov.cn/xwzx/jydt/2465314.shtml,2007-11-08.

③ 江苏省评估组高度评价锡山教育现代化建设[DB/OL]. http://jy.chinawuxi.gov.cn/xwzx/jydt/2465314.shtml,2007-11-08.

④ 根据 2007 年度无锡市统计资料整理而成。

⑤ 特指公办学校就学率。

83.32%，其中小学和初中教师高一层次学历比例分别达77.40%和54.56%；全市骨干教师队伍进一步壮大，已有各级教学能手705人、学科带头人503人，市级名教师56人、名校长10人，省特级教师41人、名教师3人、名校长2人。教师队伍结构和质量的重大变化，直接为无锡市教育有效服务于经济社会的飞速发展、为无锡市人才培养和人才强市战略的落实提供了重要保障。另外，2007年，无锡全市14万名进城务工农民子女受到了良好教育，其中近12万名义务教育阶段学生90%以上在公办学校就近入学。

二、无锡城乡教育一体化“高位均衡”发展模式选择的必然性

城乡经济社会的一体化为无锡城乡教育一体化实践提供了深厚的物质基础，而无锡城乡教育“高位均衡”发展的成果为城乡教育一体化的推进提供了坚实的社会基础与精神动力。但是，由于历史与体制的原因，在经济社会城乡一体化进程加速的社会背景下，无锡城乡教育一体化发展受到一定程度的阻碍。

（一）城乡教育一体化规划与学校空间布局面临教育管理体制性阻碍

“十一五”与“十二五”交接之年，我国教育投入体制仍然是“县（区）为主，县（区）、镇（街道）两级管理”模式，与此相对应的学校规划与空间布局呈现两级管理特点，无锡也不例外。无锡市管辖的各市（县、区）直管学校规划与布局仍然由市（县、区）有关部门确定，而农村学校的规划与布局需要市（县、区）有关部门与乡镇（街道）协商确定。由于义务教育阶段农村学校的办学经费是由乡镇（街道）财政负责管理的，因此乡镇（街道）实际上控制着农村教育规划与学校布局的决定权。这一体制性特色在很大程度上制约着区域范围内城乡教育一体化发展进程，尤其影响教育规划与学校布局的全面优化。

与此相关，无锡是苏南城市化速度较快的地区之一，面对城市化进程的加速，无锡市提出了进行城乡一体化空间科学布局的意见。其中提出城乡规划的总体要求，力求做到“四个一体化”：“着力推进城乡规划一体化，完善城乡空间布局、产业布局、交通布局、生态布局和人口布局，促进区域协调发展。着力推进城乡基础设施建设一体化，加快城市基础设施向农村延伸，实现城乡共建、城乡联网、城乡共享。着力推进城乡公共服务一体化，加快城市文化教育、医疗卫生等公共服务向农村延伸，实现城乡公共服务均等化。着力推进城乡生态文明建设一体化，加强城乡生态环境保护、土地资源节约利用，推动建设思路、生产

方式、消费模式的转变。"[1]这一意见进一步表明无锡城市化过程中城乡总体规划的重要性与必要性。其中,城乡教育一体化规划、布局也成为历史发展的必然性选择。

(二)城乡办学条件的差异性影响城乡教育一体化发展质量

虽然无锡城乡教育总体质量高于全国其他地方,都符合江苏省教育现代化指标的规定,但是与其他地方一样,江苏省城乡教育现代化有两个标准,一个是城市教育现代化标准,另一个农村教育现代化标准。农村各级教育标准都普遍略低于城市。虽然无锡农村总体经济、社会发展水平较高,但是某些县(区)域的少量农村经济发展水平不高。有些乡镇的经济总体收入低于当地平均水平。显然,农村经济薄弱地方的学校办学条件相对较差。无论是硬件设施水平,还是软件质量水平,都普遍低于同区其他地方。这样,势必影响区域教育一体化发展进程,影响区域教育现代化水平,也从根本上剥夺了同一蓝天下农村孩子以及其他成员享受教育、享受知识的平等权利。

(三)城乡办学经费未能实现平等投入

经费投入的平等性是城乡教育一体化的核心问题之一,没有平等的经费投入,学校教育环境的改善、教师质量的提高都将受到影响。虽然无锡市城乡经济整体发展水平较高,城乡区域整体教育改革起步较早,但是由于体制性问题,教育经费未能在城乡所有学校同步按同一标准进行投入。一些地处相对边缘区域的农村学校,主要依靠乡镇财政投入,市级财政公平投入机制仍然存在一些瑕疵。公共财政没有真正体现公共性、平等性特征。在城乡经济发展一体化趋势明显的情况下,经费投入的选择性行为显然进一步阻碍城乡教育的一体化进程与质量。

城乡教育一体化发展是无锡"高位均衡"发展的理想模式,即城乡一体化"高位均衡"发展是无锡教育整体发展的目标。只有破除各种障碍,以理性姿态,从体制改革入手,解决上述城乡教育之间客观上存在的差异性问题,才能真正实现一体化"高位均衡"的发展目标。

---

① 中共无锡市委　无锡市人民政府关于进一步加强城乡规划工作的意见[N]. 无锡日报. 2008-08-01.

第二节 无锡城乡教育一体化“高位均衡”发展模式的内涵

均衡发展是我国近期教育改革追求的主要目标之一,但是均衡发展在各地具有不同的内涵。无锡在前期均衡发展的基础上,提出“高位均衡”发展的努力方向,并把它贯彻在城乡教育一体化发展目标之中,形成城乡教育一体化“高位均衡”发展模式。

一、“高位均衡”发展的内涵

“高位均衡”的理解程度是城乡教育一体化实践模式的重要前提。无锡的领导认为:“无锡追求的教育高位均衡有这样几层含义:一是在均衡程度上要努力追求高水平,二是在均衡途径上坚持‘提谷齐峰’而不是‘削峰填谷’,三是在均衡内涵上既重办学条件,更重师资、管理和质量。”①这一理解其实说明了“高位均衡”的特定内涵。

首先,“高位”一体化。“高位”是一个相对概念,是相对于某一标准基数而设定的发展目标。无锡城乡教育尤其是义务教育早在2007年就全部通过江苏省教育现代化评估验收,即整体发展水平处于全省乃至全国的领先地位。无锡下辖的江阴市与宜兴市以及锡山、惠山、滨湖、崇安、南长等区先后被评为“江苏省义务教育均衡发展先进县(市、区)”。显然,无锡城乡教育均衡发展是指在实现教育现代化基础上的均衡,即城乡教育一体化现代化。而这一目标可以具体到教育发展的各项指标,从2008年无锡整体教育发展角度看,相关指标都实现高水平的城乡均衡。其中,小学入学率、小学巩固率、初中入学率均达100%,初中巩固率达98.4%,残疾儿童入学率达99.8%,外来人口子女在公办学校入学率也在70%以上。到2012年,“无锡市379所义务教育学校全部达到义务教育现代化学校标准,在义务教育现代化学校就读学生比例达到100%”②。

如果以江阴教育发展数据为例,无锡城乡教育“高位均衡”的发展现状以及

① 潘玉英.让每一名学生都优秀让每一所学校都精彩(上):无锡推进义务教育高位均衡发展纪实[N].江苏教育报,2012-11-09.

② 潘玉英.让每一名学生都优秀让每一所学校都精彩(上):无锡推进义务教育高位均衡发展纪实[N].江苏教育报,2012-11-09.

发展趋势就更加明显。江阴幼儿园毛入学率、小学巩固率、初中巩固率、初中升学率几个指标的均衡状况具体见表6-2。

表6-2 江阴义务教育相关数据表(单位:%)

年份	幼儿园入园率	小学巩固率	初中巩固率	初中升学率
2007	99.61	100	99.69	96.3
2008	99.63	100	99.71	97.04
2009	99.65	100	99.80	97.68
2010	99.68	100	99.80	98.6
2011	100	100	99.90	100
2012	100	100	99.98	100

其次,"均衡"发展。"均衡"也是一个相对的概念,它是相对于不均衡而言的发展状态。均衡发展特指在教育发展的主要指标方面城乡一致。为了理解其内涵,我们可以从无锡教育均衡发展的经验中加以概括。《无锡推进义务教育高位均衡发展纪实》中主要强调城乡学校硬件设施配备实现现代化,尤其是加强农村现代化教育装备的建设,所有农村学校到2012年全部达到现代化标准。均衡发展还强调教师队伍建设,即提高全市所有学校教师的素质,尤其是提高农村学校教师素质,实现城乡学校之间教师队伍建设的均衡一体化。此外,无锡还进一步突出教育质量的提高,认为教育质量是学校教育的核心,如果教育质量在城乡之间存在较大差异,那么均衡发展只能是表面现象。"教育质量高水平是义务教育高位均衡发展的重要标志。从一开始,无锡市就把质量提升作为义务教育高位均衡发展的核心和重点。无锡市教育局局长陆卫东说,义务教育高位均衡,关键要落实到青少年学生的高素质发展上。而实施素质教育,必须把时间和空间还给学生,把健康和快乐还给学生,把兴趣和爱好还给学生,回归教育本真,在全面提高教育教学质量的基础上,促进学校特色发展,使每一个学生全面而富有个性地发展。"①因此,均衡发展一方面是指主要指标的均衡,如硬件设施装备的均衡、教师素质的均衡、教育质量的均衡提高;另一方面,强调发展,即从学生兴趣出发,从对学生健康全面负责角度促进学生全面发展。

最后,"高位均衡"发展的"全方位"发展性。无锡教育均衡发展设计方案

① 潘玉英.让每一名学生都优秀让每一所学校都精彩(上):无锡推进义务教育高位均衡发展纪实[N].江苏教育报,2012-11-09.

特别强调所有学校的全方位发展性，包括学前教育的城乡“高位均衡”，职业学校的城乡“高位均衡”，社区教育的城乡“高位均衡”。下面以宜兴学前教育的师资为例，分析无锡城乡教育一体化均衡状况。

学前教育城乡一体化均衡发展涉及许多指标。其中，硬件指标城乡一样，都达到江苏省现代化指标、无锡市学前教育现代化指标的要求，城乡一体化均衡度为100%。而教师素质以及教师待遇城乡一体化均衡程度也是衡量一个地区城乡教育一体化水平的重要指标，所以这里主要对城乡教师五年培训率、大专以上学历结构比例进行分析，判断其一体化均衡发展状况。乡城比例为1时绝对均等，越接近1，均衡度越高。至2013年8月为止，宜兴共有城乡学前教育机构76所，其中城区19所，乡村57所，从教师五年一次的培训来看，城乡培训比例都是100%；从教师大专以上学历比例来看，城区平均为97.15%，乡村为93.25%。乡村数据主要受到徐舍镇邮堂幼儿园教师学历构成比例的影响，该幼儿园教师学历比例是42.86%。具体情况见表6-3。

表6-3 宜兴学前教育教师队伍建设城乡一体化均衡发展情况表①

项目	幼儿园数量	五年培训率(%)	大专以上学历比(%)	教职工参保率(%)
城区	19	100	97.15	100
乡村	57	100	93.25	100
合计	76	100	95.20	100
乡城比例	0.99	1	0.96	1

上述数据显示，宜兴学前教育阶段教师五年培训率乡城比例与教职工参保率乡城比例均为1，大专以上学历教师比例乡城比例为0.96，三项总平均为0.99。可以看出，无锡学前教育已经达到“高位均衡”发展状态。不仅如此，宜兴外来人口子女同样得到平等的入园机会。2013年外来人口子女中幼儿园适龄儿童5676人，占幼儿总数的26.55%，进入公办学前机构或者惠普性幼儿园的比例达100%。

宜兴如此，江阴以及无锡其他区域，包括外来流动人口子女在内的城乡学前教育入园率都高达100%，九年义务教育、高中阶段教育以及社区教育的城乡一体化均衡情况也处于“高位均衡”状态。

---

① 根据宜兴市人民政府的江苏省学前教育改革发展示范区建设督导评估汇编材料（2013年5月）中相关数据整理而成。

二、无锡城乡教育一体化“高位均衡”发展模式分析

按照城乡教育一体化发展模式的分析程序，从主体性因素、客体性因素以及中介性因素三个视角对无锡城乡教育一体化“高位均衡”发展模式进行分析，无锡城乡教育一体化的特色可以得到直观体现。

（一）无锡城乡教育一体化“高位均衡”发展模式的主体性因素分析

主体性因素主要涉及城乡教育一体化观念因素、城乡教育一体化目标体系等内容。

1. 城乡教育一体化“高位均衡”观念

虽然无锡不是全国城乡教育一体化示范区域，但是无锡早就开始了城乡教育一体化实践。在无锡看来，城乡教育一体化就是城乡之间所有学校在物质资源的配置、教师等人力资源的配置、文化环境的建设等方面已经实现现代化的基础上，一方面实现资源配置的一样化，另一方面坚持走特色办学之路的过程。

2. 城乡教育一体化“高位均衡”发展的目标体系构建

积极适应城乡教育一体化、教育公共服务均等化的需要，进一步优化基础教育资源布局，加快促进教育公平，全面提高基础教育服务质量和水平。

一是加快城乡高标准、高质量普及幼儿教育的进程。加快发展学前教育，是无锡基础教育改革发展的重中之重。2012 年无锡市政府与省政府签订了加快学前教育改革发展工作责任书，2012 年设定所有市（县、区）全部建成“江苏省学前教育改革发展示范区”的目标。总目标具体化为几个子目标：每个乡镇（街道）至少办好 1 所达省优标准的公办中心幼儿园，70% 的村园创建成市优质幼儿园，确保在省、市优质幼儿园就读的幼儿比例达到 88%，确保 2012 年所有市（县、区）全部建成“江苏省学前教育改革发展示范区”。

二是全面完成城乡义务教育高位均衡发展示范区创建任务。《无锡市义务教育高位均衡发展示范区建设主要指标》指出：2012 年底前，无锡市将组织义务教育高位均衡发展示范区建设水平的评估验收，对创建工作措施扎实、成效突出的地区给予表彰奖励，确保 2013 年年底之前所有市（县、区）全部建成市义务教育高位均衡发展示范区，力求成为省义务教育优质均衡改革发展示范区。同时要更好地解决外来务工人员子女入学问题，进一步完善外来务工人员子女义务教育入学政策，加强优质服务。要加快特殊教育学校现代化建设，积极构建覆盖学前教育、义务教育和高中阶段教育，集教育、培训、康复、监测、科研为一体的特殊教育体系。

三是加快城乡普通高中优质特色发展。《无锡市普通高中优质特色发展五年行动计划(2011—2015 年)》提出,建立“市级统筹规划,市(县、区)分级保障,学校自主发展”的高中教育管理体制,推动普通高中培育特色鲜明的学校文化、创设育人为本的培养模式、打造业务精专的教师团队、实行现代民主的科学管理、构筑开放发展的办学优势,实现自主、多样、特色发展,全面提高办学水平,努力争创国内外具有影响力的示范性高中。

四是大力加快城乡素质教育步伐。制定《无锡市进一步深化基础教育课程改革的指导意见》,加强初中、高中课程基地建设,不断提高课程实施支撑素质教育的水平。精心组织、深入实施中考改革,强化素质教育导向,进一步减轻学生课业负担。制定《无锡市中小学生素质达标指导意见》,启动实施中小学生基本素质达标计划,强化学生体质健康促进机制,举办全市学生运动会,承办全省第四届中小学生艺术展演活动,加强中小学校学生艺术团队建设,促进提高学生综合素质。认真贯彻落实教育国际化工作目标任务,深入推进中小学教育国际交流与合作,广泛开展友好学校交流互访,学习借鉴国际先进教育理念和经验,促进提升贯彻“以人为本”和“面向现代化,面向世界,面向未来”重要方针的水平。①

《无锡市教育改革和发展规划纲要(2010—2020 年)》中对未来教育发展的目标进行了规划,指出:“到 2015 年,全市教育质量、教育投入、教育贡献度等主要指标继续保持全省、全国前列,率先建成教育强市,全面实现教育现代化。到 2020 年,教育发展主要指标达到世界发达国家同期水平,率先建成学习型社会和全国一流人力资源强市。”②具体教育发展指标如表 6-4 所示。

表 6-4　2020 年无锡教育发展主要指标③

相关指标	目标值
学前三年毛入学率	100%
义务教育巩固率	100%
高中阶段教育毛入学率	100%
高等教育毛入学率	65%

① 2012 年全市教育改革发展五项重点工作[DB/OL]. http://jy. wuxi. gov. cn/BA04/C/02/5935498. shtml,2012-04-08.

② 无锡市教育局. 无锡市教育改革和发展规划纲要(2010—2020 年)[DB/OL]. http://jy. wuxi. gov. cn/BA04/B/05/2492925. shtml,2011-09-27.

③ 根据《无锡市教育改革和发展规划纲要(2010—2020 年)》数据整理而成。

续表

从业人员继续教育参与率	80%以上
国家教育信息化标准达标率	100%
省定优秀标准学校比例	90%以上
新增劳动力人均受教育年限	16年以上
主要劳动年龄人口平均受教育年限	13年以上
受过高等教育的劳动力人口比例	30%以上
学生、社会对学校的满意度	90%以上
学校对政府管理和服务的满意度	85%以上

上述发展目标不只是针对城区,而是面向城乡全体,是城乡教育一体化均衡发展的主要目标。在这一教育目标体系中,有些指标在无锡部分区域实际上已经实现,有些指标已经比较接近,还有些指标进一步努力后在无锡城乡都能够实现。

城乡教育一体化"高位均衡"发展的目标体系中,无锡对其中的重点项目设计了实施步骤与时间节点。如提出:"到2015年,全市高标准、高质量普及学前三年教育,3—6岁幼儿入园率保持99%以上。全市90%以上的幼儿园建成省、市优质幼儿园,100%的村幼儿园建成市优质幼儿园。重视0—3岁婴幼儿早期教养指导与服务,婴幼儿家长和看护人员接受科学育儿指导率达98%以上。"①义务教育"高位均衡",并"逐步推进小班化教学,到2015年,小学班额控制在35人左右,初中班额控制在40人左右。到2020年,小学、初中的班额分别控制在30人和35人左右。"积极发展城乡一体化社区教育,提出:"广泛开展社区教育,实施学习型社区建设工程,积极创建国家级、省级社区教育示范区。到2020年,全市城市居民参与社区教育活动达70%以上,农村居民达50%以上,形成城乡一体的社区教育体系。"②通过设计战略目标体系以及具体实施步骤,城乡教育一体化"高位均衡"发展方向更加明确,行动更加有针对性。

3. 城乡教育一体化"高位均衡"发展模式的智慧支持

无锡城乡教育一体化"高位均衡"发展模式不是盲目探索,而是基于一定的理论指导所进行的理性规划与实践。早在2009年无锡就开始了"义务教育高

① 无锡市教育局.无锡市教育改革和发展规划纲要(2010—2020年)[DB/OL].http://jy.wuxi.gov.cn/BA04/B/05/2492925.shtml,2011-09-27.

② 无锡市教育局.无锡市教育改革和发展规划纲要(2010—2020年)[DB/OL].http://jy.wuxi.gov.cn/BA04/B/05/2492925.shtml,2011-09-27.

位均衡发展”的课题研究。

（二）无锡城乡教育一体化“高位均衡”发展模式的客观性因素分析

城乡教育一体化模式可以通过教育资源配置状况、教育环境改善状况以及其他物化内容加以概括与描述。通过对这些客体性因素的分析，我们可以进一步提炼其模式特点。

1. 教育资源高效投入与有效整合

根据城镇化发展趋势以及教育发展的状况，无锡市从城乡统筹角度对城乡教育进行整体规划，在加大投入政策的指导下，全面推进“义务教育高位均衡发展示范区”建设。首先把财政投入放在学校改造与扩建、新建层次上，并取得突出成效。2009 年至 2012 年期间，无锡市共投入 24 亿元改造提升 191 所义务教育相对薄弱学校，实现了义务教育现代化设施学校全覆盖，两市（县）七区全部通过“全国义务教育发展基本均衡县（市、区）”省级评估和“无锡市义务教育高位均衡发展示范区”创建评估，工作经验被省领导批示在全省推广，无锡市被评为“全国‘两基’工作先进地区”，受到国务院通报表彰。①

2012 年年初，无锡市政府召开全市加快学前教育改革发展工作会议，全面推进“江苏省学前教育改革发展示范区”和“无锡市学前教育现代化镇（街道）”创建工作。建立幼儿教育公用经费制度，公办幼儿园按每生每年不低于 200 元的标准安排公用经费。全市新建和改扩建幼儿园 52 所，36 所幼儿园建成省、市优质园，37 所幼儿园通过省优质园评估，70% 以上的村（社区）幼儿园建成市优质园，江阴市新桥镇、滨湖区华庄街道等 11 个镇（街道）建成市学前教育现代化镇（街道）。②

宜兴 2012 年的学前教育投入可以作为一个案例进行分析。按照江苏省学前教育改革示范区建设的规定，财政性学前教育经费在同级财政性教育经费中占比为 5%，而宜兴市 2012 年投入 1.667 亿元，占财政性教育经费的比例为 8.45%，高于省指标 3.45%。③

围绕构建现代职业教育体系，加快推进“地方政府促进高等职业教育发展综合改革试点”和“江苏省职业教育创新发展实验区”建设。“无锡职业技术学院和江苏大学高职与普通本科联合培养”等四大类 13 个项目入选全省现代职

---

① 无锡市教育局. 2012 年无锡教育十大亮点[DB/OL]. http://jy.wuxi.gov.cn/BA04/c/04/6492926.shtml,2013-01-16.

② 无锡市教育局. 2012 年无锡教育十大亮点[DB/OL]. http://jy.wuxi.gov.cn/BA04/c/04/6492926.shtml,2013-01-16.

③ 2013 年 7 月 28 日在宜兴教育局调研时获得数据。

业教育体系建设试点项目。出台《关于加强职业教育集团建设的工作意见》,组建微电子、建设、汽车、焊接、艺术设计第二批5个市级职教集团。实施职业教育专业、课程、师资、技能四项提升工程,评选市级校企合作示范项目15个、国际化重点项目10个、精品课程50门、重点建设专业40个,14个专业被评为全省职业教育品牌特色专业,学生参加全国和省职业技能竞赛获得61枚金牌、92枚银牌和101枚铜牌。①

2. *城乡教育环境建设一体化*

无锡是中国东部经济重镇、制造业基地、工业城市、中国民营企业之都、中国优秀旅游城市之一、福布斯大陆最佳商业城市。2012年无锡经济发展呈现"总量跃升、均量上升、质量提升"的良好态势,地区生产总值突破7000亿元,达到8000亿元,比上年增加688亿元,可比价增长10.1%。2012年全市人均地区生产总值(按常住人口计算)达到11.74万元,比2011年净增1万元,按现行汇率折算,人均GDP达到1.87万美元,继续保持全省第一的位置②。

在这样的经济发展基础上,无锡强调物质环境建设"高位均衡":坚持以教育信息化带动教育现代化,制定实施教育信息化"十二五"规划和中小学数字化校园建设标准,推进"感知教育、智慧学习"物联网技术应用教育示范项目建设,实施"感知生长"、"仰望星空"、物联网比特实验室等93个感知教育示范试点项目,全市中小学100%接入城域网,90%以上实现"班班通",50%以上建成数字化校园,9所学校成为全省基础教育百校数字化学习试点学校。"教育'物联网'普及与应用的有效模式探索"列入全国首批教育信息化区域试点项目。③

从未来几年的发展目标设定可以看出无锡市目前的教育物质环境的建设状况。"到2015年,国家教育信息化标准达标率达100%,全面建成涵盖各级各类教育的教育信息化公共服务体系",形成与无锡市教育现代化水平相适应的教育信息化建设新局面。不仅如此,无锡还将加强教育信息化基础设施设备建设,使其"达到世界中等发达国家同期水平,建成覆盖所有地区和学校的快速、高效、安全的教育信息化运行网络"④。

---

① 无锡市教育局. 2012年无锡教育十大亮点[DB/OL]. http://jy.wuxi.gov.cn/BA04/C/04/6492926.shtml,2013-01-16.

② 沐同. 2012年无锡人均GDP超11万元再居全省第一[DB/OL]. http://news.2500sz.com/news/gn/2013-217_1868418.shtml,2013-02-07.

③ 无锡市教育局. 2012年无锡教育十大亮点[DB/OL]. http://jy.wuxi.gov.cn/BA04/C/04/6492926.shtml,2013-01-16.

④ 无锡市教育局. 无锡市教育信息化三年行动计划(2013—2015年)[DB/OL]. http://wuxi.gov.cn/BAo4/C/01/6492953.2013-04-26.

此外,无锡市还将在数字资源与基础数据库建设以及信息化应用能力的提高等方面在城乡所有学校体现高水平物质环境的营造与追求。

3. 城乡教育空间布局一体化规划

规划对于城乡教育一体化均衡发展具有重要的推动作用,也是城镇化过程中城乡教育一体化均衡发展的重要载体。无锡市城镇化率逐年提高,公共建设用地不断扩大。下面以锡山为例,描述城乡教育空间布局变化的必然性与基本状况。教育作为一种公共服务产品、公共服务事业,必须要始终与城市化开发进程相适应,以满足区域内各类群体尤其是义务教育阶段学生的求学需求。锡山区作为无锡市的重要组成板块,城市化进程速度不断加快,随之而来的是城市格局与人口分布发生了重大变化。因此,与锡山城乡建设总体规划相适应,重点突出锡东新城与东亭主城区两个片区的教育布局规划。因为锡东新城是高铁无锡站所在地,东亭城市开发进程加快,人口集中与导入速度比较快,为此,锡山区教育局编制了2011年到2020年教育布局规划,总投资超过15亿元,加强现代化学校建设。锡东新城规划建设1所四星级高中、天一实验学校初中的新校区、锡山实验小学和1所国际学校,以配合区域内的高起点开发与建设。

江阴市城乡学校一体化规划也比较突出。早在2007年,江阴市就根据2006年《江苏省普通中学办学条件标准》,结合江苏省教育现代化评估需要,作出了“普通高中和中等职业学校均建成三星级以上(含三星级)”省优标准的承诺。2008年10月,江阴市人大常委会通过了《江阴市学校布局规划(2008—2012)》,开始了江阴城乡学校空间一体化战略布局的调整。整体布局规划体现了各级各类学校与城乡发展实际相一致的基本特点。

一是城乡幼儿园的布局坚持“增加布点,均匀覆盖”原则,确保适龄幼儿就近入园;二是城乡小学布局坚持“保持稳定,留有余量”原则,为小班化教学留下足够空间;三是初中布局坚持“保持为主,适当增设”原则,为外来人口子女、城区开发留下空间;四是城乡普通高中布局坚持“品牌办学,优质发展”原则,提高优质学校资源的辐射范围与影响力;五是职业学校的布局坚持“调整整合,集约优化”原则,体现一校一特色,增加职业学校影响力与品牌效应。①

(三)无锡城乡教育一体化“高位均衡”发展模式的中介性因素分析

中介性因素包括加强政府积极引导职能与制度建设力度,实现城乡教育一体化“高位均衡”发展。

---

① 屠湘如.走向高位均衡:社会主义新农村教育发展的区域探索[M],南京:江苏教育出版社,2011:72-73.

1. 建立县(区)统一管理的教育管理体制

早在2002年,无锡市全面实行了“分级管理,以市(县、区)为主”的义务教育管理体制,明确与完善了市(县、区)、镇两级的教育管理职责,市(县、区)一级负责教职工工资的统一发放、中小学的总体规划、中小学校长和教师的管理、学校教育教学工作的指导等,镇一级负责本镇范围内的学校布局调整、优化教育资源,负责学校基本建设和设备添置,提高教师待遇等。这一体制调动了市(县、区)、镇两级政府办学的积极性,确保教育经费的投入和管理到位。但是,随着城乡一体化进程的推进,在城乡区域之间的土地资源越来越需要共享的情况下,学校布局需要重新调整,乡镇合并成为经济社会发展的必然要求,学校管理体制面临挑战。因此,2010年前后,无锡提出建立县区统一管理的教育管理体制,消除城乡传统土地资源分割管理对学校资源配置公平的影响。

为了缩小城乡之间校际的差距,在借鉴国外与区域外教育一体化发展经验的基础上,无锡根据区域特点创造性地形成了“强弱结对子”、教育联盟、教育集团等一体化模式,建立硬件教育资源与教育理念、办学思想、教师队伍建设等软件资源共享平台,提高优质教育资源的影响力与辐射力,提升了相对薄弱学校的育人质量。

2. 建立与完善义务教育办学体制与经费保障机制

办学体制改革的重要举措是加强“校中校”改革,彻底清查公有民办学校,理顺公共教育资源与公办学校、民办学校之间的关系,为义务教育均衡发展创造良好的体制条件。从2008年开始,无锡市对公有民办学校进行了清理,对当时26所学校的性质进行明确定位,可以恢复公办学校性质,也可以真正成为民办学校。2008年1月,26所公有民办学校中的11所恢复了公办之身,10所依法设置为民办学校,另有5所撤销停办。① 这一举措进一步促进了无锡依法治校、城乡教育均衡发展的进程。

经费保障机制是城乡教育一体化均衡发展的重要、基础性举措。2004年11月,无锡市教育局、财政局根据省财政厅、教育厅2004年《关于建立农村中小学公用经费保障机制的意见》制定了本地经费保障机制,发文规定农村中小学预算内生均公用经费拨款标准以及拨款措施。根据无锡市经济社会发展水平和维护学校正常运转的基本支出需要,无锡市农村中小学预算内生均公用经费拨款标准为:小学每生每年70~170元,初中每生每年90~190元,并纳入财政预算。

① 潘玉英.让每一名学生都优秀让每一所学校都精彩(上):无锡推进义务教育高位均衡发展纪实[N].江苏教育报,2012-11-09.

3. 建立与完善义务教育评估督导机制

无锡市已形成市—县(区、市)两级义务教育的督导体系,负责对政府、学校实施义务教育情况的督导。2008年,无锡市政府督导室根据省《关于开展高水平、高质量普及义务教育工作督导的通知》进行义务教育“双高普九”市级督查。为了配合“全国义务教育发展基本均衡县(市、区)”督导评估,根据《江苏省申报“全国义务教育发展基本均衡县(市、区)”督导评估工作实施方案》要求,2012年9月,由市教育局和政府督导室主要领导带队组织20人,对全市各县(市、区)“全国义务教育发展基本均衡县(市、区)”申报工作开展了市级复核。复核工作坚持“注重短板、注重诊断、注重指导、注重落实”四个注重,在随机抽查的同时重点对办学条件有不合格项目的学校进行抽查,共实地查看103所学校,访谈315人,抽查学校占全市义务教育阶段学校的34%,检查中严格按照标准要求,悉心诊断各地存在的问题,针对问题一一提出整改要求和工作建议。2013年在对各级各类学校的督导下,学校规范办学成效显著,城乡一体化“高位均衡”发展保持全国领先地位。2013年11月,无锡顺利通过教育部关于区域教育均衡发展的验收评估,成为首批全国教育均衡发展的地级市。

义务教育评估督导机制还要通过建立科学评价机制得到体现。无锡在城乡教育一体化发展过程中,还改革与创新了评价机制。改变过去以升学率为核心的评价体制,建立以学校办学水平为核心的评价指标体系,把全体学生作为评价对象,“以完成国家规定的教育内容、达成国家规定培养目标为评价标准,以合格率、完成率和学生综合素质为主要指标的教育教学评价体系,引导学校从升学水平竞争向办学水平竞争、育人水平竞争转变;对于学生,不再单纯以考试成绩为标准,而是着眼于学生的终身发展,建立起了以素质教育为导向的评价体系”①。

4. 全面实行义务教育阶段学生免试入学制度

从2007年夏季开始,公办小学新生均实行免试就近入学,适龄儿童父母或其他监护人根据当地教育主管部门确定的学校施教范围,在学校公布的报名时间内到学校报名;公办初中新生也实行免试就近入学,在农村,乡(镇)中心小学每年7月将全乡(镇)小学毕业年级学生名册交乡(镇)中心初中并填写交接表。中心初中根据接收的学生名册在7月底前给所有新生发放初中入学通知书。在城区,由市、县(区)教育主管部门在每年7月底前,将本辖区范围内小学毕业生,根据实际情况按初中招生方案分配给各初中学校,各初中学校根据接收的

① 潘玉英.让每一名学生都优秀让每一所学校都精彩(上):无锡推进义务教育高位均衡发展纪实[N].江苏教育报,2012-11-09.

新生花名册发放初中入学通知书;民办小学、初中新生实行免试入学。民办学校(含民营学校)招收小学、初中新生,由学校按教育行政部门审批同意的招生办法在规定的时间、地域范围内招生。

5. 全面加强骨干教师队伍建设,加快培育城乡教育领军人才

义务教育均衡发展的一个关键问题是师资跟不上教育发展的需求。解决的根本办法就是全面提升教师队伍的专业素质。一方面通过各种途径提高教师的学历层次,另一方面实施名教师培养工程。无锡市从"九五"期间就启动了新教师三年达标培训,并形成了教学新秀、教学能手、学科带头人的培养机制、奖励机制和评价机制。结合新课程校本教研,小学、初中各学校都建立了教师校本培训的活动机制。如锡山区启动了"535"骨干教师培训工程(即"十五"期末,累计培养50名学科带头人、300名教学能手、500名教学新秀)。"十一五"期间北塘区、新区为进一步优化教师队伍结构,建设个别紧缺学科教师配备制度,并加强落实。2013年度的教师招聘工作明确向这些学科倾斜,北塘区2013年公开招聘教师15人,其中信息技术、科学、音乐、体育、美术学科招收9人,占招聘人数的60%;新区共招74名教师,其中招收音乐教师5名、体育教师5名、美术教师3名;心理健康教师2名,占招聘人数的20%。同时进一步落实教师培训经费。2013年3月,江阴市财政局与市教育局专门出台《关于切实落实教师培训经费的通知》(澄财教〔2013〕5号),明确"从2013年起,把教师培训专项经费列入同级财政预算,并按照不低于核定工资总额(含绩效工资)的1.5%安排教师培训专项经费","学校年度公用经费预算总额的5%作为教师培训日常经费",确保教师培训经费达省定新标准。

到2012年12月份为止,无锡有30名校长、教师成为无锡市中小学教育名家培养对象,41名教师成为第五批"无锡市名教师",24名校长成为第二批"无锡市名校长"。通过各种优惠政策鼓励城乡学校管理人员以及学科教师的成长,促进形成结构合理、高素质的教师队伍。2012年年底,全市新增27名江苏省特级教师和423名中小学教学能手、40名中小学教科研带头人、32名中小学德育工作带头人,15位教师被评为"无锡市劳动模范",14名教师被评为省十佳师德模范和师德先进个人。①

6. 建立教师轮岗交流制度,确保城乡教师队伍校际均衡

城乡教育一体化高位均衡的关键是城乡教师的一体化发展。为了提高农村教师以及城市其他薄弱学校教师素质,无锡市建立教师流动制度,实现教师

① 无锡市教育局. 2012年无锡教育十大亮点[DB/OL]. http://jy.wuxi.gov.cn/BA04/c/04/6492926.shtml,2013-01-16.

从“学校人”向“系统人”的转化。从2010年起，无锡市要求各市(县、区)每年根据学校布局和教师居住实际情况，按照专任教师总数和骨干教师总数各不低于15%的比例，制定并落实教师轮岗交流计划，均衡配置教师资源。到2013年5月为止，全市共轮岗交流校长373人、教师8061名，其中骨干教师1783名。这项政策的出发点是放大优质教育资源，促进“高位均衡”发展。几年来的实践证明，通过师资流动和校际交流，不仅推进了教育资源优质均衡发展，而且带动了教师队伍的整体提升，激发了教育的内生增长力。在无锡新区江溪小学，目前90名在编教师中有13人是来自外校的交流教师。校长杨伟光介绍说，交流来的教师大部分是学科骨干，都得到“重用”，对提升学校教学和教研水平发挥了很大作用。

7. 建立帮困助学机制

江苏省、无锡市尚未出台教育救助政策之时，锡山区(当时还是锡山市)就出台了《关于设立锡山贫困学生助学金的意见》，建立起“政府主导、学校联动、社会参与”的救助体系，形成了财政预算安排、区慈善资金和残联资金联动、社会各界捐赠等多元经费筹措机制，对整个义务教育阶段、高中教育阶段的困难家庭学生进行教育救助。2005年，无锡市惠山区就出台了《无锡市惠山区人民政府关于开展贫困学生帮困助学工作的意见》，旨在资助家庭经济困难的学生顺利地完成学业；为了促进扶贫、帮困、助学活动的正常化、制度化、规范化，2010年3月，无锡市滨湖区教育局出台了《关于建立滨湖区教育系统扶贫助学长效管理机制的实施意见》。至2012年，无锡已建立比较完善的教育经费保障机制，教育投入持续增加，建立了困难家庭适龄儿童免费接受学前教育、残疾儿童、少年接受十五年免费教育等制度。

无锡全市对贫困生家庭的救助一般高于全国、全省标准。以锡山区为例加以比较。2011年江苏省普通高中国家助学金为每人每年1500元，锡山从2008年起就给予每人每年3200元的资助。对困难大学生的救助，除实施生源地助学贷款外，锡山给予每人每年3500元的资助；对深度贫困的大学生，每年的救助金额在12000元左右。此外，锡山还建立教育局收集信息、文保局实施救助的有机统一的政策，实施对贫困家庭大学生毕业以后就业的救助，实现从起点到结果的综合教育公平效果。

8. 建立进城务工农民子女公平受教育的机制

对于有着近700万人口，其中超过1/3为外来人口的无锡来说，如何让教育真正惠及包括外来务工人员在内的每个家庭、每个孩子，如何体现教育的公共服务职能，让普通民众分享改革发展成果，是现实而又富有挑战的问题。据统计，无锡市目前共有非当地户籍义务教育适龄入学儿童16万人，在公办学校就读的随迁子女比例在95%以上，他们与本地户籍学生一样享受各项财政补助。“有教无类”的教育理想，正在无锡一步步成为现实。至2013年，江阴、宜兴等地外来人口子女公办学前教育（或普惠性幼儿园）入园率、公办义务教育入学率高达100%。

此外，在招生制度改革、降低择校热、特色教育促进全面发展方面，无锡也进行了实实在在的有效实践与探索。

第三节　无锡城乡教育一体化“高位均衡”发展模式的特点

城乡教育一体化“高位均衡”发展模式的构成要素描述结果显示，无锡城乡教育一体化模式具有苏南地区城乡教育一体化发展的普遍特征，也具有无锡的地域特点。

一、起步早，起点高

第二节资料显示，无锡早在20世纪90年代就开始了城乡教育一体化的实践探索，从资源配置到教师培养都高度重视城乡之间、学校之间的平衡发展。到2007年年底，无锡城乡各级各类教育都顺利通过了江苏省教育现代化评估验收。现代化办学标准成为无锡城乡教育一体化的基础，城乡教育一体化的起点远远高于全国其他地区。在这样的起点上，无锡城乡教育均衡发展水平不断提高。下面以2012年无锡教育发展的相关数据为例，分析其教育发展的高起点所形成的高速发展效应。2012年年末，无锡拥有各级各类学校424所，在校学生72.29万人，专任教师49579人。小学和初中普及率均达100%。全市3～6岁幼儿入园率达到99.6%，初中毕业生升学率达99.9%，高中阶段毛入学率达100%。高等教育加快发展提升，在锡高校发展到12所，本专科在校学生超过10.9万人。在锡外籍学生超过2000人。表6-5列举了2012年度无锡教育发展的其他相关数据。

表 6-5 2012 年无锡市教育基本情况一览表①

项目		江阴	宜兴	城区	合计
普通高校	数量	1	1	10	12
	平均每万人的在校生数(人)	61	69	393	233
	每校服务人数(万人)	121.26	107.73	24.11	39.17
普通中专	数量	4	1	15	20
	平均每万人的在校生数(人)	24	45	169	103
	每校服务人数(万人)	30.32	107.73	16.07	23.5
普通高中	数量	12	9	23	44
	平均每万人的在校生数(人)	166	155	149	155
	每校服务人数(万人)	10.11	11.97	10.48	10.68
职业高中	数量	2	3	1	6
	平均每万人的在校生数(人)	45	48	1	23
	每校服务人数(万人)	60.63	35.91	241.08	78.35
初中	数量	27	31	67	125
	平均每万人的在校生数(人)	303	265	301	293
	每校服务人数(万人)	4.49	3.48	3.6	3.76
	生均占地面积(平方千米)	50.77	46.44	48.49	48.67
	生均建筑面积(平方千米)	21.82	22.09	25.58	23.81
	生均图书占有量(册)	52.6	41.3	45.6	46.6
	生机比	3.97	4.43	3.65	3.88
	生均预算内教育事业费(元)	13636.73	13329.6	15805.04	16039.77
	初中毕业升学率(%)	98.22	99.76	100	99.9
小学	数量	39			
	平均每万人的在校生数(人)	733			
	每校服务人数(万人)	3.11			
	生均占地面积(平方米)	20.76	27.2	18.72	20.93
	生均建筑面积(平方米)	7.93	9.6	8.54	8.57

① 根据无锡市教育局公布的相关数据整合而成。

续表

项目		江阴	宜兴	城区	合计
	生均图书占有量(册)	23.3	29.6	23.9	24.9
	生机比	7.06	5.65	6.54	6.48
	生均预算内教育事业费(元)	9708.87	9709.77	12983.47	11109.87
	小学毕业升学率(%)	100	100	100	100
特殊教育学校(所)		1	1	7	9
幼儿园	数量	57	45	143	245
	平均每万人的在校生数(人)	320	203	346	307
	每校服务人数(万人)	2.13	2.39	1.69	1.92
	生均占地面积(平方米)	16.77	22.49	16.24	17.33
	生均建筑面积(平方米)	9.84	10.14	10.43	10.23
	生均图书占有量(册)	8	14.3	14.4	12.6

上述相关数据显示,无锡教育事业发展一直领先于全国其他地区,不仅辖区内区、县之间各类教育发展水平趋于均衡,而且区域内城乡之间教育高起点均衡发展。

二、政府主导与服务功能凸显

政府在城乡教育一体化均衡发展过程中具有举足轻重的作用,它通过制定相关政策与规划,构建财政投入机制、教师培训与流动机制等管理体制与机制,引导城乡教育一体化管理、一体化布局,实现城乡教育公平发展、特色发展,保障学生以及其他社会成员全面发展。城乡教育一体化过程中,无锡模式的主要特点之一就是它是政府主导的与经济社会发展一致的教育发展模式。政府主导过程就是政策制定过程,也是政府财政拨款过程。政府主导过程就其本质来讲,也是提供各种服务的过程。政府在城乡教育一体化过程中具有服务功能。

三、资金投入多元化

无锡实行以政府投入为主,其他社会组织投入相结合的投入机制。无锡城乡各类教育能够得到高水平发展,城乡教育能够实现一体化高位均衡发展,其重要的基础性保障在于经济投入。如果没有足够的资金投入,教育现代化办学标准根本不可能达到。无锡城乡教育高位均衡发展实践中，主要由政府承担投入责任。前文提及的教育投入已经证明，政府投入量比较大，并且具有逐年增加的趋势。

除了政府投入外，还有一个投入主体是社会组织与其他民间资本。学前教育的投入主体主要是民间资本。宜兴市 76 所幼儿园中 45 所是惠普性质幼儿园，占幼儿园总数的 59.21%。如果没有民间资本介入，学前教育城乡一体化进程肯定比现实要慢，不要说享受平等的学前教育条件，就是学校教育机会也难以获得，因为政府公共财力毕竟还有限。多元资金的投入，减轻了政府的负担，为政府进一步加大投入，发挥公共服务职能赢得了宝贵的时间成本。

四、纵向层级结构与横向空间结构布局均衡

无锡城乡教育一体化高位均衡体现为纵横立体均衡，具体而言，一方面是指从学教育到社区教育纵向各层级之间布局“高位均衡”，另一方面是指横向各区域之间教育发展关系协调，“高位均衡”发展。

从教育统计数据来看，无锡纵向层级之间教育均衡。学前教育、义务教育、高中教育与职业教育、社区教育乃至特殊教育都达到江苏省现代化教育评估标准，即各类教育都率先实现了现代化，体现不同教育层级之间的均衡发展。区域之间教育发展均衡性一方面可以通过教育现代化指标加以证明，另一方面可以通过教育部义务教育均衡发展评估检查结果加以证明，以义务教育为主的教育均衡发展结果已经得到教育部的肯定，无锡市于 2013 年 11 月成为全国首批教育均衡发展的地级市。

第四节 无锡城乡教育一体化发展程度、经验与面临的挑战

“高位均衡”发展是无锡城乡教育一体化发展模式的特色，也是城乡教育一体化发展的主要内容。在城乡教育一体化发展实践中，无锡积累了丰富的经验，也面临经济社会城市化等其他社会发展新特点的挑战。研究无锡城乡教育一体化模式，理应对经验与挑战作出理性分析。

一、无锡城乡教育一体化发展程度

考察无锡城乡教育一体化发展程度可以通过对衡量指标的分析进行。以本书第三章确定的评价体系为标准,以无锡城区以及江阴、宜兴两市的统计资料为依据展开分析与评价。我们主要以江阴为例来看无锡城乡教育一体化程度,具体见表6-6。

表6-6　2012年度江阴城乡教育一体化指数①

目标层(A)	准则层(B)	指标层(C)	编号	农村	城市	乡城比例	权重	指标层单项得分
教育机会 权重:25% 得分:26.82	入学率 权重:18% 得分:18.00	幼儿园入园率	1	99.8%	99.8%	1	4.5%	4.50
		小学入学率	2	100%	100%	1	3%	3.00
		初中入学率	3	100%	100%	1	3%	3.00
		高中(中专技校)入学率	4	98.47%	98.47%	1	3%	3.00
		经济困难学生入学率	5	100%	100%	1	2.25%	2.25
		残障学生入学率(除盲童,江阴无盲童班)	6	100%	100%	1	2.25%	2.25
	教育承载能力(个) 权重:7% 得分:8.82	每个幼儿园平均服务人数	7	491	395	1.24	1.75%	2.17
		每个小学平均服务人数	8	2282.7	1385	1.68	1.75%	2.94
		每个初中平均服务人数	9	1016.2	885.2	1.15	1.75%	2.01
		每个高中(中专技校)平均服务人数	10	1515.1	1562.5	0.97	1.75%	1.70
办学条件 权重:15% 得分:15.89	生均占地面积(平方米) 权重:2% 得分:1.98	幼儿园生均占地面积	11	14.7	18.6	0.79	0.67%	0.53
		初中生均占地面积	12	48.7	33.4	1.46	0.67%	0.98
		高中(中专技校)生均占地面积	13	51.2	73.2	0.70	0.67%	0.47

① 由于调查过程中发现小学生中外来人口数据难以掌握,因此,表格中缺少小学生均占地面积数据,以后再补充完善。另外,教师队伍建设中的相关学历、职称指标与第三章指标不同,主要是由于江阴市教师学历、职称总体处于比较高的水平,比较时只要保证城乡一致即可。

续表

目标层(A)	准则层(B)	指标层(C)	编号	农村	城市	乡城比例	权重	指标层单项得分
	生均建筑面积(平方米) 权重:2% 得分:2.19	幼儿园生均建筑面积	14	9.6	10.1	0.95	0.67%	0.64
		初中生均建筑面积	15	14.0	9.2	1.52	0.67%	1.02
		高中(中专技校)生均建筑面积	16	26.6	33.8	0.79	0.67%	0.53
	生均绿化面积(平方米) 权重:2% 得分:2.53	幼儿园生均绿化面积	17	3.9	3.6	1.08	0.5%	0.54
		小学生均绿化面积	18	4.3	3.3	1.30	0.5%	0.65
		初中生均绿化面积	19	16.1	8.7	1.85	0.5%	0.93
		高中(中专技校)生均绿化面积	20	16.2	20.0	0.81	0.5%	0.41
	生均图书占有量(册) 权重:3% 得分:3.31	幼儿园生均图书占有量	21	8.3	7.7	1.08	0.75%	0.81
		小学生均图书占有量	22	23.9	22.7	1.05	0.75%	0.79
		初中生均图书占有量	23	47.7	36.5	1.31	0.75%	0.98
		高中(中专技校)生均图书占有量	24	64.2	66.2	0.97	0.75%	0.73
	生均计算机占有量(台) 权重:2% 得分:1.98	幼儿园生均计算机占有量	25	0.021	0.0228	0.92	0.5%	0.46
		小学生均计算机占有量	26	0.14	0.14	1	0.5%	0.50
		初中生均计算机占有量	27	0.23	0.18	1.28	0.5%	0.64
		高中(中专技校)生均计算机占有量	28	0.3	0.4	0.75	0.5%	0.38
	班级规模(个) 权重:4% 得分:3.90	幼儿园每个班级人数	29	34.8	35	0.99	1%	0.99
		小学每个班级人数	30	46.4	45.2	1.03	1%	1.03
		初中每个班级人数	31	38.0	43.4	0.88	1%	0.88
		高中(中专技校)每个班级人数	32	44.8	44.9	1	1%	1.00
教师队伍建设 权重:25% 得分:22.67	教师学历结构 权重:5% 得分:4.47	幼儿园教师中专及以上学历比例	33	98.5%	99.3%	0.99	0.83%	0.99
		小学教师大专及以上学历比例	34	91.4%	94.5%	0.97	0.83%	0.81
		初中教师本科及以上学历比例	35	90.4%	93.7%	1	1.67%	1.67
		高中(中专技校)教师研究生以上学历比例	36	6.5%	10.8%	0.60	1.67%	1.00

续表

目标层(A)	准则层(B)	指标层(C)	编号	农村	城市	乡城比例	权重	指标层单项得分
	教师职称结构 权重:5% 得分:4.45	幼儿园教师中级及以上职称比例	37	28.1%	35.6%	0.79	1.25%	0.99
		小学教师中级及以上职称比例	38	66%	79%	0.84	1.25%	1.05
		初中教师高级及以上职称比例	39	82%	87%	0.94	1.25%	1.18
		高中(中专技校)教师高级及以上职称比例	40	86%	88%	0.98	1.25%	1.23
	教师在职培训(区、县级及以上各类培训) 权重:6% 得分:5.57	幼儿园教师在职培训比例	41	30.3%	33.6%	0.90	1.5%	1.35
		小学教师在职培训比例	42	65.4%	71.2%	0.92	1.5%	1.38
		初中教师在职培训比例	43	60.8%	63.5%	0.96	1.5%	1.44
		高中(中专技校)教师在职培训比例	44	37.4%	40.2%	0.93	1.5%	1.40
	教师交流比例 权重:6% 得分:5.25	幼儿园教师交流人数比例	45	3.7%	4.3%	0.86	1.5%	1.29
		小学教师交流人数比例	46	10.8%	12.5%%	0.86	1.5%	1.29
		初中教师交流人数比例	47	9.6%	10.7%%	0.90	1.5%	1.35
		高中(中专技校)教师交流人数比例	48	4.5%	5.1%	0.88	1.5%	1.32
	教师月平均收入(含社保)(元) 权重:3% 得分:2.93	幼儿园教师月平均收入(元)	49	5407	5648	0.96	0.75%	0.72
		小学教师月平均收入(元)	50	5727	5729	1	0.75%	0.75
		初中教师月平均收入(元)	51	5961	6084	0.98	0.75%	0.74
		高中(中专技校)教师月平均收入(元)	52	5799	6042	0.96	0.75%	0.72
经费投入 权重:22% 得分:35.43	生均教育经费(元) 权重:9% 得分:8.56	幼儿园生均教育经费	53	8937.81	14145.79	0.63	2.25%	1.42
		小学生均教育经费	54	12282.13	10637.76	1.15	2.25%	2.59
		初中生均教育经费	55	20139.24	16474.87	1.22	2.25%	2.75
		高中(中专技校)生均教育经费	56	19833.51	24672.54	0.80	2.25%	1.80

续表

目标层(A)	准则层(B)	指标层(C)	编号	农村	城市	乡城比例	权重	指标层单项得分
	生均教育支出占GDP的比重 权重:9% 得分:21.94	幼儿园生均教育支出占GDP的比重	57	0.10%	0.05%	2	2.25%	4.50
		小学生均教育支出占GDP的比重	58	0.32%	0.09%	3.55	2.25%	7.99
		初中生均教育支出占GDP的比重	59	0.22%	0.06%	3.67	2.25%	8.26
		高中(中专技校)生均教育支出占GDP的比重	60	0.10%	0.19%	0.53	2.25%	1.19
	生均教育支出占上级财政的比重(根据具体情况填写) 权重:2% 得分:2.29	幼儿园生均教育支出占上级财政的比重	61	0.90%	0.88%	1.02	0.5%	0.51
		小学生均教育支出占上级财政的比重	62	1.70%	1.58%	1.08	0.5%	0.54
		初中生均教育支出占上级财政的比重	63	1.45%	1.06%	1.37	0.5%	0.69
		高中(中专技校)生均教育支出占上级财政的比重	64	3.68%	3.34%	1.10	0.5%	0.55
	生均教育支出占所在市级财政的比重 权重:2% 得分:2.64	幼儿园生均教育支出占所在市级财政的比重	65	0.25%	0.20%	1.25	0.5%	0.63
		小学生均教育支出占所在市级财政的比重	66	0.46%	0.35%	1.02	0.5%	0.51
		初中生均教育支出占所在市级财政的比重	67	0.45%	0.23%	1.96	0.5%	0.98
		高中(中专技校)生均教育支出占所在市级财政的比重	68	0.78%	0.74%	1.04	0.5%	0.52
教育质量 权重:13% 得分:12.63	学业质量 权重:8% 得分:7.96	初中辍学率	69	0.11%	0.11%	1	2.5%	2.50
		高中升学率	70	98.47%	98.47%	1	2.5%	2.50
		大学升学率	71	95.8%	96.3%	0.99	1.5%	1.49
		社区教育参与率	72	58.5%	60%	0.98	1.5%	1.47
	社会贡献 权重:5% 得分:4.67	就业人口平均受教育年限(年)	73	10.36	11.35	0.91	3%	2.73
		城乡高中以上教育程度的劳动人口就业率	74	56.30	58.23	0.97	2%	1.94

数据显示，江阴城乡教育一体化程度比较高，74 个准则层中绝大部分乡城比例接近 1，甚至超过 1，这说明城乡在五个目标层面的一体化进入高度融合状态。不仅如此，还出现农村条件好于城市的局面。无锡其他区域也是如此。宜兴得分也高达 100.9 分，其他地区得分都在 100 分以上，即都呈现农村学校条件等同于或高于城市学校条件的态势。

二、无锡城乡教育一体化“高位均衡”发展的经验

2012 年江苏省委教研室主办的《调查与研究》中的相关材料对无锡义务教育均衡发展提炼出四点启示：“强化政府责任是促进义务教育高位均衡发展的基本前提；坚持‘提优促弱’是促进义务教育高位均衡发展的重要途径；坚持改革创新是促进义务教育高位均衡发展的强大动力；坚持科学评价是促进义务教育高位均衡发展的重要保证。”[①]我们对无锡城乡教育一体化“高位均衡”发展经验的认识也定位为上述四个方面。

（一）强化政府责任是促进城乡教育“高位均衡”发展的基本前提

强化政府责任是无锡实施城乡教育一体化战略的主要经验之一。教育是一项重要的公共事业，教育产品是重要的社会公共产品。强化政府在城乡教育一体化均衡发展过程中的责任意识是无锡城乡教育一体化发展的重要手段，政府主要从经费投入、师资队伍建设、城乡空间规划等角度进行全方面引导。早在 1998 年，无锡市教委就提出了“三年改变薄弱学校面貌”的意见，确定了全市 202 所薄弱学校，并落实了各级政府及教育行政管理部门的“改薄”任务和责任。“十五”开始，无锡市教育局在每年的工作计划中，都把教育均衡发展作为重要目标与内容。2005 年 9 月，《中共无锡市委、无锡市人民政府关于加强推进教育强市建设六项重点工作的决定（征求意见稿）》中，明确提出“提升义务教育均衡化水平”的目标要求为：“合理调整优化义务教育学校布局，加大对义务教育的扶持力度，重点提高对农村义务教育的保障水平。各市（县）、区财政性教育经费新增部分主要用于农村教育。2006 年春季起，免收纯农户家庭子女义务教育阶段的学杂费，今后逐步扩大受惠面。高度重视进城务工人员子女义务教育工作。全面修订和实施义务教育阶段学校办学标准，大力提升相对薄弱学校的办学水平。强化校际师资交流和轮岗、支教的力度，引导优秀中青年教师向相对薄弱的学校流动。”2013 年 3 月，为加快推进义务教育“高位均衡”发展，市

① 潘玉英. 让每一名学生都优秀让每一所学校都精彩（上）：无锡推进义务教育高位均衡发展纪实[N]. 江苏教育报，2012－11－09.

人大常委会还将制定《无锡市义务教育均衡发展条例》，并将其列入了立法计划。这是无锡市加快推进教育现代化、保障教育民生、促进教育公平的重大举措。总之，为提升城乡教育一体化高位均衡发展水平，无锡市政府先后出台了30多种文件，明确各级政府承担的责任。

（二）坚持“提优促弱”是促进城乡教育“高位均衡”发展的重要途径

“高位均衡”也像全国其他地区的实践一样，不是“削峰填谷”的发展思路，而是“提优促弱”的发展思路。无锡在城乡教育一体化过程中，一方面，继续保持优质学校的办学优势，发挥其在区域教育发展过程中的影响力；另一方面，通过财力、人力等资源支持，促进相对薄弱学校的发展。只有坚持优秀学校更优、薄弱学校变强的发展思路，无锡城乡教育才能呈现“高位均衡”发展态势。具体而言，无锡的城乡教育一体化模式是在保持原来的现代化办学水平基础上，通过优先改善农村薄弱学校办学条件，进一步提升城乡所有学校的教育水平的一体化发展实践模式。“提优促弱”的一体化途径，不仅体现了无锡教育发展的现有水平，还真实表达了一体化教育坚持的教育平等、全面发展的价值诉求。

（三）坚持改革创新是促进城乡教育“高位均衡”发展的强大动力

城乡教育一体化“高位均衡”发展需要动力，没有动力就不可能向前推进。如果义务教育均衡发展的动力来自于改革创新，那么城乡所有教育“高位均衡”发展的动力则来自于无锡政府社会研究部门、教育界、社会各界的创新思维以及在创新思维引导下的创新实践活动。

从理论逻辑上讲，创新是基于解决困难的需要。无锡城乡率先实现教育现代化后，面临城镇化发展过程中对教育提出的新要求，如学校布局的城市困境、教师流动的需求与所属范围的制约、流动人口及随迁子女数量激增所带来的教育需求与学校数量有限性之间的矛盾、城区扩张与就近入学之间的矛盾、城镇化农民变市民与市民教育缺位之间的矛盾等，这一系列问题不仅是政府所面临的社会管理问题，而且受到社会各界人士的高度关注，需要包括教育行政部门在内的“各路英雄”共同参与、共同解决。

无锡自2007年开始进行的各项教育实践探索，无论是学校布局的调整，还是教师队伍建设，无论是学校硬件设施的建设，还是学校软件文化的建设，无论是学前教育改革，还是社区教育、职业教育的改革，都是基于无锡所面对的现实问题而实施的创新举措。这些创新举措的实施以及相关成果的出现，体现了无锡城乡教育一体“高位均衡”发展的水平。因此，没有改革与创新，就不可能有上述成果。改革创新与城乡教育一体化高位均衡发展之间存在正向互动关系。

（四）坚持科学评价是促进城乡教育高位均衡发展的重要保证

城乡教育一体化高位均衡发展与否与政府“指挥棒”之间有着直接联系，评价指标以及模式是“指挥棒”的主要内涵以及重要功能的体现。无锡在城乡教育一体化过程中改革评价制度，创新构建科学的评价机制，保障各项活动的顺利进行。城乡义务教育一体化均衡发展的评价机制所起的作用更加明显，保障功能更加直观地得到体现。如果以升学率为核心进行评价，那么特色教育、教师发展、学生素质的整体提高就不可能在城乡学校变为现实。如果以升学率为评价的单一指标，那么学生全面发展、多样发展、特色发展不可能成为学校自觉追求的目标，城乡学校之间的发展差距可能更大，教师的育人功能、为社会服务的其他社会功能将难以得到体现。

三、无锡城乡教育一体化“高位均衡”发展面临的挑战

虽然无锡在城乡教育一体化“高位均衡”发展方面积累了丰富的经验，但是在一体化实践过程中仍然存在一些不协调的问题，仍然面临城乡教育一体化发展的挑战。

（一）不同层级教育之间的城乡一体化程度存在差异

城乡教育一体化总体程度比较高，但是主要体现在义务教育阶段，学前教育的一体化还存在明显缺陷。宜兴是学前教育发展比较好的区域之一，此处以该市城乡学前教育为例，分析城乡之间存在的主要差距。以入园率、省优质园占比、大专以上学历教师占比三个指标来看城乡差距。虽然入园率都是100%，但是城乡幼儿入园的条件存在较大差距，省级、市级优质幼儿园的比例是衡量城乡幼儿所获教育资源是否均衡的重要指标，从宜兴市2013年5月份的数据看，城乡幼儿园省级优质资源的比例分别是73.68%与38.60%，平均比例是56.14%，城镇与乡村的差距约35个百分点，乡村幼儿园省级优质资源的比例低于平均数约18个百分点。从幼儿园性质来看，乡村15个合格幼儿园中，14个属于普惠性民办幼儿园，只有一个幼儿园是公办幼儿园。衡量城乡幼儿园教育资源均衡性的另一个指标是教师学历结构，宜兴市幼儿园大专以上学历的教师所占比例平均为95.20%，而城镇为97.15%，乡村为93.25%，其中有一所乡村幼儿园只有42.86%。因此，学前教育优质教育资源城乡均衡配置仍然是目前城镇化过程中城乡教育一体化所面临的主要挑战。表6-7是2012年度宜兴城乡学前教育发展相关指标数据对比表。

表 6-7 宜兴城乡学前教育相关数据对比表①

项目	入园率(%)	省级优质园占比(%)	大专以上学历占比(%)
城区	100	73.68	97.15
乡村	100	38.60	93.25
平均	100	56.14	95.20

(二)升学教育考核机制与素质教育考核机制的协调建设问题

“提优促弱”是无锡城乡教育均衡发展的主要措施,但是在“优质”与“薄弱”的判定标准上,仍然留有升学标准的痕迹。无论在教育行政管理部门看来,还是在普通百姓心里,能够在各类升学考试中获得优异成绩的学校就是优质学校,能够提高学生升学率的教师就是优质师资。另外,在优质师资的评价中,关注学历的提高与职称高级化原本无可厚非,但是在教育现实中,仍然存在过多关注教师硬件标准建设、忽视教师软件标准建设的苗头,即以硬件指标衡量教师队伍素质高低的现象还有一定市场。虽然各类学校尤其是义务教育阶段学校已经十分注重素质教育,但是由于素质教育质量难以在短期内得到体现,难以量化衡量,所以难以真正考核。与其他地方一样,有些“薄弱学校”只因学生考分不高,就成为被“救助”对象的现象仍然存在。因此,应试教育考核机制与素质教育考核机制在城乡教育一体化制度建设实践中的矛盾并没有得到根本解决。

(三)城乡教育一体化过程中政府与社会组织关系的处理问题

政府与各类社会组织之间的关系有序化是建设新型城镇化过程中面临的重大问题之一。党的十八大报告与十八届三中全会都提出正确处理政府与社会组织之间的关系是推进新型城镇化的关键内容。城乡教育一体化过程中,政府承担各类政策制定以及依法治理学校的职能,而学校空间布局的设计、教师队伍的培养标准等内容具有较强的专业技术性,必须通过专业技术部门来规划、设计与实施。学校工程施工、学校技术装备更新等内容不仅涉及专业技术部门,还涉及市场竞争规则。因此,如何正确处理好政府与社会组织之间的关系,如何正确处理好政府与市场的关系问题,是无锡城乡教育一体化实践面临的重大难题之一。

(四)城乡教育一体化“高位均衡”发展与就近入学政策实施的关系问题

城乡教育一体化过程中,学校布局调整是一个重要亮点。与房地产发展相

① 根据统计数据整理而成。

协调,学校配套设施跟进无可厚非,但是名校与房地产联姻的现象在无锡也明显存在,学校为房地产做广告、推动房地产发展成为不争的事实。一些学校远离老城区,为房地产商“霸占”有利楼盘做出了巨大贡献。这种情况导致义务教育阶段的学生舍近求远。这种偏离就近入学原则的做法必然影响学生、家长的休息时间与身心健康,也增加了道路拥挤的概率。“校车问题”的出现就是学校远距离建设的副产品或者负效应。能否理顺城乡教育一体化过程中的空间合理布局与房地产经济之间的关系,真正落实就近入学原则是考核城乡教育一体化均衡发展成果的重要标准,也是无锡城乡教育一体化过程中面临的重大难题。

第七章　“集团办学”——城乡教育一体化发展常州模式

城乡教育一体化发展常州模式具有明显的地域性，是在常州特定区域内经济、政治、文化等独特条件下所形成的具有该地区特点的城乡教育一体化发展样态或者发展典范。它是城乡教育发展的目标、方式、方法、道路的统一体，实质上是城乡教育发展主体作用于城乡教育发展客体，促使城乡教育发展客体向着符合人的需要和理想的方向变化，从而达到优质教育资源市域内各类教育体系全覆盖和城乡区域全覆盖的一种中介手段。

第一节　城乡教育一体化发展常州模式形成的社会条件

常州是一座拥有厚实的人文底蕴、经济发达、教育繁荣的江南名城，有着“龙城”美誉，雅称“江南明珠”。常州地处鱼米之乡，位居长江之南、太湖之滨，处于长三角中心地带，与上海、南京等距相望，与苏州、无锡一起构成苏锡常都市圈，素有“三吴重镇、八邑名都”之称。常州市现辖金坛、溧阳两个县级市和武进、新北、天宁、钟楼、戚墅堰五个区，全市土地面积 4375 平方千米。常州经济的发达、文化的繁荣、教育的昌盛，为探索形成城乡教育一体化发展常州模式提供了良好的社会条件支持。

一、常州经济

常州是近代中国民族工商业的发祥地之一，是中国近代工业之父盛宣怀的故乡，素以经济发达、工商比翼著称。20 世纪八九十年代，“苏南模式”闻名全国，常州乡镇工业发达，轻工业领跑全国，成为全国工业明星城市。常州也是全国最早的“经济体制综合改革试点城市”和“对外开放城市”。进入 21 世纪，常州市注重调整经济结构，转变经济发展方式，以转型促增长、增优势、强后劲。工业转型步伐提速，高新技术产业快速发展。以农机制造业、输变电设备制造

业、汽车及配件制造业、新型纺织服装业四大支柱产业为龙头,带动电子信息、新型材料工业、生物医药及精细化工三大新兴产业的发展,先进制造业基地的规模和品牌效应逐步显现。① 2008 年世界上第一家系统生物工程研究有限公司由 1994 年在国际上首创系统生物工程概念的曾邦哲(曾杰)在常州成立。系统生物学及医药学与生物工程的应用,在国际上被认为将带来 21 世纪的新一轮科技与产业革命。2012 年,全市建有研发机构的大中型工业企业达 620 家,覆盖率超过 90%,经济总量稳步攀升。2012 年常州市公共财政预算收入达 378.99 亿元,增长 8%。完成地区生产总值(GDP)3969.8 亿元,按可比价计算增长 11.5%。其中第一产业 126.3 亿元,增长 4.6%;第二产业 2100.8 亿元,增长 11.7%;第三产业 1742.7 亿元,增长 11.6%。全市按常住人口计算,人均 GDP 达到 85036 元,按平均汇率计算,合 13471 美元,在江苏省内 13 个城市中列第 4 位。城乡居民收入持续增长,城镇居民人均可支配收入和农民人均纯收入分别达 33706 元、16766 元,均增长 13% 左右。

二、常州文化

常州是一座有着 3200 多年历史的文化古城,是一个蕴含浓郁的历史文化底蕴,并充满着勃勃生机的文明城市。常州是吴文化发源地之一,也是南朝齐梁故里,文化底蕴深厚,拥有 5000 多年的人类文明史,3200 多年的文字记载史。春秋时期(公元前 547 年)季札(季子)封邑延陵,常州开始了长达 2500 多年有准确纪年和确切地名的历史。常州文化的发展,可追溯到两晋南北朝时。东晋、南朝时,长江流域开拓,常州文化随之兴盛繁荣。梁武帝萧衍博学能文,通乐律、善书法,被称为“诗人皇帝”。昭明太子萧统是出类拔萃的文学家,他召集才学之士,编辑《昭明文选》三十卷,它是我国现存的最早的诗文总集。明清时期,常州形成了饮誉全国的常州学派(今文经学派)、阳湖文派、常州词派、常州画派、孟河医派等五大学派,对中国的政治、经济、文化等产生了深刻而长远的影响。在邵玉健和包立本编撰的《常州科举三鼎甲》一书中,可以查证的常州历代状元达 16 人。龚自珍赋诗“天下名士有部落,东南无与常匹俦”,称颂常州学风炽盛,人杰地灵。常州的历代名人有春秋时期著名的政治家、外交家季札,《昭明文选》的编纂者萧统,主持编纂《永乐大典》的陈济,清代语言学家段玉裁和思想家龚自珍。近现代至当代有《官场现形记的》作者李宝嘉(李伯元),“常州三杰”——瞿秋白、恽代英、张太雷,以及“七君子”中的李公朴、史良,实业家盛宣

① 耕夫. 江南之秀地,太湖之翡翠[J]. 中国高新区,2011(4).

怀、刘国钧，国学大师吕思勉，语言学家赵元任，数学家华罗庚，医学家吴阶平，书画大师刘海粟，等等。新中国成立后，据不完全统计，中国科学院、中国工程院院士中常州籍的有56人，在全国位列第四。①

常州城市以文化型的风格为主导，内秀而外美。恐龙园、软件开发、动漫产业等文化创意产业名闻全国，文化事业繁荣发展。反映“常州三杰”之一恽代英光辉一生的电视剧《恽代英》，荣获电视金鹰奖中篇电视剧一等奖。《少年华罗庚》获得文化部文华新剧目奖。原创舞剧《格桑花·茉莉花》获第四届全国少数民族文艺会演金奖。电影《天骄》《秋之白华》、儿童剧《留守小孩》和广播剧《君子史良》获全国“五个一工程”奖。“道德讲堂”、双桂坊“诚信做食品”等，彰显常州文化的独特魅力。

三、常州教育

常州地处江南鱼米之乡，在历史上一直是全国最为富庶的地区之一。经济的繁荣带动了教育的兴盛。早在唐肃宗年间，常州就创建了州学，五代时被毁。公元979年（宋太平兴国四年），在县城府署西重建。清代府学每年招收廪生、增生各40名，附生无定额。常州除府学外，还有县学。公元1265年（宋咸淳元年）就已废的法济寺改建成县学。后虽毁废，但明清又多次修葺、扩建，继续招生办学。1726年（清雍正四年），武进、阳湖分治，两县仍设县学于此。据《武进县志》统计，自宋代创建书院，至清末“可查考而具一定规模的共18所”。龙城书院和武进县学培养了一批又一批的杰出人才。② 改革开放以来，常州教育事业在改革中发展，在发展中提高，教育规模及整体实力得到长足发展，1979年恢复职工培训，1984年基本扫除文盲，1985年普及初等义务教育，1988年被确定为“全国城市教育综合改革试点城市”，1993年普及九年义务教育，1994年基本普及残疾儿童义务教育，1995年普及高中阶段教育，1998年基本普及学前两年教育、市区普及学前三年教育，2002年100%的乡镇和99%的直属中小学实现教育基本现代化。2009年，各辖市（区）均成为江苏省教育现代化建设先进县（市、区），教育多项主要指标达到或接近中等发达国家水平，基本形成各级教育互相衔接的教育结构以及与常州经济社会发展相协调的学校布局，呈现出各级各类教育基础雄厚、特色彰显、优势明显的发展态势。

一是拥有高质量的基础教育。2012年起，学前教育经费纳入市区两级财政

---

① 耕夫. 江南之秀地，太湖之翡翠[J]. 中国高新区，2011(4).

② 耕夫. 江南之秀地，太湖之翡翠[J]. 中国高新区，2011(4).

预算,各辖市(区)学前教育生均公用经费达到200元。市教育行政部门同财政筹集幼教奖补资金,专项用于对各辖市(区)学前教育的奖励和重点项目的资助。2013年9月,全市共有幼儿园232所(教育部门办50所、集体办124所、其他部门办6所、民办52所),在园幼儿10.79万人,省级优质幼儿园比例达58%,市级以上优质园比例达80%以上,所有注册幼儿园均达市合格园标准,政府办幼儿园占比在75%以上。全市共有普通初中126所、普通小学187所,省级优质小学、初中263所,占比84%。外来务工人员子女义务教育普及率100%、公办学校吸纳比例超过88.91%。

二是拥有高水平的职业教育。常州职业教育在全省领先、全国知名,已经建立了高等和中等职业教育衔接、结构合理、互相沟通、满足社会需要的职业教育体系。截至2013年9月,常州市有职业学校28所(高等职业学校7所、中等职业学校21所),其中国家级重点中等职业学校8所,省级重点中等职业学校7所,省优质职业学校比例在73%以上,公办高职院校全部达到教育部高职高专教学水平优秀等级。

三是拥有富有成效的社会教育。改革开放初期,常州市社会教育、成人教育近乎空白。截至2013年9月,各类社会力量办学机构近300家,年培训总数达150万人次,A级单位占比达18%,初步形成社区大学、社区学院、社区教育中心、社区教育居民(村民)学校四级体系,所辖市、区均建成省级以上社区教育实验区(其中国家级2个),100%乡镇(街道)建有成人教育中心校(社区教育中心)(其中省级占比22.8%),构建了广覆盖、多层次、开放式的全民学习教育网络,为常州经济社会发展提供了强大的智力支撑和人才保障。[①] 深厚的历史底蕴、优越的地理环境、注重教育的文化传统,造就了卓越的常州经济、文化和教育。尤其是改革开放以来,常州经济实现了跨越式发展,拥有了支持教育优先发展的经济实力。常州的基础教育和职业教育,是中国教育界的两朵奇葩。先进的教育理念、丰富的优质教育资源和高水平的教育质量,奠定了城乡教育一体化发展常州模式的现实基础。

---

① 常州教育简介(2013年)[DB/OL]. http://2009.czedu.gov.cn/disp_13_221_1043.shtml,2011-11-29.

第二节 城乡教育一体化发展常州模式的基本内涵

城乡教育一体化发展常州模式是关于常州市城乡教育如何整体发展、融合发展的典范与样态，是常州市根据自身条件确定的发展目标、选择的发展方式方法与发展道路的总和。它是常州市在已有的历史、经济、政治、文化等社会条件下，在教育主体对教育发展的理解与其他教育智慧的支持下所形成的具有常州地域及文化特点的城乡教育一体化发展样态与典范。

一、城乡教育一体化发展常州模式的主体性要素

战略目标是政府对城乡教育一体化发展常州模式预计取得的主要成果的期望值，是对教育发展的社会使命的进一步阐明和界定，其中主要包含主体性要素、理念性要素和目标性要素。主体性要素是城乡教育一体化发展常州模式的动力要素，包括政策制定者主体——政府、教育政策落实者主体——学校及其他教育管理机构、城乡教育一体化发展的各类参与者主体——社会民众等，政府发挥着主导和核心作用。“从社会发展历史长河来看，城乡教育一体化是社会发展和教育发展的必然产物，但是在现实生活中又是制度安排的必然结果。”①政府是城乡教育一体化发展常州模式制度安排的主体要素。理念性要素是指作为城乡教育一体化发展常州模式的设计者和推动者，常州市及辖区市政府对于教育与区域经济社会发展的关系、城乡教育一体化发展的愿景及方向等方面的理性认识。

（一）城乡教育一体化发展常州模式的战略目标

城乡教育一体化发展常州模式是关于区域内城乡教育发展应然状态的价值判断和理性表达，从根本上说就是为各类教育主体实现城乡教育一体化目标或者说城乡人口不分户籍与所居住的区域平等享受教育权利而创造和实行的一种手段。也就是说，城乡教育一体化发展常州模式的战略目标是常州区域内城乡教育发展的价值取向以及实现价值取向的手段的有机统一。与城乡教育二元结构的两种形态相对应，城乡教育一体化有两种类型，一种是城乡之间的，

① 郭彩琴，顾志平．城乡教育一体化的困境与应对措施［J］．人民教育，2010(20)．

一种是城市地区内部的。城乡教育一体化发展要求缩小城市与乡村的教育差距,同时要求缩小城市内部“城里人”与“乡下人”的教育差距。就此而言,城乡教育一体化的发展目标是打破城乡二元经济结构和社会结构的束缚,推动城乡教育相互支持、相互促进,缩小城乡之间的教育差距,有效消除地域、经济等原因导致的教育不公平[①],改变农村地区教育以及城市内农村人口教育的落后状况。具体来说,包含两层含义:一方面是空间维度上的城乡教育一体化。在城乡教育二元结构下,城市成为优质教育资源的集聚地,城乡学校在办学条件、师资水平、教育质量等方面差距显著。空间层面上的城乡教育一体化,“是指从城乡社会整体出发,通过整合和优化城乡教育资源,使城乡教育优势互补、共同繁荣”[②]。一方面是人口维度上的城乡教育一体化。在城乡户籍二元结构下,城市偏向的教育投入体制造成了优质教育资源的城镇化集聚,城乡居民法定的、平等的受教育权不能得到保障。在改革开放以来的城市化进程中,城乡教育二元结构出现新形态,城市内部的教育双轨制造成了以流动人口随迁子女为代表的弱者群体教育的边缘化。城乡教育一体化不仅要求缩小城乡间的教育落差,还要求打破城市内部针对农民工随迁子女的教育制度歧视。[③] 城乡教育一体化发展常州模式的目标定位,是实现空间维度的城市教育和农村教育的一体化发展,以及人口维度的城市内部城市人口和农村人口教育权利及教育机会的平等实现。就空间维度的城乡教育一体化发展来说,《常州市中长期教育改革和发展规划纲要(2010—2020年)》提出四点要求。一是完善城乡一体化的学前教育、基础教育、职业教育和终身教育体系。将学前教育纳入公共教育服务体系,落实县级统筹,县、乡镇(街道)共建的学前教育管理体制,形成以公办幼儿园为主体的办园格局。规范义务教育阶段管理体系,县级教育行政部门统一管理县域内的城乡义务教育。优化教育体系中的各种结构比例关系,如普通教育与职业教育、学历教育与非学历教育、不同层级教育的结构比例关系,使教育体系与教育目标相匹配,更好地服务于人的发展和城乡经济社会的发展。推动普通教育与职业教育互通,学校教育与社会教育衔接,形成开放灵活、选择多样的人才培养“立交桥”。二是丰富城乡一体化的优质教育资源。城乡教育一体化不仅提出了城乡教育均衡发展的目标,更重要的是还提出了实现目标的新模式和新战略。在均衡配置城乡优质教育资源与建立城乡一体化的教育质量评价导向

---

① 褚宏启. 教育制度改革与城乡教育一体化:打破城乡教育二元结构的制度瓶颈[J]. 教育研究,2010(11).

② 郭彩琴,顾志平. 城乡教育一体化的困境与应对措施[J]. 人民教育,2010(20).

③ 褚宏启. 教育制度改革与城乡教育一体化:打破城乡教育二元结构的制度瓶颈[J]. 教育研究,2010(11).

机制及教育质量保障体系的基础上，通过城乡教育优质资源共享、双向沟通、良性互动、优势互补，激励学校形成办学特色和品牌项目，逐步实现城乡教师队伍综合素养与专业能力以及教育质量的整体提升。三是建成城乡一体化的现代化教育设施。城乡学校基础设施、教育技术装备，特别是教育信息化程度达到发达国家平均水平，建成网络、资源和服务城乡全覆盖的教育信息化公共服务体系，建成数字化教育教学资源库和数字化终身学习支持服务平台，教育信息化整体水平走在全国前列。四是构建富有活力的城乡一体化办学体制机制。建立覆盖城乡的公平、高效的教育基本公共服务体系。《常州市“十二五”教育发展规划》提出，要建立覆盖全体公民的公共教育服务格局，坚持公办学校尽可能吸纳的原则，保证外来务工人员子女在教育领域率先享受同城待遇，以解决城市化进程中的以农民工随迁子女为代表的弱者群体的教育边缘化问题，缓解市场经济进程中人口的社会流动性日益增强与流入地城市教育对农民工随迁子女就学接纳性资源不足之间的矛盾。完善助学贷款机制和家庭经济困难学生资助体系，保证没有一个学生因贫失学、辍学。保障特殊教育发展，保证每一个残疾少年、儿童都能接受免费教育，建立健全留守儿童服务体系，加强农村寄宿制学校建设和管理，确保留守儿童正常接受教育，保证每一个学生平等且充分接受义务教育的权利，切实保障城乡弱者群体的受教育权利。

（二）城乡教育一体化发展常州模式的战略理念

城乡教育一体化发展常州模式的战略理念是政府关于区域内城乡教育一体化发展实践活动的指导思想，即为城乡教育一体化实践探索所确定的价值观、信念和行为准则。如前文所述，基于对不同区域内的城乡人口与同时生活在城市区域内的城乡人口都拥有公民身份以及由此享有平等的教育权利的理性认同，城乡教育一体化发展常州模式旨在超越城乡户籍差异，使居住在城市和农村的城乡群众平等享受优质教育资源、平等享受教育权利。政府在城乡教育一体化中发挥着主导作用，政府关于城乡教育一体化战略理念的设计及执行决定着这一进程的实施速度与质量。在城乡教育一体化常州模式探索及形成过程中，常州市教育投入虽然总量逐年有所增加，但各类教育生均经费仍然偏低，县级财政对教育投入相对不足，经济薄弱镇由于教育投入不足，学校校舍陈旧，部分学校甚至危房问题还没有彻底解决，现代化的教育教学设施缺乏；校际间管理水平差异较大，部分学校领导班子的政治理论、教育理论、现代学校管理理论水平不高，缺乏引领学校改革发展、科学管理、民主管理、依法管理等方面的能力；教育优质均衡发展水平不高，优质教育资源总量有待进一步增加；教育体制机制不够完善；教师队伍结构性矛盾突出，农村学校教师编制不足的矛盾十分突出，名特优教师及高水平学科领军人才较为缺乏。对此，《常州市中长期教育改革和发展规划纲要(2010—2020年)》提出，教育是民族振兴和社会进步的基石，是促进人类精神文化传承和人的全面发展的根本途径。教育现代化是社会现代化的前提和基础。坚持教育在经济社会发展中的基础性、先导性、全局性战略地位，坚持政府统筹原则，优先发展教育事业，使教育发展与人口的总量、结构变化相适应，与经济结构调整相衔接，与城区、镇区功能定位布局相匹配，教育资源配置不断优化，城乡教育发展一体化。一是优先发展。坚持把教育摆在优先发展的战略地位，发挥教育投入中的政府主体作用，真正做到经济社会发展规划优先安排教育发展，财政资金优先保障教育投入，公共资源建设优先满足教育发展。二是促进公平。把教育公平作为实现社会公平的基础，均衡配置区域内的城乡公共教育资源，通过城乡一体化的教育发展规划、师资队伍建设、工资奖金发放、公用经费安排、办学条件、管理水平、教育质量、督导评估等，使均衡化的公共教育服务体系覆盖城乡全体居民，推进城乡教育均衡发展、协调发展、共同发展。努力办好城乡每一所学校，为每一个学生提供公平的教育机会，实现“学有优教”。三是改革创新。政府在改革创新中具有不可替代的作用和责任。政府是公共制度的产出者，改革创新的过程也是利益重新调整的过程。需要把解放思想、改革创新作为推进教育事业发展的根本动力，加快学前教育等重点领域和教育投入、教育管理体制等关键环节的改革步伐，构建教育公平新平台。四是追求卓越。确立科学的城乡一体化的教育质量观，瞄准国内国际先进水平，全面提高教育质量和办学效益，全面提升教师综合素养和创新能力，激励学校争一流、创特色、出名师、育英才。

二、城乡教育一体化发展常州模式的客体性要素

客体性要素是发展主体反映和改造发展客体的中介手段，它是否科学有效直接取决于它对于教育发展客体的适应程度与满足程度。城乡教育一体化发展常州模式的发展客体是作为教育发展主体的政府所认识和改造的对象，包括区域内的教育资源、教育环境、教育对象、教育传统、教育文化、教育制度体系等，其中教育资源和教育制度体系是最为重要的两个客体性要素。

(一) 城乡教育一体化发展常州模式的教育资源支持状况

教育资源“包括自有教育活动和教育历史以来，在长期的文明进化和教育实践中所创造积累的教育知识、教育经验、教育技能、教育资产、教育费用、教育制度、教育品牌、教育人格、教育理念、教育设施以及教育领域内外人际关系的

总和”①。除了社会资源的一般性特点,教育资源还具有以下四方面的特点:一是公益性。公益性是指公众受益的特性,公众受益是教育资源最为突出的特征。城乡教育一体化发展的过程中,义务教育免费、财政资助经济困难家庭及残障学生、流入地政府给予外来民工子女学校资助等,体现教育资源的公益性特征。二是继承性。资源有一个不断积累的过程,教育资源也是随着教育的代代传承、发展而继承、积累的。常州的教育资源,特别是优质教育资源,是对重视教育的常州人文传统的一种传承,也是历届政府及其参与教育的各类主体教育实践成果的一种沉淀。三是差异性。教育资源的差异性主要是由经济发展的不平衡、体制机制的不健全导致的。教育资源的差异表现在多个方面,比如教育经费投入、教育环境和条件、师资水平、教师收入等。当前,教育资源的差异普遍存在于城乡之间,直接制约了城乡教育均衡化、一体化发展。四是流动性。教育资源本身是不稳定的,这是由教育资源构成要素的多元性、复杂性决定的。其中有人的因素,也有物的因素,还有政策导向和社会经济条件发展变化的因素等。教育资源的流动性主要表现在教师资源的流动、学生资源的流动和经费资源的流动等方面。②

教育资源是社会资源的有机组成部分,政府是教育资源的主要提供主体,发挥着对社会资源中的教育发展需求进行规划和调配的主导作用。教育优先发展战略,是指在顺应社会经济发展的需求确定教育发展的重点和目标的基础上,对教育发展实行投入与政策层面的倾斜支持。改革开放以来,常州市委、市政府把科教兴市作为常州实现现代化的重要战略,把优先发展教育放在经济和社会发展的大局中思考和定位,将教育工作列为民生之首。

1. 在经济社会发展规划中树立教育优先理念

坚持把教育摆在优先发展的战略地位,把教育事业放在经济社会发展和现代化建设的首要位置进行超前谋划。把大力推进教育现代化作为稳增长、调结构、抓创新、惠民生的重要内容,在统筹城乡发展、区域发展和经济社会协调发展的总体布局中重点研究。20 世纪 80 年代末,常州教育事业进入了全面快速发展的新阶段。20 世纪 90 年代,常州市在江苏省率先做出“创一流教育”的重大决策。进入 21 世纪,常州市委颁布《关于建设学习型城市的决定》(2001 年),提出通过确立终身学习理念、建立各类学习型组织、构建终身教育体系、培育适应时代发展要求和现代化建设需要的各类高素质人才,为常州的现代化建设提供智力支持和人才保障。同年,市教育行政部门、农林局、劳动和社会保障

① 李杰.高中教育资源利用效率问题研究[D].苏州:苏州大学,2008.
② 李杰.高中教育资源利用效率问题研究[D].苏州:苏州大学,2008.

局、科技局等部门联合出台《常州市实施“5112”教育富民工程的意见》，提出在“十五”期间要努力构建城乡一体化的社区教育网络体系，利用社区教育网络广泛开展城镇下岗（失业）转岗职工的再就业培训。2005 年 8 月，出台《中共常州市委、常州市人民政府关于深入实施科教兴市战略率先基本实现教育现代化的决定》。2010 年，结合经济社会和教育发展实际，制定《常州市中长期教育改革和发展规划纲要（2010—2020 年）》，进一步确立教育在经济社会发展中的基础性、先导性、全局性战略地位，继续坚持优先发展教育事业，继续坚持政府统筹教育原则，坚决落实教育优先发展，努力办好人民满意的教育，为支撑经济转型、引领文化发展、促进社会和谐做出更大贡献。2012 年，依据《常州市国民经济和社会发展第十二个五年规划纲要》《常州市中长期教育改革和发展规划纲要（2010—2020 年）》，制定《常州市“十二五”教育发展规划》，进一步强调教育在经济和社会发展中的基础性、先导性、全局性作用，更加明确要紧扣“办人民满意的教育”主题和“率先实现教育现代化”主线，践行“优先发展、育人为本、追求卓越”理念，不断加大教育经费投入，全面推进改革创新，全面提高教育质量，全面促进教育公平，为常州经济社会跨越发展提供坚强的人才保证和广泛的智力支持。

2. *在经费投入上明确政府责任*

建立健全以政府投入为主、多渠道筹集和受教育者家庭合理负担的教育经费保障机制。各级政府依法保证优先安排教育投入，年初预算、预算执行中的超收入分配以及决算均体现法定增长要求，确保财政教育支出增长明显高于财政经常性收入增长，确保全市财政教育支出占一般预算支出的比例高于省核定比例，确保全社会教育投入增长比例高于 GDP 增长比例。一是切实做到“三个优先”。坚持在经济社会发展规划中优先安排教育发展，财政资金优先保障教育投入，公共资源优先满足教育和人力资源开发需要。财政投入已成为辖市（区）教育资金来源的主渠道，为教育改革发展以及基本实现教育现代化提供了强大的财力支撑。“十一五”期间，财政性教育经费占全社会教育投入的比重达 73%。2012 年，常州市公共财政预算支出 392.3 亿元，其中教育支出 72.17 亿元，占到财政预算支出的 18.4%。① 二是确保教育经费稳定增长。常州市各级政府始终把教育放在公共财政的突出位置，落实《中华人民共和国教育法》中“三增长”的规定，征足用好教育税费和土地出让金净收益 10% 的教育资金，财政支出总额中教育经费所占比例随着国民经济的发展逐步提高。“十一五”期间，常州市预算内教育经费累计投入年增长率超过 20%；财政教育经费累计支

① 运佳佳. 常州 2012 年民生投入占公共财政预算支出 7 成[DB/OL]. http://www.chinadaily.com.cn/dfpd/js/2013-02/07/content_16211851.htm, 2013-02-07.

出247.34亿元,年均增长17.34%,其中预算内教育经费拨款143.57亿元,年均增长24.76%;教育经费总量和中小学生生均公用经费双增长,义务教育学校生均预算内教育事业费从“十五”期末的小学2455元、初中2692元分别提高到8347元和9857元,生均预算内公用经费从“十五”期末的小学144元、初中258元分别提高到942元和1038元。[①] 2012年,全市财政教育支出占公共财政预算支出比重超过了14.8%的省定标准,预算内教育拨款增长高于财政经常性收入增长7.11%。预算内教育经费占地方财政支出的比例增长30.47%。人均预算内教育经费支出1088.5元,年均增长18.13%。把学前教育纳入财政预算,建立学前教育发展专项经费和幼儿园生均公用经费标准,学前教育专项经费安排1500万元,幼儿园生均公用经费标准不低于200元。初中生均公用经费标准提高到700元,高中生均公用经费标准提高到550元,中职生均公用经费标准提高到700元,生均公用拨款标准提高到3500元。[②]

3. 在教育资源配置上坚持向农村和薄弱学校倾斜

科学规划,中小学校结构布局与人口变动、产业调整、城乡建设相协调。中小学校布局调整是城乡人口变动、产业调整、城市区域空间扩张以及新农村建设的必然产物。伴随着生育率的下降以及人口的城镇化迁移趋向,农村与城郊结合部学校的“空壳化”,以及城镇学校“大班额”现象对城乡教育一体化发展提出新的挑战。2001年《国务院关于基础教育改革与发展的决定》指出:“因地制宜调整义务教育学校布局。按照小学就近入学、初中相对集中、优化教育资源配置的原则,合理规划和调整学校布局。”常州市及辖区市教育行政部门根据学龄人口变化趋势、城市化进程和现代化学校建设需要,通过科学编制教育布局规划,按区域和施教人口合理调整教育布局结构,按教育现代化标准新建、扩建了一批中小学,调整和撤并了一批生源不足、办学条件差、教育质量低的农村小学和薄弱学校,全市义务教育学校由“十五”初期的799所调整到“十一五”末的357所,调整比例为44.69%。[③] 进一步优化了教育资源,提高了规模办学的效益,基本实现中小学校教育资源在常州市区域范围内的均衡配置,初步建立起城乡一体化的公共教育服务体系。常州市及辖区市通过制定教育设施布局规划、农村义务教育寄宿制学校办学条件改造与实施校舍安全等教育重点工程,通过结对帮扶、校际合作、集团化办学、城乡教师交流、以农村教师为重点的

① 江苏省财政厅办公室. 教育优先暖人心:江苏常州财政大力保障教育发展[DB/OL]. http://www.mof.gov.cn/xinwenlianbo/jiangsucaizhengxinxilianbo/201103/t20110321_509778.html,2011-03-21.

② 常州市财政局2012年度工作总结. http://www.changzhou.gov.cn/gi_news/341135901210781.

③ 常州市教育局. 2009年常州市基础教育概况[DB/OL]. http://www.czedu.gov.cn/disp_5_297_10055291.shtml,2010-12-11.

教师培训体系、城乡一体化的教师绩效工资等方式,重点改善农村和薄弱学校的办学条件,使之达到优质学校标准。完善教育信息化的知识共享机制,城乡、校际之间办学条件及水平渐趋均衡,基本实现义务教育学校设备、图书、校舍、师资等教育资源的城乡一体化。“十一五”期间全市教育设施设备累计投入近9亿元,用于中小学添置和更新教育设备,使全市独立建制公办中小学装备条件达省二类标准以上。武进等辖区实施以政府为主的多元化改造薄弱学校的投入机制,坚持在教育费附加和镇级财政分成部分优先安排的同时,统一把布局调整后的闲置校舍转让、出售、租赁等,筹集的资金全部投入,还有社会各界捐资收入,为学校“改薄创优”提供经费保障。薄弱学校的教学设施设备得到很大改善,全部达到江苏省教育装备技术二类标准,武进区庙桥小学、村前小学、嘉泽初级中学等7所“改薄创优”学校,2008年高水准通过江苏省优质学校的评估验收。[①] 2012年,常州市53%以上的义务教育学校达到省定现代化办学标准,在全省率先实现小学教师学历本科化,优秀教师群体占专任教师总数的30%,省优质中小学校比例达到82%。

(二)城乡教育一体化发展常州模式的教育体制机制支持状况

常州市明确了市、区、镇三级政府对各类教育的管理权限和责任。实施“市级统筹、以县为主,城乡一体”的义务教育管理体制,实行统筹规划城乡教育发展、统筹安排城乡教育经费、统筹管理师资队伍等城乡教育一体化发展的“三个统筹”。学前教育建立“区级统筹、以镇为主”的管理体制,强化政府公共服务职能。坚持在财政拨款、教师配置、学校建设等方面向农村(薄弱)学校倾斜,推进集团办学,积极探索结对帮扶、资源共享、优势互补的办学机制,促进优质资源的辐射与均衡。[②]

1. 城乡一体化的基础教育管理体制

坚持“市级统筹、以县为主,城乡一体”原则,落实以辖区市政府为主体的义务教育管理体制,2011年将直属的4所小学、1所幼儿园归入区级教育行政部门管理,丰富了辖区的优质教育资源。市政府主要负责规划市域内教育发展战略思路,协调指导教育体制和办学体制等方面的综合改革与由市统筹使用的教育经费安排,会同政府有关部门拟订教育经费筹措、教育拨款、教育收费和教育基建投资等方面的政策,以及对辖区市的教育督导、督学、督政工作。县级政府

① 张志朝,谢韵. 武进区30所农村薄弱学校实现“改薄创优”[DB/OL]. http://www.zhong5.cn/article-167817-1.html,2011-01-20.

② 常州市教育局. 关于进一步推进基础教育“集团办学”的意见[DB/OL]. http://www.czedu.gov.cn/disp_4_144_17932.shtml,2011-05-23.

主要承担义务教育学校的主要财政投入责任，协调指导县域内各类教育的布局规划与结构调整，统筹规划、协调指导各级各类学校的师资队伍建设和管理工作，统一管理义务教育学校公办教师，依法行使对教师的资格认定、招聘录用、职务评聘、培养培训、调配交流、考核奖惩等职责，主管“教师发展中心”，逐步将教师的人事管理从学校移至中心集中管理，把教师从“学校人”转变成“区域人”，实行城乡一体化的教师绩效工资制度。镇（街道）政府负责划拨新建、扩建校舍所需土地，协助做好村办小学的校舍维修维护和购置必需的教学设备，不断改善中小学办学条件。不断完善政府主导、社会参与、公办民办并举的办园体制和区级统筹、以镇为主的管理机制。完善县、镇、村三级学前教育服务网络，县级政府负责区域内学前教育的规划，统筹管理城乡各类学前教育机构；镇及街道政府承担发展学前教育的责任，筹措办园经费，负责建设和办好区域内幼儿园，协调发挥中心幼儿园对村级幼儿园的管理、示范、指导作用，探索集团化办园模式。

2. 城乡学校一体化规划布局机制

21 世纪初学龄儿童数量及其在人口总量中所占的比重开始明显下降，常州却以长三角的区位优势与社会经济文化事业发展的优势，不断吸引着流动人口聚居。《常州市 2010 年第六次全国人口普查主要数据公报》显示，与 2000 年第五次全国人口普查的同类数据相比，常州市 0—14 岁人口的比重下降了 5.1 个百分点。外来人口为 98.4 万人，占常住人口的 21.43%，其中外来务工人员子女达 12 万人。[①] 充分考虑城乡人口流动、学龄人口变化、城区框架不断拉大，以及地理环境及交通状况、教育条件保障能力、学生家庭经济负担、学生年龄特点等因素，才可能满足适龄儿童、少年方便且就近接受优质教育的要求。《常州市“十二五”城乡一体化发展规划纲要》指出，调整学校布局，逐步形成高中段教育向中心城区和县级城区集聚、农村初中向镇集聚、小学及幼儿教育向中心村集聚的学校建设布局。一是坚持撤并村办小学、稳定小学、整合初中、适当保留必要教学点的原则，按照每万人 1 所小学、每 3 万人 1 所初中、每 10 万人 1 所高中的比例，与城市化和新农村建设相适应，合理规划和调整优化结构，形成布局合理、规模适度、学段衔接的义务教育学校布局。从 2007 年至 2011 年末，市域内的普通高中从 41 所减少到 37 所，普通初中从 128 所减少到 125 所，普通小学从 234 所减少到 186 所，溧阳市少体校和武进区淹城初级中学附设小学教学班，保留 13 个城乡小学办学点（新北区 2 个、武进区 10 个、溧阳市 1 个）。幼儿园从 213 所增加到 232 所。特殊教育学校从 5 所增加到 6 所。二是对城区基础教育

① 常州市人口和计划生育委员会. 常州人口现状及发展趋势[DB/OL]. http://www.js.chinanews.com/cz/news/2010/0716/15022.html, 2010-07-16.

学校进行统筹规划，优化布局，优化结构，与城市拓展同步协调配建学校，实行以公办学校、流动人口随迁子女学校为一体的义务教育资源的整合调整。拉开城区基础教育学校布局框架，在新城区新建泰山小学、国英小学、香梅小学等义务教育学校6所，改扩建以藻江小学为基础的百草苑小学等学校39所，并将局前街小学、解放路小学、北郊中学等城区优质学校向开发区、产业园区和城郊居民集聚区延伸及迁建，市局前街小学教育集团龙城小学、常州市二十四中和新北区发展集团总公司联办河海中学等，扩大优质学校对新城区域经济、社会和文化的支持作用，不断满足居民对优质教育的需求。同时，在新城区配建青山湾幼儿园、枫逸人家幼儿园、彩虹城幼儿园、香缇湾幼儿园等。三是尽量满足流动人口随迁子女的教育需求。常州市政府从落实科教兴市战略、服务“两个率先”的高度出发，把流动儿童、少年享受法定义务教育权利，纳入全市社会事业发展计划和义务教育工作规划，纳入各级财政预算，纳入各地编制管理，纳入各级教育部门业务指导，纳入规范管理。坚持公办学校充分吸纳为主、适当举办流动人口随迁子女学校作为补充的原则，逐步让流动人口随迁子女的义务教育权利得到保障。目前，常州7个辖区（市）中，新北区、戚墅堰区、金坛市、溧阳市的流动人口随迁子女全部进入公办学校就读；常州流动人口随迁子女中的10%就读于武进区、钟楼区以及天宁区20个流动人口随迁子女学校（新市民小学）（其中武进区16个、天宁区2个、钟楼区2个），公办学校吸纳比例接近90%。高中升学打破户籍限制，对流动人口随迁子女与本地学生一视同仁。四是推进特殊教育学校现代化建设，提高随班就读质量，最大限度保障残疾儿童、少年入学接受义务教育的权利。2011年年末，全市共有特殊教育机构6个、普通学校附设特教班4个，在校残疾学生773人，全市盲聋哑及智障儿童、少年义务教育入学率达99.8%，其中市区达100%，全部实行免费教育。

3. 城乡学校办学标准一体化实现机制

结合校安工程，较早出台常州市义务教育现代化学校评估标准、农村村级小学现代化建设标准、常州市流动人口随迁子女学校合格建设标准等一系列配套文件，规范引导义务教育学校的标准化建设。开展城乡一体化的合格学校建设。“十一五”期间，全市新建、改建、改造中小学面积达200万平方米，独立建制公办中小学装备条件全部达到省二类以上标准。100%的中小学建成校园网，100%的中小学实现“校校通”，全部建成省标校园网，教育信息化达到江苏省一流水平，中小学校的办学条件、设备设施、校园环境得到明显改善。辖区市政府相继出台文件，如《武进区义务教育学校公用经费管理暂行办法》（2007）、《新北区义务教育经费保障机制改革实施方案》（2008）等文件，全面落实《常州市教育行政部门教育工作督导评估与考核细则》，统一县域内城乡义务教育学校人员经费、建设经费、校舍维护经费、设备购置经费、日常公用经费、师资培训经费等方面的标准。辖区市通过制定教育设施布局规划、教育重点项目实施计划,重点改善农村学校和薄弱学校的办学条件。以农村学校为重点实施中小学校舍安全工程,全面推进农村中小学校音乐、体育、美术、实验室和基本教学设施的“四配套”工程,加快农村薄弱学校改造步伐。2010 年至 2013 年 1 月,全市实施中小学校舍安全工程项目 266 个,完成总建筑面积 87.3 万平方米,其中农村学校项目约占一半,农村学校办学条件和装备水平大幅提升,甚至超过城区学校。如武进区“十一五”期间新建学校 13 所、扩建改建学校 5 所、改造薄弱学校 30 所,总建筑面积达 125 万平方米,中心城区教育配套设施基本完善,农村中小学校面貌发生根本性变化,基本实现义务教育学校在设备、图书、校舍等方面办学条件的城乡一体化。[①] 2010 年 1 月,所有辖区市均被省政府确定为“江苏省教育现代化建设先进市(区)”。

4. *城乡学校教师专业发展一体化提升机制*

一是加强城乡一体化师资队伍建设。出台《关于进一步加强教师队伍建设的意见》(常教发〔2011〕15 号),完善教师职业道德评价、考核、奖惩机制,科学合理地实施义务教育教师绩效工资。明确提出统一城乡中小学教职工职务结构比例标准、教职工编制标准,形成中小学教职工编制动态调整机制,编制使用向偏远地区、贫困地区以及农村学校、薄弱学校适当倾斜。建立健全区域内城乡、校际之间教师交流制度,采取评优评先、职称晋升、发放补贴等向农村教师倾斜的多元化途径鼓励和吸引优秀人才到农村任教。[②] 出台《常州市“十二五”中小学教师继续教育规划》,建立“普通高中优秀毕业生报考重点大学师范类专业”“新教师三年跟踪培育”“青年教师专业成长互助团队”制度,采用县域内城乡一体化的全员教师定期培训、“名师工作室”、“五级阶梯”、中小学校与国内外高等院校(所)开展教研合作、农村中小学教师培训“星火计划”、“名师大学堂”菜单式培训等方式,形成了中小学教师专业化成长的良性循环机制。至 2011 年年底,全市教坛新秀、教学能手、青年骨干教师、学科带头人、“五级梯队”教育名师和省特级教师达 4567 人,优秀教师占专任教师的比例达 15%。[③] 二是促进城乡教师协调发展。出台《关于推进义务教育学校干部、教师轮岗交流

---

① 张志朝,谢韵. 武进区 30 所农村薄弱学校实现“改薄创优”[DB/OL]. http://www.zhong5.cn/article-167817-1.html,2011-01-20.

② 常州市教育局. 关于进一步加强教师队伍建设的意见[DB/OL]. http://www.czedu.gov.cn/disp_4_144_10051659.shtml,2011-09-07.

③ 常州市教育局. 2011 年常州教育年鉴[DB/OL]. http://www.czedu.gov.cn/disp_4_1226_10063160.shtml,2012-10-17.

工作的意见》，干部、教师、骨干教师均按每年不低于15%的比例交流，2012年辖区市域内学校间干部与专任教师的高一层次学历比例、中学高级教师职称及骨干教师称号比例大致相当，达到基本均衡。三是发挥市教研室的辐射和引领作用，对薄弱学校给予直接的智力支持。在做好常规教研的同时，推进网络教研、联校教研、学科基地教研、教学沙龙等教研方式，引导教师主动参与教研活动，创新课堂教学特色。四是实施“春晖工程”，提供优秀教师课堂教学实录、专题教育影视片、国内优秀教师课堂实录、新课标教育资源素材库、中小学CAI课件集萃等网络教育资源，建成常州市教师专业成长网，建设城乡教师学习及研修网络平台。

5. 县域内城乡学校办学水平一体化提升机制

加强对农村、乡镇薄弱学校的关注，通过各种努力缩小校际间的差距，加大优质学校建设力度，促进县域内城乡学校办学水平一体化发展。一是探索推进优势学校与薄弱（农村）学校的互动发展工程。2007年，实施“城乡学校对口支援工程”，168所城区优质学校与农村学校签订帮扶协议。同年，采取集团化办学、捆绑式教学等形式开展帮扶活动，发挥优势学校的辐射作用，以优势学校带动薄弱（农村）学校，培养和发展成员学校的办学特色，实现资源共享，促进互惠发展。优质学校向农村学校输出办学理念、优秀教师、管理策略、校园文化等，农村学校派出骨干教师、管理干部到优质学校顶岗学习，通过传、帮、带基础上的互动交流，提升农村学校的师资、管理以及校园文化建设水平。二是实施“金边工程”，实行教育经费投入及教师专业发展引领的倾斜政策，稳步提升城区周边薄弱学校和新建新村的配建中学教学质量。市财政在经费投入上向城郊结合部学校教学设施建设和教学技术装备倾斜，先后从教育费附加和招生收费的统筹费中安排4000多万元，使这些学校的办学硬件水平达到标准甚至达到领先水平。在教师专业水平提升方面，市教育行政部门先后从市区和外地选调了27位精通业务又善于管理的校长和上百名比较优秀的教师，到城区周边学校和新村学校任职。先后帮助引入华东师范大学、南京师范大学、江苏省教科院、江苏省教研室、上海教科院、中央教科所、教育部课程教材研究中心等高校和科研机构，借助专家外力诊断薄弱学校在教师发展、课程教学中存在的共性问题，通过“百名高师带青师”“青年教师教育教学基本功竞赛”等活动，带动薄弱学校教师的教学研究与学科教学创特色工作。“金边工程”实施以来，往日生源不足的城区周边中学和新村配建中学，如今班上人数饱和，校园面貌焕然一新。新村内居住的学生已基本实现就近入学，中学会考一次合格率接近95%，超过市区初中平均水平。市区 98% 以上的初中达到省示范初中标准。[①] 三是推进特色学校建设。2009 年出台《常州市中小学特色学校建设工作指导意见》，要求中小学校树立“特色立校、特色强校、特色兴校”理念，根据自身学科、资源优势，精心提炼办学思想，着力推进文化建设，系统建构学校课程，在某个项目或整体上逐渐形成个性和特色，着力培育“特色项目—学校特色—特色学校”。2009 年至今，共创建市德育、体育、音乐、书法、美术、信息技术和科技等特色项目学校 300 多所，初步形成“一校一特色”的城乡学校竞相发展的局面。城西花园中学建成全市唯一的江苏省教科研基地，并成为全省首批模范学校之一。城南清潭中学成为全国德育先进学校。[②]

三、城乡教育一体化发展常州模式的中介性要素

中介性要素又称手段性要素，是指实现城乡教育一体化的重要手段与桥梁。城乡教育一体化发展模式实质上是主体人为了实现一定的教育发展目标而选择实行的具体发展手段，这种手段在现代社会是一个由多种要素构成的系统。教育发展手段系统的基本构成要素主要包括两个层次：一是教育发展的基本制度设计和政策选择，它是教育发展模式的基本框架和存在形态；二是教育发展的具体方法和工具，它是落实发展目标、实践发展观念必不可少的技术保证和物质条件。集团化办学是城乡教育一体化发展常州模式实现市域内空间维度上的优质教育全覆盖的技术路线，而以流动人口随迁子女为表征的社会弱者群体享受同城教育待遇，则是实现市域内人口维度上的城乡人口平等拥有教育机会及权利的制度支持。

（一）集团办学

集团办学作为城乡教育一体化发展常州模式的核心要素，是对杭州、上海等地集团化办学经验的创造性运用及发展。2011 年 5 月 23 日，市教育行政部门发文《关于进一步推进基础教育集团办学的意见》；5 月 25 日，金坛市教育行政部门发文《关于组建教育集团的实施意见（试行）》；6 月 10 日，武进区教育行政部门发文《关于进一步推进教育集团化办学的工作意见》；8 月 15 日，溧阳市教育行政部门发文《关于建立教育共同体的实施意见》。相关文件明确了集团化办学是整合和扩大优质教育资源的手段或方法，核心在于发挥名校作用，旨

① 常州市教育局. 2011 年常州教育年鉴［DB/OL］. http://www.czedu.gov.cn/disp_4_1226_10063160.shtml，2012 - 10 - 17.

② 小雅. 校本课程让这所农村小学特色鲜明［N］. 中国教育报，2007 - 02 - 09.

在提升城乡学校整体办学水平。至2013年1月，全市新扩建义务教育阶段教育集团23个、幼儿教育集团3个、职业教育集团8个，在一定程度上满足了城乡居民子女接受优质教育的需求，有效缓解了择校热。

1. 集团化办学的价值取向和目标定位

坚持以促进公平和提高质量为价值取向，以政府为主导，以优质名校为龙头，根据市场需求，结合本地区优势、特点和潜力，组建高质量的教育集团，实行规模化、市场化运作，使优质教育均衡分布，以点带面，逐步形成区域内若干个品牌集团，让各具特色的优质教育服务社区，惠及百姓家庭，加快推进空间维度与人口维度两个层面上的城乡教育一体化发展步伐。构建有利于教育事业又好又快发展的体制、机制，实现教育资源利用效益最大化，从而促进市域内教育事业健康可持续发展，逐步实现优质教育从学前教育阶段覆盖到职业教育阶段，逐步实现优质教育从城市覆盖到农村。

2. 教育集团的办学模式

实行市级统筹、辖区市管理为主的集团办学体制，推进政府主导、区域联动的集团化办学。教育集团以某一优质名校为基地，打破行政区域限制，打破系统、学段、体制、系列等界限，集聚三个以上的成员学校或企业形成集团。教育集团创新管理机制，集团决策机构负责整体规划，并形成相应的执行系统和监督反馈系统，充分发挥集团办学对各地学校的辐射带动作用，实行资源共享、理念共享、资源共享、管理共享、成果共享，推动成员学校创建各自的管理机制和教育特色，实现教育集团的多元化、开放式发展。名校和成员学校之间既有统一的协调和管理，以保证同样的品质，成员学校之间又相对独立，追求各自的办学特色，实现互惠互助，共同成长。集团内教育质量高、师资力量强、社会声誉好的成员学校可以成为新的核心学校，使集团从“单核集团”发展为“双核集团”。“新核”在一定条件下可以脱离集团，利用其品牌和教育资源组建新的集团，使优质资源增量。市域内推进集团办学，采取先城区后农村、循序渐进、分步推进的原则，发展优质教育资源，使其均衡覆盖全市教育体系和城乡区域，促进教育公平。

3. 教育集团办学中的政府责任

政府承担教育集团的校园建设、设施配套、经费投入等责任，各级教育行政部门将集团办学纳入当地经济社会发展规划、城市总体规划和教育事业发展规划，对区域内实施集团化办学的学校在基本建设、设施建设、集团科研项目、师资培训等经费投入方面给予优先安排和适度倾斜，给予核心学校一定的公用经费补助。设立集团化办学专项经费，作为推进教育集团化办学的业务经费和对集团化办学绩效显著的团体和个人的奖励；政府承担教育集团运行的评价考核，规范教育集团办学。市教育行政部门围绕集团管理制度与运行机制的健全有效、管理队伍与师资品质的整体提升、教育环境与文化资源的整合优化、办学水平和社会效益的明显提高等方面制定《常州市教育集团考核评价指标》。辖区市教育行政部门根据《常州市教育集团考核评价指标》,根据教育集团的职能、运行模式和办学模式,建立教育集团督导评估制度,加强对各教育集团的运行状况和工作实绩的定期监测与考核评价。帮助和扶持新建学校、薄弱学校迅速提升软实力水平,被纳入集团办学业绩考核的重要内容。此外,辖区市教育行政部门适当增加核心学校的教师编制,适当增加集团管理层的领导力量,支持教育集团的有效管理及有序运行。

4. 教育集团内部的管理运行机制

集团化办学管理机制主要有三种类型:一体式管理,其主要特征是实行人、财、物统一管理;委托式管理,双方原行政隶属关系不变,派出管理人员到对方学校担任一把手校长,互派教师进行挂职锻炼或业务培训,实现办学理念、学校管理、教科研、学校文化等方面的相对统一;合作式管理,即输出管理人员和优秀师资,派出管理人员担任副校长,派出优秀师资。大多数教育集团采用合作式管理方式。从教育集团管理方式来看,实践中主要有五种类型:①主题化管理,如奔牛实验小学教育集团的小班化教育联盟。②课程化管理,如局前街小学教育集团的课程管理及博爱小学教育集团的德育品牌。③标准化管理,如《湖塘桥中心小学教育集团管理章程》及《觅渡桥小学教育集团质量管理手册》,内容涵盖质量手册、程序文件、工作指导书等完整的学校管理质量体系,是各校区各项管理工作的基本准则和指南,以此推广名校的管理文化,发挥名校品牌的辐射效应。④数字化管理,如湖塘桥中心小学教育集团的“e学习”项目,通过构建“人手一机,智能交互”的智慧型e学习教室,打造“有限开放、无限发展”的灵活型e学习平台,形成“先学后教,少教多学”的自主型e学习模式。⑤特色化管理,如“1+X”管理,X即校区特色文化。

5. 教育集团的特色发展方向

集团化办学不是成员学校与名校同步化、齐步走,而是根据成员学校各自的特点与优势,优化教育过程,合理配置教育资源,发展特色教育,打造教育品牌,提高办学效益的双向演进过程。不同学校有着不同的体制、文化、理念,如果简单地将之“揉成面团”,可能形成“名校”一大堆,“教育面孔”单一化的状况。如何在教育集团内部实现资源共享、特色发展?积淀教育集团科学发展的基础和资源,是集团化办学实现名校与成员学校互动式发展的基本支持。如湖塘桥中心小学教育集团有7个校区,每个校区都是独立法人。集团以优质学校均衡化为办学理念,集体进行课程改革,各校在保持质量管理、教师发展、学生培养等“六个统一”的基础上,形成各具特点的体育、科技、语言等项目特色课程，花园校区成为江苏省书法特色学校，新湖校区成为武进区游泳特色学校，北校区的艺术特色教育受到教育部的充分肯定，被评为全国学校艺术教育工作先进单位，呈现出新老学校“一校一品”特色兴校、一体发展的格局。如北校区围绕艺术教育对课程进行了有力的改革，以培养“一品平民”为目标，优化艺术课程内容，以彰显学生个性为导向，优化艺术课程评价体系，拓宽艺术发展之路。“百人管弦乐团”不断亮相省、市舞台，先后在常州市刘海粟美术馆举行了六届学生书画展，多幅书画作品在全国、省、市各级各类活动中获奖，乡村娃的书画作品被送到香港、天津等地展出。① 经过几年的发展，集团内的每个校区都出现了前所未有的良好发展势头。

集团办学是基于社会对教育公平化的需求。教育集团的建立，能促进资源共享、优势互补，在合作互动过程中实现共同提高。集团办学几乎涵盖了“捆绑式”发展模式、学区管理模式、委托管理模式、城乡学校共同体模式等义务教育均衡发展模式的运行机制，是一种政府主导的以优质学校教育教学资源带动辐射的区域内义务教育水平整体提升的策略。在集团办学的带动及辐射下，2012年，常州市优质幼儿园134所，占比57.76%；优质小学158所，占比84.49%；优质初中105所，占比83.33%；优质高中33所，占比91.67%，基本实现“家门口的学校都精彩”。②

（二）流动人口随迁子女享受同城教育待遇

随着经济建设和城乡一体化进程的加快，常州吸引了大量的流动人口来就业和创业。常州素有“工业明星”城市称号，100多万外来务工人员的到来，有效地解决了常州企业的用工难题，也衍生了流动人口随迁子女的教育问题。为保障流动人口随迁子女入学，2003年，常州启动并实施旨在保障适龄流动儿童“同在一片蓝天下、同享良好教育”的“蓝天计划”。2007年12月，市教育局制定《关于深入推进“蓝天计划”的实施意见》，要求各辖区市政府把流动人口随迁子女享受法定义务教育权利，纳入全市社会事业发展计划，纳入县级政府财政预算、编制管理，以及教育行政部门业务指导及其规范管理。全面落实“流入地为主、公办学校为主”的原则，逐年增加公办学校吸纳比例，鼓励公办中小学面向流动人口随迁子女扩容，将因城市出生人口减少，部分公办学校本市生源不足而空出的位置，尽量安排给外来务工人员随迁子女。以公办学校吸纳为主要途径、农民工子女学校为补充，不收取赞助费、择校费、借读费，免收学杂费，依法保障流动人口随迁子女与本市儿童享受同等的教育权利。

---

① 赵小雅. 校本课程让这所农村小学特色鲜明[N]. 中国教育报，2007-02-09.

② 参见常州市教育行政部门编制的内部资料《常州市教育事业统计资料汇编（2012.12）》。

一是以公办学校吸纳为主，以农民工子女学校补充吸纳为辅，保障流动人口随迁子女的法定教育权利。出台《常州市适龄流动儿童就学暂行管理办法》，坚持以公办学校吸纳为主，充分挖掘公办学校资源，通过扩班、增加班级容量等措施，尽力吸纳符合“四项条件”的流动人口随迁子女同城同地同待遇就读居住地学区中小学校。市、县两级分别设立一批流动就业人员随迁子女入学登记站，依法解决流动儿童、少年就学问题，做到“一个也不能少”“一个也不能丢”。积极探索开发外来随行本及配套软件，实现公安、教育、卫生等部门间流动儿童、少年信息共建与共享，创造“一站式”工作法：流动儿童、少年到卫生服务中心接种疫苗时，防疫科医务人员与派出所民警联合开展随行本登记工作，形成有效衔接的跨部门合作服务流动儿童、少年机制，推动全市流动儿童、少年信息社会化采集系统的建立，实现了流动人口随迁子女同城同地同待遇，基础教育、健康保健、管理服务三项无差别，在一定程度上提高了流动儿童、少年就读公办学校的机会及比例。[①] 随着“蓝天计划”的逐年深入推进，自 2006 年秋季学期起，符合省市有关规定的义务教育阶段适龄流动儿童、少年和常州本地孩子一样，全部免除学杂费。统计资料显示，“十一五”期间，常州市外来务工人员子女达 12 万人，公办学校吸纳比例为 85.12%。2013 年 1 月，公办学校吸纳比例接近 90%，其中初中生 100% 进入了公办学校就读。[②]

二是举办流动人口随迁子女就读专门学校。专门招收流动人口随迁子女的学校统称为“蓝天学校”。市教育行政部门通过新建、改造已撤并学校和扶持社会力量举办蓝天学校等多种方式，全面解决流动人口随迁子女的入学问题。2003 年，建成了市教育局直属的第一所以适龄流动人口随迁子女为主要服务对象的全日制公办学校——常州蓝天实验学校。之后，钟楼区、天宁区、武进区等辖区利用闲置小学，创办 11 所公办蓝天学校、新市民子弟学校，师资配备以及微机室、多媒体教室、舞蹈房、操场等建设与其他学校一视同仁。如武进区邹区镇政府投资 1500 万元新建东方学校，学校的图书室、阅览室、微机房、实物投影仪、与中心小学合用的体育场等都达到了省教育现代化标准。学校教师中有市级学科带头人和骨干教师 2 人，招聘的 8 名教师中本科生 2 人、专科生 6 人，教师合格率达到 100%。

三是规范农民工子女学校（新市民小学）办学。针对农民工子女学校存在教育教学管理混乱、设备设施条件差、师资水平参差不齐、房屋安全有隐患等问题，为保障流动人口随迁子女的生命安全和学校的教育教学质量，教育行政部

① 晓娟，周茜. 怎样做好流动儿童登记？[N]. 常州日报，2011-11-03.
② 苏雁. 从教育公平起步[N]. 光明日报，2011-02-23.

门制定《常州市简易学校办学条件标准》《常州市简易学校办学审批程序及办法》《武进区新市民小学评估细则(试行)》等文件规范简易学校的管理，对房屋、交通、安全存在隐患及卫生条件不过关的学校予以坚决取缔，如武进区先后取缔了无证办学的简易学校近 20 所。全市有 49 所简易学校经教育行政部门评估获办学许可。针对简易学校教师学历偏低、待遇较差、流动性大、进修机会少等制约教学质量提高的瓶颈问题，市教育行政部门制定《常州市新市民学校教师专业发展培训计划》，举办新市民学校教师免费培训班。随着城市适应能力的增强、教育资源的不断调整和改善，政策性吸引流动人口子女就读公办学校的力度不断加大，政府将规范并扶持投入大、教学质量好的少数民办农民工子女学校，其余学校将逐步废止。2013 年 1 月，农民工子女学校减少至 20 所。

四是创新外来民工子女学校管理模式。天宁区、钟楼区、武进区等政府财政拨出专项资金，以提供教学装备的形式给予农民工子女学校(新市民小学)公用经费补助。武进区教育行政部门创新管理模式，率先提出了依托属地中心小学对新市民小学进行监督和管理的思路。采用“捆绑式”管理和发展模式，实行属地中心小学对外来民工子女学校(新市民小学)的管理及监督，把“课程设置规范化、学生发展均衡化、教育质量最优化”作为追求目标。2006 年，湖塘桥中心小学对所辖 5 所新市民小学的管理实施“五个一”工程：每学期召开一次相关学校的校长教师会议，组织一次安全检查，开展一次教学研讨活动，举行一次田径运动会，进行一次教育质量调研。东方学校与邹区中心小学虽然是隔路相望，但在日常教育教学活动的安排和管理上，实行“目标一致化，课程统一化，资源共享化，考核个性化，发展均衡化”的“捆绑式”管理模式，有效保证了学校的教育教学质量。①

五是充分吸纳流动人口随迁子女就读普通初高中学校。在公办学校教育资源有限的基础上，初中生 100% 进入公办学校就读，高中生升学打破户籍限制，与本地学生一视同仁。充分吸纳流动人口随迁子女到公办学校就读，辅之以少量的规范的简易学校，是常州市推进人口维度城乡教育一体化发展战略的基本目标。常州市从政策层面很好地解决了流动人口随迁子女平等就读公办学校的问题，实现了小学、初中、高中、大学各个教育阶段升学环节的顺畅衔接，保障了适龄人口平等受教育的权利。②

---

① 赵建春，张龙. 民工子弟校与公办校“捆绑式”发展[N]. 中国教育报，2007 - 03 - 23.

② 宋国英. 论城乡教育一体化语境中的义务教育均衡发展模式：以江苏省常州市为例[J]. 煤炭高等教育，2012(5).

第三节 常州城乡教育一体化发展程度与需要进一步关注的问题

从常州城乡教育一体化发展的内涵中可以看到,城乡教育一体化需要社会各部门的关注,需要各主体的积极参与和主动配合。在常州市政府的统一部署下,在常州市各级学校的积极参与和各主体之间的积极配合下,常州城乡教育一体化实践取得了骄人的成绩。但由于各种因素的影响,常州城乡教育一体化仍然存在某些需要特别关注的问题。

一、常州城乡教育一体化发展程度

常州城乡教育一体化程度与苏州、无锡一样,也达到高度融合的地步,其中2012年度武进区城乡教育一体化发展程度不仅在常州名列前茅,在苏南地区也处于领先位置。具体见表7-1。其他县市如溧阳、金坛处于较后的位置,但是得分也接近100。

表7-1 2012年度武进区城乡教育一体化指数得分表

目标层(A)	准则层(B)	指标层(C)	编号	乡城比例	权重	指标层单项得分
教育机会城乡一体化 权重:25% 得分:30.14	入学率 权重:18% 得分:17.93	幼儿入园率(学前教育)	1	99.69%/99.7% =0.99	4.5%	0.99×4.5=4.46
		小学入学率	2	100%/100% =1	3%	1×3=3.00
		初中入学率	3	100%/100% =1	3%	1×3=3.00
		高中入学率	4	98.63%/99.21% =0.99	3%	0.99×3=2.97
		经济困难学生入学率	5	100%/100% =1	2.25%	1×2.25=2.25
		残障学生入学率	6	100%/100% =1	2.25%	1×2.25=2.25
	教育承载能力 权重:7% 得分:12.21	每万人幼儿园数(总数)	7	3.64/2=1.82	2.33%	1.82×2.33=4.24
		每万人小学数(总数)	8	3.93/2=1.96	2.33%	1.96×2.33=4.57
		每万人初中数(总数)	9	2.928/2=1.46	2.33%	1.46×2.33=3.40

续表

目标层(A)	准则层(B)	指标层(C)	编号	乡城比例	权重	指标层单项得分
办学条件城乡一体化 权重:15% 得分:17.61	生均校舍面积 权重:4% 得分:3.26	小学生均校舍面积	10	9.71/13.8 =0.70	2%	0.70 ×2 =1.40
		初中生均校舍面积	11	18.9/20.3 =0.93	2%	0.93 ×2 =1.86
	生均绿化面积 权重:2% 得分:1.50	幼儿园生均绿化面积	12	4.34/4.4 =0.99	0.67%	0.99 ×0.67 =0.66
		小学生均绿化面积	13	8.96/9.5 =0.94	0.67%	0.94 ×0.67 =0.63
		初中生均绿化面积	14	17.37/54.7 =0.32	0.67%	0.32 ×0.67 =0.21
	生均图书占有量 权重:3% 得分:2.86	幼儿园生均图书占有量	15	7.79/7.16 =1.09	1%	1.09 ×1 =1.09
		小学生均图书占有量	16	27.08/23.41 =1.16	1%	1.16 ×1 =1.16
		初中生均图书占有量	17	27.68/45.23 =0.61	1%	0.61 ×1 =0.61
	生均计算机占有量 权重:2% 得分:1.81	幼儿园生均计算机占有量	18	0.03/0.03 =1	0.67%	1 ×0.67 =0.67
		小学生均计算机占有量	19	0.10/0.09 =1.12	0.67%	1.12 ×0.67 =0.75
		初中生均计算机占有量	20	0.13/0.23 =0.58	0.67%	0.58 ×0.67 =0.39
	班级规模 权重:4% 得分:8.18	幼儿园班级规模	21	62.5/41 =1.52	1.33%	1.52 ×1.33 =2.02
		小学班级规模	22	120.36/62 =1.94	1.33%	1.94 ×1.33 =2.58
		初中班级规模	23	53.71/20 =2.69	1.33%	2.69 ×1.33 =3.58
教师队伍建设城乡一体化 权重:25% 得分:26.60	教师学历结构 权重:5% 得分:5.17	小学教师大专以上学历比例	24	93.51%/92.3% =1.013	2%	1.013 ×2 =2.03
		初中教师大专以上学历比例	25	93.26%/89.2% =1.0455	3%	1.0455 ×3 =3.14
	教师职称结构 权重:5% 得分:6.44	小学教师高级以上职称比例	26	25.99%/20.4% =1.274	2.5%	1.274 ×2.5 =3.19
		初中教师高级以上职称比例	27	39.32%/30.3% =1.298	2.5%	1.298 ×2.5 =3.25
	教师在职培训 权重:6% 得分:6.00	小学教师在职培训比例	28	100%/100% =1	3%	1 ×3 =3.00
		初中教师在职培训比例	29	100%/100% =1	3%	1 ×3 =3.00
	教师交流 权重:6% 得分:6.01	小学教师交流人数比例	30	14.76%/14.3% =1.032	3%	1.032 ×3 =3.10
		初中教师交流人数比例	31	15.21%/15.7% =0.969	3%	0.969 ×3 =2.91

续表

目标层(A)	准则层(B)	指标层(C)	编号	乡城比例	权重	指标层单项得分
	教师月平均收入 权重:3% 得分:2.98	幼儿园教师年平均收入	32	44098.07/45196 = 0.976	1%	0.976 × 1 = 0.98
		小学教师年平均收入	33	82927.14/83006 = 0.999	1%	0.999 × 1 = 1.00
		初中教师年平均收入	34	83395.71/83138 = 1.003	1%	1.003 × 1 = 1.00
经费投入城乡一体化 权重:22% 得分:26.20	生均教育经费支出 权重:9% 得分:9.19	幼儿园生均教育经费支出	35	5753.21/4981 = 1.155	3%	1.155 × 3 = 3.47
		小学生均教育经费支出	36	11051.64/9100 = 1.214	3%	1.214 × 3 = 3.64
		初中生均教育经费支出	37	15587.43/22456 = 0.694	3%	0.694 × 3 = 2.08
	生均教育支出占GDP的比重 权重:9% 得分:9.38	幼儿园生均教育支出占GDP的比重	38	0.117%/0.10% = 1.171	3%	1.171 × 3 = 3.51
		小学生均教育支出占GDP的比重	39	0.564%/0.58% = 0.973	3%	0.973 × 3 = 2.92
		初中生均教育支出占GDP的比重	40	0.324%/0.33% = 0.983	3%	0.983 × 3 = 2.95
	生均教育支出占所在辖区(市)级财政的比重 权重:2% 得分:3.81	幼儿园生均教育支出占所在辖区(市)级财政的比重	41	0.055%/0.05% = 1.1	0.67%	1.1 × 0.67 = 0.78
		小学生均教育支出占所在辖区(市)级财政的比重	42	0.34%/0.15% = 2.286	0.67%	2.286 × 0.67 = 1.53
		初中生均教育支出占所在辖区(市)级财政的比重	43	0.224%/0.10% = 2.243	0.67%	2.243 × 0.67 = 1.50
	生均教育支出占所在市级财政的比重 权重:2% 得分:3.82	幼儿园生均教育支出占所在市级财政的比重	44	0.0197%/0.015% = 1.314	0.67%	1.314 × 0.67 = 0.88
		小学生均教育支出占所在市级财政的比重	45	0.096%/0.045% = 2.143	0.67%	2.143 × 0.67 = 1.44
		初中生均教育支出占所在市级财政的比重	46	0.067%/0.03% = 2.243	0.67%	2.243 × 0.67 = 1.50
教育质量城乡一体化 权重:13% 得分:13.46	学业质量 权重:8% 得分:8.57	初中辍学率	47	1	2.5%	1 × 2.5 = 2.50
		高中升学率	48	98.62%/99.21% = 0.994	2.5%	0.994 × 2.5 = 2.49
		大学升学率	49	96.418%/96.78% = 0.996	1.5%	0.996 × 1.5 = 1.49
		社区教育参与率	50	55.25%/39.7% = 1.392	1.5%	1.392 × 1.5 = 2.09

续表

目标层(A)	准则层(B)	指标层(C)	编号	乡城比例	权重	指标层单项得分
	社会贡献 权重:5% 得分:4.89	户籍人口平均受教育年限	51	10.668/10.74 = 0.993	3%	0.993 × 3 = 2.98
		户籍人口中高中以上教育程度的劳动力就业率	52	42.671%/44.59% = 0.957	2%	0.957 × 2 = 1.91

上述数据显示,武进区城乡教育一体化程度处于高位状态,这意味着区域内城乡教育机会、办学条件、教师队伍建设、经费投入以及教育质量等方面不存在差别,而是呈现城乡一体化、整体发展的局面。不仅如此,由于其大部分农村学校属于新建与改建学校,所以出现了农村学校超过城镇学校的现象。在问卷调查与访谈中,教师普遍认为农村教师待遇比城市高;农村居民也普遍反映,农村学校不仅不比城市学校差,校舍等设施还比城市学校新、先进。教育局领导与市财政局管理人员也普遍反映财政向农村学校倾斜比较突出。因此,常州武进区学校之间的差别主要不在于外部条件,而在于学生本身需求的差别、家庭环境的差别以及其他文化氛围的差别。2013 年度教育部义务教育均衡发展验收报告指数为 99.5,这就进一步说明,按照教育测评指标来看,校际之间几乎不存在差别这一事实是成立的。

二、常州城乡教育一体化发展需要进一步关注的问题

虽然常州城乡教育一体化水平比较高,但是还有一些无法用测评指标体系加以说明的因素存在,主要表现在以下几方面。

(一)教育布局结构条件需要进一步优化提升

城区框架不断拉大,教育布局明显滞后,突出表现为中心城区学校过于集中,布局不合理,无法进一步拓展空间,生均占地面积、生均校舍面积、生均绿化面积、生均活动场地等指标明显偏低。以生均占地面积为例,据统计,天宁区小学、初中分别为 10.8 平方米/生、32.0 平方米/生,钟楼区小学、初中分别为 11.8 平方米/生、53.0 平方米/生,戚墅堰区分别为 13.8 平方米/生、25.0 平方米/生,局属初中为 17.5 平方米/生,部分指标明显低于《江苏省义务教育学校现代化办学标准》确定的小学 20 平方米以上、初中 25 平方米以上的标准。此外,为吸纳大幅增加的流动人口随迁子女就读,各地增开了相当数量的班级,部分学校班额超标,尤其是城区公办学校已达最大饱和度。迫切需要根据城市功能定位、城乡一体化进程和学龄人口变化趋势,尤其是流动就业人口大量涌入的实际,结合校舍安全工程、现代化学校建设和小班化教学等需要,进一步调整优化城区学校布局,提高建设

和装备标准，这要求政府在落实土地指标和建设资金上给予更多倾斜和支持。

（二）政府财政保障和支持力度还要进一步加大

市财政教育投入不断增加，但在按规定落实财政教育投入上还存在一些问题，主要体现在以下几方面：预算内教育经费占财政支出的比例没有做到增长，2011年比2010年下降0.4%；财政教育支出占一般预算支出比例未达省定标准，根据省财政厅的要求，2011年常州市区应达到13.5%，仅完成13.01%，缺口1.41亿元，溧阳市应达到22.2%，完成19.24%，缺口1.31亿元，金坛市应达到22.6%，完成19.31%，缺口0.98亿元；多渠道筹集财政性教育经费政策落实不到位，根据省地税局的数据，2011年市教育税费应征14.02亿元，而实际收到并用于教育的税费支出10.39亿元，差额3.63亿元；各类教育生均预算内公用经费虽呈增长趋势，但除市本级外，各辖区市在经费安排过程中，仅执行省定最低标准（苏北农村也是这一标准）；未按规定从土地出让净收益中足额计提教育资金，且均未于当年安排用于教育（2011年计提6353.71万元，其中城区2512万元）。对此，应采取以下措施：一是加大对辖区市政府财政教育投入占地方一般预算支出比例的考核力度。二是义务教育投入的年初预算和年终决算应重点关注教育投入法定增长情况、财政教育支出比例提高等政策的落实情况。三是开展义务教育经费投入的专项督查，进一步推动辖区市政府加大对义务教育的投入。四是尽快制定市义务教育学校的预算内生均公用经费基准定额标准，应该在省定基准定额基础上上浮20%作为市区基准定额标准，并且每年环比递增10%（苏州市每年环比增长10%，镇江市在省定标准的基础上提高10%）。五是各地征收的教育税费要重点用于改善办学条件，特别是要重点用于农村义务教育，不得用于发放教师工资、弥补财政赤字或抵顶教育事业费拨款。

（三）教师结构性缺编问题亟待破解

教师是教育事业改革和发展的第一资源，教师编制配备是加强教师队伍建设的关键举措。当前，经济发展水平、生源状况、教育发展的总体要求都发生了较大变化，随着新课程改革的深入推进和小班化教学的逐步实施，学生的学习方式、教师的工作方式都在逐步转变，如果还是按照省政府于2002年制定的教师编制配备标准（初中、小学师生比分别为1∶13.5、1∶19并上浮9%）核定教师编制，则不利于全面推进素质教育和提高教学质量。当前，两个方面的问题比较突出：一是农村学校教师队伍结构性缺编问题。农村学校教师编制配备标准低于城市学校，且农村学校存在一定数量的非教学人员占用编制和一些不合格人员占据教师岗位等现象，再加上农村学校布局调整后分流的教师，一些农村学校无法补充年轻的优秀教师，教师的年龄结构、学科结构不合理，造成新课程改革后英语、信息技术、音、体、美、生等学科教师的结构性缺编问题。二是城区部分学校教师编制配备不足，达不到省政府2002年制定的标准。根据班额和师生比测算，武进区义务教育学校大量缺编。城区公办学校吸纳流动就业人员随迁子女入学人数逐年加大，但教师编制没有相应增加，造成教师数量不足，工作量增加，影响正常教育教学秩序和质量提升。教师队伍的数量和质量直接关系到义务教育的发展进程和整体水平。尽管局属学校教师编制连年增加，但结构性缺编、师资配备不足的问题仍比较突出。因此，一要尽快按照省政府2002年制定的标准，配齐配足义务教育学校尤其是城区义务教育学校教师编制。二要完善农村中小学教职工编制核定标准和编制配备政策，使农村义务教育学校教师编制标准不低于城市编制标准，并按学校生源变化等情况建立编制动态调整机制。三要考虑城区公办学校吸纳流动人口随迁子女的实际，适当增加吸纳比例较高的公办学校的教师编制配备标准。

（四）教育集团办学机制的完善问题

教育集团是城乡教育一体化发展常州模式的核心抓手。自2007年以来，办学机制处在探索和完善过程中，积累了行之有效的经验，如政府主导的教育集团办学体制、扁平化管理的教育集团内部运行机制、教育集团以成员学校特色发展为基础的一体化发展思路，使得行走在路上的教育集团运行及发展稳健，又不乏生机和活力。与此同时，如何实现教育集团从“单核集团”发展到“双核集团”，创造条件推动“新核”脱离集团，利用其品牌和教育资源组建新的集团，增加优质资源？迫切需要关注和解决两个问题：一是教育集团成员学校体制归属问题。成员学校不同体制的归属问题，决定着政府主管部门、经费来源、人员配置、教师评价等方面的不同，核心学校校长尽管是教育集团的总校长，但缺乏整合集团资源、优胜劣汰的职责权限，对集团运行过程中出现的人、财、物等问题，缺乏通过集团内部会议一锤定音的决策手段。二是教育集团教师资源的优化配置问题，尤其是城乡学校之间。如果名校的学科带头人、骨干教师总是以走教的形式流动于成员学校之间，成员学校就难以形成比较稳定的学科教师梯队，薄弱学校教师的专业成长道路自然得以延长。集团内动态化配置优秀教师资源，除了“一体式”教育集团外，采用其他合作形式的，需要以教师编制调配的方式，在两三年内固定名校优秀教师的成员学校教师身份，或者是固定流动到核心学校岗位实践的薄弱学校后备骨干教师的核心学校教师身份。总之，当下教育行政部门提供给教育集团的专项经费资助、增加的少量管理人员和教师编制，只有在教育集团总校长对集团内教育资源拥有一定自决权的基础上，才能发挥拾遗补缺功能，推动教育集团的健康运行及发展。

第八章　城乡教育一体化发展战略目标

城乡教育一体化是一个系统工程，不仅涉及教育系统内部的一体化，而且涉及与教育发展有关的其他项目的一体化。从教育活动的构成要素来看，教育场所、教师、学生、经费投入等是其中的关键因素；从教育体系的纵向构成要素来看，学前教育、义务教育、中等（职业）教育、高等教育、特殊教育、社区（社会）教育是该体系的主要部分。综合上述两个角度，本章主要从教育活动过程中的关键要素——教育场所、教师队伍、教育经费、教育评价等四个方面来论述城乡教育一体化战略目标体系的构建。

第一节　城乡教育空间布局一体化战略

教育场所是教育过程中的重要基础性条件，教育场所对于每一个教育需求者而言，包含地理位置、周围环境、学校空间容量等多层意义；对于社会发展与教育发展总体而言，教育场所主要指系统学意义上的概念，即学校空间布局的系统化。学校空间布局是涉及城乡教育一体化程度与一体化水平的重要指标，也是保障城乡教育公平的重要载体。因此，空间布局的城乡一体化战略是城乡教育一体化战略的重要项目与必要内容。

一、城乡学校空间布局一体化的内涵

学校空间布局既具有专业技术特点，又具有人文政策特点。从专业技术角度看，城乡学校空间布局必须依据一定的科学依据，体现规划学的科学特点；从人文政策角度看，城乡学校一体化规划必须体现公共政策本身的公平公正价值导向，体现人文关怀特点。因此，理解一体化规划的内涵必须立足科学与人文两个维度。

（一）学校空间布局规划的依据

学校空间布局与城乡区域经济社会发展变化紧密联系，与人口规模、人口年龄结构之间存在紧密关联性。城乡区域经济结构的变化，导致区域内人口数量、人口结构相应发生变化。这一变化为学校空间布局的调整提供了重要的物质基础与社会基础。因此，区域经济社会的变化是学校空间布局调整的重要原因，而经济发展导致人口数量与结构的变化是学校空间布局调整的直接因素。有学者用回归模型进行研究，得出这样的结论："在校学生数是影响学校数量变化的最主要因素。在控制其他因素的情况下，义务教育在校生每减少 1000 人，学校将相应减少 3 所；农村小学在校生数每减少 1000 人，将减少 4 所农村小学。总体看，生源数量下降是义务教育学校数量减少的决定性因素，农村小学在校生数量波动也是影响农村小学数量变动的最重要因素。"①

显然，人口因素是学校空间布局规划的主要科学依据。人口数量的变化（包括数量增加与减少），直接影响学校的规模扩张与合并。人口结构发生变化（包括人口地理分布结构与人口年龄分布发生变化），学校选址以及不同层级学校的构成也要进行相应的调整。

（二）城乡学校空间布局一体化的必然性

从地理位置看，城乡学校分别坐落于城与乡。城乡教育一体化并不是抹杀城乡学校之间空间分布的差异性，而是强调与城乡居民生产、生活空间相一致的分布格局。城乡学校空间布局的重新调整具有历史必然性。一方面，它是城乡经济社会一体化发展尤其是城镇化发展的必然产物；另一方面，它又是与城镇化相应的城乡人口数量变化与构成形态变化发展的必然要求。

城乡一体化发展成为我国经济社会发展的必然趋势。随着工业化进程的加速，我国城镇化水平不断提升。1978 年以后中国开始了新的城市化历程，1996 年我国加快了工业化进程，进入城市化的快速发展时期。从 2002 年开始，我国平均每年以 1.35 个百分点的速度提高城镇化水平。到 2011 年为止，城镇化率达到 51.27%，首次超过 50%，2012 年年底到达 52.57%。这意味着，我国超过半数的人口进入城市生活，从事非农生产。农村土地在城镇化进程中不断减少，城乡之间的差别也在不断减弱。农民生存的空间发生重大转移，农村人口集中居住或者直接进入城市，城乡经济社会的一体化格局正在形成。城乡空间规划已经超出"将城镇空间与乡村空间孤立起来，人为地构成了城、乡不同的二元规划体系"的规划理念，"城市与乡村共同构成完整的区域空间"的规划理

① 雷万鹏. 义务教育学校布局：影响因素与政策选择[J]. 新华文摘，2011(5).

念在全国许多地方已经成为新型城镇化探索的共识与实际行动，将城、乡比作“图”与“底”的关系，从区域整体的两个重要“共耦”组成部分来进行规划的实践已经从理论逐步变成现实。城乡学校空间布局的一体化规划不仅是城乡一体化发展总体规划中的必然内容，而且由于教育优先发展理念的影响，成为城乡一体化规划的优先内容。江苏省苏南地区学校空间布局调整的实践已经证明，城乡学校一体化布局已经成为城乡经济社会一体化发展的有机组成部分。如果没有苏南城乡经济社会的一体化发展实践，没有苏南新型城镇化发展的推动，城乡学校空间一体化布局就失去了动力，缺乏调整的社会基础。

城乡学校布局的一体化战略不仅是经济社会一体化发展的必然要求，而且是教育发展特殊规律以及教育发展特殊价值导向下的必然趋势。人的城镇化是新型城镇化的核心，社会公共服务的城乡一体化战略是实现新型城镇化的重要内容。[①] 教育是重要的社会公共服务，受教育权是人们普遍的、平等的基本权利，人人都有均等受教育尤其是接受公共教育的机会是教育公平的主要内容，也是平等受教育权的重要内涵，而便利的受教育地点、场所是教育公平的应有之义。因此，“就近入学”成为世界上大多数国家教育发展规划的首选内容与基本要求。我国相关法律就此也作出了明确的规定。2006 年《中华人民共和国义务教育法》修订版第十二条、第十五条、第十六条分别规定：“地方各级人民政府应当保障适龄儿童、少年在户籍所在地学校就近入学。”“县级以上地方人民政府根据本行政区域内居住的适龄儿童、少年的数量和分布状况等因素，按照国家有关规定，制定、调整学校设置规划。新建居民区需要设置学校的，应当与居民区的建设同步进行。”“学校建设，应当符合国家规定的办学标准，适应教育教学需要；应当符合国家规定的选址要求和建设标准，确保学生和教职工安全。”[②] 这些法律法规，都是出于对教育规律的尊重与对儿童成长的关怀。因此，尊重人的平等权利、关心人的生命安全等人文关怀是城乡学校空间一体化布局的另一个重要依据。城镇化进程加速学校空间布局变化的要求，但是这些变化必须从学生实际需要出发，即根据学生身心发展需求、社会接受公共教育需要的实际情况设置学校。在人口集中居住地必须设置适应学生年龄特点的学校，尤其是学前教育与小学，这一规划与设置理念真正体现公共教育的公平性、公共教育政策的合理性以及在该政策指导下学校规划的人文性。

① 袁建新，郭彩琴. 新型城镇化：内涵、本质与认识超越[J]. 苏州科技学院学报，2013(3).

② 中华人民共和国义务教育法(2006 年修订)[DB/OL]. http://www.moe.gov.cn/publicfiles/business/htmlfiles/moe/moe_619/200606/15687.html，2006－06－30.

二、城乡学校空间布局一体化战略

根据前文所述城乡学校空间布局一体化的依据及特点，我们认为城乡学校空间布局一体化战略可以分解成下列几个部分。

（一）建立以中小城镇为核心的学校布局总体结构战略

城乡教育一体化发展是建立在县（区）域特定范围之内的战略设计，学校空间总体布局应该坚持在原有基本格局基础上，有效整合区域内的现有资源，优化以中小城镇为中心的学校总体结构。

党的十八大报告明确提出新型城镇化的战略目标，提出："科学规划城市群规模和布局，增强中小城市和小城镇产业发展、公共服务、吸纳就业、人口聚集功能。"①随着城镇化水平的提高，城镇必将成为我国人口、公共服务集中的主要区域。与人口集中相对应，学校空间布局相对集中在中心城镇成为一大发展趋势。"在学校布局调整过程中，优化以县镇为核心枢纽的学校布局结构，加大对中小城市和县镇教育投资力度，通过新建、扩建学校，提高中小城市和县镇教育供给容量，应当是我国义务教育学校布局的战略重点。"②人口相对集中在中小城镇这一现实不仅要求义务教育学校布局以小城镇为中心，而且对学前教育、社区教育的布局也提出类似空间要求。

（二）学前教育、义务教育、社区教育城乡一体化就近布局战略

由于学生年龄偏小，学前教育机构与义务教育机构空间布局战略应遵循就近原则。"就近"虽然是一个相对概念，但是国际上都有一个大致的测量标准。学前教育机构、小学与社区教育机构的位置设定其实都是价值观导向的结果，如果以工作的方便性或者形式上的美观性与统一性为导向，那么教育机构位置的选择一般把学生的入学需求以及实际入学距离等情况放置于一旁；而如果以学生教育需求、方便学生入学为价值导向的话，学校位置一般会选择在方便学生入学的空间。"就近入学"就是以学生为主、方便学生的价值导向的具体表现。"就近"是否可以用数字来表示？国际上许多国家都有经验可以借鉴，有些规定 3 千米路程，也有的规定 15 分钟步行距离。我国"就近入学"实际是指学生在户籍所在地内就近入学。

---

① 胡锦涛. 坚定不移沿着中国特色社会主义道路前进　为全面建成小康社会而奋斗[M]. 北京：人民出版社，2012：23.

② 雷万鹏. 义务教育学校布局：影响因素与政策选择[J]. 华中师范大学学报：人文社会科学版，2010(5).

城乡学校空间布局一体化必然以学生居住地为原点来设计距离的长短。学前教育机构应该设在学生所在小区，一般在大人步行30分钟的距离之内为宜。在城市与乡村集中居住地，可以按照区内人数设置小学数量，距离以学生步行时间不超过30分钟为宜。初中以镇、街道为中心设置，以学生步行时间不超过60分钟或者自行车时间不超过30分钟为宜。学校数量与居住人口保持一定比例，学校规模根据具体情况确定，每一个班级的人数控制在一定范围之内。

在我国现实教育实践中，不管是学前教育还是义务教育，就近入学者有这样几种情况：一是其所在学校是优质学校，不需要择校；二是学生家庭比较贫困，没有能力进行择校；三是经济条件许可，但是家庭成员结构不完整，为了方便上学而选择让孩子就近入学；四是无所谓者，即家长对孩子所入学校没有特别多的要求而选择让孩子就近入学。

就近入学可以节省许多上学时间与交通成本，但是由于学校之间存在差异，所以择校之风在我国长期以来比较盛。因此，加强城乡学校之间的均衡发展是实现战略目标的先决条件。这一部分在第九章中进一步论述。

除了学前教育、义务教育按照就近原则布局以外，社区教育由于也具有公共性、地区性特点，因此从城乡教育一体化布局视角看，也符合就近设置的条件。江苏省苏南地区社区教育实践中，就近设置比较成功。社区教育不仅满足了社区居民的学习需求，也为社区建设、社会稳定做出了贡献。苏州工业园区胜浦镇（2012年12月改成街道）从2008年12月创建成全国社区教育示范乡镇以来，社区教育活动形式多样，为农民市民化、农村城镇化建设提供了重要的智力支持与思想保障。

（三）高中学校空间布局集中化战略

高中生生理逐渐成熟，心理也逐渐成熟，学习需求更加多样化。因此，城乡普通高中布局可以相对集中，实施“品牌办学、优质发展”战略。农村按照一个乡镇一所高中设置学校，城区按照地理方位设置学校。学校应加强特色、品牌规划，满足更大区域范围内学生的各种学习需求。

各学校之间建立横向联系制度，展示特色、优势互补，形成优质学校带动普通学校共同发展的地理空间、社会空间一体化的格局。

（四）职业教育城乡一体化空间布局生态化战略

职业教育是区域教育发展的重要内容，它为地区经济发展、社会文明做出巨大贡献，也是满足区域内外居民多样化教育需求的重要载体。职业学校空间布局更应该体现城乡发展一体化特色。目前我国职业学校空间布局城市集中分布趋势比较突出，职业教育的职业性特点不够明显。职业的多样性决定了职业学校可以在城乡分散分布，形成城乡职业教育空间布局的生态化。

空间布局生态化是指工业、商业等非农职业学校可以分布在城镇中心或者工业区，使其与职业有机衔接；农业类职业学校分布在农村，接近农村生产场所，与农业生态有机融合，体现学校的田园风格。

这一分布格局不仅有利于职业学校学生理论学习与实践操作有机联系，还有利于师生互动。职业教师的“双师型”特点也要求职业学校与职业场所空间距离的缩短，体现职业学校的职业性、规范性与特色性。城乡职业学校空间分布的生态化不仅形成了学校专业分工又优势互补的局面，同时还体现了城乡职业特色、职业品牌的社会影响力，可以带动城乡居民之间的良性互动。

三、城乡学校空间布局一体化战略的实施原则

城乡学校空间布局一体化不同于一般资源、物体城乡空间布局一体化，具有其自身的特点，在具体实施过程中应遵循以下原则。

（一）教育资源整合的优先性原则

学校不仅是一个物质载体，而且是一个特具人文气息的文化载体。学校是一个重要的文化符号，其所在地本身就具有文化象征性。一座学校是一个地区经济社会发展的重要内容，也是一个地区文化发展、文明程度的标志。它浓缩了地区文化的内涵，体现了地域文化底蕴的厚实程度。有些农村学校具有悠久的历史，培养了许多优秀的人才，这些人才在经济社会发展中发挥了重要作用。

随着城镇化的加速，学校所在地人口减少，许多具有历史厚重感的学校面临被拆除、被合并的命运。我国城乡学校调整过程中，普遍存在严重浪费现象。江苏省有些县市，在2005年前后为了达到教育现代化硬件指标要求，在乡村建造一些现代化的标准校舍。随着城镇化的推进，人口集中居住形式、结构发生了变化，相当一部分户籍人口搬离原住地，乡村学校出现严重空置现象。老城区的城郊结合部，学校空置现象也比较突出，学校合并导致这一类学校失去了它应有的使用价值。城乡学校空间布局一体化战略必须体现资源优先整合的重要原则，保护、挖掘与整合城乡学校所具有的文化资源。根据具体情况，充分利用老学校的有利地理位置，发挥其能够满足特定人口教育需要的教育价值与教育功能，提高其教育影响力与辐射力，充分发挥其在城乡学校布局中应有的作用。

（二）学校空间可达性原则

学校布局具有距离性，即学校空间布局必须与学生入学可以合理达到的距

离之间存在相关关系。"空间可达性"可以指"从一个地方到达另一个地方的便捷程度"，一般都用距离、旅行时间或者旅行成本来表示，也特指"上学距离、上学时间和交通安全应控制在一定范围之内，确保儿童不因距离因素被排斥在学校之外"[①]。由于教育是人们的一项基本权利，而教育权的获得需要相关条件的支撑，故未成年人入学权利的真正获得显然需要入学"空间可达性"条件的保障。为此，联合国教科文组织曾提出过类似的要求，希望各国通过具体的规定，确保学生顺利获得学习机会。"公共权力机构不应仅仅满足于提供基础教育，还应考虑采取某些措施，努力消除学生特别是女生上学遇到的各种困难：仔细绘制学校地图，以尽可能保证儿童，尤其是女孩上学的路途不要过长。"[②]在学校空间规划实践中，一般通过两个维度来衡量可达性：一个是效率维度，即一个学校能够容纳的人数，一个学校能够服务的人数。一个学校能够服务的人数越多，那么这个学校的位置就越理想。另一个是公平维度，即一个学校对每一个学生而言，上学所需的时间不能超过特定值，一个学校需要学生花费的上学时间越少，那么这个学校的所在地就越理想。公平与效率在学校空间布局这一实践活动中哪个优先，体现了两种不同的教育价值观。效率优先体现教育经济价值优先的教育价值观，公平优先体现了教育公平优先的价值观。教育具有公共服务特点，其公共性要求学校场所的设定尤其是学前教育、义务教育的空间设定必须以公平优先，兼顾效率。这样可以保证每一个学生都能够在适合年龄特点的范围内获得理想的入学机会。2010 年《教育部关于贯彻落实科学发展观，进一步推进义务教育均衡发展的意见》指出："地方各级教育行政部门在调整中小学布局时，要统筹考虑城乡经济社会发展状况、未来人口变动状况和人民群众的现实需要，坚持实事求是，科学规划，既要保证教育质量，又要方便低龄学生入学，避免盲目调整和简单化操作。"[③]上述文件虽然没有对学校布局可达性作明确规定，但是其观点已经表明了可达性的意思。

（三）学校规模适度性原则

2010 年《教育部关于贯彻落实科学发展观，进一步推进义务教育均衡发展的意见》对我国一些地区盲目调整学校布局的现象进行了批评，并进一步提出："对条件尚不成熟的农村地区，要暂缓实施布局调整，自然环境不利的地区小学

---

① 吴宏超．农村学校布局调整中政府办学的法律责任［J］．教育学术月刊，2013（2）．

② 联合国教科文组织．教育：财富蕴藏其中［M］．北京：教育科学出版社，1996：110．

③ 教育部．教育部关于贯彻落实科学发展观，进一步推进义务教育均衡发展的意见［DB/OL］．http://www.moe.gov.cn/publicfiles/business/htmlfiles/moe/s4528/201005/xxgk_87759.html，2010－01－19．

低年级原则上暂不撤并。”①学校空间布局的调整要具有条件性，起码与城镇化过程中学生居住地的变化相联系，如果一味追求学校的新与档次，而忽视学生上学距离，则再好的学校也只能是形象工程。教育部还指出：“对必须保留的小学和教学点，要加强师资配备，并充分利用现代远程教育手段传送优质教育资源，保证教育教学质量。对已经完成布局调整的学校，要改善办学条件特别是寄宿条件，保障学生的学习生活。要进一步规范学校布局调整的程序，撤并学校必须充分听取人民群众意见，避免因布局调整引发新的矛盾。”②这些规定其实指出了学校布局调整必须以满足人民群众教育需求为出发点，同时要依法进行调整。

2007 年前后江苏省及其他经济发达地区实施教育现代化评估工程，对农村学校加大了投入。城乡学校 100% 达到现代化教育标准，有些学校操场不仅跑道全塑化，整个露天运动场所塑胶全覆盖，农村学校设施超过了城市学校设施。但是随着城镇化的加速，农村学校空置现象比较突出，所以这些学校中的一些面临拆迁的命运。经济发达地区的这些调整不是条件不成熟，而是浪费现象十分突出。教育部的上述规定是否对类似现象有约束力呢？

学校主要是传播文化、学习文化的场所，空间布局设计适度性主要包括容量的适度性与位置的适度性。容量的适度性是指一个学校可以承载的学生数量不是越多越好，也不是越少越好。一般而言，一个学校的容量总是与其服务的人口总数之间存在一定的比例关系，因为学校从根本上说，是为人们获得文化而提供服务的机构。而文化教育需求的主体能力不同，学校的服务规模也应不一样。

学校地理空间位置的适度性即学校选址的适合性。选址是城乡教育一体化空间布局的重要内容，与规模的适度性一样，它也是由其服务特点决定的。位置的适度性及上文提及的“可达性”距离，必须与学校提供服务的对象需求一致，根据不同类型的学校特点，根据不同教育对象的需求特点，学校选址时以教育公平性为导向，实现教育的效率需求。

① 教育部. 教育部关于贯彻落实科学发展观，进一步推进义务教育均衡发展的意见[DB/OL]. http://www.moe.gov.cn/publicfiles/business/htmlfiles/moe/s4528/201005/xxgk_87759.html,2010-01-19.

② 教育部. 教育部关于贯彻落实科学发展观，进一步推进义务教育均衡发展的意见[DB/OL]. http://www.moe.gov.cn/publicfiles/business/htmlfiles/moe/s4528/201005/xxgk_87759.html,2010-01-19.

第二节　城乡教育资源配置一体化战略

城乡教育资源配置一体化不仅是城乡教育一体化发展战略目标体系的重要内容,也是实现城乡教育一体化的重要基础。长期以来,在城乡二元分割结构之下,城乡教育资源配置的城市优先倾向在很大程度上造成了城乡教育发展水平的较大差异。

城乡教育一体化发展战略实施,必须坚持城乡教育资源配置一体化,确保城乡群众平等享有受教育的权利、平等享有优质的教育资源。

一、城乡教育资源配置一体化战略的内涵

(一)教育资源的内涵

教育资源是一个被广泛使用的概念,但并没有明确的、统一的定义。要研究教育资源的内涵,首先要讨论资源的概念。

1. 资源的概念

《辞海》中,“资”是指资财、供给、资助,“源”是指水流所从出,引申为事物的来源,“资源”则指财富的来源。在《现代汉语词典》中,“资源”被解释为“生产资料和生活资料的天然来源”①。“资源”这个概念最早应用于经济学中。“资源”的英文表示为 resources,“wealth, supplies of goods, raw materials, etc which a person, country, etc has or can use.”②其中文含义是指个人或国家等所拥有的、能够被利用的财富、物资和原材料等。“所谓资源,是指一定的社会历史条件下存在着,能够为人类开发利用,在社会经济活动中经由人类劳动而创造出财富或资产的各种要素。”③它涵盖的范围很广,有物质的、精神的、体制的,等等。

2. 教育资源的概念

随着社会的发展,生产活动领域的不断扩大,生活内容的不断丰富,“资源”的概念已远远地超出单一的经济领域,不断向社会发展的纵向与横向领域渗

① 许丽英. 教育资源配置理论研究[D]. 长春:东北师范大学,2007.

② 牛津现代高级英汉双解辞典[M]. 牛津:牛津大学出版社,1984:980.

③ 转引自王子平,冯百侠,徐静珍. 资源论[M]. 石家庄:河北科学技术出版社,2001:18.

透，产生不同生产内容与生活意义的资源概念。“教育资源”的概念也是众多资源概念之一。由于教育资源在社会发展的不同阶段，会以不同的方式出现，因此人们对教育资源的解读也经历了一个从单向到多元、从狭义到广义、从表面形式到实质内容转化的过程。许丽英在《教育资源配置理论研究》中梳理了我国当代学者对教育资源的理解及其演变。起初，很多学者把教育资源称为“教育经济条件”①，指在教育过程中所占用、使用和消耗的各类人力资源、物力资源和财力资源的总和。比如：“资源分布……指国家和经济活动中的各种资源（人力、物力、财力）在不同使用方向上的分配”②；“投入教育过程的一般也是人力、物力和财力，它们的总和，即教育资源”③；“教育资源的完整含义应当包括教育领域通过社会总资源的配置所取得的所有人力资源、物力资源及财力资源的总和”④；等等。后来又有学者在前者的基础上，把“教育的历史经验或有关教育的信息资料”⑤看作是教育资源，扩大了认识范围。还有学者对教育资源进行分类，从分类学角度来理解该概念，认为它是一种由“物化资源（以具体的物质作为支撑，包括人力资源、物力资源、财力资源等）和非物化资源（以无形的物质为依托，包括时间、信息、无形资产等）”组合而成的组合资源。⑥ 在广泛的意义上，“所谓的教育资源，指维持、组成、参与并服务于教育系统的一切资源，包括人力资源、物力资源、财力资源、时空资源、信息资源、文化资源、权力资源、制度资源、政策资源、关系资源等，这些构成了一个完整的教育资源系统”⑦。

（二）城乡教育资源配置一体化

1. 教育资源配置

简单地说，教育资源配置就是主体以一定的方式和程序在一定对象范围内分配教育资源的活动。这一概念涉及这样几个问题：谁是教育资源配置的主体，谁是教育资源配置的客体，教育资源配置有怎样的目标、原则和方式。一般来讲，教育资源配置的主体是各级政府或其他投资主体；教育资源配置的客体主要是不同地区、不同群体、不同学校、不同学生。此外，教育资源的配置一定是在特定的价值理念引导下、在一定的体制机制规范下进行的。

教育资源的配置应包含内容和形式两个方面。从内容上讲，就是对哪些资

---

① 教育大词典：第6卷[M]. 上海：上海教育出版社，250.
② 范国睿. 教育资源分布研究[J]. 上海高教研究，1998(3).
③ 范先佐. 教育经济学[M]. 北京：人民教育出版社，1999：125.
④ 范先佐. 教育经济学简明教程[M]. 北京：高等教育出版社，2000：35.
⑤ 教育大词典：第1卷[M]. 上海：上海教育出版社，24.
⑥ 沈治成. 谈教育资源利用率及其提高途径[J]. 教育与现代化，2001(4).
⑦ 许丽英. 教育资源配置理论研究[D]. 长春：东北师范大学，2007.

源进行分配、分配后不同客体获得了哪些资源；从形式上讲，就是以什么标准分配、不同客体以及某一客体获得的资源呈怎样的结构或比例。研究教育资源的配置，目的是实现资源配置的合理和优化。吕海鸿在《城乡义务教育资源配置研究》中认为，优化教育资源配置包含三个方面：第一是合理分配教育资源。包括合理配置政府、社会和个人的教育资源，合理配置各级财政的教育资源，合理配置各级各类学校之间的教育资源，合理配置各级学校内部的教育资源。第二是减少教育资源的浪费。包括减少人、财、物资源的浪费，减少专业、设备以及楼堂馆所的重复设置，降低生均成本费以及与教学、科研无关的费用等。第三是提高教育资源的使用效率。包括提高各级教育的入学率，扩大办学规模，提高师生比，以有限的教育资源投入，培养更多的人才、出更多的成果，为社会做出更多的贡献等。第四是优化科技资源配置。这里主要是指充分、有效、合理地分配和使用大量闲置或聚集于高校中的智力资源和无形资产，使劳动、知识、人才、创造充分发挥作用。① 因此，教育资源配置不仅包含对显性资源的配置，还在一定程度上包含挖掘隐性资源，进而发挥无形资产的重要作用。

2. 城乡教育资源配置一体化的内涵

城乡教育资源配置一体化，以公平、效率为原则和追求，以一定的政策措施为条件和保障，实现城乡教育资源合理配置，确保城乡群众平等地享有受教育权利、同等地享受优质教育资源。

我们认为，城乡教育资源配置一体化应包含两个层次：一是城市和农村各自实现教育资源合理配置，不短缺、不浪费，高效利用教育资源。二是权衡城市和农村之间的教育资源，缩小城乡教育差距，逐步实现城乡教育一体化。两个层次的城乡教育资源配置是辩证统一的：第一个层次是第二个层次的基础，没有城市和农村对各自教育资源和条件的正确认知和合理分配，城乡教育资源配置一体化只能是低水平的、不全面的，甚至根本无法实现；第二个层次是第一个层次的客观要求和必然结果，实现城乡教育的各自良性发展，要求权衡城乡教育资源，满足各自的发展要求。而城乡教育资源配置一体化乃至城乡教育一体化，是城乡各自实现教育资源合理配置、城乡教育科学发展的必然结果。

二、城乡教育资源配置一体化战略的必要性和重要性

城乡教育资源一体化配置战略是城乡教育一体化发展中的重要内容与重要手段，它是城乡教育发展的必然要求，是教育改革的必然结果。

① 吕海鸿. 城乡义务教育资源配置研究[D]. 长春：东北师范大学，2006.

（一）城乡教育资源配置一体化战略是对城乡教育资源配置不合理现状的积极应对

长期以来，我国城乡二元的经济结构、城市优先的发展策略在一定程度上使城市发展迅速，城乡差距扩大，这种现象也充分反映在教育方面。从教育资源配置上来讲，目前城乡教育经费投入结构不合理、城乡教育办学条件不统一、城乡教育生源不均衡、城乡教育师资配置不科学等问题突出。有学者系统梳理了目前城乡教育资源分配不平衡的原因：社会发展的不均衡是城乡教育资源配置失衡的根本原因，差异发展的教育政策是城乡教育资源配置失衡的最直接原因，现行教育投资体制存在的弊端是导致城乡教育资源配置不合理的根源，对投入有限的教育资源利用率不高，“城市取向”的教育资源配置观念比较严重，限制政府以外的资金投至义务教育。① 统筹城乡发展、优化配置城乡教育资源，是摆在我们面前的重大战略任务。实施城乡教育资源配置一体化战略是改变城乡教育不合理现状的迫切需要。

（二）城乡教育资源配置一体化战略是推动城乡教育发展、实现城乡教育一体化的必然选择

教育资源是教育发展的基础和前提。面对有限的教育资源，面对城乡教育的发展需求，如何权衡城乡教育发展、最终实现城乡教育一体化是首先必须考虑的问题。而城乡教育资源配置一体化战略是实现城乡教育科学发展和城乡教育一体化的必然选择。

第一，城乡教育资源配置一体化战略是实现城乡教育公平的必然选择。

教育公平是教育发展的核心价值。我们所讲的教育公平，有两层基本含义：一是教育权利平等，二是教育机会均等。长期以来，城乡教育资源配置的不均衡，使农村教育资源比城市更为有限，农村教育在升级硬件设施、提高师资水平、增强教育活力等方面发展缓慢且不均衡，与城市教育相比有较大差距。我国宪法和法律规定公民享有平等接受教育的权利，但城乡教育起点、过程和结果的不公平问题突出。合理配置城乡教育资源是城乡教育发展的重要前提，也是实现城乡教育公平的必经之路。

第二，城乡教育资源配置一体化战略是提高城乡教育效率的必然选择。

教育效率是教育发展的重要追求。效率是一个经济学概念，意为投入与产出的比率，引申到教育领域，教育效率就是教育投入与教育产出之比。教育资源的配置也有一个效率问题，教育资源配置效率“指各种教育资源的各种用途

① 吕海鸿. 城乡义务教育资源配置研究[D]. 长春：东北师范大学，2006.

进行配置后所形成的各级各类教育与社会对各级各类教育需求之间的均衡关系”①。简单地说，教育资源配置效率越高，表明教育资源的配置越符合各地区、各级各类学校甚至各学生的教育发展需求。从另一个角度来说，教育资源配置是利益主体之间的博弈，在教育发展中，中央与地方、地区之间，城市与农村等在特定条件下都是利益主体，甚至是利益对立的主体。城乡教育资源配置一体化战略的实施将有效权衡各利益主体之间的关系，提高教育资源分配效率。教育资源配置效率应与教育效率、教育发展呈正相关关系。城乡教育资源配置一体化战略，不仅有利于减少城乡教育资源浪费，还有利于提高城乡教育资源利用效率，最终整体推动城乡教育科学化、一体化发展。

三、城乡教育资源配置一体化战略的实施机制

资源需要配置，基于它有一定的稀缺性，教育资源当然也不例外。在城乡之间实现教育资源优化配置，就需要针对城乡在教育资源方面的需求来统一计划供给，从而实现城乡教育一体化，也即实现城与乡在各自的需求与供给上基本实现平衡。基于供求来分析资源配置，理论上解决了城乡一体的资源配置绝不是城乡一样的资源配置问题。但现实中，由于我国教育需求过大而供给不足，就需要教育部门在城乡教育资源配置上兼顾城乡教育资源配置的公平与效率问题。也是基于教育资源的稀缺性，同时需要考虑教育资源利用率问题，切莫使教育资源因其他措施不配套而闲置、浪费。我们认为，广义的配置除了对显性资源的分配外，还包括对隐性资源的开发，调动社会资源来加强对“教育性”资源的开发，这种隐性资源的社会效益是持续长久的，同时对调动城乡两个教育主体的积极性具有重要作用。

（一）建立城乡一体的教育经费投入机制

城乡教育一体化的实现首先依赖于一体化的教育经费投入。基于城乡二元的经济社会结构，城市在与农村的竞争中依赖其独特的空间上的集聚优势、基础设施优势等，迅速在改革开放大浪潮中发展起来，城乡之间的经济社会发展差距越来越大，教育方面当然也不例外。教育在很大意义上属于公共服务，具有公益性，教育在增进社会阶层流动、打破社会阶层固化方面有着重要作用，教育本应彰显社会公平之意义，然而不合理的城乡二元经济社会结构，导致国家和地方财政在对教育的投资中存在着城乡二元投资结构，城乡差距和校际差

① 许丽英. 教育资源配置理论研究[D]. 长春：东北师范大学，2007.

距较大,农村教育发展动力不足。因此,要实现城乡教育一体化,首先必须从建立城乡一体的教育经费投入机制入手。

首先,继续加大财政性教育经费支出占GDP总量的比重。早在1993年,我国就提出要在20世纪末实现财政性教育经费投入占GDP总量的4%,直到2012年才达到4%的目标,花了近20年时间。这期间,国家颁布了一系列的文件以督促完成4%的目标,并且还成立了相关的“4%办公室”。但4%的投入指标是世界上衡量教育水平的基础线,目前世界的平均水平在4.5%左右,发达国家则更高。从我国4%目标的实现历程来看,应该尽早建立国家和地方的专门教育经费拨款委员会,并建立相关的问责机制,切莫让教育经费成为其他财政可切割的“泡沫”。要建立城乡一体的教育经费投入机制,首先必须站在4%的新起点上,保证教育经费投入的稳定增长。其次,相应增加农村教育经费投入在总投入中的比例。财政性教育经费投入的增加为城乡教育差距的缩小提供了物质可能性。城乡教育差距的存在,不是因为城市投入在绝对值上过多,而是因为在普遍投入水平不高的现状下,对农村教育经费投入的相对值过少。农村教育发展缺乏充分而公平的经费投入,导致农村教育发展动力和后劲不足,因此,要实现城乡教育一体化,必须要在教育经费投入上加大对农村教育的投入。最后,要优化教育经费投入结构。宏观上有乡与城之间的贫富对比,而在微观上,在一个学校、一个班级内部也存在着贫富差距,要实现宏观的城乡教育一体化,微观上也应给予重视。教育经费投入有多个方面和多个层次,要努力解决需求最为迫切的学生、教师、学校的困难。目前,教育经费投入要侧重于对义务教育阶段的投入、加大对家庭困难学生的教育资助力度、增加农村教师的培训机会等。

(二)建立城乡一体的教师资源配置制度

在自主选择的时代,很少有教师会不计个人利益而甘愿奉献青春于农村教育,这不是教师本身的道德问题,而是正常且合理的“经济人”选择。教师首先具有职业的一般性,其次才具有职业的特殊性。以往社会强调教育的特殊性对于教师本身价值的实现的意义,高于其本身作为一般职业对于教师价值的实现的意义,导致社会产生“教师应该只管无私奉献,而不应该更多关注物质待遇”的扭曲价值观。在改革开放浪潮中,教师越来越处于社会财富分配的弱势地位,国家逐渐提高教师的物质待遇。然而,城乡之间的地域差异似乎在一定程度上仍带有时代的烙印。新时期绩效工资的实行,使城乡教师的工资差距在缩小,但城乡在个人福利政策、学校投资等众多方面仍存在差异,农村现有教师积极性不高,未来优秀教师不肯下农村。一方面,农村经济社会发展的落后,使得农村教育在培养自身教育所需要的师资人才上总体失败，这也使得农村教育如果靠自身发展吸引优秀师资变得尤为困难。而另一方面，城市学校在教师待遇、培训机会等方面比农村学校更具优势，城市学校更能留住优秀师资。面对这样的困境，教育部门可以通过以下几方面的作为来实现城乡教育师资的一体化配置：一是通过制定相关政策来引导现有优秀师资的流动与共享。比如将农村教育经历与教师的个人利益包括工资水平、职称评定等挂钩，与此同时，要给予一定的农村生活补贴，这样可尽量避免“干完一年就走人”的完成任务式的农村支教。二是培养农村自身的优秀师资。农村教育在为自己培养优秀师资上是失败的，教育部门可以通过增加农村教师培训机会、增进城乡教师的交流等方式来培养农村优秀的师资。农村优秀师资的培养是农村教育得以可持续发展的重要方式，单依靠农村教育自身，是解决不了问题的。三是通过增设农村教育的公益性岗位来吸引年轻人投身教育。如通过研究生支教团、苏北计划、免费师范生等政策引导青年学子投身于农村、边远地区的教育事业。要制定有效的管理机制和激励机制，让这些极具社会效应的制度持续坚持下去。

（三）改善城乡一体的办学条件

办学条件是一所学校之所以成为学校的一个最基本的条件，主要表现在基本硬件设施上，如校舍、绿化、图书馆、计算机等。城乡二元结构导致城乡教育资源配置整体上带有二元色彩，在办学条件上也不例外。农村学校只具备最基本的办学条件。相对于农村学校而言，城市学校在办学条件上普遍具有优势，更具有发展性，特别是在图书资源、计算机资源和其他艺术资源上。要实现城乡教育一体化，就必须改善城乡一体的办学条件。一是应逐步建立和完善合理的办学条件基本指标。强调各指标的容纳度和各指标之间的均衡关系。二是要避免办学条件的空置现象。农村学校师资配备不足，艺术类教师明显偏少，教育资源管理类人员严重配备不足，串岗、兼职现象严重，导致很多的办学设施（如图书、计算机、艺术教学设施）闲置，只作应付检查和宣传之用。教育部门在配置办学所需基本物资时，应该综合考虑到专业师资、管理人员的配置和培训问题，并进一步针对这些教育资源利用率建立起督查和考核的常态化机制。三是积极调动社会力量，鼓励个人和集体有计划地参与学校建设，如设立冠名图书室、计算机室等，通过吸引社会资源对农村教育的关注来达到政社校共建的效果。

（四）建立城乡“教育性”资源共享机制

为实现城乡教育一体化，完成城乡教育一体化目标，需要转变简单的单向的思维模式，即凡是农村的，就是落后的，就需要向城市学习，向城市教育方式转变。我们认为城乡教育一体化的思维模式应该认为城、乡两个都是教育主体，都具有主体性，城乡两者在教育方面各具特色和优势。在对城乡教育的关注和对比中，以往对农村教育方式的优势关注不足，农村教育成了落后的代名词。在城乡教育资源配置过程中，以往的人、财、物配置更多的是量的区别，而质的区别较少，因此，在此过程中，我们还应该积极关注城乡各自的特色和优势资源，并尽可能实现"教育性"资源共享。

所谓"教育性"资源，是针对显性教育而提出的，是指一种文化环境资源，更多强调人的参与性，在参与过程中感受到文化环境对人的影响作用。某些问题单纯靠学校教育本身是很难解决的，比如学生厌学、有网瘾等。而人总是处于一定的文化环境之中，文化环境的转换可能为解决这些问题提供某种思路。这种文化环境的长时间积淀，使得身处其中的人体会不到它对人本身的直接影响，而使人麻木、厌倦，这是一种隐性的作用。如何能够洞察这种作用？即通过一种异质文化环境的转换，使得身处一种文化环境中的人置身于另一种异质文化环境之中，通过接触、冲突和融合，以感受到原有文化环境的价值与作用。借用这一思路，从城乡"教育性"资源共享角度出发，要完成这样的转换，首先需要对农村和城市特有的文化环境资源进行开发，注意其中"教育性"的开发，使这种"教育性"隐含于其中、不表露于外；其次是让城乡不同教育对象实现文化环境的时空转换，注意其中的异质性转换；再者是将由于文化环境的异质转换所带来的冲突控制在有效的范围内，通过参与主体的切身感受与体验，使得转换者意识到原有文化环境的价值，并建立自己的理解；最后通过还原与回访，让转换者在前后对比中体会教育的价值与意义。整个过程的实现，需要一定的文化环境归置与开发，也需要一定的过程控制，如果整个过程不能顺利进行，只能适得其反。

适用该共享机制的典型案例是湖南卫视和央视财经频道的人生体验类节目《变形计》。《变形计》结合当下的社会热点问题，寻找在这个热点问题中的家庭和青少年，通过一对一互换的形式，将两位分别来自城市、农村的孩子互换到对方的人生中过 7 天，体验对方的生活。通过这种文化环境的转换，通过角色转换，让孩子体验到不同的人生。这个节目引起了广泛的社会反响，并取得了不错的社会效应，故事主人公通过互换环境，使自己的人生境界得到了提升。原先的城市"问题"小孩，最后变得懂事、有孝心，而农村小孩，从原先的不自信、羞涩，不知道如何用合适的方式与人交流到最后变得自信、开朗。这个节目不得不让人反思：学校教育教不好的学生，如何通过 7 天的互换生活而改变很多？这里体现了教育资源配置中文化环境资源的重要性，城乡教育一体化发展不仅要注重有形的教育资源配置，还要注重城乡之间看不见但又有着深厚底蕴的、具有重大教育意义的城乡文化资源的一体化配置。

第三节　城乡教育一体化发展评价战略

本书第三章特别强调，城乡教育一体化发展程度需要科学与完善的评价体系来衡量，构建城乡教育一体化发展的评价体系是促进城乡教育一体化发展的重要举措，也是城乡教育一体化发展战略的重要内容与有机组成部分。早在2005年教育部就颁布了《关于进一步推进义务教育均衡发展的若干意见》，明确指出："县级教育行政部门要建立和完善义务教育均衡发展的监测制度，定期对辖区内义务教育学校间的差距进行监测和分析，并以适当方式予以公布，接受社会监督。"①建立以城乡教育发展一体化评价制度为核心的评价战略不仅必要，而且可能。

一、城乡教育一体化发展评价战略的内涵与必要性

确立城乡教育一体化发展评价战略体系不是研究者的主观想象，而是在国家关于教育评价思想指导下，结合我国城乡教育发展现状提出的主张。教育部在《关于进一步推进义务教育均衡发展的若干意见》中明确指出："各级教育行政部门要逐步建立规范化、科学化、制度化的义务教育教学质量监测评估体系和教学指导体系。"②城乡教育一体化发展是均衡发展的重要表现，因此必须建立以提高教育质量为核心，包括其他项目的评价体系，缩小城乡差别，加快城乡教育一体化发展进程，提高城乡教育一体化发展水平。

（一）城乡教育一体化发展评价战略的内涵

所谓城乡教育发展一体化发展评价，是指采用统一的标准、相同的内容、相同的评价主体对我国城乡教育发展状况及其问题、成效进行判断的制度与过程。而城乡教育一体化发展评价战略是指对城乡教育一体化发展评价制度建设、评价制度实施等方面所作的长远规划与具体实施的总称。

从评价活动视角看，城乡教育一体化发展评价特指制定统一的评价标准、

① 教育部. 关于进一步推进义务教育均衡发展的若干意见[DB/OL]. http:www.moe.gov.cn/public-files/business/htmlfiles/moe/s3321/201001/xxgk_81809.html,2005-05-25.

② 教育部. 关于进一步推进义务教育均衡发展的若干意见[DB/OL]. http:www.moe.gov.cn/public-files/business/htmlfiles/moe/s3321/201001/xxgk_81809.html,2005-05-25.

选择统一且具有可比性的评价对象与内容、确定统一的评价主体对城乡教育一体化发展状况进行判断等所有活动;从评价制度来讲,城乡教育一体化发展评价是按照统一标准对城乡教育一体化发展程度进行评价而建立的一系列制度,包括建立统一评价标准制度、确定评价对象与内容制度、构建评价主体制度、建立定期评价制度等。城乡教育一体化发展评价战略强调评价的制度化、长期性与宏观性,包括制度建设战略与实施战略。

本章主要从战略意义上分析城乡教育一体化发展的评价制度建设与实施步骤。试图通过制度建设,明确实施步骤,促进城乡教育一体化发展,提高农村教育质量,实现城乡教育一体化高水平发展。

(二)制定城乡教育一体化发展评价战略的必要性

城乡教育一体化发展评价战略是对我国城乡教育差距仍然存在这一现实与城乡教育一体化发展这一趋势的积极回应,具有历史必然性与发展必要性。我国教育整体发展的瓶颈是初等教育和中等教育在学生素质提升上的不足,素质教育在中考和高考的杠杆下成为新的应试教育。而初等教育和中等教育的发展瓶颈又在农村,实现农村教育质量的提升,是突破初等教育和中等教育发展的重要环节。由于历史原因,我国长期以来实行了“分级办学”体制,这一体制客观上造成了城乡教育的巨大反差。农村学生考取重点高中以及重点大学的比例在逐年降低。2012 年北京大学新生中,农村生源已经低于三分之一。造成此种不均衡现象的重要原因是农村教育质量的下降和招生名额分配的不均衡。从更深层次意义上讲,这一差异是中央和省级财政在农村教育发展中职责缺失所致。而新型城镇化已经成为中国经济社会发展的必然趋势,城乡一体化已经进入实践层面,城乡教育一体化发展已经成为现实。区域内城乡教育的不对等发展已经由于制度的不合法性而受到全面否定,城乡教育一体化发展、保障城乡公民平等的受教育权已经成为共识。因此,判断城乡教育一体化发展程度必然成为城乡教育一体化发展的重要内容,也成为促进城乡教育一体化发展的重要举措。

(三)城乡教育一体化发展评价战略的特点

首先,公共性。教育是社会公共产品与公共服务项目,其公共性决定了公民有权享受均等的教育机会和教育资源。保证城乡居民拥有均等的教育资源是各级政府的基本职责,实现教育资源配置均等化也是我国推进服务型政府建设,提高政府执政能力、服务能力的必然要求与具体体现。

教育的公共性特点决定了政府在教育发展中的主体地位,因此城乡教育发展一体化评价战略是政府公共管理的重要表现。政府在城乡教育一体化发展评价战略建设中具有重要的指导作用。政府投入经费，委托专业技术部门采用科学手段设计评价标准体系，再委托第三方收集关于城乡教育一体化发展状况的信息。政府购买信息，通过专业部门对信息的数据分析，综合评价区域内各城乡教育一体化的实现程度。评判的结论又通过信息反馈的方式，评估政府在教育一体化发展过程中公共职能的履行状况，评判政府公共教育服务职能的发挥水平与质量，由此进一步推动政府在城乡教育一体化进程中提升公共服务职能，引导政府在公共政策制定过程中提高与落实教育优先发展战略意识。

其次，客观性。教育评价活动是一种主观性较强的活动，但是城乡教育一体化发展评价战略具有客观性。其客观性主要通过评价体系来体现，每一个指标以及相关标准来自于教育发展现实，是对城乡教育一体化发展状况的全面准确的、量化的测量与评价。不仅如此，其客观性还可以通过战略的具体制度以及实施步骤来体现。制度具有具体性与可操作性，步骤具有可感知性与可测量性，是战略客观性的重要体现。

最后，科学性。城乡教育一体化发展评价活动与评价制度都建立在科学基础上，失去科学性的评价，城乡教育发展就失去了发展意义。评价战略的科学性虽然离不开评价活动的科学性，但是又不等同于评价活动的科学性，它特指在科学知识的指导下所制定、形成与最终实施的城乡教育一体化发展评价战略体系。这些知识既包括关于教育评价的理论知识，又包括教育发展的理论知识，还包括信息论、系统论等硬科学知识。正是在这些知识体系的共同支撑下，城乡教育一体化发展评价战略呈现其科学指导价值与科学导向功能。

（四）城乡教育一体化发展评价战略的功能

任何评价都具有特定的功能，城乡教育一体化发展评价战略及其实施具有明显的社会功能。一是具有导向功能。从逻辑上讲，评价活动的一体化必须依靠衡量一体化过程或结果的标准，统一的标准对城乡教育一体化进程具有导向或指导作用。它就像一根“指挥棒”一样支配着或引导着城乡教育一体化实践的各个环节的有序运转，包括一体化发展目标的确定、一体化发展模式的选择、一体化发展实践的展开等。二是具有诊断功能。评价作为一种反馈—矫正系统，能够帮助各主体发现一体化过程中可能存在的各种缺陷与问题，能够帮助实施者弄清、查明影响一体化效果的各种因素，从而为政府部门适当调整发展目标、步骤等工作环节提供客观依据。因此，良好的评价能为政府部门的科学决策提供诊断性的咨询服务。三是具有鉴定功能，主要是指借助评价过程所提供的相关信息，对城乡教育一体化发展的程度做出相应的鉴定。评价主体又根据鉴定结论为政府科学决策提供客观、准确的基础性依据，从而为城乡教育一体化良性运行建立雄厚的社会基础。

二、城乡教育一体化发展评价战略的内容

评价战略内容丰富，从理论上讲包括评价目标体系的构建、评价活动的实施、评价制度的建设等总体制度设计、步骤规划与措施制定。由于本书主要从城乡教育一体化发展视角来分析教育评价战略，因此只能宏观上构建与城乡教育一体化相关的主要评价战略的内容。

（一）城乡教育一体化发展多元评价主体构建战略

评价是一种价值判断的活动，是对客体满足教育主体需要程度的判断。在应试教育的环境下，教育评价的主体只是单一的政府部门。政府部门通过自下而上的途径，根据学生考试成绩情况，评价一个学校教育水平的高低。在这个单向、线性评价环境中，教育者与受教育者这些教育活动的重要主体对于教育的结果没有任何发言权和评判权，只是扮演被动接受评价的角色。伴随着经济社会的不断发展，应试教育越来越难以适应社会发展对人才培养的要求，素质教育的呼声以及相应实践为民众所接受，成为政府制定教育发展政策的重要导向。教育评价的主体呈现多元化的发展趋势。政府部门、社会、学校、家长与学生个体在教育评价中的作用和地位日趋显现，成为城乡教育一体化发展评价战略的重要评价主体群。

城乡教育一体化评价对于不同的主体具有不同的意义。教育管理部门必须通过合适的方式了解城乡教育一体化发展过程中相关政策的落实情况，具体投入的人力、财力分布状况，以及相应的成效等相关信息，了解相关政策在实施过程中存在的主要问题，以便在下一阶段有效开展调整，进行更详细的部署与安排。对教师与学校管理部门而言，评价活动可以检验发展规划的可操作性以及学生发展、教师发展等相关信息，明确学校育人活动及其相关步骤。对社会各界而言，合理的教育评价可以引导社会对城乡教育一体化的认知发展，形成社会监督氛围，以此来激励教育管理部门进一步完善城乡教育一体化的发展规划。从教育接受者——学生的角度看，在城乡学生之间进行同等群体的对比分析，检测相关教育制度实施的最终效果，更有利于学生了解发展目标，掌握努力方向。

城乡教育一体化过程中，评价主体的一体化有利于在城乡教育一体化过程中实现评价主体的统一，避免不同地区不同标准，避免政策在实施过程中背离制度设定的最初目标。当然，在评价主体的选择上，我们更要注重综合性、针对

性。根据在一体化发展过程中不同的角色和作用，我们将评价主体设定为政府教育管理部门、社会组织、学校和教师、家长与学生这一群体。上述多元评价主体只有构成群体，才能对城乡教育一体化程度做出比较合理、公正的判断。每一个评价主体具有独特的视角，对教育一体化发展程度产生不一样的主观评价，相互之间能够形成评价合力，从而减少单一或者几个评价主体评价结论的主观性与片面性。由于教育具有公共性的特点，教育政策是典型的公共政策，政策的社会效果需要社会多方面来评判。现实中，有关教育质量的评价大多由行政部门或者学校教育管理人员进行，评判结果的信度与效度有时会受到质疑。城乡教育一体化政策是否真正落实？其社会效果如何？怎样的教育才是“人民满意的教育”？“标准答案”的设计者只能是人民群众。

多元评价主体的形成与完善是构建城乡教育一体化发展评价战略的重要内容之一，也是一项复杂、艰难的系统工程。教育部《关于进一步推进义务教育均衡发展的若干意见》指出：“国家教育督导团将建立义务教育均衡发展督导评估制度，研究制定督导评估指标体系，对各地义务教育均衡发展状况进行评估，对地方各级人民政府推动义务教育均衡发展的工作开展督导检查，将评估检查结果作为评价地方教育工作的重要指标。”①国家教育督导团是评估工作的一个重要主体，它代表中央政府对各地教育评估进行指导工作。其具体任务是研制教育均衡发展督导评估指标体系，同时还负责对全国各地的评价工作进行指导与监督、落实评价任务。“各省、自治区、直辖市人民政府督导部门要把义务教育均衡发展作为督导评估县级人民政府教育工作的重要内容，其督导评估结果要作为考核主要领导干部政绩的重要内容和进行表彰奖励的依据。”②各省、市、自治区人民政府督导部门代表省级政府，承担对各县级地方政府督导的指导与评估落实工作。显然，该文件明确了督导制度在城乡教育均衡发展中的重要意义以及工作规程，各地也确实已经建立了相应的督导制度，但在实际操作过程中，督导成员构成还是以政府为主，“一种声音”的评价模式挑战评价的真实性，现行督导制度蕴藏着其他类型评价主体缺失的严峻现实。因此，制定城乡教育一体化发展评价主体战略首先要扩大评价主体的构成要素，吸收社会因素介入评价活动，尤其要吸收社会组织参与，发挥社会组织作为第三方评价的作用，体现一体化评价的客观性与公正性。其次，调动社会公众对一体化发展程度的评

---

① 教育部. 关于进一步推进义务教育均衡发展的若干意见[DB/OL]. http：www. moe. gov. cn/publicfiles/business/htmlfiles/moe/s3321/201001/xxgk_81809. html，2005 －05 －25.

② 教育部. 关于进一步推进义务教育均衡发展的若干意见[DB/OL]. http：www. moe. gov. cn/publicfiles/business/htmlfiles/moe/s3321/201001/xxgk_81809. html，2005 －05 －25.

价热情与智慧，提高民众对城乡教育一体化进程的认知与认可度，体现教育活动的社会公共特点以及城乡教育一体化政策的公共性。

（二）城乡教育一体化发展评价标准制定战略

评价标准的制定是教育评价的核心内容。没有标准，评价活动就失去了方向。城乡教育一体化发展程度需要一体化标准的指导，即根据相同的评价指标体系以及相应的指标权重共同构建评价标准，测定城乡各级教育发展质量差异、一体化环境建设程度、一体化资源配置程度以及城乡民众一体化认同程度，最大限度地体现评价的客观性和科学性。

一体化评价标准不同于评价一体化程度的指标，它强调标准的相同性或者同质性，是一项衡量城乡之间同级教育发展状况的评价标准，而不是根据城乡教育的特殊性而制定与确立的分别针对城乡教育的双重评价标准。2007 年江苏省城乡教育现代化评价标准是双规标准，即城乡教育现代化具有两个不同的测量标准。虽然城乡同类教育都达到了现代化要求，但由于城乡现代化标准之间存在较大的差异，因此难以确认城乡教育的同步发展性，难以把握城乡居民受教育权利的平等性，更难以体现城乡教育的公平性。

既然城乡教育一体化发展成为必然，城乡教育成为城乡社会发展的有机组成部分，那么就必须用同一个标准来衡量城乡相同性质的教育发展状况。根据测评所获得的相关信息，及时调整城乡之间同类教育的发展政策，确定与解释城乡教育的发展重点，破解城乡教育的发展难点。显然，制定城乡一致的教育评价标准是城乡教育一体化的应有之义，也是促进城乡教育一体化的重要途径。

（三）城乡教育一体化发展评价对象确定战略

评价对象的明确性是评价活动顺利进行的前提条件。没有评价对象，评价活动也就成为无本之木。评比性评价活动总是以具有可比性的事物作为评价对象，可比性越强，评价价值也就越大。城乡教育一体化程度的评价是以相互具有可比性的城乡同类教育作为评价对象的评价活动，所以确定评价对象是在城乡教育一体化发展评价战略制定中不可缺少的重要环节。

这里的评价对象主要是指同一级别的城乡教育，如城乡学前教育、城乡义务教育、城乡中等职业教育、城乡社区教育等。城乡教育一体化发展是一个不断融合的过程，其一体化的不同要素在变化融合过程中融合程度不一样、重要性也有差异，因此评价对象具有变动性与时效性。所谓变动性，是指评价对象不是固定、静止的，而是随着评价的需要而轮流出场或者“翻新”出场；所谓时效性，是指评价对象在特定的时空背景下，具有确定性与有效性。

既然评价对象既具有相对静止性，又具有绝对变化性，那么评价对象的确定战略必须站在发展的立场，用联系的观点审视城乡教育一体化发展过程中出现的各种现象，从城乡教育互动融合的趋势来把握具有可比性的各种要素。

三、城乡教育一体化发展评价反馈机制的构建

从时间上看，城乡教育一体化实践内含着“信息输入—输出—反馈—调整”的循环，每一次循环过程都是对实践过程中的信息进行加工，进而调整与优化政策的过程。评价过程就是收集信息、整理信息与反馈信息的重要活动。经过这一活动，城乡教育一体化政策更加科学。因此，建立城乡教育一体化发展评价反馈机制是重要的战略内容之一。

（一）城乡教育一体化发展评价反馈机制的含义

设立评价指标，确定评价主体，形成评价结果，进行评价反馈，形成一个完整的评价体系。而评价的最终环节出现，即形成评价反馈，才能算完成整个评价过程。只有出现反馈信息并把它作为调整战略目标或者相关策略的重要依据，评价活动的实际效用才能得到呈现。所谓评价反馈，即将评价过程中得到的信息，直观地呈现给战略设计、战略实施的相关主体，将评价结果和诉求体现在下一阶段的战略设计与战略实施过程中的评价活动。从管理学角度讲，反馈信息是一项政策或战略实施以后各个主体对此的反应，是实施战略控制的必需信息。所谓城乡教育一体化评价反馈，是由城乡教育一体化的评价主体根据城乡教育一体化评价指标，向城乡教育一体化管理部门提供有关城乡教育一体化进程的各种评价结论与相关信息的活动。

（二）建立城乡教育一体化发展评价反馈机制的必要性

建立有效的城乡教育一体化评价反馈机制具有重要意义。首先，该机制的建立是实现城乡教育一体化从决策、执行、评价、反馈到决策优化的闭环管理模式的关键环节，有利于城乡教育一体化机制的持续优化，有利于提升城乡教育一体化的决策水平；其次，根据强化理论和期望理论，建立有效的评价反馈机制可以改变各个主体对一体化结果的预期，提升战略决策者和战略实施者的工作责任心，从而达到事前控制的目的；再次，通过后评价反馈机制的建立，能够从各方面对城乡一体化进程中的主体利益进行协调，增强制度制定的准确性和可信性，使战略规划和战略决策更加科学。

我国城乡教育一体化进程中，评价反馈机制建设实践中存在的问题比较突出。首先，无评价无反馈问题。针对当前城乡教育发展的现状，虽然许多地方

已经建立了相应的测评指标体系，但是还处于应付或者形式主义评价状态，没有形成科学合理的评价体系，因此难以为城乡教育一体化发展状况提供较为客观的评价。其次，有评价无反馈问题。在个别地区，评价主体和决策者相互割裂现象比较突出，评价归评价，决策归决策，评价轰轰烈烈，决策层面依然如旧的现象仍然存在。为了研究而评价，评价、决策两张皮这一畸形现实导致评价成为评价—反馈单向流动的无效评价。最后，有评价有反馈，但是，反馈的时效性和针对性不够，或者信息不充分，或者内容不完整，造成最终反馈的成果不理想。①

（三）设计城乡教育一体化发展评价反馈战略应坚持的基本原则

城乡教育一体化发展评价反馈战略的设计应该坚持一定的原则。首先，反馈的信息坚持客观、公正、科学的原则，真实地反映和评价城乡教育一体化过程中的问题与改进措施和建议，不受其他因素的影响。其次，对非原则性问题，要实事求是，重在总结经验与教训；对原则性问题，要坚持尊重法律法规以及相关的规章制度，切实保障一体化进程在合理合法的环境下开展。最后，反馈必须要及时与易于接受，反馈信息的内容简明扼要，且具有针对性，体现评价反馈环节的修复功能。

（四）城乡教育一体化发展评价反馈战略的实施途径

城乡教育一体化发展评价反馈机制对城乡教育各自发展、融合发展都具有重要意义，因此在实施评价反馈战略过程中，我们应该利用评价的多元性、层次性及时反馈相关信息，又通过多样化的评价方法对反馈信息进行科学处理。

首先，决策者积极主动寻求反馈信息。针对在评价战略实施过程中存在的问题，一体化发展战略制定者即政府要主动寻求各评价主体对于城乡教育一体化发展的相关评价，为及时科学分析信息、修改与调整教育发展策略准备第一手资料。

其次，形成反馈激励机制。对评价信息反馈过程中出现的问题，政府要及时解决，主动掌握相关问题的情况以及解决问题的基本动态。制定相应的激励政策鼓励各评价主体养成及时反馈的习惯，鼓励相关评价主体为政府在最短的时间内解决已经出现的问题做出积极贡献。

最后，形成反馈信息落实公示制度。对城乡教育一体化过程中已经反馈的相关问题，政府不仅要及时解决，而且要将解决问题的进展、解决的程度等相关信息及时公开，激发民众对城乡教育一体化发展的关注度，提高他们积极关注

① 刘海峰．我国城乡教育一体化改革的若干理论问题[J]．教育理论与实践，2011(11)．

与参与公共教育管理的意识和能力。

综上所述，构建城乡教育一体化发展评价反馈机制，能够为教育政策的修正、教育改革步骤的调整等提供准确的信息资源，从而进一步促进城乡教育一体化发展。城乡教育一体化发展评价反馈机制建立与落实后，在城乡教育发展过程中面对相似问题时，能够形成大致相同的解决措施。这一解决问题的逻辑会产生城乡教育均等化效应，即类似问题类似解决，实现在问题处理上的均等化。均等化效应有利于避免城乡教育差距的进一步扩大，为提高城乡教育一体化发展水平做出贡献。

第四节　城乡教师一体化发展战略

教师是教育之本，城乡教师资源配置一体化的重点内容与关键环节在于提高教师的专业知识、专业技能、道德素质等。教师素质的高低、教师队伍建设成功与否直接影响城乡教育质量。城乡教育差距从内涵角度看，其实就体现为城乡教师素质的差距；教师又是教育活动的主导，是城乡教育一体化战略的主要实施者和发展成果的检测者，缩小或消除城乡教育质量差距关键在于缩小城乡教师质量差距。因此，提高城乡教育一体化发展程度首先必须提高城乡教师一体化发展的水平。对城乡教师一体化发展问题进行审视和考察，探索城乡教师一体化发展战略与实施机制，有利于加快城乡教育一体化发展进程，更有利于提高城乡教育一体化发展的质量。

一、城乡教师一体化发展战略的内涵

新中国成立以后，全国城乡经济处于崩溃的边缘。为了快速消除国内混乱状况，建立有序的社会秩序，中国共产党及时制定政策，迅速恢复国家的经济生产，为国家安定与人民生活提供必要条件。恢复生产必须选择重点，由于城市在国家经济建设与社会发展中具有重要地位，所以当时确定了确保城市优先发展的战略。与此同时，城乡管理政策应运而生。1958 年颁布并开始实施《中华人民共和国户口登记条例》，将全国人民按照居住地与从事的生产劳动划分农业户口和非农业户口。明确两类人口的集中居住范围，规定两类人口在社会分工中所扮演的主要角色，确定人们从事的主要生产劳动类型。与城乡劳动分工相联系，城乡人口固定居所，尤其是控制农村人口迁往城市。这一制度形成了城市与农村二元分离的生活形态。不仅如此，城乡就业制度、教育制度、社会保

障福利制度等一系列二元化制度安排，导致我国形成了“一个国家，两种政策，二元治理”的社会管理体制。① 城乡分离甚至城乡对立的二元结构使农村日益被边缘化，经济发展、社会发展、文化发展落后于城市现代化进程，城乡之间的差距越来越大，造成了城乡之间的社会断裂。随着城市化进程的加速，社会分层日益明显，财富分化的现实导致城乡社会矛盾与冲突逐渐凸显出来。城乡二元结构不仅伤害了城乡人民之间的感情，而且严重阻碍了我国经济社会的发展。

城乡二元化的社会结构，必然包含城乡教育的二元结构。农村孩子得不到与城里孩子同等的教育资源，失去了和城里孩子相同的入学机会。由于办学条件的差异，农村学校缺乏吸引力，农村教师结构严重老化，年轻教师不愿意到农村去，而农村教师由于在薪资待遇等方面的“同工不同酬”，平等地位长期得不到社会的认同，工作积极性受到一定影响。城乡二元教育结构是我国教育发展过程中出现的特有现象，是一个特殊历史遗留问题，已经成为实现教育公平与提高城乡教育质量的主要障碍。为此，《国家中长期教育改革和发展规划纲要(2010—2020年)》正式将“构建城乡一体化的教育发展机制”作为一项重要的内容。② 至此，建立包含城乡教师一体化发展的城乡教育一体化发展机制成为社会发展的应有之义，城乡教师一体化发展成为城乡教育一体化发展战略的必要内容与重要内容。

虽然对城乡教师一体化发展的含义会有不同的理解，但是通过分析城乡教育一体化发展机制形成的历史过程，我们认为城乡教师一体化发展战略是构建城乡一体化的教育发展机制的内在要求之一。城乡教师一体化的主要意义在于实现城乡教师资源配置的一体化，实现农村学校和城镇学校之间教师的互动和交流，给予城乡教师均等的进修和培训机会、待遇以及社会保障，在职称晋升和学历提升等方面给予农村教师更宽阔的渠道，实现城乡教师一体化管理基础上的专业化发展。

二、城乡教师一体化发展战略的目标

根据城乡教师一体化发展战略的内涵，我们认为，实现城乡教师资源配置的合理化是关键，其中农村教师的一体化培养提升又是重中之重。因此，城乡

---

① 谢延龙. 城乡教师一体化进程中的教师流动机制建构[J]. 集美大学学报:教育科学版,2012(5).

② 谢延龙. 城乡教师一体化进程中的教师流动机制建构[J]. 集美大学学报:教育科学版,2012(5).

教师一体化发展战略目标可以这样来概括:统筹规划,趋同发展,差距消失。

(一) 统筹规划是总体要求

所谓统筹规划,是指在城乡教师发展上要全盘考虑,既要实现纵向比较,即教师个人发展经历的纵向比较,又要实现城乡之间教师发展的横向比较;既要重视从物质层面对教师发展进行保障,又要重视从精神领域对教师发展进行引导。区域教育行政管理部门必须对区域内教师的总体发展状况进行摸底调查,对城乡教师进行分类管理,设计区域内教师统筹发展规划。

(二) 趋同发展是基本原则

所谓趋同发展,是指在城乡教师发展上实现目标同一化,农村和城镇要根据自身实际开展教师的培养,既要发挥自身特色,又要汲取他人经验,实现良性互动。

(三) 差距消失是最终目标

城乡教师发展的最终状态是实现城乡教师的无差异化,在物质层面如待遇、职称、学历及社会保障上首先实现无差异,另外,要实现教师交流互动的无障碍,由农村到城镇,或者由城镇到农村,不会因为环境的改变而降低教学的实际效果。①

三、城乡教师一体化发展战略的实施策略

城乡教师一体化发展战略是促进城乡教育一体化发展的重要内容,设计实施这一重要战略的具体策略就成为落实战略意图的重要环节。结合苏南地区成功的实践经验,我们认为,可以设计下列具体策略。

(一) 城乡教师发展的联动共生策略

城乡教育一体化视域下,教师发展一体化要关注城乡教师队伍的整体性或者共生性,即农村教师培养目标的定位是基于城乡融合、城乡一体化框架下的教师培养理念,而不是城乡隔离、对立状态下的教师单向、孤立培养模式。共生原则基于共生状态,农村教师是城乡融合下的教师,城区教师也是城乡融合下的教师,双方共同生存在区域教师系统之内。正如苏南地区城乡教育一体化发展模式中所体现出来的生存状态:教师不是学校的教师,不是城乡某一区域的教师,而是城乡系统中的教师。

---

① 淄博市城乡一体化教育发展研究课题组.淄博市城乡一体化教育发展研究[J].教育研究,1998(4).

既然城乡教师具有系统内共生性，那么城乡教师一体化发展就必须整合城乡学校各自的优势，按照教师发展的职业标准，培养既具有较高的综合素质，又具有区域“同适性”的教师队伍。显然，这样的目标定位需要城乡学校共同合作，形成良好的互动关系。在城乡一体化视域下对农村教师进行培养，是在汲取城市学校优质资源的基础上，立足农村教育发展需求，有目的地进行观念教育、知识教育、能力培训等综合培养活动，让其适应城乡教育发展的要求。避免城乡分离状态下教师培养模式中出现的对农村优秀教师进行重点培养后其进而“背弃”农村流向城市的培养风险。

坚持城乡一体化培养共生性原则，可以最大限度地改变过去农村教师培养的“农村取向”、城市教师培养的“城市倾向”缺陷，从系统论、协同论的高度将农村学校的发展需求与城市学校的发展需求紧密结合，发挥系统培养、协同培养的优势，形成既能够满足农村教育需求，又适应城市教育发展要求的教师培养模式与培养机制。

为此，在县市区域实施城乡教师一体化发展战略时，相关教育行政部门要加强统筹城乡意识，树立城乡教师发展整体观，实行城乡教师流动、城乡学校互动的培养方式，积极实行城乡综合联动、多方有效推进的一体化培养策略。

（二）城乡教师发展的互动共享策略

城乡教育一体化实践中，许多地方采用城乡结对帮扶、城市教师流动支教等形式，加强城乡教师之间的交流与合作，提高城乡教师的整体水平与综合素质。但是，这样的培养方式蕴含的逻辑前提是农村学校是薄弱学校的标准，农村教师是薄弱教师的象征。这些模式的价值取向比较具有城市中心的特点，即从城市教育发展的角度、从城市文化的特点来设计培养方案，把城市等同于文明、先进，把农村等同于传统、落后。这种城市包围农村的行为、城市优势文化观以及相应的“教育慈善”举措，忽视了农村教育资源的存在性与丰富性，低估或者否定了农村教育资源对教师发展的重要熏陶价值。高等教育都以城市文化为价值趋向，教师教育过程中，城市文化对未来教师或者在职教师的影响力远远超出乡村文化，大部分熟悉农村生活的学生接受城市学校教育成为教师后，或者城区教师到农村学校交流后，虽然在专业知识、专业技能等方面的素质发展比较迅速，但在对乡村文化的认知、情感以及价值观等方面的素质发展不够。乡村文化在教师教育中处于被边缘化的地位。事实上，包括农村学校在内的乡村文化在教师教育领域具有重大的现实意义与实践价值，它在体现乡村教育内涵等方面独具优势，而这恰恰是作为现代都市文化之一的城市学校所缺乏的。因此，只有发挥城乡学校独有的文化资源优势，在城乡文化教育资源共享基础上实现城乡优质资源的优化配置，才能达到提升农村教师城乡一体化培养实效的目标。为此，就必须加强城乡互动交流，尤其要改变以城市中心价值观为导向的教师培养模式，真正打通城乡学校教师培养之间的“经络”，以提高教师教育技能为中心，以课堂教学为切入点，以提高城乡教师综合素质为目标，实现城乡文化优势互补，促进城乡学校各类教师的有效交流与连贯衔接。

（三）城乡教师发展的内容交融策略

城乡共生和城乡文化共享的教师发展策略，客观上要求实施城乡教师素质内容的交融策略，使城乡所有教师既具有城市教师的现代化综合素质，又不失现代农村教师的文化本真。为此，区域教育行政管理部门要从制度设计视角实现城乡教师培养内容的交互性。

教师发展的内容主要是指教师知识素质、能力素质、心理素质、道德素质等综合素质。具体表现为城乡教师既具有专业知识，又具有城乡文化知识，体现城乡教师扎实的专业知识与广博的文化知识的有机统一特点。城乡所有教师既具有高超的课堂知识教学能力，又具有现代科研能力、交流能力与现代化教育技术应用能力；提高城乡教师健康的身心素质与现代化道德素质，实现两者的有机统一。

城乡教师综合素质发展的内容融合策略，一方面要求城乡教师都具有合理的知识素质结构、现代化教育能力素质结构、健康的生理心理素质与优良的道德素质，另一方面要求用城乡统一的发展标准，实现城乡教师对城乡不同空间生态环境的适应能力。

四、城乡教师一体化发展战略的实施步骤

城乡教育发展一体化战略不仅包括一体化发展的宏观目标，而且还包括明确一体化目标实现的基本原则、实现步骤的预设以及相关保障制度的建设。

（一）城乡教师发展一体化战略的原则

“以点带面、循序渐进、切合实际、有所突破”是实现城乡教师一体化发展战略目标所坚持的基本原则。

首先，以点带面原则。就是要在区域内，从局部地区开展试点工作逐步扩大到在全区域范围内实践。实践是检验真理的唯一标准，决策者可以针对试点工作进程中发现的诸如制度设计上的纰漏以及实施过程中遇到的实际问题，通过认真分析后加以调整，做到城乡教师一体化发展过程中的理论联系实际。另外，设计者可以选择在实际操作过程中的典型案例，加以分析与探索，及时总结

经验,吸取教训,由少及多,由点及面,避免在一体化发展实践探索工作中绕弯路、走老路。

其次,循序渐进原则。就是指在试点基础上,根据前期试点经验,一体化发展范围逐步扩大、向前发展。城乡教师发展的一体化战略不仅涉及区域经济利益、学校利益,还直接与教师个人利益紧密联系,所以切忌全盘统一的模式,要结合在实际工作中遇到的问题,及时反馈整理,调整制度实施的步骤和节奏。必须在有限的范围内,实现有步骤、有顺序的推广。

再次,切合实际原则。就是要以本地区的实际特点为基础,探寻具有本地区特色的教师发展之路,切忌盲目照搬他人经验,盲目追求学历、职称而不注重教学质量,只注重表面上的一体化而忽视了观念的提升和改变。农村学校和城镇学校要根据自身实际开展交流工作,教师发展由"以校内提升为主,以城乡互动为辅"逐步过渡到"统一培训,无障碍交流"。另外,各地区应该充分发挥本地特色,开展具有本地特色的教师培养,增强教师服务基层的积极性和归属感。

最后,有所突破原则。就是指在制度允许的范围内,创造性地开拓教师培养模式,形成具有地域特色的教师培养体系。① "他山之石,可以攻玉",要善于学习他人经验,不要故步自封。

(二)建立城乡教师一体化发展的各项制度

城乡教师一体化发展需要建立相关制度加以保障,没有制度支撑,再好的愿望都将成为空想。

首先,建立城乡教师一体化发展的法律制度,实现教师一体化发展的长效管理。城乡教育一体化推进过程中,城乡之间教师在知识构成、学历构成等方面存在明显差异。为此必须建立城乡教育人力资源规划,并以地方性法律法规规定城乡教师数量、质量以及结构比例,明确各级各类学校教师的任职资格与条件,真正体现城乡教师资格法律化、教师发展标准化。同时,实现城乡教师培训法制化,建立在职教师定期培训制度,对于不符合教师任职资格与发展标准的教师实行退出机制。

其次,建立教师工资待遇制度,实现教师利益分配法制化。教师素质与教师待遇之间存在必然联系,教师是一种职业,现实社会中教师仍然是一种谋生与发展的重要手段。因此,教育行政管理部门对城乡教师提出资格的高标准要求时,还要制定与标准相对对等的教师待遇标准。教师行业改革过程中,各地普遍实行绩效管理制度,将教师的劳动数量、质量与待遇紧密挂钩,并把教师的

① 汤翠娥.城乡教育一体化的嘉兴实践[J].今日浙江,2008(19).

待遇提高到当地公务员工资水平。这一改革极大地调动了教师的积极性，提高了教师的自豪感与职业认同度。实践证明，这一举措对于提高城乡教师的社会地位具有重大影响力，对稳定城乡教师队伍、提高城乡教师素质具有较大推动力。为了进一步提高教师待遇，尤其是提高农村教师的工资待遇，从而缩小城乡教师待遇差距，教育行政部门制定与执行教师工资法律、实现教师利益分配法制化势在必行。

再次，建立教师层级培养机制。城乡教师队伍犹如一个系统，包含不同层级的教师群体，各级各类教师素质总体提高是教师系统素质提高的基础。因此，教师发展需要建立逐层培养机制。各地教师培养实践中普遍推行"名师工程""名校长工程"，逐步形成了"普通教师—学科带头人—名师—特级教师"四级教师成长培训体系。在普通教师队伍中对学科骨干进行进一步培训，提高其专业技术与教学、科研能力，培养成学科带头人，带动本学科所有教师的专业技术能力提升；在学科带头人群体中建立名师培育工程，提高名师在学校范围内与区域内教育系统中的教育影响力与区域教育辐射力；在名师群体中培育特级教师，把德才兼备的教育名人培养成特级教师，充分发挥其在城乡教育中的综合影响力。

这样的逐步培育机制，有利于提升基层学校教师的业务素质，同时对提升教师学历、提高教师教学水平具有激发力。这一培训机制不仅提高了校内教师素质，由于其教育影响力逐步扩大，还促进了城乡学校所有教师素质的提高，进而推动城乡教师一体化发展的进程。

最后，扎实推进城乡之间的教师交流互动机制。早期一些地区实行乡镇之内、城区之内教师流动，城乡优质学校与薄弱学校之间结对帮扶，城区教师到农村支教等具体做法，这些机制与做法对提高城乡教师一体化发展水平具有重要促进作用。但是这种不定期的教师流动实践由于其流动面有限、城乡教师投入度不够等缺陷而对城乡相关学校正常的教学管理秩序产生一定的负面影响，因此各地又探索其他实践模式。如城乡教育一体化苏州模式中论述的"系统人"模式，即区域内城乡教师实行一体化管理，教师超越"学校人"范围，而以区域内"教师系统人"角色在城乡所有学校中流动，实施分阶段、分层次流动，实现城乡教师双向互动、城乡教师教学水平同步提高的目的。[①]

① 郭彩琴，顾志平. 城乡教育一体化的困境与应用对策[J]. 人民教育，2010(20).

第九章　城乡教育一体化发展战略的实施条件

从江苏省苏州、无锡、常州三个城市的实践来看，城乡教育一体化发展战略的实施是一个逐步推进的过程，这一过程是否顺利进行取决于各种条件是否成熟。城乡教育一体化战略的实施一方面需要体制内条件的成熟，另一方面需要建立在体制外条件成熟的基础上。所谓内部条件，特指教育体制，包括教育目标的定位、教育政策的制定、教育机制的构建等内容。所谓外部条件，主要是指教育体制以外的促进城乡教育一体化发展的相关社会条件，包括经济条件、政治条件、文化条件等。本章从内外两个层面阐述城乡教育一体化战略实施所需要的基本条件。

第一节　城乡教育一体化发展战略实施的内部条件

城乡教育一体化发展战略的实施总是基于教育目标的科学定位、教育政策的合理制定以及教育机制的创新。我们把这些条件定位为教育发展的内部条件，即属于教育系统内部的各项条件。如果不具备这些条件，或者这些条件在不同地区之间存在差异性，那么一体化发展战略就不可能顺利实施，或者就会选择不同的一体化战略实施路径。

一、城乡教育一体化发展战略的现代化目标定位

城乡教育一体化发展需要准确的目标定位，没有目标或者目标不契合实际的一体化实践，是低效或者无效乃至负效的实践。从苏南城乡教育一体化实践来看，城乡教育一体化发展战略目标比较明显，即一体化现代化发展目标。苏南三个地区，无论从硬件来看还是从软件来看，城乡教育在 2007 年都已经全面实现了江苏省教育现代化目标。既然如此，城乡教育一体化发展目标必然是在现有基础上的高水平现代化。苏州、无锡、常州的城乡教育一体化发展目标都

是在2007年教育现代化基础上提出来的高位现代化目标。这一目标具有前瞻性,也具有实际可行性。就前瞻性而言,它能够引领城乡教育发展方向,是为未来10年乃至更长时期规定的发展方向。就可行性而言,它是基于苏南地区教育发展的现实基础与经济、人文等社会资源因素而制定的目标,是通过苏南人民共同努力能够实现的目标。实现江苏省教育现代化目标的实践经验为苏南地区城乡教育一体化目标的实现提供了现实依据。2013年11月,苏南三个城市相继以高分成为全国首批教育部义务教育均衡发展地级市的成功先例,为城乡教育一体化发展目标的实现打下了良好的基础。

二、政策制定:统筹城乡教育一体化发展规划

城乡教育规划是教育发展的基础性和全局性工作,城乡教育一体化发展战略的实施也必然基于科学的一体化规划。政府在城乡教育一体化发展过程中主要扮演导向角色,通过制定与实施政策,发挥监督职能,来引导城乡教育一体化顺利实施。教育在国家和地区发展中占重要地位,政府机构必须重新审视其角色定位,从经济增长的推动者向社会发展的促进者转变,发挥主动性和创造性,充分发挥在城乡教育一体化发展战略实施进程中的主导作用。

运用系统理论和思维,结合区域实际,深入调查研究,做好地区城乡教育发展统一规划,充分发挥教育服务经济社会的功能。坚持把教育摆在优先发展的战略地位,经济社会发展规划优先安排教育发展。统筹城乡教育发展,科学规划并及时调整教育布局。对区域内城乡学校统一管理体制、统一办学标准,合理分配教育资源,实现城乡联动、整体推进。综观苏南、成都、莱芜、浦东等地的城乡教育一体化发展实践,城乡教育一体化实践都是以城乡统一规划为龙头,稳步推进均衡发展。

以成都为例,自2007年提出城乡教育一体化发展战略意图与战略目标以后,首先对域内城乡教育实际情况进行全面调查,掌握城乡教育发展的实践数据,为城乡教育一体化发展战略目标的设计、战略重点的确定、战略部署与战略路径的选择提供依据。与此同时,把城乡教育一体化发展放在破解长期以来形成的二元体制矛盾和"三农"问题顽症的战略框架之中。通过根本转变城乡经济社会发展方式和城乡全面现代化的途径,促进"全域成都"教育优质均衡发展。城乡教育一体化实践探索中,逐步形成了"一元化标准、全域化规划、标准化建设、倾斜化配置、一体化管理、特色化发展"发展理念、发展措施与发展路径。政府在实践过程中的作用十分明显。首先,担当政策制定者角色:制定《成都市普通中小学(公办)布点规划(2006—2020)》,合理布局城乡中小学,促进

城乡各级各类教育协调、可持续发展。其次,担当政策落实监督者角色:监督政策的落实工作。优化农村中小学布局,把全市农村初中、小学建设全部纳入城乡教育一体化发展规划,将学校布局与城乡基础设施建设同步规划、同步实施。最后,担当政策调整者角色:2008 年四川发生大地震,结合地震后地质变化、村办小学布局调整、农村中小学校舍改造、义务教育阶段薄弱学校改造和初中办学水平提升等因素,完善校点布局规划,做到统筹规划、合理调整、科学布局。①

苏南地区更是如此。本书第五章、第六章、第七章分别阐述的苏州、无锡、常州三个模式,充分体现了上述三个城市的科学决策对城乡教育一体化发展战略实施的贡献。

三、措施落实:助推城乡教育一体化发展进程

城乡教育一体化发展体制内的重要条件除了政策的制定与目标的定位外,教育发展的具体措施落实是其中最直接与关键的条件之一。依法保障教育经费的投入和增长,推动优质教育资源要素向农村流动等具体的措施不能停留于纸头上与文件中,必须真正落实在行动中。

首先,落实城乡教育基础设施建设一体化。基础教育设施建设城乡一体化是落实城乡教育一体化的重要举措,它是改善学校教育条件的直接内容,是学生平等享受公共教育资源的重要表现。在农村或者经济条件比较差的地区,学校之间、城乡之间的明显差异就表现在基础设施上,因此优先改善农村学校或者其他薄弱学校的教学设施成为城乡教育一体化的重要内容,措施的落实就成为评价一体化效果的优先项目。

其次,在城乡教育基础设施基本均衡的基础上,加强农村教师队伍建设。教师素质是推进城乡教育一体化的重要条件,是决定城乡教育整体质量的关键因素,没有这一条件,其他都将成为美丽的空话。教师素质是一个综合概念,它既包括结构合理的知识素质,即扎实的专业知识、广博的社会科学知识以及其他社会生活知识,又包括现代化教育技能、社会交往能力、社会管理能力尤其是教育管理能力、科研能力等现代综合能力素质。此外,由于教师是培养人、塑造人类灵魂的工程师,因此教师还应该具有高尚的道德素质与健康的心理素质。实践证明,城乡教育一体化发展不仅关注城乡教师专业技能的普遍提高,还在于城乡教师道德素质与心理素质的一体化提高。只有教师整体综合素质普遍

① 李佩. 成都加大市域统筹力度深入推进城乡义务教育一体化[DB/OL]. http://www.moe.gov.cn/publicfiles/business/htmlfiles/moe/s6444/201205/135488.html, 2012-05-11.

提高了，城乡教育一体化发展才能真正实现其教育公平、身心健康全面发展的价值诉求。只重视城乡教师知识技能的提高，甚至过分关注城乡教师高学历、高级职称的比例等形式要素，即使这些素质普遍提高，城乡教育一体化发展战略实施也是低效甚至无效的。

教师队伍建设的一体化还要注重教师社会保障、户籍管理等配套改革措施的一体化落实，促进城市优秀校长、教师向农村学校合理流动，城市优质学校与农村薄弱学校结对帮扶、一对一托管，使城乡师资力量渐趋均衡，城乡教育发展整体水平稳步提升。

以苏南常熟市为例，在教师管理和师资建设方面，政府出台《关于推进义务教育阶段保障机制改革的实施意见》，确立义务教育“以县为主”的管理体制。全市公办义务教育阶段学校教职工均由市教育行政部门统一管理，教师工资由市财政统一预算、统一标准、统一发放；制定《关于进一步加强教师队伍建设促进城乡教育优质均衡发展的意见》，遴选 400 多名市区优质学校教师到农村学校和新市民子女学校支教，2012 年教师交流率为 10.2%；修订和完善校长岗位城乡交流制度，近两年共有 117 名校级干部进行了轮岗交流，有力促进了农村学校管理水平的进一步提升；实施向农村学校倾斜的骨干教师评选政策，建立农村学校骨干教师 3 年服务期制度，规定新评高级教师须有 2 年农村工作经历，确保全市所有义务教育学校都有骨干教师，同时明确在农村工作的骨干教师津贴是市区同类型骨干教师的 2 倍。①

最后，素质教育措施的城乡一体化落实。城乡教育一体化现代化目标，不是只关注学生知识学习，而是更多地关注学生知识、能力、身心等全面健康发展。因此，城乡教育一体化发展过程中，要将素质教育的精神全面落实在城乡各个角度，从教育促进学生全面发展的高度来落实城乡一体化素质教育。将有损于素质教育的一切活动排除在学校教育之外，为满足学生多样化需求、促进学生多样化健康发展创造条件。

四、成果考核：增强城乡教育一体化发展动力

建立健全城乡教育一体化发展的督导评估机制，确保各项措施有效落实是城乡教育一体化战略实施的又一重要条件。

将督导评估结果作为考核领导干部政绩的重要内容和表彰奖励或责任追

① 教育部. 推进义务教育均衡发展　努力办好人民满意教育[DB/OL]. http://www.moe.gov.cn/publicfiles/business/htmlfiles/moe/s7325/201304/150746.html,2013-04-18.

究的重要依据。教育主管部门同高等院校等第三方制定和完善城乡教育一体化发展的评估标准,长期监测和定期评估相结合。对城乡教育一体化发展成效显著的地区,上级政府给予表彰奖励,加强宣传推广,提高全地区城乡教育一体化发展的整体水平。

2011 年,苏州市出台了《苏州市城乡教育一体化示范区评估细则》,并开展首批“苏州市城乡教育一体化示范区”的评估验收工作,从组织领导、规划布局、管理体制、办学条件、教育水平、教育经费、师资队伍等方面进行重点评估。为科学、全面、客观地反映成都市城乡教育一体化发展的进程,为深入推进城乡教育一体化提供一套科学的指标体系,更好地引导成都市及各区(市、县)结合实际加快推进城乡教育共同发展,成都市教育局协同成都大学统筹城乡教育发展研究中心、四川大学公共管理学院研究制定了《成都市城乡教育一体化发展监测评价体系(试行)》,并从 2011 年起在全市开展监测评价工作,形成了《成都市 2010 年度城乡教育一体化发展监测与评价指标体系研究报告》。各地城乡教育一体化统计监测工作的启动,都为全面准确反映城乡教育一体化的发展现状、明确城乡教育一体化的发展方向、及时评价各级各方面的工作进程和成效提供了重要保障。

第二节　城乡教育一体化发展战略实施的经济条件

城乡教育一体化发展战略的提出是建立在城乡一体化发展战略基础之上的,它的实践不能离开城乡一体化背景,是城乡一体化的重要组成部分。一方面,城乡教育一体化的开展与实现离不开城乡一体化的支持,城乡一体化的综合作用与合力的发挥为城乡教育一体化提供重要保障;另一方面,城乡一体化的开展与实现也离不开城乡教育一体化,这是整体与部分的关系。从城乡一体化的内部组成部分看,城乡教育一体化在城乡一体化整体战略下与其他城乡一体化主题形成有机的互动,如城乡经济一体化为城乡教育一体化提供物质基础,城乡政治一体化为城乡教育一体化提供政策参与环境、公平公开的评价环境等,与此同时,城乡教育一体化也为以上各部分提供智慧保障、人才保障等;在城乡一体化总体战略下,各分部分之间有机互动,形成一个有机的制度环境,维系着整个城乡一体化战略的生态系统。

一、合理的城乡经济一体化发展成果为城乡教育一体化提供重要的物质基础

生产力决定生产方式，经济基础决定上层建筑，这是唯物史观的基本观点。经济的发展在城乡一体化战略的实施中扮演着重要角色，自然也是城乡教育一体化战略实施的重要物质保障。城乡教育一体化的物质基础与改革动力均离不开城乡经济的发展。从国内几个城乡教育一体化发展较好的地区看，城乡经济发展越好的地方，城乡教育一体化程度越高。如前所述，城乡教育一体化首先需要强大的物质支持，经济的发展是教育投入增加的保证，如创造城乡教育一体化的“苏南模式”的三个重要地级市苏、锡、常，庞大的地方 GDP 总量，使苏、锡、常地方政府有实力为当地教育提供充足的财政支持。此外，庞大的 GDP 总量还让城镇居民人均可支配收入和农村居民纯收入有了较大的提高，这对于家庭增加对教育的投入也有很大的推动作用。拿苏州来说，与 2011 年相比，苏州不仅保持着较高的教育支出，还较 2011 年增长了 19.5%，保持着较高的投入增长速度。[①] 从长远角度看，经济和教育的互动效应让政府感受到“教育红利”，经济的发展为教育提供保障，教育的发展又反哺经济，这种互动效应，使任何政府都不能忽视对教育的大力投入。正是这种互动效应，让苏南三市在城乡教育一体化过程中首先保证一体化的高投入，利用经济优势的“马太效应”来实现“优势叠加”，从而实现经济、教育的良性互动。

城乡经济的发展，要立足于我国现阶段坚持以经济建设为中心、建立和完善社会主义市场经济体制的大环境。实现城乡经济发展，手段和途径是多样的，但要统筹城乡经济发展，实现城乡经济现代化，离不开城乡经济一体化发展战略的实施。城乡经济一体化既是目标，又是手段。实现城乡经济一体化，就是要统筹城乡两个市场，城市与农村的经济发展不是隔离的，而是要互补共生、共同发展。应该把城市与农村的经济优势结合起来，激发农村经济发展活力，有效利用农村经济发展的优势资源，使农村经济发展与城市经济发展积极互动，促进城乡一体下的经济形态转型与经济结构调整，以促进城乡经济的共同发展；此外，城乡经济的一体化，还要强调公平分享一体化成果，城乡经济一体化过程中，城镇特有的文化、科技、金融等优势，要部分让利于农村，支持、帮扶农村的可持续发展。

---

① 2012 苏州市国民经济和社会发展统计公报[DB/OL]. 苏州统计调查公众网 http://www.sztjj.gov.cn/Info_Detail.asp? id = 19944,2013 - 04 - 16.

二、城乡经济一体化发展模式是城乡教育一体化的重要经济条件

所谓城乡经济一体化发展模式，指的是在城乡经济发展中根据城乡具体实际情况，在一定历史条件下形成的独具特色的城乡经济优势互补的发展道路，主要包括城乡经济的所有制形式、产业结构和经济发展思路、分配方式等。合理的城乡经济一体化发展模式是建立在城乡一体化模式基础之上的，它的建立可以更好地发挥城乡经济优势，进而推动城乡经济一体化发展。城乡教育一体化离不开城乡经济一体化，而城乡经济一体化的关键在于形成合理的城乡经济一体化发展模式。

图 9-1 是苏州从 2002 年至 2011 年地区生产总值发展趋势图，该图形象说明了苏州经济快速发展的状况。图 9-2 是苏州人均地区生产总值变化趋势与江苏省、全国变化趋势比较图，该图进一步说明了苏州的经济发展状况及其在全省、全国经济发展中的地位。这样的经济发展水平无疑使为城乡教育发展提供重要财力支持成为可能。

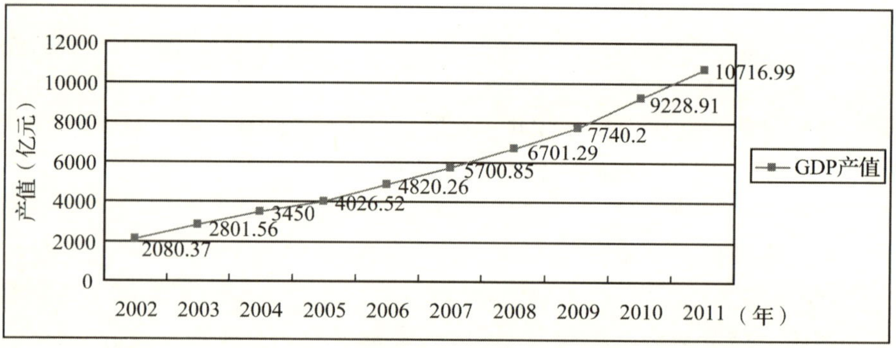

图 9-1　苏州地区经济增长趋势图①

① 根据苏州市统计年鉴的数据整理而成。

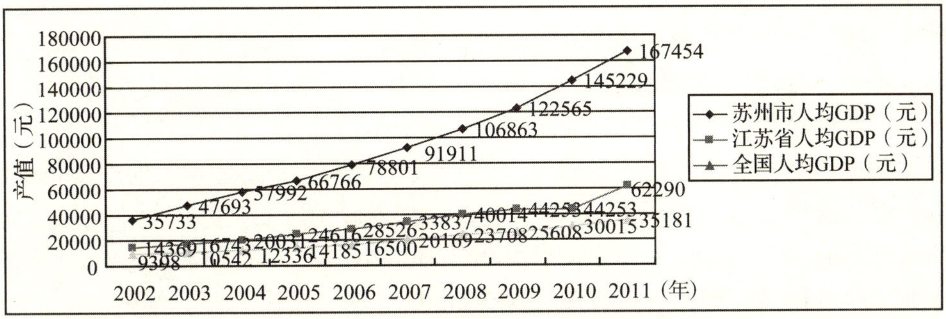

图 9-2　苏州人均生产总值变化趋势与江苏省、全国人均生产总值变化趋势比较图

表 9-1　2012 年苏、锡、常三市主要经济指标及教育财政投入状况①

市	GDP 总量（亿元）	全国排名	人均 GDP（亿元）	城镇居民人均可支配收入（元）	农民人均纯收入（元）	财政预算支出（亿元）	教育支出（亿元）	教育支出比重（%）
苏州	12011.65	6	11.4029	3.3243	1.7226	1113.47	180.7	16.2
无锡	7568.15	9	11.7400	3.5663	1.8509	648.61		
常州	3969.8		8.5036	3.3587	1.6737	384.1	66.2	17.2

表 9-1 反映了苏州、无锡、常州三个城市的教育投入状况，也鲜明地反映了苏南城乡教育一体化发展有利的经济条件。

苏南经济发展在全国处于领先地位，但是城乡居民收入差距反而小于全国平均水平。这样的城乡经济发展结构为城乡教育差距的缩小、城乡教育一体化发展提供了重要的物质支撑与环境支撑。

不仅苏南是这样，从全国在城乡经济一体化中做得较好的几个地区来看，这些地区均形成了结合本地区城乡经济发展特点的城乡经济一体化模式，在城乡经济互动中，城乡经济一体化模式让城乡经济的优势发展出来，形成了城乡经济的有效互动。如苏南地区在 30 多年的经济发展过程中，形成了独具特色的“苏南模式”，即以县域经济为载体的城乡经济一体化发展模式，这种县域经济，是以县城为中心、以乡镇为纽带、以农村为腹地的区域型经济。其中，20 世

① 苏州市数据来源：2012 年苏州市国民经济和社会发展统计公报[DB/OL]. 苏州政府网，2013－04－17.

无锡市数据来源：2012 年无锡市国民经济和社会发展统计公报[DB/OL]. 苏州政府网，2014－03－07.

常州市数据来源：2013 年常州市国民经济和社会发展统计公报[DB/OL]. 苏州政府网，2013－03－01.

纪80年代，乡镇企业在苏南城乡经济发展过程中起着基础性作用，为目前城乡经济一体化提供了重要的物质保障与制度保障。苏南地区城乡经济一体化发展模式中，又根据不同县市的特点，出现了以张家港、昆山、常熟、太仓等县市为代表的特殊模式。昔日的乡镇企业成为今日的民营企业，它们在苏南城乡经济一体化过程中发挥着重要的主体作用，它们的发展促进了城乡市场的一体化。以苏南普通城市太仓为例，2007年太仓市内仅璜泾镇以农民办厂为主的民营企业就已达到1628家，全镇销售额达1000万元的规模企业有213家。随后，乡镇企业以及其他多种经营方式发展迅速，经济增长速度较快。

乡镇企业转型深化着"苏南模式"，而引进和吸引外资则是"苏南模式"的新发展，成为"新苏南模式"。2011年，苏州、无锡、常州实际利用外资分别为89.12亿美元、35.05亿美元和30.52亿美元，分别占国家实际利用外资的7.6%、2.9%和2.6%，共计13.1%，足见苏、锡、常三市的利用外资率较高，外资成了苏、锡、常三市经济发展新的强有力的增长点。同时，外资引进规模的扩大除了对拉动经济增长有直接的作用外，还对本土企业提出了竞争与合作的要求，这对乡镇企业提高市场竞争力有着独特的"鲶鱼效应"；此外，外资的进入也对教育提出了直接和间接的要求，外资企业需要多样化和开放化的人才，必然会在一定程度上引导教育在内容和对象上做出一定的改变，以适应新的社会发展形势。图9-3反映的是苏州近十年利用外资以及进出口额占全国比重的情况。这一示意图一方面反映了苏州实际利用外资与进出口额方面的变化，另一方面也反映了苏州利用外资与进出口额在全国处于领先的位置。从这一情况足以看出"新苏南模式"的实质就是积极发展外向型经济，积极拓展国外市场。

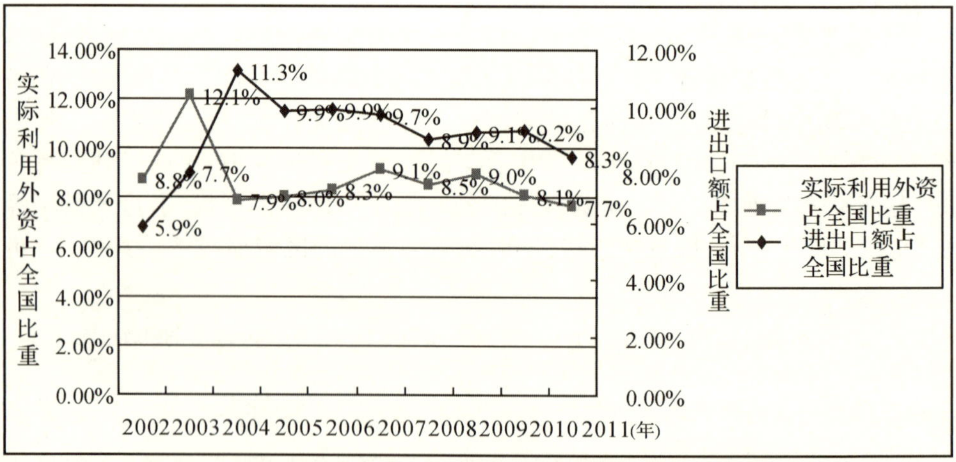

图9-3　苏州近十年实际利用外资及进出口额占全国比重示意图

三、经济发展结构调整为城乡教育一体化创造人力支持

经济发展不仅表现在增长维度上，而且表现在结构调整维度上。经济结构的调整为教育发展提出人才需求支持，即需要培养能够适应城乡经济结构变化需要的第二、第三产业从业人员。这促进了农村城市化进程中市民化的农民以及进城务工人员的教育需求，也为城乡教育一体化提供旺盛的教育需求。

图 9-4 是苏州市三大产业比例图，该图具体反映了苏州第二、第三产业发展情况以及对人才的需求潜力，也反映了城乡教育一体化过程中职业教育、社区教育一体化成为可能的理由。

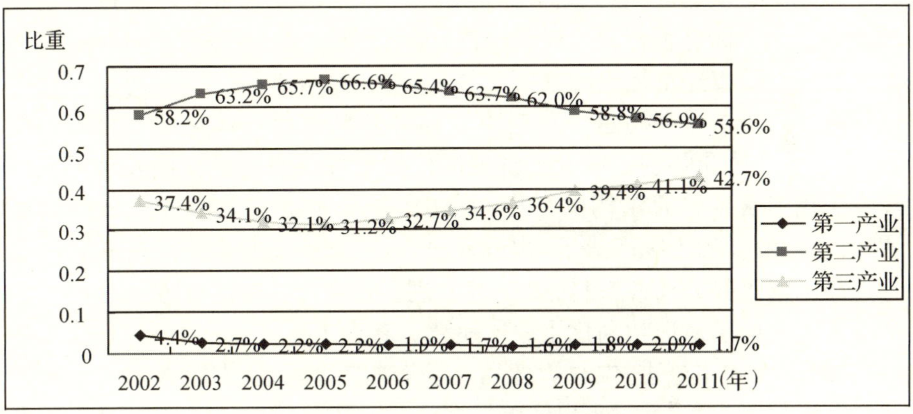

图 9-4　苏州近十年产业结构调整趋势图

表 9-2　苏州、无锡、常州 2011 年度产业结构表（总量/亿元）①

市别	第一产业	第二产业	第三产业	第一产业、第二产业、第三产业的比例关系
苏州	177.75	5957.74	5555.33	1.5:51.0:47.5
无锡	122.98	3728.12	3463.12	1.7:51.0:47.3
常州	111.78	1950.84	1768.91	2.9:50.9:46.2

表 9-2 是苏州、无锡、常州 2011 年度产业结构比例表。该表数据鲜明地体现了苏南三市产业结构构成中，第一产业占有绝对小的比例，而第二、第三产业

① 常州统计年鉴 2012[DB/OL]. http://www.cztjj.gov.cn/node/tjnj/2013-7-3/13731072148410768.html,2013-04-05；中国统计年鉴 2012[DB/OL]. http://www.stats.gov.cn/tjsj/ndsj/2012/indexch.htm.

占据绝对的发展空间，也集中体现了三大产业对人才的需求状况。从城乡教育来看，这一比例为城乡教育一体化中教育层级比例一体化即基础教育、职业教育、社区教育之间的一体化设置提供了坚实的社会基础。没有产业结构的这一变化趋势，三个主要层级的教育需求不可能出现类似苏南高位均衡发展的内在需求，职业教育、社区教育也难以呈现无锡江阴市城乡一体均衡化发展的大好势头。

四、城乡经济一体化向城乡教育一体化提出一体化的内容要求

城乡经济一体化过程中需要什么样的建设人才和怎样培养人才等问题，城乡教育一体化必须加以回答。而城乡经济一体化目标是否合理直接决定着城乡教育一体化目标是否合理。城乡经济一体化是城乡经济发展的目标，其核心是促进农村与城市经济社会的共同发展。因此，城乡经济一体化对城乡教育一体化所提出的要求就是构建一个健康合理的城乡教育一体化人才培养的生态系统，为城乡一体化特别是城乡经济一体化发展提供自由而全面发展的人。现阶段由于我国城乡二元结构的存在，农村在与城镇的竞争中处于劣势附属地位，因而农村教育的主题多成了“离开农村，过上城市人的幸福富裕的生活”，大量农村知识青年要么离开农村，要么在心理上产生“幸福剥夺感”，这使得农村教育越来越无可奈何地功利化了。这违背了教育的本质，同时一定程度上造成了农村“城市人才不想进，农村人才留不住”的尴尬境地，农村人才的断层也使得城乡发展差距变大，反过来也影响城乡经济一体化目标的实现。20 世纪我国就提出农村教育改革要为农村培养新型农民和乡镇企业职工等，这本身没有什么问题，但是由于后来城市建设高潮的到来，农村经济发展与城市经济发展差距越来越大，面向农村经济建设的农村教育人才培养计划几近破产。新形势下，科学发展观强调要统筹城乡发展，更加注重城乡经济一体化，这就要解决现实的“离农”与教育理想的“为农”的农村教育悖论，城乡经济一体化战略为此提供了根本性的思路。

五、城乡成熟的教育消费市场为城乡教育一体化提供环境支持

教育消费有广义、狭义之分，广义教育消费包括政府、个人和家庭在内的对教育产品和服务的一种资本投入，狭义的教育消费仅指个人和家庭方面。城乡教育消费市场一体化是城乡教育一体化的重要组成部分，同时也是城乡经济一体化的重要主题。因城乡经济发展的不平衡性，城乡教育消费市场一体化绝不

可能一样化。生产决定消费，生产力发展水平决定着教育消费水平，城乡在生产力发展水平上存在较大差距，因而在教育消费水平上也存在较大差距，城乡教育消费水平存在差距也影响着城乡教育一体化水平的提升。用市场来分析教育公共物品与服务有欠妥之处，但从人力资本理论来讲，可以借助市场消费的供给与需求关系来对此加以认识。教育消费受多种因素影响，如经济因素、个人因素和文化感知、制度因素等，但从根本上讲，个人或家庭教育需求与个人或家庭的物质基础有着更为紧密的联系。个人或家庭的物质基础对个人或家庭的消费结构和消费观念的形成有着根本性的影响作用。从一般意义上讲，在教育消费市场中，个人或家庭的物质基础越丰富，人们对教育消费的投入就越大，教育消费需求就会越大，也越多样化。而需求对供给有着一定的导向作用，在市场中，教育需求市场的扩大，会引导教育供给市场的资源流动，优质教育资源会在一体化的市场运作下关注潜在的教育消费市场。

相比较而言，经济越发达的地区，教育消费市场相对越成熟，东西部对比如此，城乡间对比也是如此。一方面，从根本上讲，城乡教育消费水平的提高离不开城乡经济的发展，提高农村居民收入，缩小城乡居民收入差距，是城乡教育消费市场一体化的物质保证；另一方面，建立和完善一体化的城乡教育消费市场，可以在一定程度上调动城乡教育消费市场的活力，减少教育消费资源的流动壁垒，使城乡之间教育资源得以优势互补、有效利用。

六、经济收入分配城乡均等化趋势为城乡教育一体化提供重要条件

地区经济发展为城乡教育总体发展提供可能性，要变为现实性还需要经济分配制度相配合。苏州、无锡、常州经济发达地区的特点就在于城乡人均收入的大致均衡。创造“苏南模式”之一的无锡市，2012 年全市实现第一产业增加值 137.22 亿元，第二产业增加值为 4012.03 亿元，第三产业增加值为 3418.90 亿元，第一、第二、第三产业比例调整为 1.8∶53.0∶45.2，农业产值占总产值的比例很低，但是农村居民人均纯收入达 18509 元，城镇居民人均可支配收入达 35663 元，城镇和农村人均可支配收入比为 1.9∶1[①]。创造“苏南模式”之一的另一个重要城市苏州市，2011 年三个产业创造 GDP 总量的比例为 1.5∶51.0∶47.5，农业产值占总产值的比例也很低，然而依靠工业与第三产业的发展，农村居民人均纯收入达 17226 元，城镇居民人均可支配收入达 33243 元，城镇和农村人

① 2012 年无锡市国民经济和社会发展统计公报[DB/OL]. http://www.wuxi.gov.cn/blind/zfxxgk/szfxxgkml/tjxx/ndtjgb/6469775.shtml,2014－03－07.

均可支配收入比为1.9∶1。2011年全国城镇居民可支配收入为21810元，农村居民纯收入为6977元，城镇和农村比为3.1∶1，2012年全国城镇和农村人均可支配收入比大致也是如此。而苏州、无锡市在人均收入上远远高于全国平均水平，但是在城乡收入差距上却大大低于全国水平。这其中很大一部分要归功于城乡经济一体化发展过程中收入分配制度的城乡一体化。

图9-5是苏州自1978年以来城乡居民收入变化趋势图，该图直观地反映了苏州城乡经济、社会一体化的真实情况。

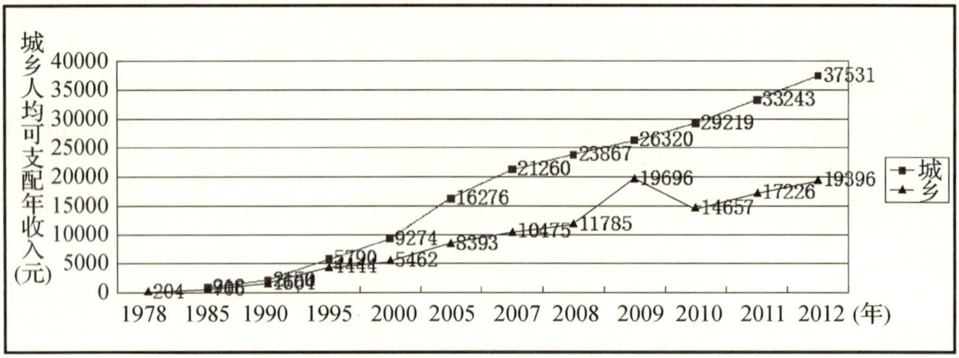

图9-5　1978年以来苏州城乡居民收入变化趋势图

第三节　城乡教育一体化发展战略实施的政治条件

教育是培养人、造就人的一项重要事业。教育权利的平等获得，教育公平促进社会公平、促进人的全面发展的作用等是城乡教育一体化的价值诉求，因此教育是关涉城乡社会稳定与发展的重大社会公共事业。城乡教育一体化发展不仅本身是社会政治现象，而且需要成熟的社会政治条件来支撑。苏南三地的教育实践足以证明两者之间的相互关联性。

一、坚持和改善党的领导，把握城乡教育一体化的正确方向

百年大计，教育为本。教育事业的良性发展，不仅是整个国家也是各个地区良性发展的基石和保障。在实施城乡教育一体化发展战略背景下，必须坚持和改善党的领导，充分发挥政府职能。根据党的十七大关于“优先发展教育，建

设人力资源强国”的战略部署，为全面提高国民素质，促进教育事业科学发展，加快社会主义现代化进程，《国家中长期教育改革和发展规划纲要（2010—2020年）》制定、颁布并实施，纲要将“建立覆盖城乡的基本公共教育服务体系，逐步实现公共教育服务均等化，缩小区域差距”作为教育发展的重要战略目标，并提出“加快缩小城乡差距，建立城乡一体化义务教育发展机制”的发展任务。“城乡教育一体化”自此在国家政策领域清晰呈现，并成为我国教育发展的重要指导方针和发展目标。党的十八大报告再次强调要努力办好人民满意的教育，并从坚持教育优先发展、全面实施素质教育、不断完善教育体系、大力促进教育公平等方面提出了新要求。

针对党和国家的这一策略目标，各地党委、政府高度重视城乡教育一体化和教育现代化工作，将它列入各级党委、政府重要议事日程，结合当地实际，制定相应的发展战略，积极推进城乡教育一体化改革发展。以城乡教育一体化发展迅速的苏州为例，各级党委和政府秉承吴文化“崇文尚教”传统，以邓小平理论和“三个代表”重要思想为指导，贯彻落实科学发展观，全面贯彻党的教育方针，大力实施科教兴市和人才强市战略，坚持面向现代化、面向世界、面向未来，以促进教育公平为基本政策，以办好每一所学校、教好每一个学生、发展好每一位教师为总体目标，把实现城乡教育一体化为作为发展的主要任务。《苏州市中长期教育改革和发展规划纲要（2010—2020 年）》（2010）、《苏州市委市政府关于加快实现城乡教育一体化现代化的意见》（2010）、《苏州市教育事业发展“十二五”规划》（2011）、《苏州市政府关于加强教育人才队伍建设的意见》（2013）等文件的制定、颁布和实施，体现了当地党政机关正确决策和推广实施的良好作为，为城乡教育一体化的改革发展和基本实现教育现代化指明了正确方向。

二、转变和践履政府职能，推动城乡教育一体化的科学发展

政府在城乡教育一体化过程中扮演着重要角色，如果没有政府角色作用的发挥，城乡教育一体化在中国的推进可能难度较大。

（一）明确政府在城乡教育一体化发展战略实施中的角色定位

一般而言，政府在教育管理过程中扮演多重角色。首先是政策制定者。各级政府在党委和上级政府的指导下，结合本地区实际，做好城乡教育发展规划，制定相应的教育政策。其次是政策执行者。根据既定教育政策，各相关部门协商合作、相互支持、互通有无，共同配合教育主管部门贯彻落实各项措施。最后

是监督评价者。各项教育政策的制定、实施，其过程受政府系统内部的监督，其结果纳入部门和个人的政绩考核。总的来看，政府在城乡教育一体化发展全过程中发挥主导作用。但长期以来，政府职能划分不明确，行政包揽过多，重管理、轻服务，“大政府、小社会”等问题突出。随着经济的发展，城乡居民生活水平的提升、服务需求的增加、参与意识的提高、利益诉求的复杂多样，人们对转变政府职能、深化行政体制改革提出了迫切要求。在城乡教育一体化发展实践中，政府应着眼于服务，着眼于城乡群众的现实需求，准确定位管什么、管多宽、怎么管。

（二）城乡教育一体化发展战略的实施要处理好府际关系

教育是一项宏大的系统工程，政府作用的发挥与府际关系密切相关。府际关系即政府之间的关系。结合中国的教育管理体制和城乡教育一体化发展实践，这里的府际关系主要包括中央政府与地方政府的关系、地方政府之间的关系，地方政府之间的关系又包括上下级政府之间的关系、平行政府之间的关系以及平行政府各部门之间的关系。我国农村义务教育实行“在国务院领导下，由地方政府负责，分级管理，以县为主”的管理体制，这体现了中央政府与地方政府之间以及地方上下级政府之间的关系。在城乡教育一体化发展战略实施过程中，在县级政府具体贯彻执行上级政策法规以及自主管理本地区教育事业时，不可避免地涉及县乡政府之间、乡镇政府之间、县和乡镇政府各自部门之间纵横交错的复杂关系。处理好府际关系，一要明确各级政府、政府各部门的权责范围，二要形成政府之间、部门之间的合作协调机制，三要建立各部门、各项工作的监督评价机制。

以成都市为例。从 2003 年起，成都市即开始了统筹城乡、促进义务教育均衡发展的探索，近年来逐渐明确政府目标定位，以“为全体市民提供均等化、优质化教育公共服务”为追求，明确义务教育均衡发展的任务、措施、时间表和路线图。政府作为城乡教育一体化发展的责任主体，逐级签订责任书，纵向明确了市、县政府责任，横向明确了教育、发改、财政、人社、编办等有关部门的职责。各级政府和部门各司其职，协同推进义务教育均衡发展。成都市将义务教育均衡发展核心指标完成情况纳入对县级政府年度工作的考核，作为政府和教育部门评优评先的重要依据，并对未达要求的县级政府下发整改通知书或通报批评。①

---

① 国家教育督导检查组对四川省成都市 19 个县（市、区）义务教育均衡发展督导检查反馈意见[DB/OL]. http://www.moe.gov.cn/publicfiles/business/htmlfiles/moe/s5987/201309/157483.html,2013 - 09 - 17.

三、保障和发扬民主，提高城乡教育一体化的群众参与度

随着经济的发展和社会主义民主政治建设的不断推进，公民的政治参与意识愈加强烈，政治参与能力不断提高，政治参与权利得到更加充分的保障。教育不仅关乎国家发展大计，更关乎百姓切身利益，在教育问题上的重大决策，要坚持以人为本，充分发扬民主，尊重群众的知情权、表达权、参与权和监督权。教育决策前通过问卷调查、听证、专家论证等形式广泛征求群众意见，人大代表、政协委员通过提案、审议或监督等方式积极参与。健全政府信息公开的工作机制，做好主动公开工作，注重质量时效，突出教育领域的信息公开。加强政府新闻发布工作，创新新闻发布体制，现场新闻发布、政府网站发布、政府微博发布相结合。高效处理群众意见和建议并及时反馈。建立健全教育工作监督和绩效考核体制机制，依法逐步扩大教师、家长和学生的参与。

以苏州为例，城乡一体化工作、教育事业改革发展规划等重大问题及时向社会发布，广泛征求意见。充分利用中国苏州、苏州教育等政府门户网站发布教育政策信息，“政府信息公开”“政民互动”板块为扩大群众有效参与提供保障，“百件实事网上办”“公用事业办事公开”“部门办事服务”等板块大大加强了政民联系，提高了办事效率。市民“金点子”征集、年度实事项目征集、立法建议项目公开征集等活动为群众反映教育问题提供了便利。近年来，班主任队伍建设状况及发展需求问卷调查、中小学教师培训需求调查、中学生素质教育现状及需求调查、推进教育公平网上问卷调查、义务教育均衡发展状况问卷调查等民意调查广泛开展，为群众反映诉求、提出意见和建议提供机会，促进了城乡教育一体化发展。苏州市积极创新政民互动形式，成立了教育惠民服务中心，通过服务窗口、电话热线、短信平台、领导信箱、“寒山闻钟”网上论坛、“中国苏州·公众监督”网络平台等六大载体，为老百姓提供便捷、高效的服务。根据《关于办好“苏州发布”微博和政务微博群，进一步推进信息发布工作的意见》，苏州市政府新闻办官方微博“苏州发布”在人民网、新浪网、新华网、腾讯网开通，受到网民热切关注，全市数十家部门和单位开通了政务微博并入驻“苏州发布”政务微博群。各政务微博主动公开政务信息、积极回应社会关切，为城乡教育一体化发展真正坚持正确方向、真正反映群众意愿、真正维护群众利益提供了重要保障。

依法扩大城乡群众的有序政治参与，离不开基层群众自治组织和社会组织等载体。苏州“政社互动”模式的探索实践对于约束和规范基层政府行政权力、提升基层自治组织履职能力、促进社会组织发展和发挥作用、充分保障基层群

众政治参与权利具有重要作用。

“政社互动”是指各级政府及其部门与基层群众自治组织、社会组织这两类社会管理主体之间，通过“衔接互动”理顺社会管理职能、调整社会管理结构、改进社会管理方式，从而更加有效地建立利益协调机制、诉求表达机制、矛盾调处机制、权益保障机制。① 2008 年，太仓在全国首推“政社互动”，推动政府简政放权，转变政府职能，激活村和社区两大基层自治组织的自我管理细胞，探索出了一条促进“政社分开”的有效路径。2012 年，苏州市出台《关于在全市开展“政社互动”试点工作的指导意见》，要求全市每个市、区各选 1 ~ 2 个乡镇（街道）开展“政社互动”试点，民政局出台了相应的操作指导办法，对“政社互动”的程序提出具体要求。为深入推进“政社互动”创新实践，加快转变政府职能，2013 年 8 月，苏州市委市政府下发《关于进一步推进“政社互动”工作的实施意见》，要求各市（区、县）选取 4 ~ 5 个镇或街道进一步扩大基层试点，选取 10 个市级部门探索政府向社会转移职能试点，在提高政府依法行政水平的同时，增强社会自治功能。

“政社互动”的主要做法和基本精神体现在三个方面：一是划清基层政府和社区自治组织责权边界，实现“政社分开”。二是增强基层自治功能，提升社会组织承接能力。积极探索包括民主恳谈会、民主听证会、乡村论坛、互联网论坛等在内的多种民主协商形式，切实保障城乡群众的知情权、参与权、表达权和监督权；促进社会组织能力建设，发挥其联系政府、服务社会的作用。三是加快机制和方式创新，拓宽互通互动渠道。深化政府信息公开，相关决策主动听取基层群众自治组织、社会组织及社会公众意见，建立健全公众参与的利益协调、诉求表达、权益保障和社会舆情综合分析、矛盾排查化解等工作机制，充分发挥群团组织、基层群众自治组织、社会组织等在化解基层矛盾中的独特作用。

“政社互动”实现了政府管理和基层民主的有机结合，为在城乡教育一体化战略发展中有效扩大基层群众的共同参与，发挥了重要作用。由于减少了基层政府的直接干预，强化了自治组织对基层公共事务和公益事业的责任意识，“民主决策日”“信息反馈日”“情况通报日”“政府公开日”和“信访接待日”等机制能够有效凝聚基层力量，激发群众的主动性和积极性，解决城乡群众关心的问题。为了让民工子弟融入苏州生活，接受良好教育，不少社区组织开展了学苏州话、学苏绣等活动，既切实关注教育公平，又传播了苏州文化，获得良好的社会效益。为了鼓励社会组织发挥作用，让更多有需求的群体得到关爱和帮助，苏州和太仓共同开展了公益创投活动。2012 年共签约资助公益项目经费 135

① 郭彩琴. 论政社关系有序化[J]. 福州大学学报，2013(5).

万元,2013 年预算 250 万元资助公益创投项目。2013 年入选的 25 个资助项目包含了流动儿童关爱、青少年心理健康咨询、农民工子弟学生艺术团等在内的近 10 项助推城乡教育一体化发展的公益项目,将使更多的青少年和儿童接受创业、心理健康、文化艺术等方面的教育,让他们有更多的发展机会。

第四节　城乡教育一体化发展战略实施的文化条件

自教育与文化产生之日起,两者就有着密不可分的关系。教育是文化的一种生命机制,文化构成了教育的内容。关于城乡教育一体化发展的内涵,尽管学界表述不一,但存在着一个基本的共识,即城乡教育一体化发展是基于一定区域内空间维度和城区内人口维度的城乡户籍人口平等享受教育机会及权利的公平化发展目标,城乡各类学校均立足于各自的文化资源不断探索学校特色发展路径,渐趋达成同一发展目标框架下的学校特色化发展局面。

一、文化资源的内涵及特点

(一) 文化资源的内涵

一般来说,资源是指人类生存发展和享受所需要的一切物质的和非物质的要素。资源中的物质的要素,指称自然资源,具体是指在一定的时间、地点条件下能够产生经济价值以提高人类当前和将来福利的自然环境因素的总和。而资源中的非物质要素,则具体指称文化资源。自然资源是文化资源得以形成的基础,以及审美的对象。

何为文化资源? 据 360 百科搜索,从对人们的贡献力量来看,广义上的文化资源泛指人们从事的一切与文化活动有关的生产和生活内容的总称。狭义上的文化资源是指对人们能够产生直接和间接经济利益的精神文化内容。文化资源的丰富程度和质量高低直接对一定区域内的社会经济文化发展产生多重作用。

(二) 文化资源的特点

由于文化状态是人类智慧与才识的表征,因此,文化资源充分显示出精神层面的特征。文化资源具有以下特点:

1. 无形性

文化资源大多是以精神、理念等观念形态体现于人的举手投足之间和话语言谈之中，附着于物质景观、器物装饰、知识及艺术传播形态等之体。作为一种无形的、隐性的、潜在的存在，文化资源对个体及社会的精神气质塑造是一个潜移默化的渗透性影响过程，影响着人们的人生观、世界观和价值观的形成。

2. 差异性

文化资源在不同的国家、不同的民族、不同的时期，往往体现出非常明显的异质性。不同样态的文化资源都有着各自内在的价值性、外在的稀缺性，以及难以模仿性和难以替代性。这是文化资源优势的内生力，也是文化资源得以交流和共享的前提。如东方文化资源的核心是天人合一、家国共同体意识，支持着历史长河中未曾中断历史的中华民族的生存发展画卷；而西方文化资源的核心是征服自然、个体意识强烈，出现了西方一些民族生存权利及空间被蹂躏剥夺的土著民族衰亡史。

3. 适境性

所谓适境性，是指文化资源的生命力要在一定的情景或者相当的环境资源条件支撑下才会发生。农村的传统文化，因为是民族的、大众的，所以为中华文化的传承和交流提供了丰富的适应情景，而城市的现代文化，因为代表时代发展的潮流，所以有着广泛的影响力和引领性。农村的传统文化与城市的现代文化，作为教育改革及发展进程中不可或缺的两种文化资源，使城乡教育一体化发展既有深厚的历史根基，又有与时代发展方向一致的国际化、全球化和现代化视野。

（二）城乡教育一体化发展的文化资源

城乡教育分别处在城市文化和农村文化两个不同场域之中，有着不同特质的城乡文化，赋予城乡教育不同特质的内涵以及发展视野。那么，何为文化？纵观学界相关研究成果，“文化”一词在中西文化中都用来泛指人类社会的精神现象，或者人类所创造的一切物质产品和非物质产品的总和。关于文化的本质，梁漱溟认为，文化归根到底就是“人的生活样式”；肖前教授等主编的《马克思主义哲学原理》一书给出了一个体现马克思主义中国化风格的简要表述：“文化即人化”；石中英在《教育学的文化性格》一书中认为，文化更多的是指绵延在文明之中的那些规范性的非制度化的、非积累性的、人格和主观价值意义的东西。城乡教育一体化发展的文化资源中的“文化”，是广义层面上的物质文化、精神文化和制度文化的综合。

城乡教育一体化发展的文化资源可分为以下三类。

（1）精神形态的文化资源。精神文化主要指文化传统、思想观念、价值观念、伦理道德、社会风俗、宗教信仰、哲学科学艺术等。城乡教育一体化发展的精神形态的文化资源主要包括宏观层面的政府和社会组织对待教育发展的态度倾向、历史传统、风俗习惯、文化娱乐产品，中观层面的社会及家庭对待教育的态度及倾向，以及微观层面的一所学校的校风、历史传统、精神风貌、校园特征及学校成员共有的目标追求、价值取向、道德情感和行为模式。

（2）制度形态的文化资源。它是指在人们的思想感情和行为中被认同和遵循的导向、分寸和界限，如社会的政治制度、经济制度、法律制度、社会政策及其他制度化的文化规范，是文化的重要构成部分，也是能体现社会支配集团意愿的文化层次。城乡教育一体化发展的制度形态的文化资源主要包括宏观层面上的城乡教育一体化发展的机制体制、政策、规章等社会制度性文化资源，以及微观层面上的学校制度性文化资源。学校制度性文化资源，亦可称作学校文化传统。

（3）物质形态的文化资源。它是对学校教育及学生成长具有渗透辐射作用的城乡文化设施，包括宏观层面的名人故居、博物馆、烈士陵园、影剧院、体育馆等文化设施，以及微观层面的一所学校校舍的布局以及教室、办公室、实验室、图书馆等的布置，运动场所的设置，校园的绿化及环境卫生等。

城乡教育一体化实践需要文化资源的支撑，文化资源的丰富性与一体化发展性是城乡教育一体化发展的必要条件。下面从文化资源的主要表现形式入手进行分析，并总结论证苏南地区城乡教育一体化过程中文化资源的支撑力度。

二、城乡教育一体化发展的观念文化条件

观念文化是包括价值观念、伦理道德观念在内的文化层次，也是文化的重要构成体。城乡教育一体化发展战略实施，在某种程度上是对城乡二元结构社会下的“城市偏向”“重点学校”等城乡教育发展观念文化的一种矫正。苏南地区城乡教育一体化发展战略的成功实践与有效探索的观念文化条件主要体现在两方面：一方面，是确立以政府为主导的城乡教育发展主体，确立城乡教育一体化发展的政府工作理念；另一方面，是充分认同、全力以赴支持孩子接受优质及高层次教育的家庭文化观念。

（一）确立城乡教育一体化发展的政府工作理念

改革开放以来，在邓小平等中央领导集体坚持不懈的倡导下，教育优先发展成为党和国家提出并长期坚持的一项重大方针。政府工作理念与区域内城乡教育一体化发展战略实施有着逻辑上的相关性。在因地制宜的城乡教育一

体化战略推进过程中，各地政府逐步转变城乡教育二元分治的工作理念，将区域内城乡教育一体化发展、教育发展规划纳入区域内社会经济发展规划之中，积极优先发展教育，以教育发展促进社会经济发展。进入21世纪以后，保证经济社会发展规划优先安排教育发展，财政资金优先保障教育投入，公共资源优先满足教育和人力资源开发需要，成为各级政府优先发展教育的基本理念。具体体现在两个方面。

一是在经济社会发展规划中树立教育优先理念。苏南地区各级政府坚持把教育摆在优先发展的战略地位，把教育事业放在经济社会发展和现代化建设的首要位置进行超前谋划。在统筹城乡发展、区域发展和经济社会协调发展的总体布局中重点研究推进城乡教育一体化发展，并把区域内城乡教育一体化发展作为稳增长、调结构、抓创新、惠民生的重要内容。江苏省及辖市（区）政府，根据《国家中长期教育改革和发展规划纲要（2010—2020年）》，分别形成区域性的中长期教育改革和发展规划纲要（2010—2020年），进一步确立教育在区域经济社会发展中的基础性、先导性、全局性战略地位，进一步确立教育优先的社会发展战略，进一步坚持政府统筹教育原则，全面落实教育优先发展，努力办好人民满意的教育。

二是在教育经费筹集中树立财政投入主渠道理念。在经费投入上明确政府责任。建立健全以政府投入为主、多渠道筹集和受教育者家庭合理负担的教育经费保障机制。一方面，各级政府依法保证优先安排教育投入，财政投入逐步成为辖市（区）教育资金来源的主渠道，为教育改革发展以及基本实现教育现代化提供了强大的财力支撑。“十一五”期间，财政性教育经费占全社会教育投入的比重达73%。2012年，常州市公共财政预算支出392.3亿元，其中教育支出72.17亿元，占到财政预算支出的18.4%。[①] 另一方面，确保教育财政投入稳步增长。市（区、县）政府把教育放在公共财政的突出位置，落实《中华人民共和国教育法》中“三增长”的规定，财政支出总额中教育经费所占比例随着国民经济的发展逐步提高，努力争取财政教育支出占GDP的比例达到4%。各级政府年初预算、预算执行中的超收入分配以及决算均体现法定增长要求，确保财政教育支出增长明显高于财政经常性收入增长，确保全市财政教育支出占一般预算支出的比例高于省核定比例，确保全社会教育投入增长比例高于GDP增长比

① 常州2012年民生投入占公共财政预算支出7成[DB/OL]. http://www.chinadaily.com.cn/dfpd/js/2013-02/07/content_16211851.htm,2013-02-07.

例。①

（二）支持城乡教育一体化发展的家庭文化观念

五代、两宋以降，特别到明清以至近现代，苏南成为国内经济文化中心和教育发展前沿。苏南城乡深厚的历史底蕴、优越的地理环境、注重教育的文化传统，造就了卓越的苏南经济、文化、教育以及全力以赴支持子女接受优质及高层次教育的家庭文化观念。

一是苏南家庭文化理念形成的历史渊源。苏南地域和古老的黄河流域一样，是中华民族诞生的摇篮之一。从远古时代起，在苏南这块土地上就有人类劳动、生息、繁衍。考古发现表明，在距今四五十万年以前，苏南地区就生活着丹徒“高资猿人”；在距今 4 万至 1 万年前，“丹徒人”“溧水人”“宜兴人”等远古居民，足迹遍及大江南北的许多地方。从昆山千墩、吴县张陵山等文化遗址出土的大批史前玉器琮璧文化来看，苏南地区古人类创造的文化位居当时社会文化的前列。

二是苏南家庭文化理念形成的经济土壤。苏南是经济发达地区之一。春秋时期，吴国青铜器的冶炼和锻造，已闻名遐迩。吴王夫差特辟冶城于今南京朝天宫铸造宝剑。西汉时，苏北已开始牛耕。三国以后，南京曾为六朝古都，吴、东晋、宋、章、梁、陈皆建都于此，成为南方的经济文化重心。隋唐以后，全国经济重心逐步南移，“天下大计，仰于东南”，“赋之所出，江淮居多”。大运河的开凿，淮北盐场的建滩，繁华的扬州城应时而起，成为东南财赋、漕运、盐铁转运的中心。唐、宋时期，“苏常熟，天下足”，苏南经济在全国举足轻重。著名的大运河就是由苏南浙北向中央政府输送粮赋的国家命脉。明代洪武中期，苏州府以占全国 1/90 的耕地负担了全国 1/10 的税粮，超过浙江全省，这就为文化教育发展提供了坚实的物质基础。改革开放以来，以苏州、无锡、常州为代表的苏南经济领跑全国区域经济发展。苏南经济的跨越式发展，使苏州、无锡、常州等城市人均 GDP 处于全国领先水平。苏南家庭普遍重视孩子教育，很多家庭有足够的家庭财力为孩子聘请家庭教师、参加课外素质训练辅导班、选择名校就读等。“孩子的教育就是家庭的今天及未来”，教育投入成为绝大多数苏南家庭经济投资的核心和方向。

三是苏南家庭文化观念形成的教育环境。与经济繁荣相适应，苏南是文化发达的地区之一，是文人墨客的聚集地。唐肃宗年间，常州创建了府学。1035 年，范仲淹创建苏州府学。1265 年苏州建县学。教育日渐兴盛，除府学、县学

① 席斯，康怡．财政性教育投入 2012 年要达 GDP4% 政府欲增加预算［DB/OL］．http://business.sohu.com/20110108/n278747136.shtml，2011－01－08．

外，苏南各地纷纷建立书院和为数众多的社学、义塾和私塾，涌现了一批以严谨治学著称的书院，如常州阳湖书院、无锡东林书院、苏州紫阳书院等。1604 年，东林书院顾宪成等人倡导“读书、讲学、爱国”的精神，提出“风声雨声读书声声声入耳，家事国事天下事事事关心”，引起全国学者的普遍响应，使东林书院成为江南地区人文荟萃之地和议论国事的主要舆论中心。据《武进县志》统计，自宋代创建书院，至清末“可查考而具一定规模的共 18 所”。苏州有书院 56 所，其中吴县 17 所、常熟 13 所、太仓 6 所、吴江 9 所、昆山 11 所。随着文化世家的兴起和文化名人的涌现，刻书、藏书之风也日益兴盛[①]。据《历代藏书家辞典》载，仅苏州就有藏书家 576 人，“人文之盛，冠于全国”。苏南在古代出了众多状元，状元中有文震孟、翁同龢这样的良相诤臣，也有史学家毕沅、外交家洪钧等，祖孙状元、兄弟登甲、叔侄及第等现象屡见不鲜。古时候一个地方出状元，学校、地方官员和乡亲也有一种荣耀的感觉，这里面有一种民间崇拜的因素。苏南民间的崇文重教意识格外强烈，如从苏州的明清老建筑里，往往能发现石雕和木雕上五子登科、高中状元的故事，五百名贤祠中的画像、街上的状元牌坊以及评弹中落难公子考状元的故事对老百姓的崇文意识起着潜移默化的作用。[②]改革开放以来，苏南的基础教育、职业教育、高等教育，成为国家教育发展的象征。配合学校教育、支持学校教育、渴望优质教育资源的城乡一体化覆盖及发展是苏南家庭文化理念的基本内容。

历史教育文化的传承，家庭经济实力的支持，重视孩子的教育，不惜集中家庭财力投资孩子接受优质教育，使得苏南地区优质教育资源的培育及发展成为一种应时的选择，使得苏南地区推进城乡教育一体化发展战略成为城乡居民自觉的期待与支持。

三、城乡教育一体化发展的制度文化条件

制度文化是文化的重要构成部分，也是能体现社会支配集团价值取向的文化层次。城乡教育一体化发展战略的实施及推进，基于对城乡教育二元分治制度文化的矫正基础上。江苏省提出了城乡教育“校园环境一样美、教学设施一样全、公用经费一样多、教师素质一样好、管理水平一样高、人民群众一样满意”

① 周文翰. 追踪苏州府学千年之轨迹[DB/OL]. http://www. js. xinhuanet. com/fqjs/2006 - 02/09/content_6201365. htm,2006 - 02 - 09.

② 周文翰. 追踪苏州府学千年之轨迹[DB/OL]. http://www. js. xinhuanet. com/fqjs/2006 - 02/09/content_6201365. htm,2006 - 02 - 09.

的“六个一样”目标。为了实现区域内空间维度与城市区域内人口维度的城乡教育一体化目标,苏南地区各级政府创新城乡教育协调发展的制度文化条件,积极推进城乡教育的优质高位均衡发展。

(一)确立城乡教育一体化发展补偿式支持的政策文化价值取向

城乡教育一体化是对以农村户籍人口为表征的社会弱者群体平等享受教育权利的制度性倾斜式支持,支持社会弱者群体获得安顿生命秩序以及谋求人生发展的精神动力,和谐社会关系秩序,促进社会发展。在学者李兰芬看来,从发生学的角度看,所有社会制度都是“事实判断和价值判断相结合的产物,是真和善的统一……是对客观必然和客观规律的把握”①。城乡教育一体化有着对农村(薄弱)学校资源配置与农村户籍人口教育机会及权利平等保障的补偿式支持的制度文化价值取向。在城乡教育一体化发展战略实施的进程中,坚持弱势补偿的政策价值取向,有选择地推进农村(薄弱)学校的现代化学校标准化建设,在倾斜配置农村(薄弱)学校师资的基础上,加强城乡学校间管理与师资资源的双向流动及整合性发展,逐步撤除教育平行存在及发展的城乡二元教育制度文化藩篱。

首先,向农村(薄弱)学校倾斜的政策文化价值取向。《国家中长期教育改革和发展纲要(2010—2020年)》明确提出:到2020年,形成惠及全民的公平教育,建成覆盖城乡的基本公共教育服务体系,逐步实现基本公共教育服务均等化,缩小区域差距。努力办好每一所学校,教好每一个学生,不让一个学生因家庭经济困难而失学。一是重点发展农村学前教育和支持贫困地区学前教育。明确政府在发展学前教育中的主导职责,把发展学前教育纳入城镇、社会主义新农村建设规划,提供城乡幼儿一样快乐健康成长的机会及权利。《常州市中长期教育改革与发展规划纲要(2010—202年)》提出:县级教育部门归口管理学前教育,相关部门履行各自职责,大力发展公办幼儿园;探索以政府购买服务的方式发展学前教育,大力扶持民办幼儿园;实施乡镇学前教育优质发展工程,到2020年,辖区(市)公办幼儿园占比达60%以上,省优质幼儿园占比达97%以上。② 二是加快缩小城乡差距,推进农村(薄弱)学校改造。区(市)政府制定《义务教育学校公用经费管理暂行办法》《关于进一步加强教师队伍建设的意见》等,落实《教育行政部门教育工作督导评估与考核细则》,建立城乡一体化义务教育发展机制,在财政拨款、学校建设、教师配置等方面向农村倾斜,实行区

① 李兰芬.当代中国德治研究[M].北京:人民出版社,2008:184.

② 常州进一步加大力度推进学前教育质量提升[DB/OL].http://www.changzhou.gov.cn/ns_news/899136533565073,2013-04-08.

(市)域内教师、校长交流制度,实行优质普通高中和优质中等职业学校招生名额合理分配到区域内初中的办法。

其次,向弱者群体倾斜支持的政策文化价值取向。弱者群体,也叫社会脆弱群体,在英文中称"Social Vulnerable Groups"。弱者群体根据人的社会地位、生存状况而非生理特征和体能状态来界定,它在形式上是一个虚拟群体,是社会中一些生活困难、能力不足或被边缘化、受到社会排斥的散落的人的概称。在城乡教育一体化发展的视域下,弱者群体是指那些因为家庭经济困难、生理机能部分缺损或丧失、农村户籍等因素而可能导致教育机会边缘化的适龄教育对象。一是给予城乡贫残适龄孩子经济补助的政策支持。市(区、县)政府将支持困难学生的补助费用列入财政预算,采取免除学习费用和困难学生定期补助制度等措施,确保适龄儿童、少年不因家庭经济困难、就学困难、学习困难等原因而失学、辍学。二是给予城镇区域流动人口随迁子女平等享受教育权利的支持。通过实施《关于深入推进"蓝天计划"的实施意见》(常州市)、《适龄流动儿童就学暂行管理办法》(常州市)等,从政策上落实流动人口随迁子女平等接受义务教育权利,积极探索流动人口随迁子女非义务教育阶段教育机会及教育权利的平等实现路径。三是给予城乡孩子平等享受优质教育资源的政策保障。市(区、县)采取优质普通高中和优质中等职业学校招生名额合理分配到区域内初中等政策,实施区域内优质学校招生名额电脑摇号、逐年提高区域内初中的优质普通高中、中等职业学校名额比例;通过实施名校校长、教师与普通学校校长、教师的双向流动制度,提升农村(薄弱)学校的办学条件及水平,解决缺失家庭经济社会资源难以择校的适龄教育对象平等享受优质教育资源的问题。

(二)创新城乡教育一体化发展的管理制度文化

苏南地区坚持从战略高度统筹区域内城乡教育的协调发展与可持续发展,以促进人的发展和城乡经济社会发展的总目标,统筹规划协调区域内各级各类教育的结构比例、空间布局、资源配置、规模速度等。打破几十年来计划经济体制形成的城乡分治的制度文化障碍,明确政府职责,创新实践"市级统筹、城乡一体、以县为主"的教育管理体制,实施城乡一体化的教育经费投入、教师队伍管理和教育督导体制。强化市(区、县)政府的统筹规划职能,构筑城乡教育统筹发展的平台,解决"富区(县)办富教育,穷区(县)办穷教育"的区(县)域之间教育发展不均衡问题。到 2012 年,常州、无锡、苏州等苏南城市全部建成江苏省义务教育优质均衡改革发展示范区。2013 年 11 月,三个城市都以 99 分以上的高分通过了教育部义务教育均衡发展示范区验收,成为全国首批地级市整体实现义务教育均衡发展的三个城市。不仅如此,苏南三个城市都是全国文明城市，这些成就的获得都体现了社会管理制度文化的先进性。这些先进文化进一步促进了城乡教育一体化发展。

一是教育投入体制的城乡一体化。在苏南地区各市中长期教育改革和发展规划纲要（2010—2020年）中，实现了公共财政对于城乡教育的支持从义务教育到学前教育的拓展，妥善解决了城乡基础教育中学前教育财政投入和师资配置制度保障不足的问题。常州市加大财政投入，将学前教育纳入公共教育服务体系，县级教育部门归口管理学前教育。对农村（薄弱）学校的教育投入给予倾斜支持，切实改变城乡教育二元分治下的“城市教育政府办，农村教育农民办”的不均衡的教育投入体制。

二是现代化办学标准的城乡一体化。江苏省出台《江苏省义务教育学校现代化办学标准》，强化实施教育现代化工程的政府行为，全面推进城乡学校现代化学校达标工程。市（区、县）政府在每年年初都将创建任务纳入政府工作的奋斗目标，加大以乡镇为主体多渠道筹措教育经费的力度。不少乡镇不造政府办公楼而盖学校，许多乡镇学校的校舍和设备水平甚至超过了城市学校。省、市、区县政府和教育行政部门切实加强奖励和专项补助支持，连续奖励现代化工程达标的区县及乡镇政府。2011年，苏南城乡学校基础设施、教育技术装备特别是教育信息化程度基本达到发达国家平均水平，建成网络、资源和服务城乡全覆盖的教育信息化公共服务体系，建成数字化教育教学资源库和数字化终身学习支持服务平台，教育信息化整体水平走在全国前列。

三是优质教育资源均衡配置的城乡一体化。常州市《关于进一步推进基础教育“集团办学”的意见》，明确了“进一步统筹配置全市优质教育资源，进一步推动以优质名校为龙头的集团办学模式”，以及“扩大优质教育资源规模，实现优质教育从学前教育阶段覆盖到职业教育阶段，从城市覆盖到农村”的丰富城乡一体化优质教育资源的政策理念。市（区、县）政府在均衡配置城乡优质教育资源与建立城乡一体化的教育质量评价导向机制及教育质量保障体系的基础上，通过城乡教育优质资源共享、双向沟通、良性互动、优势互补，激励学校形成办学特色和品牌项目，逐步实现城乡教师队伍综合素养与专业能力以及教育质量的整体提升。

四是空间维度与人口维度的城乡教育一体化。积极探索优质教育资源的丰富及均衡机制，常州、苏州等地市积极探索集团化办学模式，有效推进所有成员校优质均衡发展。《常州市“十二五”教育发展规划》提出建立覆盖全体公民的公共教育服务格局，坚持公办学校尽可能吸纳的原则，创新外来务工人员子女学校管理体制，创建依托属地中心小学对外来务工人员子女学校监督管理机制，保证外来务工人员子女在教育领域率先享受同城待遇，以解决城市化进程中的以外来务工人员随迁子女为代表的弱者群体的教育边缘化问题，缓解市场经济进程中人口的社会流动性日益增强与流入地城市教育对外来务工人员随迁子女就学接纳性资源不足之间的矛盾。

四、城乡教育一体化发展的行为方式文化条件

社会管理方式也是一种重要的文化，方式文化由各种模式化的行为组成，也是文化的重要构成体。某种意义上可将其视作观念文化的外壳或显体，也就是说行为方式，包括各种生活方式，都建立在一定的观念基础上，是观念的反映。行为一旦成为模式，进而演化为方式文化，便具有很强的整合性以规范群体的行为。① 城乡教育一体化发展战略实施过程中，作为城乡教育一体化发展战略实施主体的政府和学校，就是要将城乡教育一体化落到实处，构建相应的外部支持环境和建立城乡交流合作的长效机制，避免“上有政策，下有对策”及一些“作秀”，以应对城乡教育一体化发展制度化评估检查工作。

（一）倾斜农村（薄弱）学校的制度设计完善化

苏南地区城乡教育一体化发展战略的推进，正在通过对农村（薄弱）学校倾斜支持的政策价值导向，缩小着城乡教育差距。为解决长期以来城乡学前教育存在的不均衡状态，苏南地区启动了城乡一体化的学前教育发展制度设计。如常州市全面建立了学前教育生均公用经费财政拨款制度，制度化解决学前教育财政投入机制问题；到 2015 年，全面推行幼儿教师准入制度，建立不符合幼儿教师资格的人从幼儿教师队伍退出机制；按义务教育学校绩效工资总量水平，实施学前教育绩效工资，公办幼儿园编外聘教师和民办幼儿园教师的工资福利待遇，依据幼儿园和聘用人员双方约定执行，但必须保证其工资水平不低于上年度城镇非私营单位中企业在岗职工平均工资水平，以解决幼儿园教师社会经济地位偏低的问题。② 又如，苏南地区各级政府相继出台学校公用经费管理或保障等方面的文件，统一县域内城乡义务教育学校人员经费、建设经费、校舍维护经费、设备购置经费、日常公用经费、师资培训经费等方面的标准。辖区市通过制定教育设施布局规划、教育重点项目实施计划，重点改善农村和薄弱学校的办学条件，全面达成义务教育学校在设备、图书、校舍等方面办学条件的城乡一体化；出台《关于进一步加强教师队伍建设的意见》，明确提出统一城乡中小

---

① 陈大兴. 城乡基础教育一体化的文化逻辑与现实冲突[J]. 教育文化论坛，2010(5).

② 常州进一步加大力度推进学前教育质量提升[DB/OL]. http://www.changzhou.gov.cn/ns_news/899136533565073，2013-04-08.

学教职工职务结构比例标准、教职工编制标准，形成中小学教职工编制动态调整机制，编制使用向偏远地区、贫困地区以及农村学校、薄弱学校适当倾斜；建立健全区域内城乡、校际之间教师的交流制度，采取评优评先、职称晋升、发放补贴等向农村教师倾斜的多元化途径鼓励和吸引优秀人才到农村任教，以解决城乡学校师资配置及水平的不均衡问题。

（二）城乡教育一体化战略实施的内涵发展特色化

城乡教育一体化，从发展内涵上讲，是在完成国家规定的教育任务基础上，体现学校之间不同发展特色的多样化发展。城乡学校在办学思想、教学设施、师资力量、教学质量等达到标准化后需要重点发展学校的特色，通过特色的发展做到同中求异，形成百花齐放的城乡教育一体化发展格局。城乡教育一体化不是城乡教育一样化，不是城乡教育同步化、齐步走，也不是要消灭农村教育，而是根据城乡及校际各自的特点与优势，优化教育过程，合理配置教育资源，发展特色教育，打造教育品牌，提高办学效益的双向演进过程。城乡教育一体化不是消灭农村（薄弱）学校教育的优势与特色，而是要充分肯定、增进、利用这些优势和特色。城乡教育一体化、统筹城乡教育发展，就是通过加大城乡及校际资源的整合和对接力度，充分发挥城乡教育双方的优势，实现城乡教育“双强共荣”。2009 年常州市出台《常州市中小学特色学校建设工作指导意见》，要求中小学校树立“特色立校、特色强校、特色兴校”理念，根据自身学科、资源优势，精心提炼办学思想，着力推进文化建设，系统建构学校课程，在某个项目或整体上逐渐形成个性和特色，着力培育“特色项目—学校特色—特色学校”。如常州市湖塘桥中心小学教育集团下属的 7 个校区，在保持质量管理、教师发展、学生培养等“六个统一”的基础上，花园校区成为江苏省书法特色学校，新湖校区成为武进游泳特色学校，何留校区成为武进区门球特色学校、何留校区成为诗化的校园，北校区成为全国学校艺术教育工作先进单位。这些优势的发挥不仅培养了一批尖子学生，使少部分人受益，而且在学校形成一种氛围、一种环境，使大部分学生都能受到熏陶和锻炼，逐步形成学校的文化和学校的办学特色。2009 年至今，常州市共创建市德育、体育、音乐、书法、美术、信息技术和科技等特色项目学校 300 多所，初步形成“一校一特色”的城乡学校竞相发展的局面。城西花园中学建成全市唯一的省教科研基地，并成为全省首批模范学校之一。城南清潭中学成为全国德育先进学校。

（三）城乡教育一体化战略实施的督导评估制度化

为推进城乡教育一体化发展战略的全面实施，江苏省、市及辖区市政府落实出台关于教育督导评估工作的文件。一是加强督政。督导评估强化政府履行义务教育责任主体意识，加强均衡发展的制度设计和保障机制建设。如无锡市启动了义务教育均衡发展条例的专门立法工作，在当地主要媒体上公开征求立法意见。常州市建立所辖区市义务均衡发展监测机制，并健全完善了政府责任制、督导检查限期整改制度和问责制度。落实政府办教育的责任，加强对县级政府的督导评估，推进各级政府依法履行促进城乡教育一体化发展的法定责任，促进教育经费、合格师资、教育装备等资源向薄弱学校、农村学校倾斜，不是仅仅办好几所“重点”“盆景”学校，而是要让老百姓家门口的学校都一样精彩。二是强调均衡。督导评估设置办学标准“门槛”，采用数据测算的定量分析，定量与定性相结合，客观、公正和科学地推进督学工作。衡量校际间的均衡状况采用国家统计数据，选取教学及辅助用房、体育运动场馆、图书、生师比、高于规定学历教师数等 8 项指标，计算其生均值的差异系数，用科学统计数据来客观反映校际间均衡的真实水平。通过督导评估，市及辖区市政府对标找差，积极整改，向农村学校、薄弱学校倾斜教育资源。苏州市有 7 个辖区市小学各项差异系数全部达标，丹阳市投入 7700 万元用于改善农村中小学教育技术装备。三是重视民意。选择具有公信力的调查机构，随机调查学生家长及社会各界人士，了解公众对义务教育学校均衡状况的满意度，让人民群众拥有了直接的话语权和评判权。这些举措让人民群众真切感到“幸福教育来敲门，公平教育不远行”。国家统计局无锡调查队于 2012 年年底对无锡市义务教育均衡发展进行调查，总体满意度达到 94.07%，9 个市（区、县）满意率都在 90% 以上。四是规范程序。督导评估采取县级自评、市级复核、省级督导、国家认定的方式，以评促建，层层把关。教育均衡发展的督导评估，使教育公平的价值观逐渐成为政府的执政理念。

总之，城乡教育一体化实践模式的形成具有条件性，不仅需要教育系统内部条件的支撑，更需要社会经济文化发展条件的资助。只有内外部条件成熟了，城乡教育一体化发展才具有坚实的基础，战略目标的定位才能具有现实性与超前性。

第十章　城乡教育一体化发展战略实施的保障机制

城乡教育一体化发展战略目标是建立在城乡教育一体化发展所具有的条件基础上对未来发展的宏观统筹规划，而决定这一规划实践价值大小的重要因素就是各种保障机制的建立。本章主要根据教育与经济、政治、文化等社会发展要素之间的互动关系原理，试图构建城乡教育一体化发展战略实施的经济保障机制、政治保障机制与文化保障机制。而城乡教育一体化发展的内部具体运作机制在城乡教育一体化发展目标体系里面已经进行了阐述，所以本章不再进行论述。

第一节　城乡教育一体化发展战略实施的经济保障机制

经济发展既是城乡教育一体化的基本前提，又是城乡教育一体化战略实施的重要保障。如果说经济发展是城乡教育一体化的重要条件，那是强调其在城乡教育一体化战略实施过程中能够并且已经起的物质支持作用。如果说经济发展是城乡教育一体化发展战略的保障，则更强调其对城乡教育一体化发展的未来状态所起的经济支持与经济推动作用，尤其强调区域经济一体化发展对域内城乡教育一体化发展战略实施的长效拉动作用。

一、城乡教育一体化发展的经济形态保障

如前文所描述的，要理解城乡教育一体化发展战略，必须要理解城乡经济社会一体化发展战略，而要理解城乡经济社会一体化发展战略，又必须找出城乡间经济发展的最核心差异。描述这种经济差异，最核心的部分其实就是客观存在的城乡间因不同的生产方式及生产力水平相互作用而形成的不同经济形态。经济形态是一个高度抽象的社会科学概念，它是对一定历史时期内，代表这个社会先进生产力水平的经济活动及其经济结构与特点的一种抽象表述。

目前我国城乡社会存在的两种主要经济形态就是自然经济和商品经济。在传统城乡二元结构以及总体生产力水平较低的状态下,我国农村的经济形态以自然经济为主,而城镇的经济形态则以商品经济为主。由于现阶段我国社会生产力发展水平不高以及城乡间生产力发展水平存在差异,两种经济形态在我国某些地区的城乡不同空间内共存的现象比较明显。自然经济广泛存在于农村地区,它是与较低的社会生产力水平相适应的,通过自然劳动分工进行简单再生产,其呈现出的主要特征是一定程度的自给自足性。这种经济形态对农村社会影响很大,所表现出的是农村社会的封闭与保守。而商品经济是与较高的生产力水平相适应的经济形态,广泛存在于城镇社会中,其本质上是一种交换经济,以社会生产与扩大再生产为特征,其对城镇社会造成巨大影响,所表现出来的是开放性与开拓性。商品经济是一种竞争经济,其竞争性要求经济主体为获取商品竞争中的优势地位而不断改进和引进新技术,努力提高其劳动生产率。

城乡经济社会一体化语境下的经济发展形态必然是破解城乡经济形态的二元结构,消除自然经济特性,提高农产品的商品化比重,促进农村商品经济水平的提高,形成与城市商品进行公平交换的经济发展态势。首先,提高城镇商品经济水平。城镇主要经济形态是商品经济,要提高商品经济水平,就必须要完善商品经济交换市场,建立和完善商品交换的基本法律政策体系,制定和完善商品交换市场准入机制,鼓励生产者积极参与市场竞争,扩大多地竞争与合作,深化对外开放,最根本的是要建立完善的具有中国特色的社会主义市场经济。其次,改变农村自然经济现状,提高农产品市场的商品化水平。城乡经济一体化,就是要强调城乡商品市场的互动,而农村自然经济的封闭性和保守性,不利于城乡市场的一体化。提高农产品的市场化水平,一是要降低农民的生产成本,提高农产品的生产效率,这除了需要政府的财政与政策支持外,还需要城镇在工业化上反哺农村,利用城镇的工业化来提高农业的工业化水平;二是要使农产品积极参与竞争,由于农村自然经济不以扩大再生产为主要目的,自然经济思维主导下的农产品生产不指向市场的需要,这使得农产品的市场竞争力不强,因而,要参与市场竞争就应在市场经济的供需关系引导下生产适时农产品;三是要在农业生产中扩大分工,通过技术革新和管理进步,突破自然经济条件下的个人生产模式而走向社会化生产模式,改变农村劳动力只向城镇流动的单向局面,借助农业生产的社会分工,使农村剩余劳动力更多地流向农产品商品化的其他环节,如加工、运输、保存、销售等,提高农业市场化程度,同时也在一定程度上减少因各种中转环节而造成的农民的收入损失。

城乡经济发展的一体化商品化形态为什么是城乡教育一体化发展的重要保障呢?这里涉及城乡经济发展与城乡教育发展之间客观存在的内在关系分

析。在一定程度上,有什么样的经济形态,就会形成什么样的教育形态。地理位置、自然条件、经济发展等一系列因素的影响,使得农村自然经济的存在具有一定的合理性。反映到教育形态上,如在社会—家庭—学校三级教育形态上,社会教育、家庭教育和学校教育均具有与自然经济相一致的特点——封闭性与稳定性。首先,由于工业化、城市化加速以及农村自然经济发展缺乏活力等原因,农村剩余劳动力向发达城镇转移,造成了农村家庭教育和社会教育功能的衰微,留守儿童等问题随之而生,更使得农村教育依赖于传统的学校教育。其次,农村学校在市场化浪潮中越来越处于精神与物质成果分享体系的末端,使得农村学校教育功利化倾向越来越明显。再者,农村自然经济形态改变艰难,相对于经济,借助于技术的进步和政策的统一性,城乡教育在教育目的、手段等方面趋于一致,而且如前文所述,这种一致性尤其是教育内容的一致性呈现出有利于城镇人口发展需要的趋势。因此,农村学校教育的社会功能难以适时适地发挥出来。而从城镇来看,社会—家庭—学校三级教育形态功能的发挥则更受商品经济的影响,竞争性、多元性、特色性多于农村,城镇教育机会与教育资源将因教育内容的城市价值中心倾向而相对优越于农村。因此,传统城乡二元分割的经济形态从某种意义上看,导致城乡教育之间差距的扩大。城乡经济发展的一体化趋势为化解城乡教育二元发展难题提供了重要的保障,它可以借助于城镇化发展的经济、文化、技术等方面的优势,为农村三种教育形态功能的发挥提供更多的可能性,为城乡教育公平发展提供社会基础。

因此,城乡教育一体化发展战略的实施,离不开经济形态方面的保障,合理的城乡经济形态是城乡经济一体化同时也是城乡教育一体化顺利进行的必要物质保障。

二、城乡教育一体化发展的经济结构保障

从现阶段发展来看,城乡经济一体化的基本趋势是一体化的社会主义市场经济。建设城乡一体化的社会主义市场经济,是我国经济社会发展的必然要求。在城乡经济一体化过程中,除了要发挥商品经济的优势,改变农村自然经济的落后面貌,使农产品参与市场竞争外,还要有合理的经济结构。要认识到:改变自然经济的落后面貌并非要取消农业,发展商品经济也并不意味着农村和城镇完全等同化,即农村与城市之间并非要发展无差别的经济,并非要走完全一样的工业化道路。因此,城乡经济一体化是否顺利而持续地发展,要看城乡经济一体化过程中城乡经济结构是否合理健康。所谓经济结构,指构成国民经济的要素及这些要素的构成方式,是国民经济各个要素在特定的关联方式和比

例关系下所结成的有机整体。经济结构有广义和狭义之分，广义的经济结构包括所有制结构、生产结构、流通结构、分配结构和消费结构等部分，狭义的经济结构可理解为产业结构。此处所指经济结构，是指狭义的经济结构。城乡经济一体化过程中，农业、工业、服务业等产业在经济上的比例关系是否合理，各产业间互动是否顺畅和频繁，直接影响着城乡经济一体化的目标能否顺利实现。

转变城乡经济一体化过程中的城乡二元经济结构，就要协调农业、工业和服务业等产业的关系。城乡经济一体化，不是要取消农业而实现完全的工业，也不是一定要使服务业占主要地位而使农业与工业处于附属地位。在城乡经济一体化过程中，一是要因地制宜地处理好三者的关系，发挥各产业在经济结构中的优势，通过产业优势来带动其他产业的发展，构建合理的经济结构能充分发挥经济优势；二是在发挥产业优势的同时，通过技术革新和管理进步来减少农业劳动力比重，使农业剩余劳动力能够更多地弥补工业和服务业劳动力缺口，实现劳动力的高效利用；三是促进和实现三大产业之间的互动，增强服务业在农业和工业中的作用，实现农业工业化；四是利用信息技术的发展来提高三大传统产业的效率，减少产业间互动成本。

处理好城乡经济结构中各大产业之间的关系，是为实现城乡经济发展和城乡经济一体化提供结构性优势，能够激发经济发展活力，从而为城乡教育一体化奠定物质基础。此外，从产业本身来看，近些年我国出现了教育产业化倾向，通过教育产业化把教育当作产业来办，盲目地提高教育效率，使教育消费成为经济发展新的增长点，这违背了教育的理念和价值。但是，教育产业化同时提供了一个较为重要的视角，就是教育除了公益性特征外，还有某种意义上的服务业特征。为促进工业、农业、服务业发展，社会和国家需要购买教育服务，通过对人力资本的教育投资，来实现工业、农业、服务业的可持续发展。因此，城乡教育一体化过程中，我们要能够认识到教育作为服务业的一部分在城乡经济结构中应有的地位。影响经济结构形成的因素很多，但最重要的因素是社会对最终产品的需求。因此，教育在城乡经济结构形成中处于何种地位，离不开城乡整体经济结构合理性发展的保障，也离不开经济结构中服务业的重要地位的有力支持。

三、城乡教育一体化发展的经济投入保障

西奥多·W.舒尔茨在论述政府在农村教育中的重要作用时认为，“国家必

须投资于能为推进农业生产的知识及其应用作出贡献的活动”①。在政府主导型社会中，政府在城乡二元结构下对城乡教育一体化有着至关重要的作用。因此，政府要保证有“相当的政府支出和服务于农业部门的特定政府活动的组织”。只有这样，在城乡教育一体化进程中，在城乡教育竞争与合作中，城乡教育差距才不至于被本来就存在的城乡“剪刀差”而越剪越大。

城乡教育一体化除了要依靠城乡一体化总体战略特别是城乡经济一体化的推动外，还要有政府的经济政策等多方位支持。从物质角度讲，城乡政府直接的人、财、物的投入对城乡教育一体化起着重要的作用。首先，城乡经济一体化离不开政府部门的物质支持。在人员配备、基础设施等方面，政府在城乡二元结构下的投入不应只偏向于城镇而忽视农村，农村基础设施的建设等对城乡经济一体化都有着重要的影响，而如上文所述，城乡教育一体化离不开城乡经济一体化的推动，所以政府对城乡经济一体化所做的投入会间接影响到城乡教育一体化。其次，城乡教育一体化离不开政府部门的直接投入。城乡间本来就存在着教育环境、教育资源、教育基础设施与人员配备等方面的差距，而政府在人、财、物等方面的城镇倾向性投入，使得农村在城乡教育一体化过程中处于不利地位，这进一步扩大了城乡教育的差距。再者，政府在城乡教育资源整合过程中，为有效利用城乡教育资源，在城乡学校之间采取校校合并、联合办学等各种措施，这也是为了推进九年义务教育、共享优质教育资源而进行的改革，但这同样带来了一系列问题，比如因学校合并而产生了校舍紧张、生均教育资源占有率不高、家庭为解决学生住宿和交通问题进行了再投资等现象，造成了此消彼长的教育投资怪圈。因此，政府除了要增加农民收入外，更要进一步减轻农民负担，比如削减涉及农民负担的非必要性行政费用，打击教育乱收费现象，严格规范择校费以及各种书籍资料费用“摊派”等问题。

除了政府对城乡教育一体化的直接和间接经济投入外，城乡教育一体化的经济投入保障还应包括家庭和社会对城乡教育一体化的经济投入。教育是一种公共物品，其经济上的投入责任往往被人们认为只在于政府，实际上家庭和社会的经济投入也很重要。相对于政府的政策性经济投入，家庭和社会的经济投入一般表现为家庭对子女的教育支出，社会个体、团体或单位对教育的捐助、奖励性支出等，如设立奖助学金、捐建冠名楼等。此外，个体或单位出于对人力资源的需求而对教育进行经济投入，也被认为是对教育的间接性经济投入，此时教育扮演的是服务产业角色。随着知识经济时代的到来，社会化分工越来越精细和复杂，对教育服务的需求会越来越大，面向市场需求的教育服务也会越

---

① 西奥多・W. 舒尔茨. 改造传统农业[M]. 北京：商务印书馆，1987：78.

来越丰富，这将带动教育的发展。

对于教育本身来说，充分而公平的经济投入除了刺激经济本身的发展从而带动教育发展外，还对教育发展起到重要作用。没有充分而公平的经济投入保障，城乡教育一体化是不可能实现的。而城乡教育一体化，又在城乡经济一体化以至于城乡一体化过程中发挥着重要作用。此外，经济投入在城乡一体化其他方面的分配比例也影响着城乡教育一体化。因此，经济投入在城乡教育一体化中发挥着重要作用。

综合以上几个方面，经济发展是城乡教育一体化发展的重要保障，没有合理的经济发展形态，就不可能有城乡教育一体化发展的合理诉求；没有合理的城乡经济结构，城乡教育一体化发展的动力就会减弱甚至丧失；没有一体化的经济投入机制，城乡教育一体化发展会因为失去基础性支持而难以收效。

第二节　城乡教育一体化发展战略实施的政治保障机制

城乡教育一体化发展是教育公平、教育平等诉求的直接表现。因此，平等、民主思想及其影响下的政治制度设置是城乡教育一体化发展战略实施的重要政治保障。

一、城乡教育一体化发展的民主政治氛围保障

中国是人民民主专政的社会主义国家，政治民主是党和国家的不懈追求。新中国成立以后，社会主义制度确立并不断发展完善。毛泽东就曾指出，“要造成一个又有集中又有民主，又有纪律又有自由，又有统一意志、又有个人心情舒畅、生动活泼，那样一种政治局面”。新中国成立后虽然经历了严重挫折，但为当代中国一切发展进步奠定了根本性的政治前提和制度基础。改革开放以来，我国创造性地形成了中国特色社会主义政治体制与中国特色社会主义政治发展道路，城乡社会主义民主政治建设取得重大进展，人民群众参政议政的意识与能力得到极大提高。

中国特色社会主义民主政治与坚持党的领导、人民当家作主、依法治国之间存在着辩证关系，它们是我国政治制度与政治体制的有机组成部分。坚持和改善党的领导，坚持人民民主专政，坚持和完善人民代表大会制度、中国共产党领导的多党合作和政治协商制度、民族区域自治制度、基层群众自治制度是中

国特色社会主义政治制度与政治体制包括的具体内容。

在中国特色社会主义政治建设的伟大实践过程中，社会主义民主不断发展。具体表现为人民主体地位不断加强，主人翁精神不断发挥，参与国家政治生活与社会主义建设的积极性不断得到提高。“人民民主不断扩大，民主制度不断完善，民主形式更加丰富”成为我国民主政治社会氛围的真实写照。“依法治国基本方略全面落实，人权得到切实尊重和保障”既是我国政治民主现代化的主要内容，又是我国政治体制改革的巨大成就。这些成就进一步推动社会公平正义的建设力量，为进一步营造良好的政治氛围与社会环境提供社会基础。

因此，民主团结、生动活泼、安定和谐的政治局面初步形成是社会主义民主政治长期建设发展的结果，来之不易，需要维护和发展。这样一种民主、和谐的政治氛围，能够促进广大干部群众充分发挥积极性、主动性、创造性，扩大人民群众有序政治参与范围；能够最大限度地不断孕育与激发民主精神，提高人民群众政治参与的素质和能力；能够增强社会凝聚力和向心力，形成城乡教育一体化发展的强大合力，为城乡教育发展以及经济、政治、文化、社会和生态等各方面建设提供重要的社会保障。

显然，民主政治氛围是社会主义民主政治建设的载体，也是社会主义民主政治水平提高的表现，这种政治氛围理所当然地蕴含着人们对教育民主、教育公平的诉求与接受。城乡教育一体化本身就是教育平等的具体表现，这一教育诉求没有民主氛围进行支撑，呼声再大也必将遭遇夭折的命运，反之就能得到社会的理解、认同、接受。

二、城乡教育一体化发展的健全政治制度保障

城乡教育一体化作为国家的一项重要发展战略，需要相应的政治制度保障。政治制度是指在特定社会中，统治阶级通过组织政权以实现其政治统治的原则和方式的总和。从更为宽泛的角度看，政治制度是指社会政治领域中要求政治实体遵行的各类准则或规范。我们这里所说的政治制度，是广义的范畴，它不仅包括国体、政体、国家结构制度，还包括一系列具体的政治制度以及各种政治运行机制。

人民民主是社会主义的生命。发展社会主义民主政治是我们党和国家始终不渝的奋斗目标。要坚持中国特色社会主义民主政治发展道路，坚持党的领导、人民当家作主和依法治国有机统一，坚持和完善人民代表大会制度、中国共产党领导的多党合作和政治协商制度、民族区域自治制度、基层群众自治制度，不断推进社会主义政治制度自我完善和发展。城乡教育一体化发展需要以下

几个方面的制度保障。

（一）民主参与制度保障

如前所述，教育不仅关乎国家发展大计，还关乎百姓切身利益。教育发展必须坚持以人为本，从最广大人民群众的根本利益出发，切实发扬社会主义民主，保障基层群众的民主参与。

人民代表大会制度是我国的根本政治制度，要充分“支持和保证人民群众通过人民代表大会行使国家权力”①。在城乡教育一体化发展进程中，“人大及其常委会要充分发挥国家权力机关作用，依法行使相关的立法、监督、决定、任免等职权”②。提高基层人大代表特别是工人、农民、知识分子代表比例，充分反映农村地区、教师队伍的真实意愿。完善人大代表联系群众制度，及时反映城乡群众诉求。

基层群众自治制度是我国的一项基本政治制度，基层群众“自我管理、自我服务、自我教育、自我监督，是人民依法直接行使民主权利的重要方式”③。在城乡教育一体化发展战略的实施过程中，要切实保障城乡居民的民主权利。对城乡教育发展的规划和实施，要充分发动群众，依法扩大有序参与，拓宽参与途径和范围；完善和推广“政社互动”模式，约束和规范基层政府行使权力；提升基层自治组织履职能力，促进社会组织发展和发挥作用，充分保障基层群众的有效参与；健全和创新利益协调机制、诉求表达机制、矛盾调处机制、权益保障机制；“发挥基层各类组织的协同作用，实现政府管理和基层民主有机结合”④。

（二）民主协商制度保障

协商民主是我国社会主义民主的重要形式，要坚持和完善中国共产党领导的多党合作和政治协商制度。要加强人民政协自身建设，充分发挥人民政协的职能，“推进政治协商、民主监督、参政议政的制度建设”⑤。在城乡教育一体化发展战略的实施过程中，围绕城乡发展的重大问题和涉及城乡群众切身利益的

---

① 胡锦涛.坚定不移沿着中国特色社会主义道路前进　为全面建成小康社会而努力[M].北京：人民出版社，2012：26.

② 胡锦涛.坚定不移沿着中国特色社会主义道路前进　为全面建成小康社会而努力[M].北京：人民出版社，2012：26.

③ 胡锦涛.坚定不移沿着中国特色社会主义道路前进　为全面建成小康社会而努力[M].北京：人民出版社，2012：27.

④ 胡锦涛.坚定不移沿着中国特色社会主义道路前进　为全面建成小康社会而努力[M].北京：人民出版社，2012：27.

⑤ 胡锦涛.坚定不移沿着中国特色社会主义道路前进　为全面建成小康社会而努力[M].北京：人民出版社，2012：26.

实际问题，要充分考虑人民政协的意见和建议，广集民智，汇聚力量，推进决策科学化、民主化，提高决策透明度和公众参与度。“把政治协商纳入决策程序，坚持协商于决策之前和决策之中，增强民主协商实效性。”①

（三）民主监督制度保障

我国宪法规定：“中华人民共和国公民对于任何国家机关和国家工作人员，有提出批评和建议的权利；对于任何国家机关和国家工作人员的违法失职行为，有向有关国家机关提出申诉、控告或者检举的权利，但是不得捏造或者歪曲事实进行诬告陷害。”

党的十八大报告指出，要完善党务公开、政务公开、司法公开和各领域办事公开制度，促进权力运行公开化、规范化。健全质询、问责等制度，加强党内监督、民主监督、法律监督、舆论监督，让权力在阳光下运行。在城乡教育一体化发展的各项事宜上，政府部门应及时主动做好信息公开工作，强化基层群众对城乡教育一体化发展战略实施的全过程、各方面的有效监督，确保教育部门和其他相关部门按照法定权限和程序行使权力。

（四）民主考核制度保障

建立健全城乡教育一体化发展的督导评估机制，确保各项措施有效落实。改变自上而下的量化考核，建立立体考核模式，注重教育质量和内涵，重视人民群众满意度。教育主管部门同高等院校或其他第三方制定和完善城乡教育一体化发展的评估标准，建立科学的监测指标体系，长期监测机制和定期评估机制相结合。建立监测结果公开发布和及时反馈机制，促进科学决策和及时整改。将督导评估结果作为考核领导干部政绩的重要内容和表彰奖励或责任追究的重要依据，对城乡教育一体化发展成效显著的地区，上级政府给予表彰奖励，加强宣传推广，提高全地区城乡教育一体化发展的整体水平。

（五）其他相关体制机制保障

城乡教育一体化是城乡建设一体化的重要内容，又与建设社会主义新农村、构建社会主义和谐社会、全面建成小康社会、实现社会主义现代化紧密相连，关系到多部门、多方面。因此，以相关体制机制改革创新为动力，建立健全和贯彻落实城乡教育一体化发展的配套政策措施十分重要。

改革教育管理制度，完善教育投入机制，创新教师人事制度，完善中小学教师培训培养机制，鼓励城乡教师合理流动，加强城乡教师工资制度改革，建立健

① 胡锦涛.坚定不移沿着中国特色社会主义道路前进　为全面建成小康社会而努力[M].北京：人民出版社，2012：27.

全城乡统一的教育督导和质量评价机制。推进户籍制度改革，打破城乡户籍制度壁垒，推动城乡协调发展。推进城乡一体化发展中就业和社会保障制度配套改革，统筹兼顾、协调推进城乡就业和社会保障事业全面发展。这些机制虽然在本书第七章中有所论述，但那主要是从教育发展本身内部机制完善角度来阐述的。把它们放在“政治保障”语境下来阐述，无非想突出这些机制本身就具有不公平性，是社会不民主的产物，所以必须在民主政治框架下来加强教育系统内部要素的改革，实现教育系统内部运作机制建设程序的公正化与民主化。

（六）城乡教育一体化发展的社会政治心理保障

社会政治心理是人们对社会政治过程和政治生活的一种不系统的、不稳定的、感性的反映，表现为一定的政治动机、政治态度、政治情绪、政治信念等。社会政治心理是社会心理的重要内容，是社会意识的低级层次。

社会政治心理是人们对政治生活的直观感受，这种对政治的认知、情感、态度、性格和信念直接影响人的政治行为，进而影响宏观政治形态。社会政治心理的能动作用体现在三个方面：一是影响政治稳定。社会政治心理是个体政治心理相互沟通、相互影响而形成的政治共识，具有群体性、广泛性、扩散性、感染性，对政治现实的认同与否直接影响政治稳定。二是影响政治决策。社会政治心理反映了社会思潮、公众舆论，往往体现着社会政治形势的变化和公民的利益诉求，因此对政治决策产生方向性影响。三是影响政治变革。经济基础决定上层建筑，但政治心理具有推动或阻碍政治变革的重要作用。

作为一种社会意识，社会政治心理是社会存在的直观反映，其产生和发展受一定社会的经济、政治、文化背景以及其他社会心理的影响。从政治层面来看，健全的政治制度及其有效运行、充分的政治权利及其有效行使，能够促进形成积极的社会政治心理，而这种积极的社会政治心理又必然会反过来促进政治制度的不断完善、政治权利的更好保障，由此形成一个相互促进、不断完善的良性循环机制。

面对新中国成立以来特别是改革开放以来取得的伟大成就，从总体来看，中国的社会政治心理是积极的。但是，随着改革开放的不断深入，不能否认，处于社会转型期的中国存在消极社会政治心理。贫富差距过大、体制机制不够完善、腐败问题严重、生态破坏等问题反映在社会政治心理上，表现出一定程度上的对社会主义信念不够坚定、对党和政府不够信任、对政治生活冷漠等。

在城乡教育一体化发展中，积极的社会政治心理能够使城乡群众更加深刻地认识政治和教育发展实践，培养健康的社会政治情感和态度，坚定正确的政治信念，激发城乡群众的主人翁意识，使他们积极参与城乡教育一体化发展实践。应该重视培育更加积极向上的社会政治心理，并引导其发挥作用。首先，健康持续的经济发展是积极社会政治心理的物质基础和决定因素。要坚持科学发展观，深化改革开放，处理好效率与公平的关系，使城乡群众共享改革发展成果。在教育事业上，要加大总体投入，向农村地区、落后地区合理倾斜，为城乡教育一体化奠定坚实的物质基础。其次，要深化政治体制改革，实现最广泛的人民民主。要健全权力运行机制，加强民主法制建设。充分保障城乡教育一体化发展中广大人民群众的知情权、表达权、参与权和监督权，保障公民享有平等的受教育权利。再次，要加强文化建设，“发挥文化引领风尚、教育人民、服务社会、推动发展的作用”①。以中国特色社会主义文化凝聚社会力量，强化积极的社会政治心理；要“加强和改进思想政治工作，注重人文关怀和心理疏导”②，引导和调适消极的社会政治心理。最后，要切实改善民生和创新社会管理。改善民生是社会建设的重点，发展的目的是人民幸福；要推进社会体制改革，完善社会管理体制机制，培育和促进社会组织发展；教育是最大的民生，要贯彻城乡教育一体化发展战略，合理配置教育资源，追求和实现教育公平。

第三节　城乡教育一体化发展战略实施的文化保障机制

由于受到地理位置、交通条件、经济状况等外在因素的影响，一定区域内的城市和乡村，在文化资源的拥有量与文化发展的质方面存在着明显差异。与此同时，在城乡二元结构社会下，城市偏向的文化教育发展价值取向实际造成了占社会主导的、优势的城市文化与被边缘化的、弱势的农村文化的城乡二元文化现象。城乡二元文化是城乡教育一体化发展的障碍和瓶颈。

一、城乡教育一体化发展的文化资源制约

城市文化和农村文化的差异性、异质性，在某种程度上造成了城乡教育生存发展文化资源的差异性和异质性。正如《晏子春秋·内篇杂下》所言：“橘生

① 胡锦涛. 坚定不移沿着中国特色社会主义道路前进　为全面建成小康社会而努力[M]. 北京：人民出版社，2012：30.

② 胡锦涛. 坚定不移沿着中国特色社会主义道路前进　为全面建成小康社会而努力[M]. 北京：人民出版社，2012：32.

淮南则为橘,生于淮北则为枳。"文化资源对于教育发展而言,亦如淮南(北)之地理等因素之于非同质的橘(枳)。文化设施不仅是城市空间格局的重要组成部分,而且是政府主导的公共投资的主要领域,更是城乡教育一体化发展的文化资源保障。长期以来,文化建设重城市、轻农村,农村文化设施设备不健全,公共文化资源短缺。城乡教育一体化发展的文化资源制约主要体现在以下五个方面。

(一)制度文化资源支持城乡不均衡

经济学和公共选择理论告诉我们,良好的制度对于推动发展具有非常重要的作用,反之则是制约发展的最重要因素。城乡文化教育发展差异的根源在于城市偏向(Urban Bias)的制度安排。长期以来,城乡二元的文化教育制度,实际造成了文化教育发展的城乡差距。长期以来重城市、轻农村的发展方式,使城市文化日益强化、乡村文化不断衰落,城乡二元文化结构的鸿沟日益分明。城乡教育二元结构体制下,"城市教育政府办、农村教育农民办",空间维度上的城乡学校办学条件差距明显,城市区域内的农村户籍人口难以享受平等教育机会及权利。农民工随迁子女教育、妇幼保健、社会保障等方面都存在着制度性歧视,一些地方的公办学校虽然接受义务教育适龄农民工随迁子女,但就读手续繁杂,部分农民工随迁子女只能进入外来民工子女学校。这些导致了"分而治之"的二元分割现象,复制和强化了在二元结构中的传统城乡教育。

(二)物质文化资源分布城乡不均衡

就财政投入来说,"在每年的文化事业费中,城市和农村的比例为三比一"①,主要的文化设施如剧院、规划馆、博物馆、大型体育场馆等在中心城区分布较为集中,农村区县分布较少、层级较低,而且较为分散。一些省市拟建的重大文化项目基本上位于中心城区。但与此同时农村区县文化设施建设相对滞后,一些农村区县没有独立的科技馆、美术馆、剧院、体育场、博物馆、图书馆和少年宫等文化设施。"城市图书发行网点在过去十几年间增逾 3 倍,而农村却减少了 40%。"②因受网络条件和经济条件的影响,有些农村家庭使用的是无线电视,收视频道十分有限。有些农村困难家庭连电视也没有。当城市孩子在现代化教室体验 E 学习冲浪时,农村孩子却艰难跋涉在崎岖泥泞的上学路上。

(三)农村群众性设施规划不合理,规模小、标准低

农村文体设施建设缺少统一规划,对设施规模、档次、数量、布局等定位不

① 曹锦扬. 统筹城乡文化发展的六个环节[J]. 江海纵横,2009(1):52-53.

② 张乐,刘娟靖,王建华. 城乡文化强弱差距挑战中国新农村建设目标[DB/OL]. http://news.xinhuanet.com/politics/2006-01/31/content_4123220.htm,2006-01-31.

够准确，很多农村区县存在着文化基础设施面积小、规模小、内部设施设备落后、功能不配套等问题，部分区县图书馆、文化馆、社区文化服务中心等文化基础设施建设有待完善。由于缺乏稳定的经费保障机制，长期得不到维修改造，农村地区文化设施更加薄弱，一般以健身器材为主，只有为数不多的健身设施、文化广场及公园、电影院等，不能满足人们对文化设施多样化的需要。尤其是未成年人，求知欲很强，知识更新也快，在公益文化设施不能满足需求的情况下，就会选择进入网吧、“三厅”（游戏厅、歌舞厅、录像厅）。

（四）农村文化发展投入不足，文化设施欠账多

相对于中心城区过去和今后都呈现出的文化大投入状况，政府对农村文化基础设施的投入力度不大，投入比例失调，人文 GDP 投入不够。农村文化基础设施建设投入没有纳入各级政府经济发展的总体规划中，没有形成稳定的渠道和长效的机制，一些基本投入还维持在低水平上。虽然农村群众文化设施建设与国家提出的“县县有图书馆、文化馆，乡乡有文化站”的要求差距并不大，但和中心城区的文化相对繁荣相比，城乡差距非常明显。

（五）农村家长对子女教育期望值低

在大学毕业生就业形势异常严峻的时代背景下，农村孩子通过上大学改变农村户籍烙印、提高社会地位及身份的家庭愿景渐行渐远。相对于城市家长花费很大精力和金钱投资孩子的学习强项、特长素质，希冀抓住保送、自主考试等稀缺机会跨入名牌大学的热忱努力，农村家长的心中则涌起了“读书无用论”的无奈选择。据统计，城区学校的家长会 90% 以上是亲代家长参加的，而农村学校的家长会 80% 以上是祖代或托管家长参加的，而且农村学校家长参会率远低于城市学校，不到 50%。农村留守儿童多，隔代教育多，祖代对孙代溺爱，养成孩子从小就贪玩的习惯，加上祖代文化知识浅薄、教育水平低、教育观念落后、教育方法不当，对小孩产生不良影响，祖孙代长期相处，祖代的一些传统旧思想、旧观念、封建迷信、不文明语言、不良生活方式感染农村孩子心灵，农村孩子在家庭接受的是低级文化。是独生子女的，家长或托管家长对其存在的性格缺点放任自由，不敢对其纠正，对孩子不管是否合理的要求不加辨别地给予满足。降低子女受教育年限，让孩子过早地从事家务劳动和其他劳动已经成为农村家庭普遍存在的现象。

由于农村的精神文化生活供给渠道单一，供给内容贫乏，难以满足农民日益增长的文化需求，一些农民在工余时间感到无聊，只好参与赌博和算命、巫术等迷信活动，滋生了一些愚昧、腐朽、落后的低级文化。

二、城乡教育一体化发展的文化资源保障建设

教育与文化紧密相连，教育本身就是一种文化活动，教育的内容就是人类积累的社会文化，而文化学习的过程就是教育过程本身。城乡教育一体化发展需要充分挖掘与利用城乡文化资源，通过静态文化与动态文化互动的方式，实现文化资源的有效利用。

（一）城乡教育一体化发展的文化资源建设状况

党的十七届六中全会提出，保证公共财政对文化建设投入的增长幅度高于财政经常性收入增长幅度，提高文化支出占财政支出的比例。随着中国经济社会的进一步发展，国家对文化事业的投入应保持连贯。据统计，新中国成立以来，从“一五”到2001年，国家对文化事业的投入共计610.42亿元。而2007年至2011年，5年间国家投入的文化事业费达1454.99亿元，年均增长20%。5年的文化事业投入相当于前50年的2倍有余。目前，文化事业费的增量部分主要用于基层、用于农村，并向老少边穷地区倾斜。文化事业费结构的调整，有效改善了文化民生，促进了文化权益均等化。2011年，西部地区文化事业费108.59亿元，占全国的27.7%，比重比2007年提高了6.2个百分点。文化事业费进一步向基层倾斜。2011年，县及县以下文化机构文化事业费达187.12亿元，占47.7%，比重比2007年提高了19.5个百分点。[①] 党的十七届六中全会将“尽快把农民工纳入城市公共文化服务体系”写进了全会的决定，农民工的文化权益保障问题正式进入了中央文件之中。各级政府在财政投入及民生工程建设中，加大了农村公共文化设施的建设力度。农家书屋、乡镇的文化信息资源共享工程服务点、广播电视“村村通”工程、乡镇建综合文化站、农村电影放映工程等公共文化设施的农村普及，逐步缩小了城乡间的文化差距，保障了群众特别是农民的基本文化权益。截至2011年年底，全国2952个公共图书馆、3285个文化馆、34139个乡镇综合文化站、15个省级美术馆实现了无障碍、零门槛进入，公共空间设施场地全部免费开放，所提供的基本服务项目全部免费。据不完全统计，仅2011年3月至10月，全国各级文化馆免费开放服务人次514.45万，比2010年全年429.8万人次增长19.7%；各级公共图书馆到馆人次4.27亿，比2010年全年3.28亿增长30%。从2003年起，杭州市图书馆就开始实行对所有读者免费开放，包括乞丐和拾荒者。图书馆对这些特殊读者的唯一要

① 张贺，杨雪梅. 文化惠民照亮百姓生活　文化设施普及城乡差距缩小[DB/OL]. http://www.chinanews.com/cul/2012/08-30/4144020.shtml，2012-08-30.

求，就是把手洗干净再阅读。这一举措推行以来，引起一些读者的不满。对此，馆长褚树青的回答是："我无权拒绝他们入内读书，但您有权选择离开。"①

（二）城乡教育一体化发展的文化资源保障机制构建

既然文化本身即是教育素材，城乡教育之间存在的差异不是唯一的学校教育条件的差异，其他文化因素对学生的健康发展所起的作用有时比单纯的学校教育还要大。文化"化人"具有潜移默化的特点。因此，构建城乡文化资源保障机制是促进城乡教育一体化发展的重要途径。

1. 拓展农村文化建设经费投入渠道

农村文化经费应多渠道筹措：一是政府财政增加文化资金投入并重点向农村倾斜；二是多渠道集资兴办农村文化，建立以财政投入为主、社会力量参与投资的乡村文化活动设施建设机制，逐步建立国家、集体、个人、社会相结合的农村文化建设的多渠道投入体系。

2. 完善农村文化设施

农村文化设施是建立农村公共文化服务体系的重要基础。一是应该加快乡、村两级农村文化设施建设。选择经济发展水平相对好的村镇先行试点和示范，率先建设标准化、现代化的乡镇文化站、图书室、文化中心等农村文化设施。二是大力推进广播电视"村村通"工程，经济发展水平高的乡镇加大对开通有线电视、数字电视、互联网络等方面的财政投入，为农民开辟畅通、便捷的文化传播渠道，切实缓解偏僻农村长期以来存在的农民看书难、看电视难、看电影难的问题。

3. 统筹城乡文化资源

一是发挥城市文化优势，面向农村辐射。实施统筹城乡文化发展战略，通过由城市到集镇再到乡村的梯次辐射过程，充分利用和发挥城市文化产业的优势，带动整个农村的文化产业有序发展。城市的文化产业要主动在郊区寻找新的突破口，拓宽生产门路，开辟新的文化市场，带动农村文化产业的发展。二是整合、利用农村和城区文化资源。广大农村有着丰富的文化资源，如山水自然风光、历史文化遗产、红色革命老区、生态园区、观光农业、农家乐等，城区有先进的文化产业市场，如健康的娱乐场所，文明的游乐园、博物馆、图书馆等，要充分挖掘、整合、利用，满足城乡居民的文化需求。打破部门和行政区划的所有制界限，进行统筹规划、合理配置，综合利用好农村文化资源，丰富城乡文化生活，为城乡居民提供丰富的精神文化食粮。

---

① 文化惠民照亮百姓生活　文化设施普及城乡差距缩小[DB/OL]. http://www.chinanews.com/cul/2012/08-30/4144020.shtml,2012-08-30.

第四节 城乡教育一体化发展战略实施的动力保障机制

城乡教育一体化发展战略实施的最重要保障不一定是经济投入，也不一定是政治民主，还不一定是文化资源保障，而是发自教育主体内心的强大的需求动力。没有需求，不可能有动力。因此，激发、激活教育主体对教育的旺盛需求是城乡教育一体化战略实施的最大保障。

一、教育需求是城乡教育一体化发展的动力

什么是教育需求？它与城乡教育一体化发展战略之间有怎样的关系？这是阐述动力需求的重要前提。美国心理学家马斯洛在1943年发表了《人类动机的理论》(*A Theory of Human Motivation Psychological Review*)，提出并详细阐述了人类需要层次。该理论有三个基本假设：首先，人要生存，就要有需求。未满足的需要能够影响人的行为。其次，人的需要按重要性可以排成一定的次序，形成不同的需求层次，从基本的生理需求到复杂的社会需求。最后，需求具有不断满足性。“当人的某一层次需要得到最低限度满足后，就会追求高一层次的需要”①，需求从而成为推动人继续努力的内在动力。马斯洛需求理论的精华部分就在于强调需求对个人发展所起的重要作用，并且强调需求具有激励行为的功能。

教育需求是人的所有需求中比较高级的社会需求，它不仅可以促使人们提高生存能力，还能够提高与保障人们的发展能力。自从工业革命以后，教育作为提高劳动能力的重要手段与重要途径，在社会生活中具有重要作用，从而受到人们的普遍关注与重视，受教育权的差别性直接决定了人们在社会生活中的地位。因此，教育公平、教育平等的呼声不绝于耳。教育需求能够促进教育本身的发展成为不证自明的客观事实。

教育需求主体一般与教育权、受教育权这两个概念相互联系在一起。从教育法角度看，教育权是法律对相关主体赋予的具有承担与完成教育任务的一种资格。受教育权是指法律对相关主体赋予的学习或者不学习的权利，或者法律

① 付玉秀，张洪石. 风险报酬、控制权与声誉：创业企业家的激励与约束[J]. 中国科技论坛，2003(5).

赋予相关主体要求他人为其受教育行为提出要求的资格。教育权与受教育权都受国家法律的制约，并受法律的保护，具有权威性与强制性。

根据上述解释，我们可以知道参与教育活动过程的主体具有多层次性。从纵向上看，有国家、学校、社会、家庭、公民个人等几个层次或者几大类别，因此教育权或者受教育权具有不同的权限与具体内容。国家作为教育管理主体享有教育立法权、教育行政管理权与教育司法权。从教育管理层级来看，国家教育权体现为中央政府教育权与地方各级教育权两个层级。国家教育权的重点在于通过制定法律与监督执行法律来行使教育管理权，其主要功能在于加强国家宏观教育的管理。比如通过教育立法来规范各教育主体的权利与义务，协调各教育主体之间的法律关系；通过国家行政法的规定，领导和管理教育活动；又依照法律规定，对相关教育案件进行司法管理，进而做出公正裁判。学校教育权是国家为使学校教育机构实现其办学宗旨并能够独立进行教育教学活动依法赋予学校的权利。其教育权主要围绕学校教育活动，适合学校教育范围，主要包括办学自主权、组织教学权、管理学生权、聘任教师权、管理设施权等内容。家庭教育权是父母或者其他法定监护人对未成年人发出教育要求的基本权利，父母或其他法定监护人可以通过作为与不作为方式来行使其教育权，即具有要求未成年人接受教育的权利，也具有不要求未成年人接受教育的权利。社会教育权是指除了国家教育机构以外的其他社会组织或个人通过某种方式向他人发出教育要求的基本权利，比如城乡各类社区向居民发出教育要求的权利。公民受教育权不同于教育权，它属于个人权利范畴，是法律规定的作为自然人的任何人所应该具有的基本教育权利。我国宪法明确规定，“中华人民共和国公民有受教育的权利和义务”，具体包括参加教育教学权、获得经济资助权等具体内容。

从行为发生逻辑来看，其权利具有内在需求与外部规定性。只有当权利主体具有强烈内在要求时，这些权利才能发挥其最佳的社会效能。国家出于对社会可持续发展、长期稳定与良好社会秩序的追求，需要通过法律体现并行使其各种教育权利；学校通过法律体现其办学权与其他法律权利；家庭、个人以及其他社会组织也出于某种需求可以行使其相应的教育权利。但是如果需求不明确，或者内在追求意愿不强烈，教育权或者受教育权将达不到理想的社会效果。

城乡教育一体化发展是对教育公平、教育平等价值的诉求，对公民而言是对平等教育权的追诉与表达。但如果这种价值诉求只是理论家与社会管理部门的一厢情愿，那么一体化发展战略必将成为空喊的口号。只有当城乡所有民众与教育理论家、政府官员等相关主体都自觉地认识到，城乡教育一体化发展不仅必需而且可能，理性认识已经化作强烈的心理需求时，一体化发展才有动力。各类主体对教育的需求就成为促进教育发展的合动力。显然，教育需求与城乡教育一体化之间存在内在逻辑关系，需求越强烈，发展的动力越足，城乡教育一体化发展进程也会越来越快。

二、城乡教育一体化发展过程中各类教育主体的需求不均衡性

城乡教育一体化是社会发展的必然趋势，也是教育发展的必然方向。但是城乡教育一体化需求在各教育主体之间存在明显的不均衡现象。这种不均衡必将影响一体化发展的进程。

（一）政府主导推进的需求比较强烈

城乡二元结构的社会，从制度上设定了城乡之间教育机会的不平等性与不公平性，也直观地体现了城乡教育资源不均等配置的合理性与正当性。由于教育工具理性的实际作用在现实社会中得到最大限度的表现、发挥与追捧，“文凭教育”所具有的潜在经济功能导致城乡居民由于教育机会的不平等而产生物质财富、社会地位的“极化”趋势。这一现实与趋势的存在，对社会结构的稳定、社会关系的和谐造成巨大威胁。因此，随着教育在经济高速增长中的作用不断提升，教育文凭在个人社会地位获得中的显性功能不断放大，社会总体发展过程中存在的问题不断凸显，国家试图通过城乡一体化来缩小城乡差别，处理城乡关系。解决社会矛盾，促进城乡和谐，这一社会发展需求是国家主体推动城乡教育一体化发展的重要内在动力，因此城乡教育一体化发展的国家主体积极性比较高。各地通过政府制定经济政策、制定教育规划的途径设计城乡教育一体化的蓝图，从行动上落实改革方案或者进行改革创新的积极性比较强烈。城乡教育一体化发展过程中自上而下的政府主导型模式占据绝对优势地位，体现政府在城乡教育一体化过程中比较强势的推动作用。

（二）学校教育需求呈现多样性特点

城乡教育一体化实践对于城乡之间的学校而言，内在需求各不相同。具体而言，有些学校希望城乡一体化，有些学校无所谓，还有些对一体化教育改革有强烈的需求。这些需求的差异性源于各自在其中所得的利益与所肩负的责任比率大小，如果利益大于责任，那么其积极性比较高，反之就表现一般甚至有点抵触。

在城乡教育一体化过程中，有些农村学校原来办学条件比较差，教师工资待遇低，参与教育培训等发展性机会比较少，所以他们对一体化改革的参与度比较高，且主动性较强。城乡教育一体化给农村学校提供了较多的优惠条件，

不仅表现为物质条件的改善，还表现为精神条件、文化条件方面的改善。有些城市优质学校对城乡教育一体化发展的态度与需求比较一般，因为他们在一体化过程中肩负帮扶责任，并且与薄弱学校一起承担教育质量提高的重要任务。因此，这些改革举措是对优质学校风险精神的考验与挑战。

对城乡教师一体化流动之举，城乡学校的态度也不一样。接受优质教师的相对薄弱的农村学校，基于对流动教师带有支教性质的认识，一般对流入进来的教师比较客气，也没有给那些教师分配明确的教学任务，设定严格的考核标准。输出学校对此存在矛盾态度，一方面欢迎农村学校教师的加盟，另一方面又担心农村教师的流入对本校教育水平的提高产生负面影响。在实践过程中，农村学校教师进入城市优质学校后，角色不清者大有人在，角色冲突现象也时常存在。由于城乡空间距离的扩大，交流教师工作时间与工作精力都受到影响，所以城乡教师参与流动的积极性也由此受到一定挑战。由于上述担忧或者角色扮演的尴尬，城乡不同类型学校对城乡教育一体化实践的内在需求会受到一定程度的抑制，进而导致城乡教师交流等城乡教育一体化资源配置举措呈现出形式主义、走过场等问题。

（三）社会教育需求与满足需求之间存在信息不对称问题

如前所述，社会教育权是指学校等专门教育机构以外的社会组织与个人对社会提出教育要求的权利。这种权利的行使与教育需求之间存在不一致关系。以社区教育为例，城乡社区教育一体化趋势主要表现为城乡居民接受教育、丰富文化生活权利的一致性。但是城乡教育一体化过程中，社区工作中心作为社区教育组织主体，虽然对城乡社区居民教育需求比较了解，但是满足需求的形式比较有限，难以满足居民真正的教育需求。实践过程中，有些地方的城乡社区教育行政安排的色彩比较浓厚，而对社区居民真正的受教育需求视而不见的现象仍然存在。有些地方城乡社区教育差距比较大，城市社区教育比较活跃，农村社区教育比较冷清。城乡差异的存在，主要是由于农村社区还是一个新生事物，经济社会还相对比较落后的农村社区管理形式还没有出现。有些地方农村空心化问题比较严重，农村劳动力流入城市，留守的儿童与老人守护着农村，农村社会管理缺失。在那些地方，农村社区教育还是一个美丽的传说。所以以社区教育为主的城乡社会教育一体化还任重而道远。农民市民化急需社区教育的跟进，江苏省苏南地区城市化促进城乡经济社会的一体化，也促进城乡教育的一体化。显然，社区教育城乡一体化程度受制于城乡教育需求以及社区教育满足需求的能力，越是能够及时满足教育需求，城乡社区教育一体化程度越高。

（四）城乡家庭教育需求与公民个体教育需求的失衡性

家庭教育需求与公民个体教育需求有时是同一个层次的不同表现。家庭教育权利表现为家长对未成年的孩子提出教育要求的权利，此时家长其实担当着保障未成年人实现国家赋予其的受教育权的责任。家庭维护与表达城乡一致教育权的意愿越旺盛，城乡教育一体化越能够实现。公民对平等受教育权的呼声越高，城乡教育一体化的需求越强，城乡教育一体化的水平将会越高。只要把公民平等受教育的愿望激发出来，城乡教育一体化发展的真正内在动力就会得到最大限度的增强。家庭与公民一体化受教育权利的呼声受到家庭及其公民本人对教育功能的理解水平的制约。如果人们把教育只是理解为学习书本知识与应付知识考试的活动，把教育等同于升学考试，又把升学理解为提高经济收入、获得社会地位的唯一手段，那么在其中某一环节若遭遇困惑、挫折或者失败，教育需求就会受到抑制。城乡教育一体化实践的真正动力没有得到激发，就是源于一些家庭与公民对教育的片面理解以及相应的应试教育失败。越是应试教育失败，城乡教育一体化发展越会受到阻碍。城乡学校教育质量的差异性主要表现为各类教育升学率的差异性，中国式升学率的高低会刺激中国家庭及其公民的教育需求。而在应试教育语境下，功利性教育需求特别强烈，教育质量等同于考试质量的观念深入民众心灵。显然，家庭与公民个体的教育功利需求可以推动城乡教育一体化发展，也可以成为抑制城乡教育一体化发展的力量。教育除了具有应试的功能，还有许多社会功能。虽然学生考试成绩不好，但是学校教育可以使学生提高逻辑思维能力、分析问题和判断问题的能力，也可以提高其对生活意义的理解能力。教育不仅具有工具理性价值，还具有而且本来就具有感性生活价值，教育是生活的重要内容。生活是多样化的，教育需求也应该是多元与丰富的。只有城乡家庭与公民具有多样性的教育需求，才能整合成为城乡教育一体化发展的强大的内在力量。

三、城乡教育一体化发展动力的激发

城乡教育一体化涉及多元主体，因此必须激发多元主体的教育发展需求。由于教育发展实践中各主体的教育需求具有不同特点，在城乡教育一体化实践中发挥的实际作用大小也不一样，因此为了发挥城乡教育一体化应有的积极作用，必须对各主体的内在需求加以充分激发，并加以整合。

（一）充分发挥政府的教育立法与教育行政管理功能，加强其在城乡教育一体化过程中的引导职能

在城乡教育一体化发展中，政府的动力表现为维护社会宏观局面的稳定与可持续发展的需要，通过教育立法规范包括国家行政机关在内的教育行为，最大限度地保证城乡居民获得公平受教育的权利，引导各级政府通过法律途径配置城乡教育资源，运用法律手段强制各级地方政府教育经费的落实。同时，利用法律手段保护城乡教师的各种公平待遇，利用法律手段规范城乡学校空间布局的科学性与合理性。

政府在城乡教育一体化过程中的职能主要是通过立法权与行政权对其他主体行为进行引导，并为学校办学条件的改善、公民受教育权利的获得提供重要的保障与服务，政府引导与服务的职能充分发挥是满足其社会稳定与发展需求的重要条件。政府如何才能扮演好这一角色呢？行政管理体制改革势在必行。政府必须按照法律规定行使权利，重点抓住教育立法，体现城乡教育一体化的法制化特点。政府可以通过建立第三方监督制度来检查法律的落实情况以及城乡教育质量的提高情况。

（二）提高学校的专业技能特长与教育管理特长，调动学校教育主体的办学与管理积极性

学校是专门办学机构，知识性、专业性、文化性是学校不同于其他社会机构的主要特点。城乡教育一体化发展中，城乡学校对教育发展的重点、难点以及优势等情况最有话语权。学校集聚了一批既有教育经验又有教育知识的精英，他们掌握教育规律，懂得教育在人的健康成长过程中特有的作用，也知道教育不仅具有传承考试知识的任务，还具有传播人类社会创造的丰富多彩的文化的功能。因此，国家在教育立法与规定人才培养规格的基础上，必须充分调动城乡学校在教育一体化过程中的积极性与主动性，给学校赋予充分的教育权与管理权。

学校在行使教育权与管理权的过程中，必须也必定以培养目标为导向，以完成人才培养任务作为教育活动的基本需求。人才规格多种多样，城乡之间不同学校必然可以根据各自的基本条件与教育传统，确定不同于其他学校的培养目标，按照国家法律规定的培养标准开展教育活动，自主行使教育管理权利。国家可以实施奖励措施，对完成人才培养任务的学校给予物质奖励，或者授予荣誉称号。国家通过实施激励措施激发学校的办学积极性，满足其一体化教育需求。在这样的激励机制引导下，学校扮演好教育核心主体的角色。如果在城乡教育一体化战略实施过程中，学校始终处于被动地位，或者抱着应付国家号召的心态参与教育一体化实践，则一体化教育实践的效果可能会因此而降低。

（三）转变教育理念，激发家庭与公民的生活教育需求

家庭与公民既是教育政策的接受者，又是教育政策的落实者与教育改革成果的享受者，因此城乡教育一体化过程中必须把调动家庭与个人的教育需求放在关键位置。城乡教育一体化声音中必须有家庭与公民个人的强音，否则再好的政策也只能产生“好心办坏事”的效果。

家庭对教育的需求具有共性，也有特殊性。就共性而言，城乡家庭都希望教育能够改善每个受教育者的处境，提高其社会地位，或者愉悦其身心。就特殊性而言，城乡每一个个体与家庭都有其特殊的需求，教育满足这些特殊需求的结果就是教育需求特殊性的具体表现。城乡教育一体化对不同的家庭与个人具有不同的价值与意义，这种价值与意义体现在教育对他们生活的预期改善度，或者教育对他们现实生活的当下改善度，而这种改善度又必然要通过各自家庭与个体的心理满足程度来判定。因此，同样的教育环境与教育资源，相对于不同家庭与个人而言，满意度可能是不一样的。满意度与个人的需求度之间形成正相关关系，教育越是能够满足个人的内心需求，个体的教育满意度就越高。教育满意度越高，教育改善度也就越高，民众对教育政策的支持度也就会越高。反之亦然。

现实社会中为什么有人在义务教育阶段想要辍学？有些人为什么对国家或者地方政府提供的优质教育资源并不认同？为什么有些农村学校对国家提供的优质教育设备搁置不用？除了少数人缺乏学习的积极性以及其他原因以外，家庭、个人或者学校对教育政策的价值不了解或者不认同是重要原因。这种不认同一般建立在教育政策与教育需求不对称的基础上。显然，无论是义务教育阶段的城乡教育一体化，还是学前教育或者社会教育意义上的城乡一体化实践，必须牢牢把激发家庭、个体教育需求作为最关键的工作来对待，否则城乡教育一体化实践就可能不仅不会给民众带来真实的利益感，还会破坏城乡教育生态平衡。

民众的教育需求对城乡教育一体化实践具有重要意义，但是民众的需求如果不能得到充分的表达，或者表达需求的方式方法不恰当，那么教育需求还是不会成为城乡教育一体化发展的真正动力。城乡民众对教育的需求不仅出于应付各种考试，而且越来越与生产技能的提高、生活水平的提高等实际生活紧密联系。高考扩招以来，中国高等教育大众化使得大学生进入普通家庭，而不乐观的就业形势就让大学生“毕业等于失业”现象不断产生，所以城乡居民对教育的价值追求发生着潜移默化的改变，把教育与生活、教育与就业相结合的生活化教育越来越成为当代普通家庭的一种理想选择。城乡一体化背景下的教

育也必然与城乡生活相联系。社会生活多样化需要多样化的教育，城乡之间生产方式不同，需要社会提供能够满足城乡不同生产方式的各类教育。

城乡一体化发展旨在消除城乡二元结构、城乡分开管理机制的障碍，缩小城乡民众收入差异、实现公共服务均衡化，绝对不意味着抹杀城乡生产方式、生活方式的差异性。城乡教育一体化发展是实现城乡教育机会均等化、改善农村的教育条件，缩小城乡之间存在的教育质量的差距，绝对不是无视城乡之间本已存在的社会生产、社会生活方面的差异性。生产与生活差异性的存在必然要求教育发展与之相适应，在课程设置、教育内容的选择等方面关注满足城乡社会生活需要的教育元素。农村教育中，无论是学前教育还是义务教育，无论是基础教育还是职业教育、社会教育，除了要完成国家规定的教育内容以外，应该增加涉农的教育内容，真正把教育与生活相结合，提高教育的生活情趣，满足民众的教育生活化需求。

生活化教育将成为中国教育改革必须明确的方向，也是城乡教育一体化发展过程中机制、体制改革的重要出发点。因此，建构城乡教育一体化实践的保障机制之重点就在于激发各教育主体的理性教育需求。在充分了解各层次教育需求的基础上，调动各教育主体参与教育的积极性，并将由需求而转化的各种力量整合成教育发展动力，实现城乡教育一体化由内而外的发展态势，真正体现城乡教育一体化发展的本质与内涵。

附录一

武进区 2012 年度乡镇、街道城乡教育一体化发展程度评价体系(上)

目标层(A)	准则层(B)	指标层(C)	奔牛镇	横林镇	横山桥镇	嘉泽镇	礼嘉镇	洛阳镇	牛塘镇	前黄镇
教育机会城乡一体化	城乡入学率	幼儿入园率(学前教育)	100%	99.71%	99.69%	99.88%	98.83%	100%	99.69%	98.74%
		小学入学率	100%	100%	100%	100%	100%	100%	100%	100%
		初中入学率	100%	100%	100%	100%	100%	100%	100%	100%
		高中入学率	99.04%	97.68%	98.15%	98.28%	98.56%	99.20%	99.15%	99.16%
		经济困难学生入学率	100%	100%	100%	100%	100%	100%	100%	100%
		残障学生入学率	100%	100%	100%	100%	100%	100%	100%	100%
	教育承载能力(个)	每万人幼儿园数(总数)	2	3	3	3	2	2	2	3
		每万人小学学校数(总数)	2	4	2	3	2	2	2	3
		每万人初中学校数(总数)	1	1	2	3	1	2	2	3
		每万人高中学校数(总数)	1	1	1	-	1	1	-	2
办学条件城乡一体化	生均校舍面积(平方米)	小学生均校舍面积	6.6	10.3	7.3	12.2	10.8	8.2	6.6	7.0
		初中生均校舍面积	36.2	17.4	15.2	21.7	24.4	17.5	9.7	24.7
		高中生均校舍面积	25.7	31.7	24.2	-	17.2	20.4	-	-
	生均绿化面积(平方米)	幼儿园生均绿化面积	3.6	6.6	3.8	4.3	5.1	5.0	2.6	3.7
		小学生均绿化面积	6.8	10.3	10.4	11.1	12.8	9.5	4.2	3.3
		初中生均绿化面积	18.1	23.5	19.2	16.7	20.8	13.4	5.1	17.9
		高中生均绿化面积	7.0	11.0	31.6	-	8.9	13.5	-	-

续表

目标层(A)	准则层(B)	指标层(C)	奔牛镇	横林镇	横山桥镇	嘉泽镇	礼嘉镇	洛阳镇	牛塘镇	前黄镇
	生均图书占有量(册)	幼儿园生均图书占有量	10.3	8.2	6.3	7.6	7.5	8.31	7.3	9.2
		小学生均图书占有量	28.21	24.32	28.76	36.51	26.34	21.23	25.27	26.12
		初中生均图书占有量	66.03	31.1	45.6	56.3	52.1	54.03	30.06	52.13
		高中生均图书占有量	60.5	50.2	46.02	–	57	84.8	–	51.2
	生均计算机占有量(台)	幼儿园生均计算机占有量	0.04	0.04	0.03	0.03	0.02	0.02	0.04	0.03
		小学生均计算机占有量	0.13	0.09	0.08	0.12	0.11	0.08	0.09	0.12
		初中生均计算机占有量	0.22	0.09	0.18	0.26	0.17	0.14	0.12	0.15
		高中生均计算机占有量	0.19	0.12	0.17	–	0.21	0.11	–	0.13
	班级规模(个)	幼儿园班级规模	48	36	47	33	26	30	33	35
		小学班级规模	87	108	105	80	78	85	70	87
		初中班级规模	51	44	39	36	25	30	30	82
		高中班级规模	48	36	34	–	37	35	–	–
教师队伍建设城乡一体化	教师学历结构	幼儿园教师大专以上学历比例	100%	–	–	–	–	–	–	–
		小学教师大专以上学历比例	93.4%	92.3%	92.0%	92.8%	92.8%	95.0%	95.8%	94.8%
		初中教师大专以上学历比例	95.5%	94.5%	91.2%	92.9%	94.3%	95.0%	89.7%	94.1%
		高中教师大专以上学历比例	98.4%	99.4%	99.3%	–	100%	100%	–	–
	教师职称结构	幼儿园教师高级以上职称比例	22.7%	–	–	–	–	–	–	–
		小学教师高级以上职称比例	24.0%	21.2%	15.5%	25.5%	38.1%	16.4%	18.2%	35.7%

续表

目标层(A)	准则层(B)	指标层(C)	奔牛镇	横林镇	横山桥镇	嘉泽镇	礼嘉镇	洛阳镇	牛塘镇	前黄镇
		初中教师高级以上职称比例	43.9%	20.0%	42.3%	42.8%	54.5%	28.3%	35.2%	42.6%
		高中教师高级以上职称比例	35.5%	26.0%	26.3%	–	25.7%	27.3%	–	–
	教师在职培训	幼儿园教师在职培训比例	100%	–	–	–	–	–	–	–
		小学教师在职培训比例	100%	100%	100%	100%	100%	100%	100%	100%
		初中教师在职培训比例	100%	100%	100%	100%	100%	100%	100%	100%
		高中教师在职培训比例	100%	100%	100%	–	100%	100%	–	–
	教师交流	幼儿园教师交流人数比例	–	–	–	–	–	–	–	–
		小学教师交流人数比例	14.5%	14.6%	13.8%	14.6%	15.7%	16.1%	14.3%	14.6%
		初中教师交流人数比例	15.7%	16.1%	14.5%	15.1%	14.1%	15.3%	15.6%	15.1%
		高中教师交流人数比例	–	–	–	–	–	–	–	–
	教师年平均收入(元)	幼儿园教师年平均收入	51289	51880	40984	39846	48103	39060	41302	51289
		小学教师年平均收入	83821	82990	82053	82946	82870	83008	82567	83821
		初中教师年平均收入	83992	83047	82919	83885	83516	83653	82900	83992
		高中教师年平均收入	–	86400	85667	–	–	–	–	–
经费投入城乡一体化	生均教育经费支出(元)	幼儿园生均教育经费支出	7923	4920	4293	5659	4730	4792	4451	7923
		小学生均教育经费支出	11059	8400	7224	14367	9035	7867	8120	11059
		初中生均教育经费支出	17711	13212	10740	22095	20276	14620	10847	17711
		高中生均教育经费支出	–	17765	18446	–	–	–	–	–

续表

目标层(A)	准则层(B)	指标层(C)	奔牛镇	横林镇	横山桥镇	嘉泽镇	礼嘉镇	洛阳镇	牛塘镇	前黄镇
	生均教育支出占GDP的比重	幼儿园生均教育支出占GDP的比重	0.13%	0.13%	0.12%	0.11%	0.16%	0.13%	0.10%	0.13%
		小学生均教育支出占GDP的比重	0.55%	0.52%	0.52%	0.63%	0.52%	0.55%	0.57%	0.55%
		初中生均教育支出占GDP的比重	0.36%	0.32%	0.32%	0.40%	0.34%	0.30%	0.29%	0.36%
		高中生均教育支出占GDP的比重	–	0.28%	0.29%	–	–	–	–	–
	生均教育支出占所在辖区(市)级财政的比重	幼儿园生均教育支出占所在辖区(市)级财政的比重	0.09%	0.05%	0.05%	0.02%	0.04%	0.03%	0.05%	0.09%
		小学生均教育支出占所在辖区(市)级财政的比重	0.23%	0.30%	0.29%	0.31%	0.23%	0.24%	0.20%	0.23%
		初中生均教育支出占所在辖区(市)级财政的比重	0.14%	0.15%	0.13%	0.20%	0.10%	0.14%	0.13%	0.14%
		高中生均教育支出占所在辖区(市)级财政的比重	–	0.21%	0.18%	–	0.10%	0.12%	–	–
	生均教育支出占所在市级财政的比重	幼儿园生均教育支出占所在市级财政的比重	0.027%	0.015%	0.015%	0.006%	0.012%	0.009%	0.015%	0.027%
		小学生均教育支出占所在市级财政的比重	0.069%	0.09%	0.087%	0.093%	0.069%	0.072%	0.06%	0.069%
		初中生均教育支出占所在市级财政的比重	0.042%	0.045%	0.039%	0.06%	0.03%	0.042%	0.039%	0.042%
		高中生均教育支出占所在市级财政的比重	–	0.063%	0.054%	–	0.03%	0.036%	–	–

续表

目标层(A)	准则层(B)	指标层(C)	奔牛镇	横林镇	横山桥镇	嘉泽镇	礼嘉镇	洛阳镇	牛塘镇	前黄镇
教育质量城乡一体化	学业质量	初中辍学率	–	–	–	–	–	–	–	–
		高中升学率	99.04%	97.68%	98.15%	98.28%	98.56%	99.20%	99.15%	99.16%
		大学升学率	95.79%	96.39%	95.35%	97.12%	96.05%	96.38%	96.47%	96.43%
		社区教育参与率	63.7%	60.1%	52.2%	55.4%	51.7%	56%	84%	52.4%
	社会贡献	户籍人口平均受教育年限(年)	11.04	9.88	10.11	9.97	10.27	9.87	10.88	10.84
		户籍人口中高中以上教育程度的劳动力就业率	49.26%	27.93%	33.17%	32.81%	34.76%	39.87%	44.67%	42.16%

武进区 2012 年度乡镇、街道城乡教育一体化发展程度评价体系(下)

目标层(A)	准则层(B)	指标层(C)	雪堰镇	遥观镇	郑陆镇	邹区镇	南夏墅街道	湟里镇	湖塘镇
教育机会城乡一体化	城乡入学率	幼儿入园率(学前教育)	100%	100%	99.68%	99.99%	99.7%	99.71%	99.77%
		小学入学率	100%	100%	100%	100%	100%	100%	100%
		初中入学率	100%	100%	100%	100%	100%	100%	100%
		高中入学率	98.38%	98.37%	97.56%	98.75%	99.21%	99.18%	99.36%
		经济困难学生入学率	100%	100%	100%	100%	100%	100%	100%
		残障学生入学率	100%	100%	100%	100%	100%	100%	100%
	教育承载能力(个)	每万人幼儿园数(总数)	3	2	7	6	2	4	9
		每万人小学学校数(总数)	3	4	7	6	2	3	12
		每万人初中学校数(总数)	3	4	5	6	2	2	6
		每万人高中学校数(总数)	-	-	1	1	-	1	1
办学条件城乡一体化	生均校舍面积(平方米)	小学生均校舍面积	13.5	10.1	7.3	11.1	13.8	12.8	12.2
		初中生均校舍面积	20.6	12.3	10.3	21.7	20.3	16.8	15.9
		高中生均校舍面积	-	-	30.9	-	-	35.1	30.4
	生均绿化面积(平方米)	幼儿园生均绿化面积	5.2	5.1	3.4	3.8	4.4	3.6	5.0
		小学生均绿化面积	10.2	7.9	9.2	7.1	9.5	7.5	5.6
		初中生均绿化面积	30.2	7.7	12.1	28.7	54.7	21.3	8.5
		高中生均绿化面积	-	-	58.5	-	-	22.4	21.6

续表

目标层(A)	准则层(B)	指标层(C)	雪堰镇	遥观镇	郑陆镇	邹区镇	南夏墅街道	湟里镇	湖塘镇
	生均图书占有量(册)	幼儿园生均图书占有量	6.21	10.12	6.14	6.21	7.16	7.12	8.61
		小学生均图书占有量	29.51	26.09	24.38	27.31	23.41	29.21	25.83
		初中生均图书占有量	60.84	32.34	41.39	50.6	45.23	45.29	29.51
		高中生均图书占有量	–	–	59.3	–	–	40.03	55.82
	生均计算机占有量(台)	幼儿园生均计算机占有量	0.03	0.05	0.02	0.03	0.03	0.04	0.03
		小学生均计算机占有量	0.09	0.11	0.09	0.12	0.09	0.11	0.09
		初中生均计算机占有量	0.18	0.14	0.12	0.23	0.23	0.12	0.18
		高中生均计算机占有量	–	–	0.14	–	–	0.13	–
	班级规模(个)	幼儿园班级规模	59	32	67	65	41	58	306
		小学班级规模	107	81	117	101	62	78	501
		初中班级规模	49	30	56	39	20	31	210
		高中班级规模	–	–	30	–	–	31	140
教师队伍建设城乡一体化	教师学历结构	幼儿园教师大专以上学历比例	–	–	–	–	–	–	94.0%
		小学教师大专以上学历比例	91.4%	91.9%	95.3%	92.7%	92.3%	95.4%	93.6%
		初中教师大专以上学历比例	91.4%	91.9%	93.4%	92.6%	89.2%	94.2%	94.9%
		高中教师大专以上学历比例	–	–	99.2%	–	–	100%	96.7%
	教师职称结构	幼儿园教师高级以上职称比例	–	–	–	–	–	–	38.3%
		小学教师高级以上职称比例	43.6%	14.6%	32.2%	20.7%	20.4%	26.7%	31.4%
		初中教师高级以上职称比例	47.9%	30.8%	31.2%	26.6%	30.3%	50.8%	53.6%
		高中教师高级以上职称比例	–	–	26.0%	–	–	27.9%	50.4%

续表

目标层(A)	准则层(B)	指标层(C)	雪堰镇	遥观镇	郑陆镇	邹区镇	南夏墅街道	湟里镇	湖塘镇
	教师在职培训	幼儿园教师在职培训比例	0	0	0	–	–	–	100%
		小学教师在职培训比例	100%	100%	100%	100%	100%	100%	100%
		初中教师在职培训比例	100%	100%	100%	100%	100%	100%	100%
		高中教师在职培训比例	–	–	100%	–	–	100%	100%
	教师交流	幼儿园教师交流人数比例	–	–	–	–	–	–	–
		小学教师交流人数比例	14.6%	14.5%	13.9%	15.3%	14.3%	15.2%	14.9%
		初中教师交流人数比例	16.2%	15.9%	14.6%	14.2%	15.7%	15.3%	15.3%
		高中教师交流人数比例	–	–	–	–	–	–	–
	教师年平均收入(元)	幼儿园教师年平均收入	42678	31413	36657	37070	45196	53646	52156
		小学教师年平均收入	83177	82248	82885	82637	83006	83141	82816
		初中教师年平均收入	83900	83018	83348	82821	83138	83555	82994
		高中教师年平均收入	–	–	–	–	–	86400	88100
经费投入城乡一体化	生均教育经费支出(元)	幼儿园生均教育经费支出	4542	5761	4196	8187	4981	5218	7950
		小学生均教育经费支出	9988	7503	10751	7545	9100	9945	31860
		初中生均教育经费支出	17870	10320	14170	14860	22456	16440	17352
		高中生均教育经费支出	–	–	18990	–	–	20179	21080
	生均教育支出占 GDP 的比重	幼儿园生均教育支出占 GDP 的比重	0.11%	0.09%	0.10%	0.10%	0.10%	0.12%	0.11%
		小学生均教育支出占 GDP 的比重	0.59%	0.53%	0.60%	0.58%	0.58%	0.60%	0.59%
		初中生均教育支出占 GDP 的比重	0.35%	0.25%	0.31%	0.30%	0.33%	0.32%	0.32%
		高中生均教育支出占 GDP 的比重	–	–	0.29%	–	–	0.30%	0.30%

续表

目标层(A)	准则层(B)	指标层(C)	雪堰镇	遥观镇	郑陆镇	邹区镇	南夏墅街道	湟里镇	湖塘镇
	生均教育支出占所在辖区(市)级财政的比重	幼儿园生均教育支出占所在辖区(市)级财政的比重	0.06%	0.05%	0.05%	0.04%	0.05%	0.03%	0.12%
		小学生均教育支出占所在辖区(市)级财政的比重	0.33%	0.22%	0.36%	0.29%	0.15%	0.27%	1.3%
		初中生均教育支出占所在辖区(市)级财政的比重	0.25%	0.13%	0.25%	0.18%	0.10%	0.20%	1.00%
		高中生均教育支出占所在辖区(市)级财政的比重	–	–	0.13%	–	–	–	2.2%
	生均教育支出占所在市级财政的比重	幼儿园生均教育支出占所在市级财政的比重	0.018%	0.015%	0.015%	0.012%	0.015%	0.009%	0.036%
		小学生均教育支出占所在市级财政的比重	0.099%	0.066%	0.108%	0.087%	0.045%	0.081%	0.39%
		初中生均教育支出占所在市级财政的比重	0.075%	0.039%	0.075%	0.054%	0.03%	0.06%	0.3%
		高中生均教育支出占所在市级财政的比重	–	–	0.039%	–	–	–	0.66%
教育质量城乡一体化	学业质量	初中辍学率	0	0	0	0	0	0	0
		高中升学率	98.38%	98.37%	97.56%	98.75%	99.21%	99.18%	99.36%
		大学升学率	96.76%	95.39%	95.56%	97.12%	96.78%	97.58%	97.47%
		社区教育参与率	47.2%	43.7%	52%	53.6%	39.7%	51%	50.5%
	社会贡献	户籍人口平均受教育年限(年)	10.40	10.34	10.15	10.74	10.74	11.35	13.51
		户籍人口中高中以上教育程度的劳动力就业率	38.72%	42.68%	34.44%	43.98%	44.59%	52.91%	80.04%

附录三

江阴市城乡教育一体化发展水平(2013 年 12 月 20 日)

根据计算,无锡市江阴市的城乡教育一体化发展水平得分为 113.44。

目标层(A)	准则层(B)	指标层(C)	编号	农村	城市	乡城比例	权重	指标层单项得分
教育机会 权重:25% 得分:26.82	入学率 权重:18% 得分:18.00	幼儿园入园率	1	99.8%	99.8%	1	4.5%	4.50
		小学入学率	2	100%	100%	1	3%	3.00
		初中入学率	3	100%	100%	1	3%	3.00
		高中(中专技校)入学率	4	98.47%	98.47%	1	3%	3.00
		经济困难学生入学率	5	100%	100%	1	2.25%	2.25
		残障学生入学率(除盲童,江阴无盲童班)	6	100%	100%	1	2.25%	2.25
	教育承载能力 权重:7% 得分:8.82	每个幼儿园平均服务人数	7	491	395	1.24	1.75%	2.17
		每个小学平均服务人数	8	2282.7	1385	1.68	1.75%	2.94
		每个初中平均服务人数	9	1016.2	885.2	1.15	1.75%	2.01
		每个高中(中专技校)平均服务人数	10	1515.1	1562.5	0.97	1.75%	1.70
办学条件 权重:15% 得分:15.89	生均占地面积(平方米) 权重:2% 得分:1.98	幼儿园生均占地面积	11	14.7	18.6	0.79	0.67%	0.53
		初中生均占地面积	12	48.7	33.4	1.46	0.67%	0.98
		高中(中专技校)生均占地面积	13	51.2	73.2	0.70	0.67%	0.47
	生均建筑面积(平方米) 权重:2% 得分:2.19	幼儿园生均建筑面积	14	9.6	10.1	0.95	0.67%	0.64
		初中生均建筑面积	15	14.0	9.2	1.52	0.67%	1.02
		高中(中专技校)生均建筑面积	16	26.6	33.8	0.79	0.67%	0.53

续表

目标层(A)	准则层(B)	指标层(C)	编号	农村	城市	乡城比例	权重	指标层单项得分
	生均绿化面积(平方米) 权重:2% 得分:2.53	幼儿园生均绿化面积	17	3.9	3.6	1.08	0.5%	0.54
		小学生均绿化面积	18	4.3	3.3	1.30	0.5%	0.65
		初中生均绿化面积	19	16.1	8.7	1.85	0.5%	0.93
		高中(中专技校)生均绿化面积	20	16.2	20.0	0.81	0.5%	0.41
	生均图书占有量(册) 权重:3% 得分:3.31	幼儿园生均图书占有量	21	8.3	7.7	1.08	0.75%	0.81
		小学生均图书占有量	22	23.9	22.7	1.05	0.75%	0.79
		初中生均图书占有量	23	47.7	36.5	1.31	0.75%	0.98
		高中(中专技校)生均图书占有量	24	64.2	66.2	0.97	0.75%	0.73
	生均计算机占有量(台) 权重:2% 得分:1.98	幼儿园生均计算机占有量	25	0.021	0.0228	0.92	0.5%	0.46
		小学生均计算机占有量	26	0.14	0.14	1	0.5%	0.50
		初中生均计算机占有量	27	0.23	0.18	1.28	0.5%	0.64
		高中(中专技校)生均计算机占有量	28	0.3	0.4	0.75	0.5%	0.38
	班级规模(个) 权重:4% 得分:3.90	幼儿园每个班级人数	29	34.8	35	0.99	1%	0.99
		小学每个班级人数	30	46.4	45.2	1.03	1%	1.03
		初中每个班级人数	31	38.0	43.4	0.88	1%	0.88
		高中(中专技校)每个班级人数	32	44.8	44.9	1	1%	1.00
教师队伍建设 权重:25% 得分:22.67	教师学历结构 权重:5% 得分:4.47	幼儿园教师中专及以上学历比例	33	98.5%	99.3%	0.99	0.83%	0.99
		小学教师大专及以上学历比例	34	91.4%	94.5%	0.97	0.83%	0.81
		初中教师本科及以上学历比例	35	90.4%	93.7%	1	1.67%	1.67

续表

目标层(A)	准则层(B)	指标层(C)	编号	农村	城市	乡城比例	权重	指标层单项得分
		高中(中专技校)教师研究生以上学历比例	36	6.5%	10.8%	0.60	1.67%	1.00
	教师职称结构 权重:5% 得分:4.45	幼儿园教师中级及以上职称比例	37	28.1%	35.6%	0.79	1.25%	0.99
		小学教师中级及以上职称比例	38	66%	79%	0.84	1.25%	1.05
		初中教师高级及以上职称比例	39	82%	87%	0.94	1.25%	1.18
		高中(中专技校)教师高级及以上职称比例	40	86%	88%	0.98	1.25%	1.23
	教师在职培训(区、县级及以上各类培训) 权重:6% 得分:5.57	幼儿园教师在职培训比例	41	30.3%	33.6%	0.90	1.5%	1.35
		小学教师在职培训比例	42	65.4%	71.2%	0.92	1.5%	1.38
		初中教师在职培训比例	43	60.8%	63.5%	0.96	1.5%	1.44
		高中(中专技校)教师在职培训比例	44	37.4%	40.2%	0.93	1.5%	1.40
	教师交流比例 权重:6% 得分:5.25	幼儿园教师交流人数比例	45	3.7%	4.3%	0.86	1.5%	1.29
		小学教师交流人数比例	46	10.8%	12.5%	0.86	1.5%	1.29
		初中教师交流人数比例	47	9.6%	10.7%	0.90	1.5%	1.35
		高中(中专技校)教师交流人数比例	48	4.5%	5.1%	0.88	1.5%	1.32
	教师月平均收入(含社保)(元) 权重:3% 得分:2.93	幼儿园教师月平均收入	49	5407	5648	0.96	0.75%	0.72
		小学教师月平均收入	50	5727	5729	1	0.75%	0.75
		初中教师月平均收入	51	5961	6084	0.98	0.75%	0.74
		高中(中专技校)教师月平均收入	52	5799	6042	0.96	0.75%	0.72

续表

目标层(A)	准则层(B)	指标层(C)	编号	农村	城市	乡城比例	权重	指标层单项得分
经费投入 权重:22% 得分:35.43	生均教育经费(元) 权重:9% 得分:8.56	幼儿园生均教育经费	53	8937.81	14145.79	0.63	2.25%	1.42
		小学生均教育经费	54	12282.13	10637.76	1.15	2.25%	2.59
		初中生均教育经费	55	20139.24	16474.87	1.22	2.25%	2.75
		高中(中专技校)生均教育经费	56	19833.51	24672.54	0.80	2.25%	1.80
	生均教育支出占GDP的比重 权重:9% 得分:21.94	幼儿园生均教育支出占GDP的比重	57	0.10%	0.05%	2	2.25%	4.50
		小学生均教育支出占GDP的比重	58	0.32%	0.09%	3.55	2.25%	7.99
		初中生均教育支出占GDP的比重	59	0.22%	0.06%	3.67	2.25%	8.26
		高中(中专技校)生均教育支出占GDP的比重	60	0.10%	0.19%	0.53	2.25%	1.19
	生均教育支出占上级财政的比重(根据具体情况填写) 权重:2% 得分:2.29	幼儿园生均教育支出占上级财政的比重	61	0.90%	0.88%	1.02	0.5%	0.51
		小学生均教育支出占上级财政的比重	62	1.70%	1.58%	1.08	0.5%	0.54
		初中生均教育支出占上级财政的比重	63	1.45%	1.06%	1.37	0.5%	0.69
		高中(中专技校)生均教育支出占上级财政的比重	64	3.68%	3.34%	1.10	0.5%	0.55
	生均教育支出占所在市级财政的比重 权重:2% 得分:2.64	幼儿园生均教育支出占所在市级财政的比重	65	0.25%	0.20%	1.25	0.5%	0.63
		小学生均教育支出占所在市级财政的比重	66	0.46%	0.35%	1.02	0.5%	0.51
		初中生均教育支出占所在市级财政的比重	67	0.45%	0.23%	1.96	0.5%	0.98
		高中(中专技校)生均教育支出占所在市级财政的比重	68	0.78%	0.74%	1.04	0.5%	0.52

续表

目标层(A)	准则层(B)	指标层(C)	编号	农村	城市	乡城比例	权重	指标层单项得分
教育质量 权重:13% 得分:12.63	学业质量 权重:8% 得分:7.96	初中辍学率	69	0.11%	0.11%	1	2.5%	2.50
		高中升学率	70	98.47%	98.47%	1	2.5%	2.50
		大学升学率	71	95.8%	96.3%	0.99	1.5%	1.49
		社区教育参与率	72	58.5%	60%	0.98	1.5%	1.47
	社会贡献 权重:5% 得分:4.67	就业人口平均受教育年限(年)	73	10.36	11.35	0.91	3%	2.73
		高中以上教育程度的劳动人口就业率	74	56.30%	58.23%	0.97	2%	1.94

附录四

宜兴市城乡教育一体化发展水平(2013 年 12 月 20 日)

根据计算,无锡市宜兴市的城乡教育一体化发展水平得分为 100.91。

目标层(A)	准则层(B)	指标层(C)	编号	农村	城市	乡城比例	权重	指标层单项得分
教育机会 权重:25% 得分:26.41	入学率 权重:18% 得分:18	幼儿园入园率	1	100%	100%	1	4.5%	4.50
		小学入学率	2	100%	100%	1	3%	3.00
		初中入学率	3	100%	100%	1	3%	3.00
		高中(中专技校)入学率	4	96.5%	96.63%	1	3%	3.00
		经济困难学生入学率	5	100%	100%	1	2.25%	2.25
		残障学生入学率	6	100%	100%	1	2.25%	2.25
	教育承载能力(每个学校施教区总人数,单位:万人) 权重:7% 得分:8.41	每个幼儿园平均服务人数	7	1.5	1.23	1.12	1.75%	1.96
		每个小学平均服务人数	8	2.1	1.33	1.58	1.75%	2.77
		每个初中学校平均服务人数	9	3.5	3.10	1.13	1.75%	1.98
		每个高中(中专技校)学校平均服务人数	10	8.3	8.56	0.97	1.75%	1.70
办学条件 权重:15% 得分:14.73	生均占地面积(平方米) 权重:2% 得分:1.79	幼儿园生均占地面积	11	16.7	27..6	0.61	0.5%	0.31
		小学生均占地面积	12	27.2	24.3	1.12	0.5%	0.56
		初中生均占地面积	13	45.69	40.18	1.12	0.5%	0.56
		高中(中专技校)生均占地面积	14	51	71.6	0.71	0.5%	0.36

续表

目标层(A)	准则层(B)	指标层(C)	编号	农村	城市	乡城比例	权重	指标层单项得分
	生均建筑面积(平方米) 权重:2% 得分:1.91	幼儿园生均建筑面积	15	9	10.1	0.89	0.5%	0.45
		小学生均建筑面积	16	9.6	9.01	1.07	0.5%	0.54
		初中生均建筑面积	17	19.46	14.32	1.07	0.5%	0.54
		高中(中专技校)生均建筑面积	18	24	32.1	0.75	0.5%	0.38
	生均绿化面积(平方米) 权重:2% 得分:2.11	幼儿园生均绿化面积	19	2.1	2.0	1.08	0.5%	0.54
		小学生均绿化面积	20	4.5	3.4	1.05	0.5%	0.53
		初中生均绿化面积	21	5.1	3.6	1.42	0.5%	0.71
		高中(中专技校)生均绿化面积	22	6.8	10.3	0.66	0.5%	0.33
	生均图书占有量(册) 权重:3% 得分:3.14	幼儿园生均图书占有量	23	12	12.5	0.96	0.75%	0.72
		小学生均图书占有量	24	29.7	29.9	0.99	0.75%	0.74
		初中生均图书占有量	25	40.2	30.5	1.32	0.75%	0.99
		高中(中专技校)生均图书占有量	26	45	49	0.92	0.75%	0.69
	生均计算机占有量(台) 权重:2% 得分:1.94	幼儿园生均计算机占有量	27	0.031	0.032	0.97	0.5%	0.49
		小学生均计算机占有量	28	0.12	0.11	1.09	0.5%	0.55
		初中生均计算机占有量	29	0.13	0.12	1.08	0.5%	0.54
		高中(中专技校)生均计算机占有量	30	0.15	0.21	0.71	0.5%	0.36
	班级规模(个) 权重:4% 得分:3.84	幼儿园每个班级人数	31	32.2	34	0.95	1%	0.95
		小学每个班级人数	32	43	45.2	0.95	1%	0.95
		初中每个班级人数	33	41	43.2	0.95	1%	0.95
		高中(中专技校)每个班级人数	34	42	42.5	0.99	1%	0.99

续表

目标层(A)	准则层(B)	指标层(C)	编号	农村	城市	乡城比例	权重	指标层单项得分
教师队伍建设 权重:25% 得分:20.77	教师学历结构 权重:5% 得分:4.96	幼儿园教师中专及以上学历比例	35	100%	100%	1	0.83%	0.83
		小学教师大专及以上学历比例	36	96%	97.3%	0.97	0.83%	0.81
		初中教师本科及以上学历比例	37	96%	96.8%	0.99	1.67%	1.65
		高中(中专技校)教师研究生以上学历比例	38	15.9%	15.9%	1	1.67%	1.67
	教师职称结构 权重:5% 得分:4.81	幼儿园教师中级及以上职称比例	39	14%	15.9%	0.88	1.25%	1.10
		小学教师中级及以上职称比例	40	82.4%	83.6%	0.99	1.25%	1.24
		初中教师高级及以上职称比例	41	85.8%	87.6%	0.98	1.25%	1.23
		高中(中专技校)教师高级及以上职称比例	42	92%	93%	0.99	1.25%	1.24
	教师在职培训(区、县级及以上各类培训) 权重:6% 得分:5.79	幼儿园教师在职培训比例	43	93%	95%	0.93	1.5%	1.40
		小学教师在职培训比例	44	92%	95%	0.97	1.5%	1.46
		初中教师在职培训比例	45	95%	98%	0.97	1.5%	1.46
		高中(中专技校)教师在职培训比例	46	92%	94%	0.98	1.5%	1.47
	教师交流比例 权重:6% 得分:2.25	幼儿园教师交流人数比例(低水平一致)	47	0	0	0	1.5%	0.00
		小学教师交流人数比例	48	12.02%	12.8%	0.94	1.5%	1.41
		初中教师交流人数比例	49	12.04%	12.09%	0.99	1.5%	0.49
		高中(中专技校)教师交流人数比例	50	5.6%	6.2%	0.90	1.5%	0.35

续表

目标层(A)	准则层(B)	指标层(C)	编号	农村	城市	乡城比例	权重	指标层单项得分
经费投入 权重:22% 得分:26.50	教师月平均收入(含社保)(元) 权重:3% 得分:2.96	幼儿园教师月平均收入	51	2831	2930	0.97	0.75%	0.73
		小学教师月平均收入	52	5731	5732	1.00	0.75%	0.75
		初中教师月平均收入	53	5832	5872	0.99	0.75%	0.74
		高中(中专技校)教师月平均收入	54	5912	5932	0.99	0.75%	0.74
	生均教育经费(元) 权重:9% 得分:8.69	幼儿园生均教育经费	55	9457	13264	0.72	2.25%	1.62
		小学生均教育经费	56	11204	10032	1.17	2.25%	2.63
		初中生均教育经费	57	12859	10823	1.18	2.25%	2.66
		高中(中专技校)生均教育经费	58	15427	19635	0.79	2.25%	1.78
	生均教育支出占GDP的比重 权重:9% 得分:12.98	幼儿园生均教育支出占GDP的比重	59	0.19%	0.11%	1.73	2.25%	3.89
		小学生均教育支出占GDP的比重	60	0.64%	0.29%	2.20	2.25%	4.95
		初中生均教育支出占GDP的比重	61	0.34%	0.29%	1.17	2.25%	2.63
		高中(中专技校)生均教育支出占GDP的比重	62	0.24%	0.36%	0.67	2.25%	1.51
	生均教育支出占上级财政的比重(根据具体情况填写) 权重:2% 得分:2.12	幼儿园生均教育支出占上级财政的比重	63	2.51%	2.41%	1.04	0.5%	0.52
		小学生均教育支出占上级财政的比重	64	8.38%	8.26%	1.14	0.5%	0.57
		初中生均教育支出占上级财政的比重	65	4.44%	4.25%	1.05	0.5%	0.52
		高中(中专技校)生均教育支出占上级财政的比重	66	3.11%	3.04%	1.02	0.5%	0.51

续表

目标层(A)	准则层(B)	指标层(C)	编号	农村	城市	乡城比例	权重	指标层单项得分
	生均教育支出占所在市级财政的比重 权重:2% 得分:2.71	幼儿园生均教育支出占所在市级财政的比重	67	0.32%	0.27%	1.19	0.5%	0.60
		小学生均教育支出占所在市级财政的比重	68	0.47%	0.36%	1.30	0.5%	0.65
		初中生均教育支出占所在市级财政的比重	69	0.57%	0.33%	1.73	0.5%	0.87
		高中(中专技校)生均教育支出占所在市级财政的比重	70	0.40%	0.34%	1.18	0.5%	0.59
教育质量 权重:13% 得分:12.50	学业质量 权重:8% 得分:7.77	初中辍学率(正一致性得分)	71	0	0	1	2.5%	2.50
		高中升学率	72	93.9%	97.87%	0.96	2.5%	2.40
		大学升学率	73	92.8%	95.3%	0.97	1.5%	1.46
		社区教育参与率	74	80%	85%	0.94	1.5%	1.41
	社会贡献 权重:5% 得分:4.73	就业人口平均受教育年限(年)	75	12.36	13.35	0.93	3%	2.79
		高中以上教育程度的劳动人口就业率	76	57.30%	59.23%	0.97	2%	1.94

附录五

武进区城乡教育一体化发展水平(2013 年 12 月 20 日)

根据计算,常州市武进区的城乡教育一体化发展水平得分为 114.01。

目标层(A)	准则层(B)	指标层(C)	编号	乡城比例	权重	指标层单项得分
教育机会城乡一体化 权重:25% 得分:30.14	城乡入学率 权重:18% 得分:17.93	幼儿入园率(学前教育)	1	99.69%/99.7% =0.99	4.5%	0.99 ×4.5 =4.46
		小学入学率	2	100%/100% =1	3%	1 ×3 =3.00
		初中入学率	3	100%/100% =1	3%	1 ×3 =3.00
		高中入学率	4	98.63%/99.21% =0.99	3%	0.99 ×3 =2.97
		经济困难学生入学率	5	100%/100% =1	2.25%	1 ×2.25 =2.25
		残障学生入学率	6	100%/100% =1	2.25%	1 ×2.25 =2.25
	教育承载能力 权重:7% 得分:12.21	每万人幼儿园数(总数)	7	3.64/2 =1.82	2.33%	1.82 ×2.33 =4.24
		每万人小学数(总数)	8	3.93/2 =1.96	2.33%	1.96 ×2.33 =4.57
		每万人初中数(总数)	9	2.928/2 =1.46	2.33%	1.46 ×2.33 =3.40
办学条件城乡一体化 权重:15% 得分:17.61	生均校舍面积(平方米) 权重:4% 得分:3.26	小学生均校舍面积	10	9.71/13.8 =0.70	2%	0.70 ×2 =1.40
		初中生均校舍面积	11	18.9/20.3 =0.93	2%	0.93 ×2 =1.86
	生均绿化面积(平方米) 权重:2% 得分:1.50	幼儿园生均绿化面积	12	4.34/4.4 =0.99	0.67%	0.99 ×0.67 =0.66
		小学生均绿化面积	13	8.96/9.5 =0.94	0.67%	0.94 ×0.67 =0.63
		初中生均绿化面积	14	17.37/54.7 =0.32	0.67%	0.32 ×0.67 =0.21

续表

目标层(A)	准则层(B)	指标层(C)	编号	乡城比例	权重	指标层单项得分
	生均图书占有量(册) 权重:3% 得分:2.86	幼儿园生均图书占有量	15	7.79/7.16 = 1.09	1%	1.09 × 1 = 1.09
		小学生均图书占有量	16	27.08/23.41 = 1.16	1%	1.16 × 1 = 1.16
		初中生均图书占有量	17	27.68/45.23 = 0.61	1%	0.61 × 1 = 0.61
	生均计算机占有量(台) 权重:2% 得分:1.81	幼儿园生均计算机占有量	18	0.03/0.03 = 1	0.67%	1 × 0.67 = 0.67
		小学生均计算机占有量	19	0.10/0.09 = 1.12	0.67%	1.12 × 0.67 = 0.75
		初中生均计算机占有量	20	0.13/0.23 = 0.58	0.67%	0.58 × 0.67 = 0.39
	班级规模(个) 权重:4% 得分:8.18	幼儿园班级规模	21	62.5/41 = 1.52	1.33%	1.52 × 1.33 = 2.02
		小学班级规模	22	120.36/62 = 1.94	1.33%	1.94 × 1.33 = 2.58
		初中班级规模	23	53.71/20 = 2.69	1.33%	2.69 × 1.33 = 3.58
教师队伍建设城乡一体化 权重:25% 得分:26.60	教师学历结构 权重:5% 得分:5.17	小学教师大专以上学历比例	24	93.51%/92.3% = 1.013	2%	1.013 × 2 = 2.03
		初中教师大专以上学历比例	25	93.26%/89.2% = 1.0455	3%	1.0455 × 3 = 3.14
	教师职称结构 权重:5% 得分:6.44	小学教师高级以上职称比例	26	25.99%/20.4% = 1.274	2.5%	1.274 × 2.5 = 3.19
		初中教师高级以上职称比例	27	39.32%/30.3% = 1.298	2.5%	1.298 × 2.5 = 3.25
	教师在职培训 权重:6% 得分:6.00	小学教师在职培训比例	28	100%/100% = 1	3%	1 × 3 = 3.00
		初中教师在职培训比例	29	100%/100% = 1	3%	1 × 3 = 3.00
	教师交流 权重:6% 得分:6.01	小学教师交流人数比例	30	14.76%/14.3% = 1.032	3%	1.032 × 3 = 3.10
		初中教师交流人数比例	31	15.21%/15.7% = 0.969	3%	0.969 × 3 = 2.91

续表

目标层(A)	准则层(B)	指标层(C)	编号	乡城比例	权重	指标层单项得分
	教师年平均收入 权重:3% 得分:2.98	幼儿园教师年平均收入	32	44098.07/45196 = 0.976	1%	0.976 × 1 = 0.98
		小学教师年平均收入	33	82927.14/83006 = 0.999	1%	0.999 × 1 = 1.00
		初中教师年平均收入	34	83395.71/83138 = 1.003	1%	1.003 × 1 = 1.00
经费投入城乡一体化 权重:22% 得分:26.20	生均教育经费支出 权重:9% 得分:9.19	幼儿园生均教育经费支出	35	5753.21/4981 = 1.155	3%	1.155 × 3 = 3.47
		小学生均教育经费支出	36	11051.64/9100 = 1.214	3%	1.214 × 3 = 3.64
		初中生均教育经费支出	37	15587.43/22456 = 0.694	3%	0.694 × 3 = 2.08
	生均教育支出占 GDP 的比重 权重:9% 得分:9.38	幼儿园生均教育支出占 GDP 的比重	38	0.117%/0.10% = 1.171	3%	1.171 × 3 = 3.51
		小学生均教育支出占 GDP 的比重	39	0.564%/0.58% = 0.973	3%	0.973 × 3 = 2.92
		初中生均教育支出占 GDP 的比重	40	0.324%/0.33% = 0.983	3%	0.983 × 3 = 2.95
	生均教育支出占所在辖区(市)级财政的比重 权重:2% 得分:3.81	幼儿园生均教育支出占所在辖区(市)级财政的比重	41	0.055%/0.05% = 1.1	0.67%	1.1 × 0.67 = 0.78
		小学生均教育支出占所在辖区(市)级财政的比重	42	0.34%/0.15% = 2.286	0.67%	2.286 × 0.67 = 1.53
		初中生均教育支出占所在辖区(市)级财政的比重	43	0.224%/0.10% = 2.243	0.67%	2.243 × 0.67 = 1.50
	生均教育支出占所在市级财政的比重 权重:2% 得分:3.82	幼儿园生均教育支出占所在市级财政的比重	44	0.0197%/0.015% = 1.314	0.67%	1.314 × 0.67 = 0.88
		小学生均教育支出占所在市级财政的比重	45	0.096%/0.045% = 2.143	0.67%	2.143 × 0.67 = 1.44
		初中生均教育支出占所在市级财政的比重	46	0.067%/0.03% = 2.243	0.67%	2.243 × 0.67 = 1.50

续表

目标层(A)	准则层(B)	指标层(C)	编号	乡城比例	权重	指标层单项得分
教育质量城乡一体化 权重:13% 得分:13.46	学业质量 权重:8% 得分:8.57	初中辍学率	47	1	2.5%	1×2.5=2.50
		高中升学率	48	98.62%/99.21%=0.994	2.5%	0.994×2.5=2.49
		大学升学率	49	96.418%/96.78%=0.996	1.5%	0.996×1.5=1.49
		社区教育参与率	50	55.25%/39.7%=1.392	1.5%	1.392×1.5=2.09
	社会贡献 权重:5% 得分:4.89	户籍人口平均受教育年限(年)	51	10.668/10.74=0.993	3%	0.993×3=2.98
		户籍人口中高中以上教育程度的劳动力就业率	52	42.671%/44.59%=0.957	2%	0.957×2=1.91

参考文献

一、经典著作与重要文献

1. 马克思恩格斯选集:1 ~4 卷[M]. 北京:人民出版社,1995.

2. 马克思恩格斯全集:第 2 卷[M]. 北京:人民出版社,1957.

3. 马克思恩格斯全集:第 3 卷[M]. 北京:人民出版社,1960.

4. 马克思恩格斯全集:第 4 卷[M]. 北京:人民出版社,1957.

5. 马克思恩格斯全集:第 42 卷[M]. 北京:人民出版社,1957.

6. 马克思恩格斯全集:第 46 卷[M]. 北京:人民出版社,1979.

7. 资本论:第 3 卷[M]. 北京:人民出版社,1975.

8. 马克思. 哥达纲领评判[M]. 北京:人民出版社,1997.

9. 马克思恩格斯论教育[M]. 北京:人民教育出版社,1979.

10. 毛泽东选集:第 4 卷[M]. 北京:人民出版社,1966 年.

11. 毛泽东文集:第 6 卷[M]. 北京:人民出版社,1999.

12. 毛泽东文集:第 7 卷[M]. 北京:人民出版社,1999 年

13. 毛泽东著作选读:下册[M]. 北京:人民出版社,1986.

14. 邓小平文选:第 1 卷[M]. 北京:人民出版社,1993.

15. 邓小平文选:第 2 卷[M]. 北京:人民出版社,1993.

16. 江泽民文选:第 1 卷[M]. 北京:人民出版社,2006.

17. 江泽民文选:第 2 卷[M]. 北京:人民出版社,2006.

18. 江泽民文选:第 3 卷[M]. 北京:人民出版社,2006.

19. 胡锦涛. 高举中国特色社会主义伟大旗帜　为夺取全面建设小康社会新胜利而奋斗[DB/OL]. http://news. xinhuanet. com/newscenter/2007 - 10/24/content_6938568_4. htm,2007 - 10 - 24.

20. 胡锦涛. 坚定不移沿着中国特色社会主义道路前进　为全面建成小康社会而奋斗[M]. 北京:人民出版社,2012.

21. 中国共产党第十七次代表大会文件汇编[M]. 北京:人民出版社,2007.

22. 国务院关于进一步加强农村教育工作的决定[DB/OL]. http://news.xinhuanet.com/newscenter/2003-09/20/content_1091291_1.htm,2003-09-20.

23. 教育部关于进一步推进义务教育均衡发展的若干意见[DB/OL]. http://www.jledu.gov.cn/dd/wxzl/jyb/2005/0525/2631.html,2005-05-25.

24. 国家中长期教育改革和发展规划纲要(2010—2020年)[DB/OL]. http://www.moe.edu.cn/publicfiles/business/htmlfiles/moe/moe_177/201008/93785.html,2010-07-29.

25. 中华人民共和国2012年国民经济和社会发展统计公报[DB/OL]. http://www.stats.gov.cn/tjsj/tjgb/qgndtjgb/201302/t20130221_30027.html,2013-02-22.

26. 常州市中长期教育改革和发展规划纲要(2010—2020年)[DB/OL]. http://www.czedu.gov.cn/disp_4_85_17447.shtml,2011-05-05.

27. 常州市教育局. 关于进一步推进基础教育"集团办学"的意见[DB/OL]. http://www.czedu.gov.cn/disp_4_144_17932.shtml,2011-05-23.

28. 常州市教育局. 关于进一步加强教师队伍建设的意见[DB/OL]. http://www.czedu.gov.cn/disp_4_144_10051659.shtml,2011-09-07.

29. 常州市教育局. 2011年常州教育年鉴[DB/OL]. http://www.czedu.gov.cn/disp_4_1226_10063160.shtml,2012-10-17.

30. 2012年苏州市国民经济和社会发展统计公报[DB/OL]. http://www.sztjj.gov.cn/Info_Detai/.asp? id=19944,2013-04-16.

31. 2012年苏州教育发展情况统计[DB/OL]. http://www.szedu.com/zfxxgk_10755/jytj_10994/201304/t20130402_217157.shtml,2013-02-28.

32. 中共苏州市委苏州市人民政府关于加快实现城乡教育一体化现代化的意见(苏发〔2010〕55号).

33. 苏州市人民政府关于进一步加快学前教育改革发展的实施意见(苏府〔2011〕4号).

34. 关于在全市开展城乡教育一体化示范区评估验收的通知(苏教督〔2011〕12号).

35. 中共苏州市委苏州市人民政府关于加快实现城乡教育一体化现代化的意见(苏发〔2010〕55号).

36. 中共无锡市委无锡市人民政府关于进一步加强城乡规划工作的意见[N]. 无锡日报,2008-08-01.

37. 关于在全市开展城乡教育一体化示范区评估验收的通知(苏教督〔2011〕12号).

38. 无锡市教育局. 无锡市教育改革和发展规划纲要(2010—2020年)[DB/OL]. http://jy.wuxi.gov.cn/BA04/B/05/2492925.shtml,2011-09-27.

39. 成都教育一体化成都模式为全国提供经验[DB/OL]. http://scnews.newssc.org/system/2011/11/05/013357103_01.shtml,2011-11-05.

40. 成都市国民经济和社会发展第十二个五年规划纲要[DB/OL]. http://www.chengdu.gov.cn/special/template/index.jsp? ClassID=021245,2011-04-11.

41. 成都市中长期教育改革和发展规划纲要(2010—2020年)[DB/OL]. http://www.moe.edu.cn/publicfiles/business/htmlfiles/moe/s5520/201104/117539.html,2011-04-16.

二、一般著作与论文

42. 柏拉图. 理想国[M]. 北京:商务印书馆,1986.

43. 白洁. 教育效率与教育民主的关系[J]. 北京电力高等专科学校学报,2010(1).

44. 陈伟东,张大维. 马克思恩格斯的城乡统筹发展思想研究[J]. 当代世界与社会主义,2009(3).

45. 陈雯. 科学发展观与构建社会主义和谐社会的辩证关系研究[D]. 武汉:武汉大学,2010.

46. 陈大兴. 城乡基础教育一体化的文化逻辑与现实冲突[J]. 教育文化论坛,2010(5).

47. 陈向明. 扎根理论的思路和方法[J]. 教育研究与实验,1999(4).

48. 程恩富. 理论假设的分类与马克思主义经济学的创新[J]. 云南财经大学学报,2007(6).

49. 曹明霞,包宗顺. 苏州城乡一体化进程测算与分析[J]. 农业现代化研究,2010(7).

50. 曹锦扬. 统筹城乡文化发展的六个环节[J]. 江海纵横,2009(1).

51. 丁秀棠. 南非推动义务教育均衡发展的经验及其启迪作用[J]. 教育导刊,2006(9).

52. 付玉秀,张洪石. 风险报酬、控制权与声誉:创业企业家的激励与约束

[J]. 中国科技论坛,2003(5).

53. 付廷臣. 教育投资对经济增长作用的分析[J]. 商场现代化,2007(5).

54. 冯向东. 从默顿的博士论文看实证研究方法[J]. 学园,2009(1).

55. 列斐伏尔. 空间、社会产物与使用价值[M]. 上海:上海教育出版社,2003.

56. 列斐伏尔. 空间与政治[M]. 上海:上海人民出版社,2008.

57. 皮埃尔·布迪厄. 实践与反思:反思社会学导引[M]. 北京:中央编译出版社,1998.

58. 范磊. 城乡边缘区概念和理论的探讨[J]. 天津商学院学报,1998(3).

59. 马克斯·韦伯. 经济与社会:上卷[M]. 北京:商务印书馆,1997.

60. 高谦民. 中国古代教育思想的基本特征及其近代发展趋势[J]. 河北师范大学学报:教育科学版,2006(6).

61. 顾建光. "苏南(太仓市)发展模式"新探:以县域经济为载体推进现代城乡一体化发展[J]. 上海经济,2009(2).

62. 耕夫. 江南之秀地,太湖之翡翠[J]. 中国高新区,2011(4).

63. 郭彩琴. 教育公平:内涵和规定性[J]. 江海学刊,2003(3).

64. 郭彩琴. 马克思恩格斯城乡融合思想与我国城乡教育一体化[J]. 马克思主义研究,2010(3).

65. 郭彩琴. 论马克思恩格斯的教育公平观[J]. 马克思主义研究,2007(1).

66. 郭彩琴. 论政社关系有序[J]. 福州大学学报,2013(5).

67. 郭彩琴. 教育需求:城乡教育一体发展的动力保障[J]. 内蒙古社会科学,2014(2).

68. 郭彩琴. 论城乡教育空间一体化发展战略[J]. 苏州大学学报,2014(3).

69. 郭彩琴. 新型城镇化推进过程中的府际合作研究[J]. 深圳大学学报,2014(3).

70. 郭齐家. 中华人民共和国教育法全书[M]. 北京:北京广播学院出版社,1995.

71. 黄若君. 城乡教育一体化与资源均衡配置[J]. 沿海企业与科技,2011(1).

72. 郝寿义,安虎森. 区域经济学[M]. 北京:经济科学出版社,1999.

73. 晋银峰. 基础教育均衡发展:模式与反思[J]. 教育探索,2013(2).

74. 焦必方,林娣,彭婧妮. 城乡一体化评价体系的全新构建及其应用:长三角地区城乡一体化评价[J]. 复旦学报,2011(4).

75. 柯小华,李红. 试探析"基于设计的研究"的理论归属[J]. 开放教学研究,2008(4).

76. 联合国教科文组织. 教育:财富蕴藏其中[M]. 北京:教育科学出版社,1996.

77. 李振村,梁伟国. 为了每一个孩子的幸福成长:山东省寿光市教育均衡发展透视[J]. 人民教育,2002(3).

78. 李广舜. 国内外城乡经济协调发展研究成果综述[J]. 地方财政研究,2006(2).

79. 李勇. 城乡教育一体化:关于涪陵教育发展的思考[J]. 重庆工贸职业技术学院学报,2011(1).

80. 李玲,宋乃庆,等. 城乡教育一体化:理论、指标与测算[J]. 教育研究,2012(2).

81. 李邦铭. 马克思恩格斯城乡关系思想及其当代价值[D]. 长沙:中南大学,2012.

82. 李潮海,于月萍. 城乡教育一体化若干基本问题的思考[J]. 现代教育管理,2010(4).

83. 李晓澜,宋继清. 二元经济理论模型评述[J]. 山西财经大学学报,2004(1).

84. 李小云,齐顾波,徐秀丽. 行动研究:一种新的研究范式? [J]. 中国农村观察,2008(1).

85. 李太平. 论教师研究范式的转换[J]. 教育理论与实践,2006(6).

86. 李泉. 中外城乡关系问题研究综述[J]. 甘肃社会科学,2005(4).

87. 李晋德. 试论我国大教育环境对人的发展的影响[J]. 昆明师专学报,1998(3).

88. 李杰. 高中教育资源利用效率问题研究[D]. 苏州:苏州大学, 2008.

89. 李兰芬. 当代中国德治研究[M]. 北京:人民出版社,2008.

90. 李敏,万正维. 城乡教育一体化进程中的文化建设初探[J]. 成都大学学报:教育科学版,2004(4).

91. 刘亚娜. 河南省城乡教育一体化进程中外语教育均衡发展研究[J]. 赤峰学院学报:汉文哲学社会科学版,2012(3).

92. 林存银,褚宏启. 城乡教育一体化及其制度保障[J]. 教育科学研究,2011(5).

93. 刘明成,李娜,金浩. 城乡教育一体化的评价体系研究[J]. 教育探索,

2012(4).

94. 刘秀峰,廖其发.城乡教育一体化的成都模式及启示[J].教育与教学研究,2012(7).

95. 雷万鹏.义务教育学校布局:影响因素与政策选择[J].新华文摘,2011(5).

96. 吕海鸿.城乡义务教育资源配置研究[D].长春:东北师范大学,2006.

97. 刘易斯·芒福德.城市发展史:起源、演变和前景[M].北京:中国建筑工业出版社,2005.

98. 西奥多·W.舒尔茨.改造传统农业[M].北京:商务印书馆,1987.

99. 威里斯·哈曼.未来启示录[M].上海:上海译文出版社,1988.

100. 萨顿.科学史和新人文主义[M].北京:华夏出版社,1989.

101. 约翰·罗尔斯.正义论[M].北京:中国社会科学出版社,2009.

102. 费奥斯坦,费尔普斯.教师新概念:教师教育理论与实践[M].北京:中国轻工业出版社,2002.

103. 索亚.第三空间:去往洛杉矶和其他真实和想象地方的旅程[M].上海:上海教育出版社,2005.

104. 马骥雄.战后美国教育研究[M].南昌:江西教育出版社,1991.

105. 马焕灵.城乡基础教育一体化之制度障碍及其克服[J].当代教育科学,2010(10).

106. 牛先锋.社会公平的多重内涵及其政策意义[J].理论探讨,2006(5).

107. 彭茂辉,胡廷娜.不要让我国的城乡教育一体化成为一种愿景[J].继续教育研究,2010(8).

108. 秦玉友.城乡教育一体化发展的压缩性难题[J].探索与争鸣,2012(10).

109. 任国平,朱哲.让每位教师成为最好的自己:江苏省苏州市教师队伍建设工作纪实[J].人民教育,2012(18).

110. 曲铁华,袁媛.近代中国乡村教育实验理论标本价值探析[J].教育科学,2010(12).

111. 邵泽斌.理念变革与制度创新:从教育均衡到城乡教育一体化[J].复旦教育论坛,2010,8(5).

112. 宋国英.论城乡教育一体化语境中的义务教育均衡发展模式:以江苏省常州市为例[J].煤炭高等教育,2012(5).

113. 宋国英.城乡教育一体化的现状、问题及对策研究[J].现代教育科学,2012(10).

114. 宋国英. 论城乡教育一体化的伦理诉求及其实现[J]. 云南行政学院学报,2013(4).

115. 宋国英. 新生代农民工社会认同的伦理向度[J]. 河南社会科学,2011(6).

116. 司晓宏,宋红霞. 教育公平是教育平等与教育效率和谐发展的理想状态[J]. 教育理论与实践,2008(6).

117. 孙冬梅,胡慧妮. 城乡教育一体化的内涵与价值追求[J]. 天津市教科院学报,2012(1).

118. 苏州市城乡一体化办公室,苏州市行政管理学会. 城乡一体化建设:苏州的实践与探索[M]. 北京:红旗出版社,2011.

119. 屠湘如. 走向高位均衡:社会主义新农村教育发展的区域探索[M]. 南京:江苏教育出版社,2011.

120. 滕卫双. 河南省推进城乡教育一体化的实践困境及其出路研究[J]. 科技与教育,2012(3).

121. 王克勤. 论城乡教育一体化[J]. 普教研究,1995(1).

122. 王根顺,郝路军. 关于两种教育价值观的代价探讨[J]. 教育导刊,2006(7).

123. 王蔚,张生丛,魏春雨,张玉桃. 湖南省城乡一体化评价指标体系及量化分析[J]. 湖南大学学报:自然科学版,2011(4).

124. 王忠武. 论社会发展模式[J]. 浙江学刊,2001(4).

125. 王先民. 党的历代领导集体核心教育公平思想述评[J]. 池州学院学报,2010(4).

126. 汪天骥. 科学主义和人本主义的关系问题[J]. 哲学研究,1996(6).

127. 魏峰. 城乡教育一体化:基于文化视角的分析[J]. 复旦教育论坛,2010(5).

128. 吴德刚. 中国全民教育问题研究:兼论教育机会平等问题[M]. 北京:教育科学出版社,1998.

129. 吴宏超. 农村学校布局调整中政府办学的法律责任[J]. 教育学术月刊,2013(2).

130. 邬志辉. 城乡教育一体化:问题形态与制度突破[J]. 教育研究,2012(8).

131. 邬志辉. 教育指标:概念的争议[J]. 东北师范大学学报:哲学社会科学版,2007(4).

132. 邬志辉. 当前我国城乡义务教育一体化发展的核心问题探讨[J]. 教

育发展研究,2012(17).

133. 谢延龙.城乡教育一体化进程中的教师流动机制建构[J].集美大学学报,2012(4).

134. 许丽英.教育资源配置理论研究[D].东北师范大学,2007.

135. 许林.论城乡教育一体化:兼论"城乡学校捆绑发展"等于"城乡教育一体化"吗?[J].当代教育科学,2009(8).

136. 达德利·西尔斯.发展的意义[J].国际发展理论,1969(12).

137. 约翰·穆勒.政治经济学原理:上卷[M].北京:商务印书馆,1997.

138. 亚里士多德.政治学[M].北京:商务印书馆,1965.

139. 杨瑞.城乡教育一体化背景下农村教师的补充机制[J].学理论,2012(29).

140. 杨军.英国促进基础教育均衡发展政策综述[J].外国教育研究,2005(6).

141. 杨东平.试论以人为本的教育价值[J].清华大学教育研究,2010(2).

142. 杨东平.中国教育公平的理想与现实[M].北京:北京大学出版社,2006.

143. 袁建新,郭彩琴.新型城镇化:内涵、本质与认识超越[J].苏州科技学院学报,2013(3).

144. 余秀兰.国外高等教育大众化过程中的机会均等问题[J].江苏高教,1999(1).

145. 于月萍,徐文娜.论城乡教育一体化制度体系的构建[J].教育科学,2011(5).

146. 赵杰.农村义务教育学校布局调整政策:变迁、反思与展望[J].教育发展研究,2013(2).

147. 张人杰.国外教育社会学基本文选[M].上海:华东师范大学出版社,1989.

148. 张旺.城乡教育一体化:教育公平的时代诉求[J].教育研究,2012(8).

149. 张文兰,刘俊生.基于设计的研究:教育技术学研究的一种新范式[J].电化教育研究,2007(10).

150. 张金英,陈通.城乡教育一体化的理论与指标体系建构[J].中国农机化,2010(4).

151. 张继远,张艳.城乡教育一体化指标体系:构建与应用[J].中小学管理,2013(2).

152. 郑海波. 捆绑联动:促进城乡教育一体化发展[J]. 校长阅刊,2005(9).

153. 周永坤. 教育平等权问题及解决之道[J]. 华东政法学院学报,2006(2).

154. 褚宏启. 城乡教育一体化:体系重构与制度创新:中国教育二元结构及其破解[J]. 教育研究,2009(11).

155. 褚宏启. 教育制度改革与城乡教育一体化:打破城乡教育二元结构的瓶颈[J]. 教育研究,2010(11).

后　记

书稿终于完成了，在搁笔之时理应感到轻松与愉悦，但此时此刻，我突然感到莫名的压力与不安。原本以为，书稿完成之时就是课题结项之际，也恰好喜逢元旦新年与中国春节，应该好好放松与庆祝一下，但那种想象的休闲、欢乐、放松场面似乎没有及时到来。这不仅是因为受到原来研究课题中问题的困扰，还因为又遇到研究过程中不断出现的新问题的挑战。困惑与挑战始终围绕在身边，似乎难以得到解脱与超越。不管怎样，课题总要有一个完成之时，成果也总要与人见面。所有的困惑与纠结有待以后再来面对与解决。虽然目前的感觉不是想象当中的那样轻松与自在，但是，面对历时四年、花费了不少心血所结出的果实，我们还是感到欣慰，超出"应付"范畴的浓浓的成就感油然而生。

记得 2009 年初夏的某一天，学校人文社科处的林萍女士告诉我课题申报成功了，可以用"欣喜若狂"来描写我当时的心情。我女儿正好在场，她对我流露出的激动表情难以理解，先是茫然地望着我，后来祝贺我并开心地与我分享那份喜悦。这种激动不是虚荣，而是光荣。确实，能够承担国家课题是我多年以来的梦想。早在 1995 年，我就开始申报国家课题，那时年轻气盛，以为只要把申报书制作得像样一些，就能够获得批准。谁知，一次次填写，一次次失落，这样的经历足足伴随了我 14 个年头。14 年来，虽然经历了申报时的热血沸腾，失败时的心灰意冷，但是"不放弃"三个字一直成为激励我研究的精神力量。其实每一次申报本身就是一个研究过程，在整理与撰写研究综述时，总会为同行的研究观点与务实的研究作风所感动与震撼。所以，每一次申报虽然形式上没有成功，但是其实灵魂深处已经得到了许多收获与感悟。这种收获不仅影响了我的教学与研究，而且影响了我对人生、对社会的态度。潜意识中的"少一点抱怨，多一点勤奋"成为伴随我生活的"老师语录"，激励我击退内心的浮躁与焦虑。

苏州大学教工住宅区位于苏州市东环路城乡结合部，由于居住环境之缘故，不知哪天起我突然感觉周围苏州人中操外地口音的人越来越多，出没在菜场上的学龄孩子也越来越多。职业与兴趣使然，1999 年开始我出于对苏州横街周围农民工的好奇而关注农民工子女教育问题。2001 年在《学海》上发表了一篇题为《城市流动人口子女教育问题透视》的文章，简单讨论了城市农民工子女的城市生存状态，并“礼节性”地提出了一些解决问题的对策。攻读博士期间，恰逢导师朱永新先生的教育公平与教育效率、新教育等课题研究活动开启之际，我萌发了把教育公平问题作为博士研究生阶段的重点课题的想法。朱老师本来想让我写一本有关中国教育公平问题的理论专著，特别强调当下中国教育实践中的教育公平问题，并立足我国教育公平问题展开理论追问。但是由于本人教育理论功底实在较浅，最终没有勇气完成任务，只是从西方教育公平理论视角完成了博士论文的写作。这也终究成为我博士阶段研究活动的重大不足与缺憾。

虽然没有完成中国教育公平问题理论研究的任务，但是毕竟进入了教育问题研究领域，我也由此开始重点关注特殊人群的教育机会与教育成就。2006 年有幸获得了江苏省社科基金资助项目“城市流动人口子女教育问题研究——以苏南为例”，几乎同时又开展了苏南城乡社区教育研究、苏南女性发展问题研究等课题。在从事这些项目研究的过程中，我深感对城乡教育公平问题的感性认识在不断加深，理性认识也在不断提高。2009 年以“城乡教育一体化战略研究——以江苏苏南为例”申报“十一五”全国教育规划项目一般课题，并最终获得成功。

获得课题固然有成就感，但是课题实施过程中的一个个难题时刻考验着我的意志与能力。多少次早晨醒来想到课题还没有完成，浑身就会冒汗。这是一种面对压力的真情流露，是一种面对责任的内心拷问，也是一种对自己解决问题、克服困难能力的担忧。由于城乡教育一体化涉及多方面因素，尤其涉及地方教育发展功劳与教育发展问题的博弈，真实资料难以掌握。另外，地方上人情面子在教育调查活动中占有一定分量，普通教师难以进入教育管理核心领域获得想要的资料。所以，研究过程面临许多挑战。还好，由于研究者大部分是苏南本地人，拥有天时地利人和等有利条件，排除了许多可能对研究活动造成不利影响的因素。因此，在课题结项之际，我自然而然地就想对过去几年的心路历程做个交代，使积压在心头难以表达的话语统统顺畅地得到“合法”的表白，充分享受即使是短暂的平静与宁静所带来的快乐。

为了获得足够的第一手资料，我们课题组成员分别进入苏州、无锡、常州教育局调查，得到了三个城市教育局部分领导与工作人员的积极支持。同时还在三个城市下属的县市、区进行调查，整理相关数据。在此，我们对为此付出无私贡献的教育局领导与相关教师、工作人员表示衷心的感谢。其中，尤其要感谢无锡新区教育局卞惠忠先生，他在百忙之中利用业余时间为我们的调查问卷提出中肯的修改意见，并亲自为我们收集、整理相关数据；要特别感谢江阴实验中学的贡和法教授，在2013年夏天高温期间为我们联系调查单位，还直接为我们收集相关资料；还要特别感谢常州武进教育局的相关领导，他们认真细致的工作作风以及热情的工作态度，使我们倍感温暖，也使我们及时得到了当地城乡教育发展的相关数据与信息。

除了要感谢在调查过程中给予我们帮助的所有朋友以外，还特别想感谢我的老师任平先生。任老师在苏州大学期间，不仅为我们进行学术研究树立了榜样，而且直接对我们的研究进行热心指导。谢谢老师，您的睿智我们可能难以模仿，但您的豁达与勤奋是我们前进的标杆。还要感谢苏州大学教育学院许庆豫先生，许老师不仅为我们树立做学问的榜样，还是我们学会做人的楷模。感谢您，对我平时学习的指导与鼓励。我还要感谢苏州大学的陈忠教授，没有您的鼓励，我可能会放弃第15个年头的申报工作，谢谢！还要感谢所有课题组成员的家属，没有你们的支持，所有任务可能难以完成。

课题结项与书稿完成之际，我要专门感谢我的先生袁建新教授。为了能够分担我调查研究工作的辛苦，他曾经四次专门为我们当“车夫”，并联系熟人方便我们调查、收集资料。记得2010年春寒料峭的3月，他开车带我们到镇江、常州调研，不仅为我们开道，而且负责调研过程中的所有后勤工作；2013年暑假，南方遭遇百年难遇的高温天气，为了让我们补充研究过程中需要的新资料，在如此酷暑期间，他专门开车带我们到宜兴、江阴教育局，自愿做我们的“后勤兵”。我要感谢，感谢你的包容与理解，感谢你的大度与支持。

在课题研究与本书写作过程中，我的硕士研究生张慧彦、田嫚嫚、杨倩等同学提供了许多支持，她们为数据的统计放弃了很多休息时间；还要感谢博士生杨霞、石磊、江晓萍等，谢谢你们为本课题提供的支持。另外，研究过程中我们借鉴了不少学术界同行的研究观点，虽然在每一章节中都作了标注，但是难免有疏漏。在此向所有同行一并表示衷心感谢。本书的出版，得到苏州大学出版社的支持，并成功申报江苏省“十二五”重点出版规划项目，在此表示深深的谢意。

本书是城乡教育一体化研究课题的最终成果，由课题组主要成员共同协作、分工完成。本书共十章，参加写作的人员有宋国英、郑云、顾志平、陈燕、于帅、吴长歌、郭子涵等，由郭彩琴进行整合与统稿，于帅、吴长歌、宋国英等进行校对。研究过程中，虽然力求资料客观、周全，但是由于教育活动的特殊性，获得的数据难免存在主观倾向，必然还存在与实际有出入之处。我们本着实事求是的原则，期望在以后的研究中不断补充与修正。

郭彩琴

2013年12月18日于苏州大学独墅湖校区7301工作室